高职高专"十二五"市场营销专业·品牌管理系列规划教材

# 品牌策划与品牌维护

李滨 编著

西安交通大学出版社
XI'AN JIAOTONG UNIVERSITY PRESS

## 内 容 提 要

本书是以理论与实例相结合的形式介绍了品牌策划与品牌维护。本书分为导论、上篇和下篇三个部分。上篇品牌策划篇，分别阐述了品牌定位战略、品牌命名战略、品牌形象战略、品牌驰名战略、品牌全球化及其管理；下篇品牌维护篇，分别阐述了品牌维护概述、品牌维护要点。

本书对于品牌策划与品牌维护的过程及细节进行了较为全面、系统的研究。通过案例分析，读者更能深刻理解什么是品牌策划，怎样进行品牌策划与品牌维护。本书内容深入浅出，并遵循"学以致用"的原则，对重点内容进行挖掘，突出应用性和实践性。

本书可作为高职高专市场营销类相关专业的教材，也可作为企业在职人员的培训教材，还可作为备考从业和执业资格考试人员的参考教材。

# 前言 Foreword

　　随着中国改革开放步伐的加快,社会主义市场经济的建立和完善,以及人民生活水平的不断提高,人们的消费心理也相应地发生了变化。在琳琅满目的商品面前,中国的消费者也同样注重选择品牌,消费者寻找的是具有鲜明个性的品牌,以及最能体现其实际或渴望的自我概念的东西。

　　加入WTO之后的中国正逐步融入全球市场,品牌在中国受到了广泛的关注。近年来,品牌战在中国打得更是激烈。从汽车到服装,从彩电到食品,中国正成为世界名牌角逐的赛场。

　　在市场中,品牌不仅是市场竞争的焦点,而且是识别一个企业的基本标志。它是企业资产很重要的一部分,可以为企业在打出自己新产品的道路中开辟一条坦途。它也是企业形象的代表,总是为企业创造巨大的价值。

　　如今,品牌的效用在商品全球化的今天显现得非常引人注目。然而中国自己的品牌却是艰难待产。由此,为了适应社会的发展需要,我们重新规划品牌的研究体系,将品牌策划与品牌维护的相关知识列入课程体系。

　　本教材是一本关于品牌策划与品牌维护理论与实践相结合的教材,通过案例分析更好地帮助读者理解理论知识。本书主要分为导论、上篇和下篇三部分内容,主要内容包括品牌定位战略、品牌命名战略、品牌形象战略、品牌驰名战略、品牌全球化及其管理、品牌维护概述、品牌维护要点。学习者可以通过本教材全面掌握和了解品牌策划的基本理论知识与品牌维护的基本操作方法。

　　本教材引用的案例,有些作者佚名,有些根据教材需要进行了修改,未能一一标明出处,在此向案例的各位作者表示感谢。本教材内容涉及面广,而作者水平有限,虽然我们已经尽力,但书中难免存在不足和疏漏之处,我们殷切地希望能够得到各位专家和业内人士的批评和指教。

编　者

2014 年 11 月

# 目录 Contents

## 导论

## 上　篇　品牌策划篇

# 下 篇 品牌维护篇

# 导　论

**学习要点**

1. 了解品牌战略策划的重要性
2. 了解产品推广的主要内容
3. 掌握品牌战略与产品推行的区别与联系

## 第一节　品牌战略策划

### 一、品牌内涵和功能

#### (一)品牌的内涵

市场深化发展的今天,企业已经意识到产品品牌竞争的重要性,更为突出的是有的企业卖的就是品牌,但事实上,由于出发点不同,很多人对品牌都有自己的理解,很难从其真正内涵出发,做出全面深入的认识。而品牌中的很多原则可以帮助企业成功地创建品牌,它们是品牌力量的源泉。

世界著名的广告和品牌策略大师大卫·奥格威曾对品牌的内涵与实质做过深刻的描述:"品牌是一种错综复杂的象征,它是品牌属性、名称、包装、价格、历史声誉、广告方式的无形总和。品牌同时也因消费者对其使用的印象,以及自身的经验有所界定而有一定差异性。"

广义上,品牌包括四个层面的内涵:

(1)品牌是一种商标。这是从其法律意义上来说,强调的是品牌的法律内涵,是它的商标注册情况、使用权、所有权、转让权等权属问题情况。商标是一个比较正规的用语,是在法律范围内的调整规范。

(2)品牌是一种象征,是金字招牌。这是从其经济的或市场的意义上说的。这个时候,人们所注意的是品牌所代表的商品,商品的品质、性能、满足效用的程度,以及品牌本身所代表的商品的市场定位、文化内涵、消费者对品牌的认知程度等。换言之,这时品牌所表征的是商品的市场含义。

(3)品牌是一种口碑,一种品位,一种格调。这是从其文化或心理的意义上说的,强调的是品牌的档次、名声、美誉和给人的好感等。

(4)品牌是消费者与产品有关的关键性体验。品牌不是产品,产品只是其中的一个方面。品牌的定位也不是广告宣传产品本身,关键是发掘出具体产品的理念。

在关于品牌经营的名著《品牌领导》中,奥格威认为品牌内涵一般可从多个方面加以精炼地概括。提炼品牌精髓比较好的表达方式不只是简单地把一堆反映核心的词组串成一段话,这么做除了复述一遍品牌核心识别外没有其他意义。相反,品牌精髓在捕捉品牌内涵的同时,还要从某些略有不同的角度来诠释。品牌精髓是品牌经营资源各要素之间的黏合剂,是带动品牌经营资源各要素协同工作的中轴。

品牌精髓有两个要素,即与消费者共鸣和推动企业的价值取向。它是品牌所专有的,能持续不断地造成本品牌和竞争品牌的差异化;它必须不断向企业员工和合作者进行灌输和激励,使公司品牌不断走向壮大。

品牌,是一种名称、术语、标记、符号或图案,或是它们的相互结合,用以识别某个销售者或某群销售者的产品或服务,并使之与竞争对手的产品和服务相区别。

品牌不同于产品的名称。产品名称主要体现的是辨别功能,将一产品与另一产品区别开来,产品的个性难以通过名称表现出来。而品牌则是产品个性的表现,它是产品特性的浓缩,消费者通过产品的品牌,能清楚知晓此种产品的不同之处,同时品牌也倾注着消费者的情感,它是消费者认同感与产品个性的完美结合。从品牌上可以看出生产经营者的信誉、知名度、服务水平的优劣,因此品牌不同于名称。

竞争十分激烈的今天,作为一个复合概念,品牌的内容越来越广泛,主要有品牌营销、品牌广告、品牌公关、品牌 CI、品牌文化、品牌质量、品牌价值等。品牌学已经发展成为多门学科的边缘学科,包括的内容丰富多彩,涉及面很广。

经典的品牌广告其意境隽永长存。耐克的品牌精髓是"超越",它包含了耐克经营的各种内容,如卓越的技术、一流的运动员、超越自我的个性、生产跑鞋的历史和附属品牌"飞腾乔丹",以及所有希望超越的人们。海尔的"真诚到永远"表现的企业的诚恳、诚实与可信赖,说明企业比竞争者做得更周全,提供的服务更完善、更长远。

品牌精髓不只是广告口号。如果根据可选内容是否便于构成一条好的广告口号来取舍品牌精髓的内容,无疑是在犯本末倒置的错误。品牌精髓是品牌经营的核心内容,它的主要功能之一是与企业内部人员进行沟通和激励,而广告口号反映的是品牌定位(或传播目标),其作用是企业与外部人员进行沟通。品牌精髓是永恒的,而广告口号则是有阶段性、时效性的。更何况,品牌精髓更能跨越市场和产品类别的差异,而广告口号则局限在一定范围。在找到有效的品牌精髓表达方式的同时也能使它发挥广告口号的作用,这看上去固然是件好事,但如果二者兼顾则可能会同时偏离了它们各自的目标。

品牌具有以下特性:

(1)品牌是企业的一种无形资产。由于品牌的拥有者凭借着品牌能够不断地获取利益,所以我们说,品牌是具有价值的。这种价值我们是摸不着的,看不到的,但是却直接为企业创造着大量的超额利益。在 1998 年,柯达有形资产 149.68 亿美元,品牌价值却达 115.94 亿美元;可口可乐有形资产只有 138.73 亿美元,而品牌价值却高达 434.27 亿美元。

(2)品牌是通过一系列物质载体来表现自己的。物质载体有直接载体和间接载体之分。直接载体主要是美术图形;间接载体主要是市场占有率、知名度、美誉度、产品的质量、产品的价格等。没有物质载体,品牌就无法表现出来。

(3)一般情况下,品牌具有明显的排他性。品牌代表了一个企业在市场中的形象,是企业进入市场的一个通行证,在某种程度上,是企业在市场竞争中战胜对手的法宝,因此说品牌具有明显的排他独占性。企业往往通过自身保密和企业保护法来维护品牌,通过国家有关部门登记注册、申请专利等形式保护自己的品牌权益。

(4)品牌是企业市场竞争的有力工具。跨国企业的经营已经从产品输出走到了品牌输出的时代,在产品功能、结构等因素趋于一致的情况下,关键是看谁的品牌过硬。品牌长盛不衰的企业,就能在未来竞争中处于有利位置,吸引老主顾,开发潜在消费者,树立品牌的形象,提高市场占有率,增加企业的利润。

(5)品牌具有一定的风险性及不确定性。市场是不断变化的,消费者的需求也在不断提高,品牌的潜在价值可能很大,也可能很小。由于企业的产品质量出现意外,企业的资产状况运作不佳,产品售后服务不过关等原因,企业的品牌都可能在市场中迅速贬值,这给品牌的维护带来了艰巨的任务。企业在市场运作中,面临着"品牌贬值"的风险以及品牌提供的经济效益的不确定性,这种不确定性与风险性是品牌资产评估复杂性的原因之一。

品牌的概念源自两个方面:产品提供消费者满意的使用价值;消费者通过耳濡目染、接触、使用等途径,形成对产品的认识、情感和行动。这样就完成了品牌的概念。

如果消费者对于产品的认识、情感和行动是正面的、积极的、友好的和愿意接近的,品牌就有可能转为一种无形资产,体现出品牌的价值。这也是品牌资产的评估依据之一。如果消费者对于产品的认识、情感和行动是负面的、消极的、反感的、抵触的、否定的和拒绝的,品牌就面临着很严重的危机,品牌资产也就无从谈起。

品牌一端维系产品,一端联系消费者。成功的品牌就是企业和消费者彼此关爱、持续不断付出情感的结晶,珍贵而美好。

品牌通常由企业拥有,但在实质上,品牌更是消费者的。因为当消费者放弃企业的品牌时,该企业也就失去了品牌。当然,同是品牌的拥有者,企业与消费者对品牌的拥有的形态却截然不同。企业拥有品牌,享受品牌价值带来的资产就越大;而消费者越拥有品牌,他们付出的情感与金钱就越多,带给企业的好处也就越大。从这个角度来讲,拥有品牌的企业是最幸福的。

作为品牌精髓,它应该更能唤起联想,还要给人以启发,是不加修饰地陈述,还是夸张虚化一些,这需要企业加以抉择。其中关键的选择是品牌精髓究竟要以"品牌是什么"还是以"品牌能为消费者做什么"为焦点。品牌精髓是以理性的诉求强调功能性利益,还是刺激与品牌内容相联系的情感。

以功能性利益为着眼点的品牌精髓通常会强调相关的产品属性,这种关联性能产生显著的、持久的优势,但也会把品牌局限在一个框架当中。因此,一般品牌战略都会将品牌属性从单一的产品主导拓展到更广泛的范围。以情感性利益和自我表现性利益为主导的品牌属性为建立品牌和消费者之间的关系奠定了较高的基础,更能灵活地适应产品和市场的变化。下面就是一些成功的例子:

**品牌是什么——功能性利益**

大众汽车:德国技术

宝马:最终的交通技术

雅贝国家银行:特殊的安全

施乐:数字化文件处理设备公司

康柏:最好的答案

雷萨克斯:没有妥协

**品牌做什么——情感性和自我表现性利益**

美国运通:做得更多

百事：百事的一代

惠普：拓展的可能性

苹果：成为你最佳选择的实力

索尼：数字化梦幻儿童

施鲁姆伯格：超越的热情

耐克：超越，后演变成为"说干就干"的美国精神

微软：帮助人们发挥潜能

### (二)品牌的魅力

彻纳唐尼和麦克唐纳教授在合著的《创造强有力的品牌》一书中说："一个企业的品牌是其竞争优势的主要源泉和富有价值的战略财富。"

20世纪的中国人似乎更重视有形产品，因为以往供不应求的消费经验使人们对品牌的感受几乎是零。改革开放初期的企业家不明白，为什么中国制造的产品换上西洋的牌子就会身价百倍。不过，在买方市场已经形成的今天，靠品牌竞争也逐渐成了许多企业的共识，

可以说中国企业和消费者品牌意识的形成，是20世纪80年代在短缺经济时代伴随日本家电的消费而建立起来的。到了20世纪90年代，随着境外品牌与合资品牌对中国民族品牌的兼并与蚕食，中国企业开始真正认识到品牌是企业最宝贵的财富之一。但是，品牌究竟是什么，它为什么会有如此大的魅力，竟能够改变一个产品、一个企业，甚至一个国家的经济命运。

如果把品牌当作一种组织的象征，则强调它与企业内部员工、企业文化、企业经营价值观的联系。这种建立在企业组织联系基础之上的品牌概念最具有亲和力，它也是竞争者最难模仿的。品牌可以使一个产品更有个性，更具有魅力，更令人难忘，并且它可以变成一种表达使用者身份、地位和体现自我价值的标志。

如果有能力的话，消费者往往愿意花更多的钱购买世界名牌产品，他们看重的就是这些品牌已经成为一种个人独特身份的象征。如果把品牌当作一种象征的话，则能够为品牌识别提供一种凝聚力和结合体，使得品牌易认易记。无论是麦当劳、肯德基、唐老鸭、米老鼠，还是奔驰、宝马、奥迪、别克汽车标志，所有这些都使得品牌内涵更丰富，更能散发出超人的魅力。

在市场经济的建立和完善，以及人民生活水平的提高的同时，人们的消费心理也发生了变化。在琳琅满目的商品面前，谁不希望买到称心如意的名牌产品呢？于是，认牌购物变成了一种时尚。

作为企业的标识符号，作为帮助消费者区别产品和识别企业价值、展示企业信誉的载体，在企业创业初期，品牌是生产者或经营者在自己的产品上用以表明产品的来源、信誉、质量、服务的标志，代表着企业的个性，但随着时间的推移，它已逐渐演变成企业精神、企业文化的市场代表。在当今市场化社会文明的形成与发展过程中，它是重要的组成部分与推动力量。

品牌之间的竞争是市场竞争的一个重要部分，竞争是一个切磋、学习的过程，是品牌的形成、发展、维护或幻灭的过程。创造品牌、发展品牌是企业立足之本，是振兴民族工业的重要步骤，也是我国企业积极参与国际市场竞争的必由之路。一种商品或服务的质量、档次、品牌、价位的高低，直接表现为消费者对它的认识程度，因此产品的竞争力往往表现为品牌的竞争。驰名品牌是靠先进的技术、过硬的质量、严格的工艺、优质的服务打入市场的。由此可见，品牌已成为某些占有市场份额多的企业最简洁的象征，而这些企业在市场中的优势又借助品牌的特殊功能得到了广泛宣传，而被消费者所认可。这些年许多企业提出要与国际接轨，然而，要实现商品的国际化、

现代化,实施品牌战略是其中的关键环节。

品牌战略是针对于企业全局行动方向的决策,它不能只着眼于当前,而要针对长远;战略的目标、方向、重点都不可朝令夕改,如只求急功近利而缺乏长远打算、整理规划,则势必造成恶果。

同时,品牌战略又是企业形象战略的创造过程。成功的品牌战略能给企业带来无形的财富,宝贵的品牌资产是提高企业经济效益和社会效益的根本。当然,品牌战略的背后需要企业强大的技术支持、产品质量支持和服务支持。所以,品牌战略是上述系统工程的体现,是企业管理、服务、质量、技术等因素为基础的精神文化复合体,只有扎根市场,学习新的思想理念,扬长避短,才能使企业走上一条脚踏实地的发展之路。

无论是高科技产品还是日用品销售,一个强有力的市场营销工具就是品牌。第二次世界大战以来,品牌的发展经历了一个剧变的过程,它与世界经济与科技发展同步。特别是电脑与互联网的发展,对品牌的变革起到了推波助澜的作用。这一时期的产品品牌与企业品牌几乎融为一体,广告在创造企业品牌中所起的作用越来越重要,品牌已经跨越国界和文化障碍,成为另一种国际语言,并成为地区和地区、国家与国家之间的经济竞争的杠杆。品牌愈来愈成为衡量企业市场竞争地位的重要标准。现代企业已经进入品牌竞争的高层次阶段。

品牌作为企业发展的一个重要的标志,主要能产生以下四种效应:

1. 扩散效应

扩散效应是指企业品牌在消费者心目中有着极好的印象,进而消费者对企业产生好感与信任,当企业以原有品牌打出新产品之后,由于消费者对原有品牌及企业整体的好感,进而接受企业的新产品。

2. 聚合效应

聚合效应是指产品品牌在市场上拥有一定的占有率,知名度与美誉度都很高,促使企业不断壮大,进而企业会进入多个市场,但在进入的市场中有许多固有品牌,企业凭借着强大的品牌优势,依靠企业的规模,兼并收购已有品牌,形成品牌垄断。

为了形成和发挥品牌的聚合效应,企业在市场开拓之中,应该走集团化发展之路,利用集团化的规模曲线效应,提高企业品牌的竞争能力。随着品牌的发展壮大,企业的规模必将随之不断扩大,可以适时通过资产经营,组建"航空母舰",有效利用规模效益。

3. 潮流效应

潮流效应是指在特定的时间里,由于某种品牌产品知名度与美誉度很高,消费者争相购买,认为使用这种品牌产品很新潮,不但自己购买,还劝告另一部分消费者前来购买,述说使用此种品牌的好处,为了随大流,另一部分消费者也前来购买,形成了一种消费趋势,无形之中形成了一种时尚。

在一定时期内,企业可以利用品牌的潮流效应,使用各种促销手段,优待老主顾,开发潜在新用户,增加品牌的时尚观念,以此来提高市场份额,增加竞争力。

4. 磁场效应

磁场效应是指企业品牌拥有很高的知名度与名誉度后,在消费者心中树立起极高的威望,表现出对品牌的极度忠诚。如果消费者认为本品牌的产品可靠,质量好,购买这种产品是一种享受,此种品牌就对消费者有强烈的吸引力。消费者重复地购买此种品牌的产品,可以促进产品的销量,提高此种品牌的市场占有率,品牌形象进一步提高,形成品牌的良性循环。

磁场效应是对消费者的吸引能力,企业必须努力维护品牌的原有形象,加大品牌的宣传力度,让更多的潜在消费者知晓此种品牌产品,逐步培养他们的品牌忠诚度,提高企业品牌在市场中的地位。

品牌作为一个企业的标志,是从产品竞争到品牌竞争的转化,其中很重要的一个原因就是品牌代表着一种产品或服务的所有权,从根本上来说它是财富所有权的象征。谁生产或销售产品已经不再重要,重要的是谁拥有这一品牌。《财富》世界500强企业进入中国投资设厂,实施本土化生产销售;国际著名品牌,如汽车产业中的大众、奥迪、本田、别克,家电行业中的松下、东芝、索尼、西门子、飞利浦、LG,服装领域中的皮尔·卡丹、金利来,体育用品类的耐克、阿迪达斯,手机行业的苹果、三星等产品都在中国大陆加工生产,并且均取得了品牌全球扩张的市场效应和增值效应。

当今市场越来越成熟,随着产品供过于求,产品的同质化越来越明显,顾客购物趋于理性,竞争者要在市场中突出其产品优势,都千方百计地通过强化品牌个性,提供产品附加值特别是精神价值,来形成产品的独特差异性。前几年中国市场上的彩电价格大战,导致的是一场恶性竞争,用降价来走品牌差异化的道路,最后谁能在这场厮杀中生存下来,能否最终成功,其结果显而易见的。而市场竞争的时间证明,只有品牌体现的差异化,才是竞争制胜的有效手段。

而在产品市场多样化的竞争下,品牌成为购买者减少风险的一种有效办法。面临市场越来越多的同类同质产品,消费者都在试图尽力减少购买决策过程中的风险。特别是当消费者在一个新的产品领域面对许多竞争品牌时,他们就会感到有风险。例如,在今天的汽车市场、电脑市场、手机市场、药品市场中,我们常常会看到一些举棋不定的顾客,他们常常担忧购买的产品是否保险,性能、质量是否可靠,性价比是否合理,服务能否长期保障,品牌形象是否适合自己的身份、地位,体现自我价值等。

此外,品牌的选择,还代表了一种品位和个性化的形象。在服务、化妆品领域,品牌往往容易和某种特定涵义的东西联系在一起,购买者已经把品牌的象征意义和他们自身所要体现的价值联系在一起了。品牌的符号和名称转化成另一种非语言所能表述的附加值。

随着生活水平的提高,中国的消费者也同样注重选择品牌,消费者寻找的是具有鲜明个性的品牌,是最能体现其实际或渴望的自我概念的东西。

## 二、品牌的效用和种类

### (一)品牌的效用

品牌的效用在商品全球化的今天显现得非常引人注目。从企业品牌本身的角度看,品牌是识别一个企业的基本标志。这是指品牌能够尽快地帮助消费者找出所需要的商品,减少消费者在选购商品时所花费的时间和精力。消费者在购买具有某种使用价值的商品时,由于品种很多,很难做出抉择。正是因为品牌是产品的标志,消费者才会有目的地进行选择。品牌经过国家有关部门登记注册后,成为企业形象的代号,品牌在消费者中形成了良好的印象后,更容易吸引消费者在种类繁多的产品中很快地做出选择。

品牌在被企业确定打响和被消费者接收后,它有着保护企业以及消费者权益的功能。由于品牌通过登记注册后,受到法律的保护。如果有人用此种品牌来生产产品,对真品市场来说是一个冲击,那么企业就可以通过法律,保护自己的合法权益不受他人的侵犯。消费者如果购买到质量无保障的商品,也可以根据品牌,与企业进行交涉,保护自身的利益。

品牌在被企业进行交流的过程中,它会产生巨大的无形资产,为企业的效益和发展带来巨大的推动力。这是指品牌可以作为无形的商品进行买卖,这给企业带来了巨大的经济效益,而且随着企业规模的不断变大,品牌本身的价值也在连年攀升。例如,万宝路1994年品牌价值为330.15亿美元,到1996年时,品牌价值竟升到446.14亿美元,可见品牌作为一个无形资产,是企业的"聚宝盆"。

一个企业在塑造打造好自身的品牌后,如果它要推出新的产品。那么,已有的品牌就是它打入市场最有利的通行证。

品牌是企业赢得市场竞争优势的有力武器。20世纪80年代初期,日本的家电产品进入中国时,依靠的就是产品的品牌,例如东芝、日立、松下,凭借着这几大品牌产品,日本迅速打开中国的大门,很快就占领了中国的市场。

总之,品牌作为企业形象的代表,它总是为企业创造出巨大的价值。品牌代表着企业的市场形象,在消费者的观点中,总是把品牌与企业的形象联系起来。良好的品牌有利于企业形象的塑造,提高企业的知名度与美誉度,为企业多元化打下一个坚实的基础。例如,北京红星二锅头塑造了一种物美价廉、大众化的品牌形象,那么红星酿酒集团就给人一种贴近老百姓的企业形象,在消费者之中形成一种亲切、自然之感,增强了消费者的购买欲望。再如贵州茅台,由于自身品质和历史文化悠久的特色,被定为国宴用酒,所以企业在消费者心中的品牌形象是高档酒。

### (二)品牌的特征

对于品牌,首先必须明白它的评价标准和特征。品牌有四大评价标准:①其市场占有率和支配地位;②其超值创利能力;③其领域扩张和种类延伸,即企业借助自己的成功品牌推出系列产品和其他产品;④其消费对象的真诚度和消费区域,好的品牌,更易超越年龄、性别、国界和文化的区别。这四大标准中市场占有率和超值创利能力是两大主要指标。

作为判断产品竞争力的直接指标,市场占有率是指市场的占有份额。如果是驰名品牌,就要考察其产品的国际竞争力,即打入国际市场的能力,要放在世界市场的销售总额中来考察、判断和分析。如果是著名商标(国内品牌),就要考察其在国内市场所占有的份额,在市场充分开放的条件下,国内市场竞争国际化,国内品牌面临国际品牌的挑战,在考察市场占有率时不仅是与国内同类产品比较,同时也必须将国内品牌在国内市场占有的全部份额放在国际市场销售总额中来考察、判断和分析。

超值创利能力是品牌竞争力的另一项重要指标。企业参与市场竞争的根本目的,并不是扩大市场份额,而是通过扩大市场份额获得更多的利润。利润是企业生命的源泉,有了利润,企业才能生存、发展、壮大。如果说市场份额是品牌竞争力的数量指标,那么超值创利则是产品竞争力的质量指标。超值创利能力必须是高于同行业的平均利润水平,这才体现为品牌的竞争力,或者说是由品牌所带来的超值利益。

另外,还有其他一些衡量品牌的标准。北京名牌资产评估事务所参照国际标准,把商标的实力界定为七项内容:①领导能力,即商标影响市场的能力;②稳定性,即商标的生存能力;③市场环境,即商标交易的市场环境;④国际性,即商标越过地理和文化边界的能力;⑤趋势,即商标对本行业发展方向的影响力;⑥法律支持,即商标交流的法律有效性;⑦支持,即商标获得不断投诉的支持力。同时,北京名牌资产评估事务所建立起中国品牌的评价体系,这一评价体系所考虑的因素主要有:①品牌的开拓占领市场能力(M);②品牌的超值创利能力(S);③品牌的发展潜力(D);④一个品牌的综合价值(P)。可简单表述为以下公式:

$$P=M+S+D$$

在市场竞争中,品牌是市场竞争的焦点。目前,世界排名前500家的跨国公司,在中国投资的已超过了80%,从而形成了包括不同所有制形式、多元化投资主体、多市场竞争的格局,即市场主体多元化。在外资、外企的渗入中,中国市场上的洋品牌已屡见不鲜,并且在很多行业中处于领先地位。例如,在中国食品行业,仅"康师傅"和"统一"两个品牌就占方便面市场的62.40%;"麦当劳"和肯德基"在洋快餐市场上的份额更是在80%以上;在饮料市场,"可口可乐"和"百事可乐"两大品牌已占据中国碳酸饮料市场的53.7%,"雀巢"、"麦氏"已成为咖啡的代名词;在洗涤日化品行业,"碧浪"、"汰渍"、"奥妙"等洋品牌已占中国洗衣粉市场的大半;电信市场更是为"苹果"、"三星"等外国品牌所独霸……

西方跨国公司进占中国市场首先是品牌竞争。通过树立自己的品牌,打击竞争对手的品牌,是一种成本比较低、作用比较长远的战略举措。正因如此,许多发达国家的跨国公司进占发展中国家市场都纷纷要求打出自己的"品牌"。

除了合理竞争外,一些大的跨国公司对中国部分企业控股,"吃"掉中国企业的原有品牌,并打入"冷宫",更换成他们自己的品牌。到目前,有许多在我国享誉多年的老品牌在外企抢占制高点的过程中被缴械。"金鸡"不鸣、"金星"无光、"扬子"扬不起、"孔雀"难开屏,饮料行业也是"水淹七军"(实际是六大饮料品牌在与外企合资中被吞灭)。在20世纪90年代初,多家国际著名的家电制造商三番五次地提出要与"长虹"合资,均未成功,其主要原因之一就是"长虹"品牌的存与留。

这些事实,一方面反映了国有企业品牌意识不强;另一方面,我们从拥有强势的品牌、具有丰厚的市场营销经验、熟悉国际营销规则的跨国公司的竞争战略中也不难看出,品牌是市场竞争的焦点,是竞争对手之间的必争之地,是市场竞争的制高点。

在市场中,品牌不仅是市场竞争的焦点,而且作为企业资产很重要的一部分,使企业在打出自己的新产品中开通了一条绿色的通道,从而在消费者与企业之间驾上了一条无形的信任纽带,为企业的赢利塑造了极大的市场价格。

### 三、品牌时代的来临

中国加入世贸组织后,品牌战在中国打得更是激烈。从汽车到服装,从彩电到食品以及日用品饮料,中国正成为世界名牌角逐的赛场,而中国自己的品牌却是艰难待产。

从资料上看,可口可乐和百事可乐两不相让,稳稳地占据着中国的饮料市场,而可口可乐更是江山稳坐。中国的软饮料市场"战事频繁",但是可口可乐仍然以强劲的势头增长,速度之快、持续之久,令人称奇。据说,1979年可口可乐重返大陆,仅在友谊商店和涉外宾馆可以见到。20世纪80年代初,可口可乐年销售量就达到了200吨左右。1998年中美合办"中美饮料公司",开始在中国大陆生产原浆。

日本在汽车和家用电器方面的商标优势大于美国,美国在软饮料和快餐方面又超过了任何国家。肯德基、麦当劳连锁店遍布全国,是中国人的一大消费。软饮料的可口可乐、百事可乐、七喜都是美国制造的。

肯德基与麦当劳使中国消费者感受那独具魅力的美国口味和企业文化。肯德基于1987年率先进入中国,在北京前门西南角安营扎寨,立刻受到人们的欢迎,在营业面积和顾客容量方面属全球首位。麦当劳也在1990年在深圳开设中国第一家麦当劳餐厅,1992年4月全球最大的麦当劳餐厅在北京王府井南口开业,随后向各人口密集区延伸,大有后来者居上之势。全球两大快餐巨头在中国均获得理想的利润回报,其事业将进一步扩展。

与之类似的是汽车市场,对世界各大汽车厂商来说,中国是一个巨大的潜在市场。随着生活水平的提高,国民经济的迅速发展,私家车的梦想离老百姓越来越近。于是各汽车厂商纷纷在中国展开促销攻势。

而在亚洲,包括中国,迅速发展的家族企业的决策者以前对创立品牌却知之甚少,甚至熟视无睹,这很可能会成为他们的致命要害。

随着贸易管制政策的实施、技术的进步以及具有创新意识的竞争者的加入,统一市场消失了,大市场分崩离析。权力正在从制造商转移到零售商手中。在这种情况下,更应该强调而不是放弃创品牌。创品牌是一个公司抓住消费者,并维护其在消费者心中地位的根本手段。在激烈竞争的市场上,各企业的首要任务就是确保消费者的忠诚。对营销而言,创品牌与选准市场、产品定位一样重要,创品牌的最大作用就是在消费者心目中占据更大分量。

衡量品牌在消费者头脑中的分量,可以通过消费者测试方法,考虑到底有多少消费者能把某种普通产品与一个特定的企业联系起来。相对于那些具有高额赢利,但在消费者心中分量更重的企业,企业会更有良好的前景。

树立品牌还有更多的好处,比如有利于开拓该品牌产品的领域、扩大产品特许经营权的范围。例如,喜力产品包括淡啤酒、葡萄酒和爆玉米花;喜见达的产品不仅有冰激凌,还扩展到了爆玉米花、乳酪和糖果。我国的市场营销经理们对创品牌的概念已经耳熟能详。但是,由于传统思想模式的束缚,许多人还没有真正开始这样做。另外,OEM(接收世界名牌的定牌生产)也使许多亚洲公司看不到直接面对顾客的益处。除日本、韩国外,许多亚洲国家的厂商都把"低姿态"当做一种美德,信奉"酒香不怕巷子深"。但是继续依赖于OEM战略是很危险的,对亚洲新经济来说尤其如此。

当然创建品牌并不容易,其收益也不会立竿见影。它需要大量的投入和艰韧的行动。但精于创品牌的公司会从得知一个非常基本的商业真理:绝大部分利润归于产品品牌的拥有者,而不是生产产品的厂家。

中国名牌走出艰难的一步,但是极可贵的第一步。历史事实证明,名牌事业的发展中,后来者完全可以居上。日本成为汽车和手表的出口大国,就是有力的证明。

# 第二节　产品推广策划

## 一、产品推广的主要内容

产品推广(主要是广告,甚至只是广告)根据推广的目的和需要的不同,可以有各自不同的侧重点。产品推广大致包括以下内容:产品推广的市场调查,计划书的撰写,产品推广的市场定位,产品推广的宣传,产品推广的预算和效果测定等。

### 1. 从市场调查上看

市场调查是用科学的方法了解研究企业及产品营销状况和各种影响因素的广告策划活动。它主要包括产品调查、消费者调查和市场条件调查等内容。在广告策划过程中,市场调查有着极为重要的地位和作用。它是整个广告策划工作的开始,也是广告策划的基础。通过市场调查,不仅可以为广告战略和广告策略提供决策依据,为广告预算提供参考数据,而且能为广告信息的创作提供必要的素材,为广告计划的制定提供相应的参照。市场调查具体步骤和内容如表1所示。

**表 1　市场调查的步骤和内容**

| 主要环节 | 次序 | 具体步骤和内容 |
|---|---|---|
| 市场调查 | 1 | 确定市场调查的目标、范围、对象、方法,拟订市场调查计划。 |
|  | 2 | 拟订市场调查所需的问卷、访谈提纲,准备必要辅助设备和人员。 |
|  | 3 | 实施市场调查项目。 |
|  | 4 | 进行市场调查结果的分析、整理。 |
|  | 5 | 撰写市场调查与分析报告。 |
| 营销环境分析 | 6 | 分析企业的营销环境,具体内容包括:<br>• 宏观经济、政治、法律、文化环境对企业营销的影响。<br>• 产业的发展态势对企业营销的影响。<br>• 企业营销中的微观因素。 |
| 消费者分析 | 7 | 根据市场调查结果,对消费者进行分析,具体内容包括:<br>• 现有消费者群体的特性。<br>• 现有消费者的消费行为。<br>• 潜在消费者群体的特性。<br>• 潜在消费者成为实际消费者的可能性。 |
| 产品分析 | 8 | 形成消费者分析结果,具体内容包括:<br>• 企业在现有消费者方面面临的问题。<br>• 企业在现有消费者方面存在的机会。<br>• 潜在消费者和企业争取潜在消费者的机会。 |
| 产品分析 | 9 | 分析本产品,具体内容包括:<br>• 产品特性的分析。<br>• 产品形象的分析。<br>• 产品生命周期的分析。<br>• 产品与同类产品的比较。 |
| 产品分析总结 | 10 | 产品分析总结,具体内容包括:<br>• 产品在市场上面临的机会与问题。<br>• 产品与同类产品比较的优势和劣势。 |
| 企业分析与竞争对手分析 | 11 | 分析企业自身和企业的竞争对手,具体内容包括:<br>• 确定企业的竞争对手。<br>• 企业与竞争对手相比较的优势与劣势。 |
| 企业与竞争对手的广告分析 | 12 | 分析企业和竞争对手以往的广告活动,具体内容包括:<br>• 广告实践。<br>• 广告范围。<br>• 诉求对象。<br>• 广告效果。<br>• 企业与竞争对手相比在广告方面的优势与不足。 |

**2. 从产品推广的战略和策略上看**

广告战略是在一定时期内从宏观上对广告活动的全局性、深远性的谋划。它主要包括对广告目标、广告重点、广告对象、广告地区等内容的决策。在广告策划过程中,广告策略是广告活动的中心环节,是决定广告活动成败的关键。它是在市场调查的基础上,对广告活动的整体运筹。一方面,广告策略是企业营销战略在广告活动中的体现;另一方面,又是广告活动的行动纲领,对广告活动的各个环节都具有统帅指导作用。

广告策略是广告活动中各个环节的谋划,是广告活动所运用的措施与方法。它主要包括广告产品策划、广告心理策略、广告媒体策略、广告信息策略的内容。在广告活动中,广告策略是广告策划的主要内容。一方面,作为广告战略的组成部分,广告产品策略、广告心理策略对广告战略的制定提供了决策方法和依据;另一方面,作为广告战略的实施手段,广告媒体策略、广告信息策略又为广告战略的执行提供了具体保证。广告策略的具体内容和步骤如表 2 所示。

**表 2 广告策略的具体内容和步骤**

| 主要环节 | 次序 | 具体步骤和内容 |
| --- | --- | --- |
| 广告目标研讨及决策 | 1 | 根据前面的分析结果,确定广告活动的具体目标,具体内容包括:<br>• 知名度目标。<br>• 广告说服目标。<br>• 实际的战略销售目标。 |
| 目标市场策略研讨及决策 | 2 | 确定企业营销和广告的目标市场,具体内容包括:<br>• 对市场进行细分。<br>• 对细分市场进行评估和选择。<br>• 确定产品的目标市场策略。 |
| | 3 | • 分析目标市场,具体内容包括:描述各细分市场消费群体的特征。<br>• 确定细分市场的问题与机会。 |
| 产品定位策略研讨及决策 | 4 | 根据确定的目标市场,决定产品定位和广告的定位策略,具体内容包括:<br>• 分析原有产品定位的优势与不足。<br>• 分析竞争对手的定位策略。<br>• 确定本产品的市场定位。 |
| 广告诉求策略研讨及决策 | 5 | 根据目标市场,确定广告的诉求策略,具体内容包括:<br>• 广告的诉求对象。<br>• 广告的诉求重点。<br>• 广告的诉求方法。 |
| 广告表现策略研讨及决策 | 6 | 根据诉求策略确定广告表现策略,具体内容包括:<br>• 广告主题。<br>• 广告创意概念。<br>• 广告表现的具体要求。 |
| 广告媒介策略研讨及决策 | 7 | 根据目标市场策略的要求,进行广告媒介策略的决策,具体内容包括:<br>• 按照覆盖面、受众群体、千人成本对广告媒介进行评估。<br>• 选择媒介并确定媒介组合。<br>• 确定广告发布的时机、时序、时点策略。<br>• 确定广告发布的频率策略。 |

| 主要环节 | 次序 | 具体步骤和内容 |
|---|---|---|
| 促销组合策略研讨及决策 | 8 | 确定在广告活动中,除广告外,是否还需要公共关系活动、店面促销等奇特促销手段的配合,以及确认这些活动的策略如何。 |
| 制定具体的广告计划 | 9 | 根据前面的决策制定具体的广告计划,具体内容包括:<br>• 广告目标。<br>• 广告时间。<br>• 广告范围。<br>• 广告媒介。<br>• 广告表现。<br>• 广告与其他活动的配合。 |

3. 从广告预算和广告评价上看

广告预算是对广告活动所需经费的计算。它主要规定在一定时期内,从事广告活动所需的经费总额、使用范围和使用方法。作为计划工具,广告预算是以经费的形式说明广告计划;而作为控制工具,广告预算又以财务的形式决定广告的规模和过程。作为广告策划的一项重要内容,广告预算不仅可以为控制广告活动的规模提供有效手段,而且可以为准确地评价广告效果提供具体的经济指标,同时还能有计划地使用广告经费,加强广告工作的责任意识,提高广告活动的工作效率。

广告评价是指对广告效果的测定与评估。它包括对广告传播结果和广告促销效果的评价,其中广告传播效果的评估又包括事前测定与事后测定。广告评价标志着上一时期广告活动的结束和下一时期广告活动的开始。通过广告评价,可以为制定正确的广告战略与策略打下基础,为广告策划的不足与失误提供补救,还可检测广告活动的质量、水平,总结广告活动的经验教训,提高广告活动的责任意识,并推动广告事业更科学、更健康地发展。广告预算和广告评价的具体内容和步骤如表 3 所示。

表 3　广告预算和广告评价的具体内容和步骤

| 主要环节 | 次序 | 具体步骤和内容 |
|---|---|---|
| 制定广告预算 | 1 | 根据广告计划确定广告费用预算。 |
| 研讨并确定广告效果预测和监测的方法 | 2 | 为保证广告效果,确定对广告效果进行事前预测和事后监测及反馈的方法。 |
| 撰写广告策划书文本 | 3 | 根据以上内容,撰写完整的广告策划书文本。 |
| 广告策划内部检核与修改 | 4 | 在广告策划小组内部与广告策划进行审核与修改。 |
| 广告策划提案 | 5 | 将经过内部检核与修改的广告策划文本提交客户,向客户进行说明并且听取客户的意见。 |
| 广告策划的修改 | 6 | 根据与客户商讨的结果对广告策划再次进行修改,形成最后付诸实施的策划文本定稿。 |
| 广告表现计划的实施 | 7 | 广告公司内部根据广告策划,进行广告作品的设计、制作、完稿,形成最终用于发布的广告作品。 |

| 主要环节 | 次序 | 具体步骤和内容 |
|---|---|---|
| 广告媒介计划的实施 | 8 | 按照广告媒介计划,组织计划中规定的其他活动的实施。 |
| 其他活动的实施 | 9 | 按照广告计划,组织计划中规定的其他活动的实施。 |
| 广告效果的监测与评估 | 10 | 按照广告策划中规定的方法对广告的实际效果进行评估。 |
| 广告策划的总结 | 11 | 在广告计划实施全部完成后,对整个广告策划运作进行总结与评价,撰写总结报告存档。 |

## 二、产品推广的基本原则

产品推广(主要是广告)有其自身的原则,主要有以下五种:

### 1. 目的性原则

企业开展广告宣传活动,其目的很多,或是为了直接促销,或是为了提高产品的知名度,或是为了塑造企业的形象,或是为了解决在市场营销中面临的实际问题……总之都有某种特定的目的。广告主的广告目的是由市场营销的目标、直接的销售目标、在市场中面临的难题、在广告活动中面临的难题等因素限定的,有其特定的内涵,而不能仅仅以广告的一般目的来概括。

广告策划的直接目的是规划广告运动的战略和战术,其根本的目的则是帮助广告主达成广告目标,任何广告策划都是针对某一特定的广告目标进行的,而漫无目标的广告策划必然会成为纸上谈兵,不能产生任何实际的作用。因此,在广告策划运作过程中,广告策划者也不应该忽视广告策划的目的性和随之而来的针对性。

广告策划运作的目的性原则体现在以下几个方面:

(1)为广告策划而进行的市场调查不是普遍的市场调查,而应该针对特定的问题、特定的产品、特定的消费者进行。

(2)对广告策略的研讨和决策是针对企业在市场上所面临的特定形势进行的。

(3)广告的媒介策略应该针对特种的传播效果而确定,因此要寻找有助于达到目的的最佳组合。

### 2. 适应性原则

产品推广作为一种广告宣传,其广告信息必须通过一定的媒体才能得到有效的传播。广告传媒作为广告信息传播的载体,是进行广告活动必不可少的物质条件。因而,广告策划应该适应广告媒体的自身特点。首先,在广告策划中,不论是广告战略的制定,还是广告策略的决策,不论是广告计划的编制,还是广告信息的创作,都应注意广告和广告对象与广告媒体的关系,根据本地区广告媒体的现状、媒体的传播能力、媒体的自身特点,进行切实可行的广告决策。其次,还要根据媒体的现有水平、发展趋向及传播的科学规律进行广告策划。现代科学技术的进步使广告媒体得以不断发展并日渐丰富。从原始的街头吆喝到现代的电子媒体,从简单的手工制作到当代的电脑操作,现代科技的发展不但使广告传播手段更加先进,同时也对广告策划人员提出了更高的要求。要求广告策划适应现代科技进步的步伐,按照科学原则进行广告策划。

### 3. 整体性原则

产品推广策划包括了很多环节和内容,并且它们不是彼此孤立的,而是通过贯穿在产品推广策划中的产品推广策略统一起来的。产品推广策划的各项内容彼此环环紧扣,产品推广的实施环节彼此密切配合,使产品推广运动(活动)成为一个和谐统一的整体,在统一的策略指导下进行,任何一个环节违背产品推广运动(活动)的总的策略,都会直接影响到产品推广的效果。

产品推广策划的整体性要求广告公司在进行产品推广策划时也不能将各个环节孤立地进行,而应该在统一的组织之下,进行合理的分工和密切的配合,以保证各环节决策内容的和谐统一。

4. 效益性原则

广告信息的传播必须以付出报酬的方式进行。产品推广主投资于产品推广活动,其根本目的就是为了获得更大的经济效益。因而,产品推广策划必须充分重视经济效益,否则,产品推广策划也就失去了其经济意义。以最低的产品推广成本获得最好的产品推广效果构成了这一原则的基本内容,这具体体现在两个方面。首先,产品推广策划应尽量降低广告费用。当然,降低成本并不是在产品推广活动中偷工减料,敷衍塞责,而是利用一定产品推广投入发挥最佳产品推广效果。同样是一笔产品推广费用,由于产品推广策划水平的不同,产生的产品推广效果也不尽相同。而产品推广策划的作用就是通过对产品推广活动的运筹谋划,通过对市场分析、产品推广战略、产品推广策略的杰出策划,提高广告信息质量,降低广告投入。其次,产品推广策划应最大限度地发挥产品推广活动的实效。产品推广活动的本质目的就是创造经济效益。但客观地说,产品推广活动并不是直接销售,也不能直接创造经济价值。它是通过信息传播,提高产品和企业的知名度,树立产品和企业形象,从而间接地扩大产品销售量和市场占有率,以获得经济效益。在产品推广策划中,应充分发挥产品推广自身的促销作用,以取得最佳产品推广效果。

5. 前瞻性和集中性原则

任何产品推广策划都是着眼于未来的,因此产品推广策划在保证连续性的同时,还应该具有前瞻性,以适应未来市场可能发生的变化。产品推广策略虽然要保留以往产品推广策略的合理因素,但并不是完完全全的沿袭。产品推广策划的前瞻性,是由产品推广策划动作中对市场、消费者动态的科学分析来保证的,因此在产品推广中进行产品推广策划时,不但应该着眼于现实,而且应该着眼于未来。

在实际运作中,产品推广主常常有希望产品推广活动能够达到某种目的的倾向,而产品推广策划者也常常迫于来自产品推广主的压力,希望产品推广策划能够起到多种作用,这是非常不现实的,也是难以取得良好的效果的。因为目的众多,往往会影响广告策略的针对性,分散产品推广的诉求重点,给受众造成混乱的印象,从而使每一个目的都不能达到。因此产品推广策划应该集中最主要的目的,如果有多种目的需要达到,就应该通过不同的产品推广活动各个击破。

## 三、产品推广的程序与步骤

产品推广策划的整个过程,主要可分为四个阶段,即调查分析阶段、决策计划阶段、执行实施阶段、评价总结阶段。

### (一)调查分析阶段

这一阶段主要是进行市场调查与分析研究。调查分析的内容主要包括企业产品的历史、现状、特点及营销状况,消费者的需求、动机及购买能力,市场的社会经济环境,产品的容量及竞争状况,并根据市场调查所取得的资料进行分析研究,然后根据市场调查资料和分析研究结果写出市场调查报告,为企业营销和广告决策提供依据。

### (二)决策计划阶段

这一阶段主要是对产品推广活动的整体过程和具体环节进行决策和计划。在市场调查、分析研究的基础上,制定产品推广战略,确定产品推广目标、产品推广重点、产品推广地区,并以此为中心,决定产品推广策略,明确广告表现方式,以及媒体组合,然后进行产品推广预算,并根据上述内容,制定、写作广告计划。

### (三)执行实施阶段

这一阶段主要是执行并实施产品推广决策与计划。产品推广计划经过有关部门批准之后,即可进行产品推广设计、创作,制作成产品推广作品,并对产品推广作品进行事前测定与评价,然后定稿并按计划实施发布。

### (四)评价总结阶段

这一阶段主要是对产品推广发布后的传播效果和促销效果进行测定评估。产品推广作品发布之后,要运用各种方式对产品推广效果进行调查,并根据调查结果写出产品推广总结报告。

产品推广的程序如图1所示。

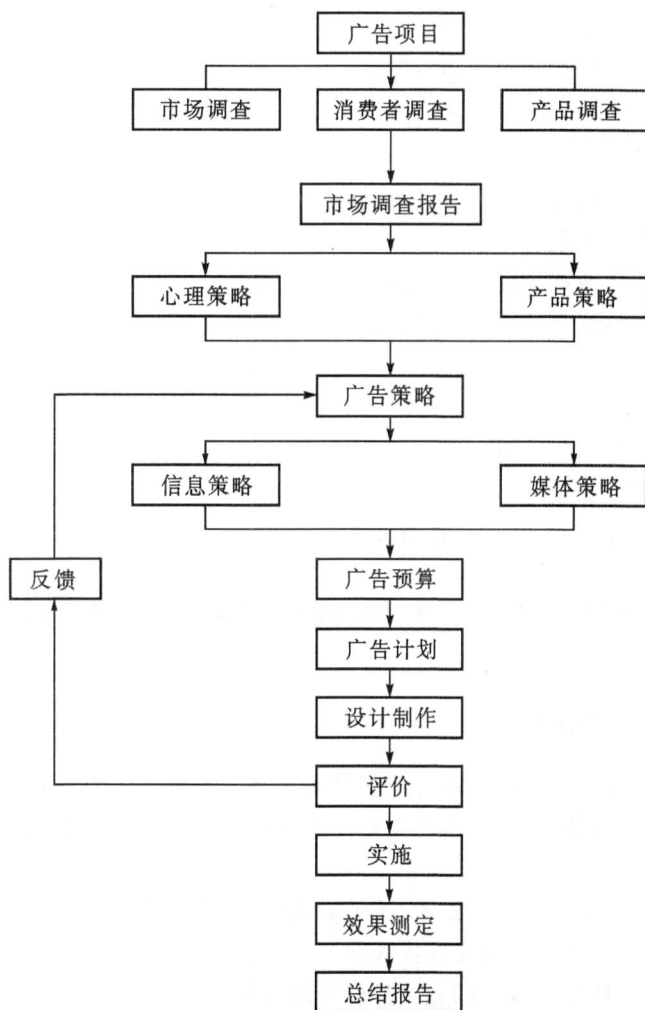

图 1　产品推广的程序

以某公司为例,广告推广的步骤一般如下:

(1)调查分析阶段。

第一步:成立广告策划小组,由广告调研、策划、创作、设计、制作人员组成。

第二步:对产品进行分析,明确产品定位。

第三步:对同类产品进行分析,明确竞争对手。

第四步:对市场进行分析,明确广告对象。

第五步:对消费者进行分析,明确广告对象。

第六步:根据以上分析,写出市场调查报告。

(2)决策计划阶段。

第七步:对企业营销战略进行分析,明确广告目标。

第八步:制定广告战略,明确广告重点。

第九步:决定最佳销售组合方案。

第十步:进行媒体选择,确定媒体策略。

第十一步:决定广告内容,确定创意构想。

第十二步:决定广告预算。

第十三步:制定广告计划草案并进行评估。

第十四步:确定最佳广告计划方案。

(3)执行实施阶段。

第十五步:确定广告设计方案,进行广告创作。

第十六步:制作广告作品。

第十七步:确定广告地点、时间及广告量。

第十八步:进行事前测定,取得广告主认可。

第十九步:正式推出广告。

(4)评价总结阶段。

第二十步:征集广告信息反馈。

第二十一步:测定广告效果。

第二十二步:总结经验教训,写出总结报告。

# 第三节　品牌战略与产品推行

## 一、做品牌不等于做产品

对于今天的企业来说,必须明白品牌和产品的区别。本章第一节我们介绍了品牌与产品的区别。产品只是品牌的载体,它有自身的生命周期;而品牌是诸多价值的综合,它没有生命周期,可以进行延伸。

对于企业来说,20 世纪 80 年代之前还是产品的时代,而现在目标品牌的大肆入侵已经让国内厂商感受到品牌的重要性。仅仅是有优秀的产品已经不能打开市场,顾客在乎的是在产品之上一系列的附加值和保证服务,以及品位、身份的象征等。

例如戴手表,是戴时间,戴款式,还是戴品牌。一块劳力士、一块雷达价格可以高达几千元、几万元,而一块普通的手表仅仅价值几十元、几百元。这数十倍上百倍的价格差异仅仅是产品质量性能上的差距吗?当然是否定的。产品与产品之间的质量、材料、款式的确有差异,但这种物理差异不可能有 10 倍、100 倍,劳力士、雷达价值主要在于品牌而不是产品。品牌不仅仅意味着产品的优秀——质量、性能、款式的全面优秀,还意味着一种身份,心理消费才是真正的重点。在

20世纪中期有一块表就是一种荣耀,那是产品的时代,现在是品牌的时代,仅仅产品优秀远远不够。大街上几十元几百元的手表很少有人问津,而价值千金的名表却成了许多人热烈的渴望与追求。因为劳力士、雷达是体现自我价值、体现优越感的绝佳道具。

同样的产品是不是品牌,对消费者而言其意义完全不一样。产品竞争与品牌竞争完全是两个不同层面的竞争。坐奔驰的人与坐夏利的人是两个层面的人,在很多"半被动消费"中,物质的享受反而是其次,品牌带给他的意义远远大过产品本身。有品牌的产品和服务,相对无品牌的产品和服务,消费者更愿意购买,并愿意付出更多的代价。品牌让产品升华,品牌做得越久积累越多,产品则不然。

所以有了产品,有了市场,并不意味着有了强势品牌。

现代产品策略大师史蒂芬·金的一段话,明确地定义了产品与品牌的本质区别。他说:"产品是工厂所生产的东西,品牌是消费者所购买的东西。产品可以被竞争者模仿,品牌却是独一无二的。产品消极过时落伍,但成名的品牌却能持久不衰。"具体地说,产品是具体的,消费者可以触摸、感觉、耳闻、鼻嗅;产品是物理属性的组合,具有某种特性的功能以满足消费者的使用需求。如车可以代步,食物可以果腹,衣服可以御寒保暖,音乐能够愉悦心情等。与产品相比,品牌是抽象的,是消费者对产品一切感受的总和。它关注了消费者的情绪、认知、态度及行为。例如,产品是否具有个性,是否足以信赖,是否产生满意度与价值感,是否代表某种特殊意义及情感寄托,是否在生活中不可缺少等。

当产品之间的差异性趋于同质化时,品牌将取代产品本身的使用功能,尽管这是提供消费者购买的理由与保证。产品与产品的竞争亦变成品牌与品牌之间的竞争。但是从产品到品牌却不是一个简单的、必然的过程。或者说,每个品牌之下都有一个产品,却不是每个产品都能架构一个品牌。

品牌代表的不仅仅是一系列的产品的属性,更体现某种特性的利益,如功能性或情感性利益等。而品牌的这种使人感知的利益价值是由产品属性转化而来的,或者说,品牌利益相当程度地受制于品牌属性。就奔驰而言,"工艺精湛、制造优良"的属性可转化"安全"这种功能性和情感性利益;"昂贵"的属性可转化为"这车令人羡慕,让我感到自己很重要并受人尊重"这样的情感利益;"耐用"属性的功能性利益是"可以使用多年或多年内不需要买新车"等。

"品牌以产品为载体"强调的是用产品创品牌,"品牌比产品更重要"强调的是用品牌推广产品。用产品创品牌与用品牌推广产品是品牌经营的两个阶段,前者是后者的前提与基础,后者是前者的目标与结果。与品牌以产品为载体的认识一样,正确理解品牌比产品更重要,同样也是品牌经营的先导。

正如史蒂芬·金所说的,具体的产品可能很快就会过时落伍,而成功的品牌却会持久不衰。现今市场相互竞争的同类同质产品和替代产品繁多,一些企业还停留在广告和产品推销商的层面上,忽视品牌价值,更有甚者,将产品经营或经销认为就是品牌经营。企业认为品牌需要大量的投资,因而放弃去培育品牌。殊不知,品牌是产品走向国际市场的通行证。企业要适应消费者需求,使产品在消费者挑剔的眼光中发展,就必须走品牌经营之路。

更为重要的是,产品具有市场生命同期,而品牌不具有市场生命周期。产品的市场生命周期是指它进入市场到退出市场的过程,而品牌,它以产品为载体,进行不断的更新,使得其经久不衰。因而,作为一个企业,只有树立自己的品牌,才能在市场中长久地经营、发展下去。

## 二、产品推广忌改变主题

产品在推广过程中要想打出自己的品牌,切忌改变其推广的主题。品牌作为一个企业形象的代表,它都有自己的核心价值定位。品牌的核心价值是品牌的精髓,它代表了一个品牌最核心且具有持久性的要素。一个品牌最独一无二、最具价值的部分通常会表现在核心价值上。海尔的核心价值是"真诚的服务",品牌的口号是"真诚到永远",海尔的星级服务、产品研发都是对这一理念的诠释和延展。

宣扬并全力维护品牌核心价值已经成为许多国际一流品牌的共识,是创造百年金字招牌的秘诀。可口可乐、雪碧的品牌核心价值承载着美国文化中"乐观奔放、积极向上、勇于面对困难"的精神内涵与价值观。尽管可口可乐、雪碧的广告每隔一段时间就会更换,内容甚至大相径庭,人物、广告语、情节都会有很大变化,但任何一个广告都会体现出上述品牌核心价值,就像张惠妹主演的雪碧广告中,以"我终于可以做一回自己了"、"表达真的我"、"我就是我,雪碧"等极为煽情的广告语,演绎着雪碧"张扬自我、独立掌握自己的命运"的品牌价值与内涵。

与之形成鲜明对比的是,我们国内的很多品牌,似乎不存在对品牌核心价值的对位,广告十分随意,诉求主题月月新、年年变。尽管大量的广告投入能促进产品销售,但几年下来却发现品牌资产没有得到有效积累。如红塔山,虽然有很高的知名度,但我们冷静地思考一下,它的核心价值到底是什么?从"天外有天,红塔集团"的形象广告看,可以总结为辉煌、壮观。那么,它的所有广告是否都在坚持这一路线呢?例如"红塔名品贺千禧"的广告,我们就看不到它的坚持。

在现在企业运营过程中,企业的战略一般都是通过品牌延伸实施的,新老产品共用已打响的品牌,这时,经营品牌的核心价值就显得更为重要了。其实,国际范围内众多家电魔下的几百种家电产品都用同一个品牌,主要是因为消费者对冰箱、洗衣机、彩电、音响等产生信赖的原因,都可以归结为一个共同点,即对这一品牌在技术、品质、服务、亲和力上的高度认同。如果缺乏这种认同,整个品牌体系将会混乱无序。

在做自己的品牌时,必须明白品牌与商标的关系。商标作为市场上的产品分类,它本身并不代表企业的品牌。

品牌极易与商标相混淆,往往会有一部分企业错误地认为产品进行商标注册后就成了品牌。事实上,两者既有联系,又有区别。有时两个概念可等同替代,而有时却不能混淆使用。品牌并不完全等同于商标。

在内涵上,商标只是品牌的一部分。但对商标是品牌的哪一部分确有不同的看法。一种观点认为,商标不是品牌的全部,而仅仅是品牌的一种标志或记号。依此看来,商标仅是品牌中的标志部分,或者说,商标就是指品牌标志,是便于消费者识别的部分。因此,商标的主要功能是作为传播基本元素。当然,这一观点还认为商标的主要功能中应包括法律保护。另一种观点认为,商标是向政府注册的受法律保障其专有权的品牌。本书赞同这种观点。品牌与商标都是用以识别不同生产经营者的不同种类、不同品质产品的商业名称及其标志。商标不仅只是一种标志或标记,它也包括而且更多的时候包括名称及称谓部分,在品牌注册成商标的过程中,这两部分常常是一起注册的,共同受到法律的保护。在企业的营销实践中,品牌与商标的基本目的也都是为了区别商品来源,便于消费者识别商品,以利竞争。可见,品牌与商标都是传播的基本元素,品牌与商标的不同之处,主要是商标能够得到法律的保护,而未经过注册获得商标权的品牌不受法律保护。所以说,商标是经过注册获得商标专用权从而受到法律保护的品牌。

例如,在饮料市场上,统一公司出品的"鲜橙多"果汁饮料颇受消费者认同。于是,随之而来的不同版本的"鲜橙多"饮料纷纷登场,仅在市场就至少有不同厂家生产的三种"鲜橙多"。即使如此,但是"统一"凭借自己在市场上的强势品牌,可以在"鲜橙多"被市场接收后,迅速占领市场,使跟进者难以超越。与之相反,排毒养颜胶囊的市场开创者就没有这么幸运。排毒养颜胶囊的广告推出,市场调查表明,超过半数的受访者不知道养生堂与它的关系。第一企业花巨资启蒙的市场,却被大家分享了。

产品推广不能改变推广主题,首先企业必须学会保护自己的品牌,依法进行注册。其次,在推广中,不能单一注重销量。单凭销量猛"炸"市场是创造不出品牌的。

很多企业营销主管的营销计划常常一味强调销售量的提升,把产品销售作为企业追求的最大目标。这些营销主管们大都有一个"共识":做销量就是做品牌,只要销量上来了,品牌自然会得到提升。这是非常错误的观点。片面追求销量的结果往往导致对品牌其他要素如品牌的知名度、美誉度、忠诚度、品牌联想等的建设视而不见,最终导致品牌的崩溃。最典型的例子莫过于三株的陨落,这是由于片面追求销量,忽视品牌其他要素建设的结果。当年三株,广告何其凶猛,销量何其庞大,但是,庞大的销售量并没有支撑起不倒的品牌大厦,仅仅因一场官司,外强中干的三株边轰然倒塌,如流星般陨落。

一般来说,单纯地为了达到扩大销量的目的而经常性地进行促销活动,极可能会使品牌贬值。经常性地促销会给人价格不真实的感觉,消费者更愿意等至促销时才去购买产品,一些忠诚消费者也会因为感到"受欺诈"离去。

广告有两个关键的目的:一是销量的增长,二是品牌形象的提升和品牌资产的积累。如果只是满足了其中一个目的,都不能说是成功的广告。纵观一些成功的品牌,不仅注意销量,更注重建立一个永续经营的品牌,甚至在某些时候,销量是次要的,品牌的建立才是最重要的。

在这方面成功例子有很多,可口可乐、海尔、美的等从来都是既要眼前的利益,更要长远的利益;既要销量,更要品牌积累。也只有这样的品牌才可以纵横驰骋、长盛不衰。

品牌的树立,无论何时都要围绕自己的主题进行,即使是一个国际知名企业,在进行品牌延伸中也要慎重考虑,否则,处心积虑经营几十年甚至几百年的心血就会在不知不觉中被销毁。

## 三、品牌、销售与产品推广

品牌的树立需要长久的品牌推广。在品牌的传播中,企业界普遍存在着一种不好的气氛——跟随潮流、人云亦云。这导致了似乎所有的产品都是一家企业生产出来的,毫无个性可言。在产品日益同质化的今天,如果在传播上仍不能有所区别,将会很快地淹没在信息的海洋中,被人遗忘。

其实,品牌与人有很多相似性。想想看,一个没有任何个性的人,当你与他见面后,再埋首于繁忙的工作中,你会很快地遗忘他是谁。而一个特别的人,你就能在过后的日子想起他,因为他与众不同的特征。

当今社会是一个价值观念多元化的社会。人们可以有各种各样的主张,各种各样的选择。而人们总是按照自己的喜好和个性去选择自己喜欢的品牌。这就创造了一种需求,即人们需要不同个性的品牌。那些随大流毫无性格试图争取所有人的产品,实际上将被所有人抛弃。这就是绝大多数产品至今仍默默无闻的真正原因。

对于企业来说,广告是实施品牌战略的一个重要手段,一个品牌的知名度在很大程度上是由品牌的广告投入决定的,但并不是说,广告完全决定着品牌的知名度。只有那些高质量、性能优越、适应市场需求的产品,通过一定的广告投入,才可能成为知名品牌。

形成持久的品牌效应是企业广告的目的所在。企业做广告,就是要提高产品的品牌知名度,强化消费者对品牌的记忆,培养消费者对品牌的好感,进而激发其购买欲望,产生购买行为,提高品牌在市场的地位,同时在消费者心中树立起一个良好的形象。

从实践角度来说,二者的关系一般有以下几种:①广告是品牌扬名的手段。广告具有传递信息快、覆盖面广、手段全面、反复宣传等特点,它是提高品牌知名度的有力手段之一。②广告是保持品牌的手段。一个企业要想使自己的品牌青春永在,就必须不断地进行广告的投入,只有这样,广大消费者才可以熟知该品牌。③品牌的形象需要通过广告来塑造。广告能够以平面、立体的形式展现品牌的形象。④品牌促销需要广告。通过广告宣传,提高知名度与美誉度,才能提高品牌的市场占有率。

在当今社会,人们开始崇尚名牌,并同品牌产品联系在了一起。诸如,穿名牌服装,戴名牌领带,抽名牌香烟,喝名牌饮料,穿品牌皮鞋,用名牌电器,坐名牌汽车……名牌给人们带来了荣耀——它象征着财富,标志着身份,证明着品质,沉淀着文化,装点着生活,引导着时尚。它是挡不住的诱惑,它是写不尽的史诗。品牌给企业带来了声望,并带来了滚滚的财源——哪个企业拥有强势的品牌,哪个企业就具有市场竞争优势,哪个企业日子就过得好,企业经营者和员工都会得到稳定的就业机会和丰厚的报酬。品牌的价值不可估量,它像一颗摇钱树、一个聚宝盆,谁拥有了品牌,谁就等于掌握了点金术。品牌的无形资产不仅像有形资产一样本身有价值,而且拥有本身以外的价值——金钱之外的金钱。品牌产生的财富,恰似一台无形的印钞机器。

只有有了品牌,一系列的定位才会在消费者心目中成形,销售量也才会真正地打开。仅以产品推广为主的销售,只能带来一时的利润,而对于品牌的树立并未有好的效用。

广告界著名人士比尔·波恩巴赫(Bill Bernbach)说:"如果在你的广告中,你站在一个人的头顶上只是为了引起别人的注意,那么你就错了;如果你让他在他的头顶上展示你的产品是怎样使衣袋充实,那你就对了。"

对于品牌的塑造来说,需要产品的不断更新。市场竞争是残酷的,当一家企业停止进步时,会不断有其他企业想把这家企业从消费者脑海里、从超市的货架上挤出去,只要你忽视竞争,停止努力,你就会慢慢地被人取代。攻下了市场这个城堡,但并不意味着这城堡永远属于你。不进则退,成功以后不再努力,那位置必然会被取代。

>> 上 篇

# 品牌策划篇

# 第一章 品牌定位战略

## 第一节 品牌定位概述

### 一、品牌市场定位

定位一词是由里斯和屈劳特提出并流行起来的。他们把定位看成是对现有产品的创造性实践——定位就是对企业的品牌进行设计，从而使其能在目标消费者心目中占有一个独特的、有价值的位置的行动。品牌定位，是指为自己的品牌在市场上树立一个明确的、有别于竞争对手品牌的、符合消费者需要的形象，其目的是在消费者心中占领一个有利的位置。

定位理论自诞生之日起，日益发挥着重要作用，以至提高到战略的高度，愈来愈受到人们的重视。品牌经营的首要任务是品牌定位，品牌定位是品牌建设的基础，是品牌经营成功的前提。品牌定位在品牌经营和市场营销中有着不可估量的作用。

作为市场定位就是企业根据市场细分和目标市场的要求，来确定企业及其产品在市场上的位置。企业的市场定位包括产品定位、价格定位、服务定位、品牌定位、风格定位等。其中最主要的就是产品定位和品牌定位。

产品定位即产品的市场定位，是确定企业的产品在市场上的位置。它是通过企业为自己的产品创立鲜明的特色和个性，从而塑造出独特的市场形象而实现的。一般来说，产品定位要通过产品的性能、构造、形状、规格、档次、价格、质量、款式等表现出来。它与一定的消费者群体有直接关系。产品定位既要考虑市场的需求和消费者特点，又要考虑企业自身的条件与能力。很显然，小本经营者进行高档豪华的产品定位是自不量力，无法实现；而在偏僻的农村建立一个大型百货大楼或大型超市又必然出现"有场无市"的困惑。

品牌定位是在产品定位的基础上的升华和规范化。在现代市场条件下，除了少数产品无品牌以外，大多数产品都有品牌。品牌是不同的市场主体为自己的产品或服务而创立的牌子。市场上同一种产品，因为有不同的厂家生产，就会有多个品牌。同样是白酒，就有茅台、五粮液、剑南春、二锅头等不同的品牌；同样是彩电，也有长虹、康佳、TCL、创维等不同品牌；其他各种产品，也有多个品牌。但也有不同产品采用同一个品牌的。这主要是同一家企业所生产的不同产品，在有些情况下，用同一种品牌。例如，松下的多种电器、海尔的多种家电、飞利浦的多种电器、雀巢的咖啡和奶粉、英雄的钢笔和其他文具等，都使用松下、海尔、飞利浦、雀巢、英雄等同一品牌,商品品牌与企业品牌之间是一脉相承的。

品牌定位是建立或塑造一个与目标市场有关的品牌形象的过程与结果。它与这一品牌所相对应的目标消费者应建立一种内在的联系。当然,品牌定位也不是一成不变的,根据市场的变化也应有所变化,但这种变化不应太快、太突然,否则就会引起误会,丢失市场。品牌定位是以消费者为中心的。没有一定的忠诚的消费者群,就不可能有品牌定位。因此,品牌定位也是品牌资产的一项重要内容。

定位这个概念是现今营销和传播领域最富魅力的术语之一。自从被提出以后,就被广泛使用于营销领域,成为营销教科书必然涉及的一个专门术语。把握品牌定位的精髓,要从探究里斯和屈劳特的核心思想开始。

里斯和屈劳特对定位下的定义是:"……定位并不是要你对产品做什么事,定位是你对未来的潜在顾客心智所下的工夫,也就是把产品定位在你未来潜在顾客心中。"从中可以看出,定位是对现有产品进行的一次创造性试验。"改变的是名称、价格及包装,实际上对产品则完全没有改变,所有的改变,基本上是在做着修饰而已,其目的是在潜在顾客心中得到有利的地位。"由此可以看出,里斯和屈劳特把定位当作是一种纯粹的传播策略,让产品占领消费者心智中的空隙。根据定位原理,人类心智都存有空位,让厂商去争取,假如消费者心智有空位的话,定位就很容易;但是,假如已被竞争者们占据的话,定位就困难了。

以市场调研为基础的 SIP(segmenting/市场细分、targeting/目标市场选择、positioning/市场定位)过程中,品牌定位是其重要的组成部门。

(1)通过市场细分将企业面对的复杂的市场分成若干个具有不同特征的子市场或分市场,使企业更容易发现市场机会,从而使企业设计塑造自己的独特的产品或品牌个性有了客观依据。

(2)目标市场选择是品牌定位的着力点。依据市场细分结果,根据自身的资源、技术条件、管理水平和竞争状况,结合企业的营销目标,选择拟进入对企业最有优势且最具有吸引力的细分市场,这是企业品牌营销活动的重要环节。也可以说,企业的一切品牌经营活动都必须围绕目标市场展开。

(3)品牌定位是市场定位的核心和集中表现。企业一旦选定了目标市场,就要设计并塑造自己相应的产品、品牌及企业形象,以争取目标消费者的认同。由于市场定位的最终目标是为了实现产品销售,而品牌是企业传播产品相关信息的基础,品牌还是消费者选购产品的主要依据,因而品牌成为产品与消费者连接的桥梁与纽带,品牌定位也就成为市场定位的核心和集中表现。

良好的品牌定位是品牌经营成功的前提,为企业进占市场、拓展市场起到导航作用。如若不能有效地对品牌进行定位,以树立独特的消费者可认同的品牌个性与形象,必然会使产品淹没在众多产品质量、性能及服务雷同的产品当中。品牌定位是品牌传播的客观基础,品牌传播依赖于品牌定位,没有品牌整体形象的预先设计(即品牌定位),那么品牌传播就难免盲从而缺乏一致性。总之,经过多重品牌运营手段的整合运用,品牌定位所确立的品牌整体形象即会驻留在消费者心中,这是品牌经营的直接结果,也是品牌经营的直接目的。如果没有正确的品牌定位,无论其产品质量再高、性能再好,无论怎样使尽促销手段,也不能成功。可以说,今后的商战将是定位战——市场竞争,产品竞争,品牌竞争,都将是定位竞争。品牌制胜将是定位的胜利。

品牌定位是品牌经营战略管理的奠基性工作,所有的品牌经营活动都必须在它的领导下进行,企业需要以定位来协调各种传播媒体的一致性和连贯性,使广告、公关、直销等种种推介宣传工具整合成一体的管道,发挥出更有实力的整合效果。

## 二、确定消费靶心

消费者作为品牌定位的最终目标,无论何种定位方法都必须以它为根据。里斯和屈劳特提出的定位方法有首次(第一)定位法、比附定位法、特色定位法、单一位置策略法、扩大名称法、寻找空隙策略法、类别品牌定位法、再定位法等方法。

首次定位法是定位对象首次进入空白心智。赋予定位对象的主张内涵可以是多方面的,但对受众来说,这方面的信息要是心智所第一次感知的,要占得最先与最大。

比附定位法是使定位对象与竞争对象(已占有牢固位置)发生关联,并确立与竞争对象的定位相反的(否定的)或可比的定位概念。

特色定位法是在遇有无敌地位的竞争对手的情况下,定位的策略是利用自己在潜在受众心智所拥有的位置,并巩固之,使之确立为心智中同类对象的新位置。

单一位置策略法是处于领导地位者,要以外来的新品牌来压制竞争者。因为每一个品牌都在潜在顾客心智中安置了独自所占据的一个特定处所。

扩大名称定位法是处于领导地位者,用更广的名称或增广其适用范围来保持其地位。

寻找空隙策略法是寻求受众心智中的空隙(而不是制造厂的空隙),然后加以填补。这需要反其道而想的能力。关于空隙的概念有大小、价格(高低)、性别、年龄、一天中的时段、分销渠道、大量使用者的位置等。

类别品牌定位法是当一个强大的品牌名称成为产品类型名称的代表或代替物时,必须给一个真正成功的新产品以一个新的名称,而不能采用"搭便车"的做法,沿袭企业原有产品的名称。这很像"跷跷板"原理。

再定位法,也称重新定位法,是打破产品在消费者心智中所保持的原有位置与结构,使产品按照新的观念在消费者心智中重新排位,调理关系,以创造一个有利于自己的新的秩序。这意味着必须先把一个旧的观念或产品搬出消费者的心智中,才能把一个新的装进去。这与比较性广告不同。比较性广告未给竞争者重新定位,而以它们作为自己品牌的基准点。

品牌的定位,必须注意如下一些问题:

(1)正确理解品牌定位与产品差异化的关系,实现产品差异化与品牌定位的有机结合。为正确理解品牌定位与产品定位的关系,必须首先澄清品牌定位不等同于产品差异化。品牌定位与产品差异化既有关联,又有显著区别。传统的产品差异化是在产品供过于求的条件下,生产者对现有产品的变异求新,以实现与竞争者产品的差异,其差异化主要通过产品本身的性能、质量、结构、款式等有形因素来实现的。而品牌定位则不同。品牌定位不仅仅是为了实现产品差异化,也是为了实现品牌差异化。随着市场竞争的日益加剧,同一行业中各企业产品的差异化越来越难以形成,如何利用影响消费者选购产品时的有形因素及其给消费者带来的物质和功能性利益,更注重利用产品的风格、文化、个性等无形因素及其给消费者带来的精神和情感性的利益,来塑造企业及其产品的独特而具有价值的形象,以期占据有利的心理据点,就成了企业竞争的理性选择。可见,产品差异化不是品牌定位的全部内容,它是品牌定位的基础或手段。品牌定位是全新的、更高层次上的营销思路与营销战略。

(2)正确处理品牌定位与品牌整合营销传播的关系,实现品牌定位与品牌推广的有机结合。品牌定位从产品开始,除了产品定位以外,作为品牌定位重要内容的就是品牌整合营销传播过程中的广告诉求。必须承认,品牌广告诉求作为企业与消费者沟通的主题,是品牌个性的重要体现,没有目标顾客认同的诉求主题,品牌定位也就难以实现,甚至是不可能实现的。但是,过分夸大广告诉求的作用,进而仅仅以品牌广告诉求来认知品牌定位是片面的。没有与广告诉求相一致的产品,那么,广告宣传的生命力、广告宣传的效果就不能持久存在。不能想象,若七喜产品中也含有咖啡因,那么,七喜的广告诉求主题 Uncola(非可乐)就不能驻留在消费者心中,七喜的非可乐品牌形象也将不复存在。正是因为七喜中无咖啡因,才使得非可乐诉求得以成立,消费者才广泛认同。因此,可以说,品牌定位是以产品定位为基础,以广告诉求定位为保障,通过各种营销手段的整合运用塑造品牌形象的过程。品牌定位最终所体现的让消费者所感知的品牌形象与个性是产品定位与宣传定位的有机结合。

品牌的广告宣传定位在品牌定位中的作用不可忽视,正如里斯和屈劳特所说:"定位并不是要你对产品做什么事。"因为即使产品基本一致,也会在品牌传播过程中的诉求主题不同,而形成不同的品牌个性。所以,重视并灵活设计品牌广告诉求(注意与产品的一致性)是确保品牌成功的重要条件。

"消费趋向"可以说是品牌定位的明确导向,与之相应,合理的"市场定位"是品牌之路正确途径。市场实践证明,任何一个品牌都不可能为全体顾客服务,细分市场并正确定位,是品牌赢得竞争的必然选择。

品牌定位明确、个性鲜明,才会有明确的目标消费层。唯有明确的定位,消费者才会感到商品有特色,有别于同类产品,形成稳定的消费群体。而且,唯有定位明确的品牌,才会形成一定的品位,成为某一层次消费者文化品位的象征,从而得到消费者的认可,让顾客得到情感和理性上的满足感。要想在竞争中脱颖而出,唯一的选择就是差异化,而定位正是在战略上达到差异化最有效的手段之一。企业如不懂得定位,必将湮没在茫茫的市场中。

在消费者与企业间进行良好的定位,才可能获得顾客。作为客户的忠诚消费,这是品牌真正成熟的象征。如何才能达到忠诚消费呢?追求产品附加价值,是一种最好的促进方式,如免费为顾客咨询、全程服务、定期保修、资讯丰富、专业迅速的维修系统等,以此赋予品牌高附加值,得到消费者认同并产生忠诚。例如为追求产品的附加值,美国 IBM 公司打出了"IBM 就是服务"的口号,一改过去就产品卖产品的做法。为此,该公司经理华特生曾在《企业与信念》一书中做了如下剖析:"随着时间的推移,良好的服务几乎已经成为 IBM 象征……多年以来,我们登了一则广告,用一目了然的粗笔体写着'IBM 就是最佳服务的象征',我始终认为这是我们有史以来最佳的广告,因为它清楚地表达出 IBM 真正的经营理念——我们要提供最好的服务,IBM 所签订的合同中,不只是机器出租与出售,更包含了所有的服务项目以及解决方案。"正是如此,IBM 吸引了一批又一批的忠诚的购买者,使得 IBM 品牌之光璀璨夺目。

品牌与消费者之间是一种互动关系,要想实现由商品的转化,就必须不断地与消费者进行沟通,这种沟通越顺利,转化也就越迅速。因此,消除沟通障碍,无疑是品牌之路不可回避的现实问题。在这些工作中应该注意对产品包装、定价等活动的策划。如果不能在第一时间以包装来吸引消费者的话,将严重影响二者之间的有效沟通。消费者与产品接触,首先见到的就是包装,就在这一瞬间,决定了一个品牌命运——如果喜欢就会买;如果不喜欢,就会选择别的品牌。因此,在设计之初,应倾听他们的意见。

与此同理,制定价格之前应该多倾听消费者的声音,消费者并不是所有的价格都会接受。事先的心理价位调研至关重要,很多企业在这里往往走不出成本的死结。渠道设计应提供消费者购买的方便性,三步能买到的,不该让他跑五步,否则他可能会选择别的品牌。

在这个信息爆炸的时代,消费者完全可以对厂商自说自话的臆语不理不睬、视而不见、充耳不闻。目前,许多品牌广告在表达企业的观点上,总是过于夸大,这不但无助于沟通,反而更加造成了沟通的障碍,使本来就多险阻的品牌之路更加步履艰难。

**案例介绍**

### "花花公子":享受生活

1953 年,休·海夫纳以他本人仅有的 600 美元资金及 6000 美元贷款出版了第一期《花花公子》杂志。

1962 年,休·海夫纳着手将其公司背后的经营哲学写了出来,勾划出其在公司和品牌上的定位市场。休·海夫纳描述了他眼中的花花公子究竟是个怎么样的人:

"花花公子"究竟是个什么样的人?他只不过是一个浪荡子、一个从未做过好事的人、一个赶时髦的遗产继承人吗?完全不是那么一回事儿,花花公子可能是一名头脑敏锐的青年公务员、一位艺术工作者、一位大学教授、一位建筑师或一位工程师。他可能是各种各样的人,但他们具有某种一致的观点:他绝不能把生活看成是以泪洗面的苦日子,反而他能够真诚快乐地珍惜宝贵的光阴;他能够从工作中享受乐趣,而不把工作看成是其活着的目标和一切;他应该是一个机敏的人,一个有见识的人,一个风雅的人,一个善于发现乐趣的人,一个并未沾染骄奢淫逸或玩世不恭而能充分享受生活的人。这正是我们使用花花公子这个词语时所指的那种人。"

根据这一定位,《花花公子》杂志就从一种与生活息息相关的基点起步,帮助人们最充分地享受生活。休·海夫纳先生为这种观点增加了别具一格的内容——集中享受和赞美生活的美好事物。

1959 年 8 月,芝加哥举行了第一届"花花公子"爵士音乐节。芝加哥一位著名音乐评论家称之为"爵士音乐史上最伟大的一周"。"花花公子"在提供了 19 年的最高级娱乐享受之后,从 1972 年开始,每年 6 月都在洛杉矶的好莱坞圆形剧场举行,听众人数通常都超过 35000 人。这是一个品牌延伸其内涵并不断完善发展,同时向美国生活的许多方面扩展的杰出例子。

创利广受认同、稳定持久的花花公子品牌的一个重要步骤,是在 1960 年 2 月 29 日晚上开设了芝加哥花花公子俱乐部。到 1962 年,在迈阿密、底特律等地都设立了同样的俱乐部。这就成为历史上最著名同时也是最成功的连锁夜总会的开端。这些俱乐部有助于加强花花公子高格调、高级别而且令人兴奋的形象。

到 1963 年,花花公子公司实现了 100 万美元的销售额,这促使花花公子产品部成立,同时正逐步形成了兔头设计和花花公子形象的力量。1967 年 3 月 3 日,花花公子创办人休·海夫纳出现在《时代》杂志的封面上。他在《时代》杂志上出现,巩固了这种看法:花花公子已被全球公认为富裕、高档及优雅的象征。

花花公子公司在运营中将自己的主要精力都集中于扩大品牌的相关性和独特性。公司要求其产品必须在同类产品中出类拔萃,效果良好,为人们所普遍接受,而且那些产品必须带有花花公子品牌的情感特色,即高级别、高格调及充满浪漫色彩。到了 20 世纪 80 年底初,已有跨越多个领域的花花公子产品在世界各地行销。

花花公子成功地缔造了全球性的品牌,其关键在于这个品牌已超越了单纯的产品,它具有更深的意义,即生活是美好的。花花公子男士及其配偶都能发现生活大有乐趣,令人兴奋而且充满挑战。

一种受人推崇的品牌,它必须与人们的生活息息相关,但又要与众不同。花花公子就是让人们在生活中享受着世界的美。这是一种与众不同的定位方式。

### 三、锻造产品,打造品牌

在当今世界,市场竞争日趋白热化,企业的竞争,产品的竞争,在很大程度上演变了品牌的竞争。因此,企业必须注意,在企业发展的过程中,打造自己的品牌,利用品牌参与市场竞争,以赢得市场。一个产品形不成自己的品牌,就会失去市场。多数企业在品牌管理认识方面存在极大的片面性,他们认为品牌问题即是广告问题。事实上,品牌的管理不仅仅是制作绝妙的广告和广告投放多少的问题。一个品牌在成长过程中会存在销售情况、市场状况、竞争态势、广告效果、促销效果、消费行为、渠道建设、市场战略等问题。企业如果在打造品牌的过程中对品牌及品牌管理认识不清,就很容易导致企业品牌战略的失败。当然,企业打造自己的品牌时,也不能毫无重点,对所有要素一视同仁。这样,企业不仅会浪费极大的资源,更有可能因为缺乏重点而使企业品牌战略失败,影响企业的发展。

那么,企业怎样才能够将自己的产品(包括服务)锻造完美,打造成在市场竞争中无往不利的品牌呢?在深入探讨企业品牌的塑造之前,我们有必要先了解影响消费者选择的因素,然后在此基础上展开讨论。一般而言,企业打造自己的品牌需要重点注意以下几个方面:

#### (一)合理规划市场营销策略

企业营销战略决定着企业打造品牌活动的成败。企业在实施品牌战略的过程中,必须采取科学、全面和有效的市场营销策略,否则,就会徒劳无功货或事倍功半。

作为一个创造性的思维活动过程,营销策略在企业开创品牌产品活动中有其自身的规律,在实践中必须遵循其客观规律性,把握基本原则,这是搞好市场营销的前提条件。营销策略是指企业为了促销产品,扩大销售,提高市场占有率,而在对市场、产品和消费者进行调查分析的基础上,根据市场客户的需求,对产品促销活动进行全面策划的过程。它是在对产品、消费者、市场规模和前景、竞争对手、销售渠道等情况有充分了解,并对未来发展趋势有了正确把握之后开始的,把顾客满意、营造品牌摆在第一位。

企业要打造自己的品牌,就必须以市场营销策略为指导,对现有同类产品、竞争性产品市场做好市场调查,了解产品的市场发展趋势,并使企业自身的产品顺应市场发展的要求。这样产品才能够在具有自身个性的同时,又具有市场流行的"时尚性"。由此,产品成为品牌才有可能。当今品牌能够生存和发展,是市场上各种力量的博弈的结果,了解消费者行为和消费者品牌认知,掌握品牌市场表现和市场竞争状况,然后根据此调整和指定市场竞争策略和品牌营销策略是一个企业能够在激烈的市场竞争中获胜的关键。

#### (二)关注企业产品本身的性能与质量

企业产品的性能与质量是其成为品牌的基础,在今天,品牌消费不但为消费者所关注,而且也日益成为企业核心竞争力最直接的体现。从广义的角度看,品牌是企业精心设计、创造的识别体系,是商品在消费者心目中留下的一种综合印象。它既是一种商品的标志,是一种无形资产,也是一种文化。品牌既代表了商品的市场定位、性能质量,也蕴含着巨大的经济价值和竞争优势。要创造过硬的品牌,关键要创造适度的消费价值,在消费者心目中被广泛认同。成功的品牌,应该是质量和文化相结合。德国的西门子,荷兰的飞利浦,美国的 IBM,日本的索尼享誉全球,与它们的质量上乘有直接关联。品牌的生命在于质量,缺少了质量这个基础,企业的品牌战略就只能是"空中楼阁"——只能在想象中体会,无法在现实中体验。

另外,企业产品的性能也是企业打造品牌必须注意的要素。很多成功的品牌都是以自己的品牌的性能作为品牌塑造和推广的一个主要切入点的。因为,产品性能的优越性是一个品牌产品与类似产品(同类产品与竞争性产品)相区别的重要方面。例如,在产品技术严重趋同的手机市场,各厂商为了扩大自己的市场份额,或企业为了进入手机市场,往往都是以突出自己与众不同的性能,如网络、试听、摄像等,此为品牌塑造点。

### (三)做好企业产品的品牌定位

合理的企业市场定位以及产品品牌定位是企业品牌塑造成功的关键。市场定位是指根据顾客对于某种产品属性的重视程度,给本企业的产品确保一个市场位置,让它在特定的时间、地点,为某一阶层的消费者量身打造,以利于与其他厂家的产品竞争。其目的在于为自己的产品创造和培养一定的特色,富有鲜明的个性,树立独特的市场形象,以区别于竞争对手,从而满足消费者的某种需要和偏爱。一般而言,市场定位策略分为功能定位、品质定位、是非定位等几种类型。现代企业通常是按照事先需要选择使用自己产品的市场定位策略。这样做的目的是有针对性,利于企业把握顾客。

品牌定位其实就是企业市场定位在企业品牌管理方面的展开。品牌定位具有明显的策略性质,它是形成一个品牌特别的基础,如万宝路香烟定位为"男子汉的香烟"。

实质上,人们购买某种品牌的商品都是为了满足他们对功能和情感的需要。因此,品牌定位也主要考虑两大因素:①理性选择与使用价值;②感性上的情感需要。

这两大因素的不同组合决定了品牌定位的不同表现形式:

(1)高表现性—高功能性。即在消费者心目中有最佳印象,特别受消费者喜爱;又在功能上最优,质量上乘,满足需要的使用性能。这一般是质量优异的高档名贵商品品牌。

(2)高表现性—低功能性。即品牌作为一种情感象征的分量大于品牌本身的功能特性。这一般是表示某种身份或气质的商品品牌。

(3)低表现性—低功能性。即消费者并不特别关心品牌的象征符号,对其功能也无特殊要求。这一般是挑选区别不大的大众化商品品牌。

一个产品要想塑造成品牌,其中非常重要的一点就是质量。这是任何一种产品想塑造自己的最基本的前提条件。企业制定价格适当,就有利于开拓、巩固和扩大市场,增强产品的竞争力。制定产品的价格既要考虑到企业自身的要求(成本补偿、利润水平等),又要考虑买主对价格有理解和接受能力。价格的重要性和定价所具有的买卖双方双向决策的特征,都使定价策略成为市场营销组合中最难确定的一个部分。总的来说,企业定价要从实现企业战略目标出发,选择恰当的定价目标,综合分析产品成本、市场需求、市场竞争等影响因素,运用科学的方法,灵活的策略,去制定消费者能够接受的价格。

### (四)突出产品的品牌个性

美国广告权威大卫·奥格威说:"一个伟大的创意是美丽、高度智慧与疯狂的结合,一个伟大的创意能改变我们的语言,使默默无名的品牌一夜之间闻名全球。"从某种意义上来说,产品之所以成为品牌,一定具有极其鲜明的"个性",这个独特的"个性",牢牢地把消费者吸引,使人过目不忘、印象深刻,品牌因此大行其道。美国品牌策略大师大卫·艾格认为,建立企业的品牌认同应分析企业、产品、人、符号四个概念,并依据不同层面的影响来使品牌认同显得更清晰、更丰富。在市场上,企业将浓缩为品牌,品牌也将成为企业征战市场的旗帜。企业的属性,包括企业的员工、文化、价值观、产品等各要素,也将集中表现为品牌的个性内容。品牌就是企业,品牌个性使企业的形象个性化,而且在市场上,易于被消费者感知、认识、理解和接受。品牌不仅仅意味着产品(质量、性能、款式)的优秀,心理消费才是真正的重点。

差异化是现今品牌繁杂的市场上最重要的优势来源。没有差异化,一个品牌很难在市场上脱颖而出。国内许多厂商都喜欢用产品属性来展示其差异化,但这种建立在产品上的差异化很难保持。因为产品的差异化是基于技术的,一般比较容易仿效。而由品牌个性建立起来的差异则深入到消费者的意识里,它提供了最重要、最牢固的差异化优势。个性给品牌一个脱颖而出的机会,并在消费者脑海里保留自己的位置。如步步高无绳电话用一个"有点丑"的男子来代言,通过幽默、戏剧化的表现方式来传达步步高无绳的独特性,其独特的品牌个性被鲜活地呈现在人们的面前。步步高无绳电话的功能容易被其他品牌所仿制,但其独特的品牌个性却无法被仿制,因为这种个性化的表达已经进入消费者的心智,从而促使消费者把步步高与其他品牌区别开来。而塑造不同的品牌个性是七喜公司营销的诀窍。七喜利用这一点不一致,针对美国人逐渐不喜欢可乐作为清新饮料的情况,夺取了很大的市场份额。它宣传的主题是:"您想尝尝别的味道?只有一种!"七喜"爽点"的特征,强化了它的反偶像的品牌个性,同时也发出了颇有竞争性的品牌定位提示,加强了七喜的差异化价值。

品牌个性的塑造是一个长期的过程,产品个性绝不能取代品牌个性。品牌个性是在品牌定位的基础上创造人格化、个性化的品牌形象,它代表特定的生活方式、价值观念与消费观念,目的是与目标消费者建立有利的情感联系。作为产品的感性形象,品牌个性所提倡的生活方式既要与产品的特色相适应,又要能引发符合目标消费者个性欲求的、心理上的、情感上的联想,如热情奔放、休闲安逸、浪漫情怀等,目的是激起消费者的购买欲望,此时的产品已不仅仅是某种具有某种自然属性的商品,而且是一种有生命、有个性的东西,是消费者生活中的一个好朋友。品牌个性使企业所提供的产品或服务人性化,从而使消费者消除戒备心理,较易接受企业的产品或服务。优良、鲜明的品牌个性能够吸引消费者,在消费者购买某个品牌的产品之前,这个品牌的个性已经把那些潜在的消费者征服了。百事可乐品牌创建活动中所展示出来的个性——年轻有活力、特立独行和自我张扬——迷倒了新新人类,新一代年轻人饮用百事可乐不仅仅是喝饮料,而是认可、接受百事可乐来展示他们与上一辈(他们和百事可乐)不一样的个性。正因为百事可乐有意塑造出的非凡的品牌个性,使百事可乐变得人性化,从而获得了青少年一代的高度认同,所以才能在激烈的饮料大战中与可口可乐相抗衡。

### (五)为消费者创造价值

瑞士洛桑国际管理发展研究院营销与战略学教授肖恩·米汉和伦敦商学院管理和营销学教授帕特里克·巴维茨联合著文倡导重视"顾客价值"。他们指出,"顾客价值"是指顾客对以下两个方面的权衡,即从某种产品或服务中所获得的总利益与在购买或拥有时所付出的总代价的比较。顾客在对可供选择的产品进行比较后,选中了他们认为会给他们带来最大利益的产品。因此,有价值是一种相对概念,是对相对竞争对手能提供的利益而言的。

调查表明,70%的顾客根据"感觉"购物,企业要创造顾客价值,不只是掌握顾客满意度,更要超越顾客满意度,创造新价值,亦要结合顾客与消费者行为的资讯,维持与顾客之间的互动,建立彼此的更亲密的互动关系。企业在塑造品牌的过程中,除强化商品本身的品质之外,价格、服务的附加价值更要配合而创造、提升。

企业要考虑的顾客价值主要包括以下三个方面:①顾客要求愈来愈多样化;②价值会因顾客而异;③顾客很难得到充分的信息,也不一定具有足够的判断力。

企业塑造品牌的过程中,了解并满足消费者需求,创造并增加顾客价值是企业形成自身品牌,并能够持续发展壮大的必要阶段。企业的品牌塑造与品牌管理必须对创造顾客价值予以关注。

**案例介绍**

### 舒蕾、奇强、雕牌的崛起

舒蕾、奇强、雕牌等日用产品都成功地在全国范围内建了自己的品牌。

自 1996 年上市以来，舒蕾洗发水即成长迅速，在 2000 年，在以宝洁为首的洗发水品牌市场份额下降的同时，舒蕾洗发水却在市场上脱颖而出，市场份额比上一年增长了一倍，对零售终端的有效管理以及围绕零售终端进行的市场推广活动是舒蕾成功的主要支柱。进入 20 世纪 90 年代末期，中国商业的经营业态呈现出多元化发展格局，各种零售业态层出不穷。多层次的销售网络正演变为扁平化结构，其终端逐步成为日用消费品营销中的战略性营销资源。舒蕾推出伊始便围绕终端建设自己的核心能力，从而在各卖场舒蕾均紧靠竞争对手，争取与竞争对手相仿甚至更多的陈列空间，目的就是最大限度发挥终端沟通的优势，促进购买竞争品牌的消费者实现品牌转换，从而有效遏制了竞争对手。

首先，丝宝集团为了对终端实施有效控制，甚至改变了以往以经销商为主的行销模式，通过在各地设立分公司、联络处，对主要的零售点实现直接供货与管理，从而建立起强有力的由厂商控制的垂直营销系统。而在促销的花样上，"舒蕾不仅使促销常规化，而且形成了赠品促销、人员促销、活动促销、联合促销的系统操作模式"。舒蕾重点抓大型卖场和零售小店的铺货宣传，辐射及带动中型店的开发。在各大商场设立了 1000 多个舒蕾专柜，不惜一切代价，让舒蕾的货架码头、堆码、宣传灯箱和 POP 海报尽量占据各卖场的显眼位置，并组建舒蕾"轻骑兵"，渗透到更能贴近生活的杂货店、小超市等地方。

其次，简单但重点突出（产品标识和产品利益点标志）的沟通策略是树立舒蕾品牌的重要基石。由于洗发产品的同质性强，过多强调产品的功能性差异意义不大。于是不论是产品包装、店头宣传、店内陈列，舒蕾总是力求清楚简明，令消费者一望便知。舒蕾上市近五年来，尽管在不同时期选择了王馨平、任贤齐、胡兵等做形象代言人，但其特有的舒蕾红与深蓝色标识、瓶形为特征的视觉形象识别的核心元素始终没有改变。一贯的形象宣传策略给消费者留下了深刻的印象。

再次，在充分利用贴近购买场合的新媒体及一些洗发水行业的非传统媒体上，有效地提升舒蕾的品牌知名度方面。舒蕾奇招迭出，在借鉴可口可乐和百事可乐市场生动化的基础上，舒蕾创造出收银台包装、店内看板、公车广告等许多洗发水品牌从未尝试，而又确实贴近消费者生活、廉价高效的宣传形式，从而与消费者建立了更为密切的沟通。终端广告与品牌形象不断重复所发生的品牌熟悉，对于洗发水这种日渐成为习惯性购买的产品发挥了巨大作用，而舒蕾在店内设立的美发顾问，使服务及交易在直接和互动影响的关系中进行。

最后，充分考虑中国的地区差异的区域扩展策略是舒蕾的良性发展的重要原因。

舒蕾一开始就避开国际品牌实力比较大的大城市，走"农村包围城市"的道路，选择国际品牌影响相对比较小的二线城市打入市场，在二线城市取得成功之后再逐步推向大城市。"丝宝希望经营一处，收获一处，舒蕾只要在一处获得成功，便迅速复制，实现盈利拓展"。宝洁、联合利华等国际公司对市场的认识的偏差和滞后的反应为舒蕾提供了广阔的成长空间。

奇强和雕牌的崛起方式与舒蕾稍有不同，它们主要是利用低价格取胜。

奇强和雕牌洗衣粉是目前中国销量最大的两个洗衣粉品牌。"在外资洗衣粉轰轰烈烈地大做城市市场的同时，奇强瞄准了潜力巨大的农村市场，利用原料生产基地的成本优势，采用低价位的销售策略，主攻中低品牌的空档"。由于城市市场已基本被外资洗衣粉牢牢占据，国内洗衣粉厂家于是采取大量的促销与较低的价位迅速抢占农村市场，奇强就是靠这一策略在 1997 年成为中国市场上产销量第一的品牌,甚至超过了原来排名第一的白猫。

雕牌则在 1999 年初卷土重来,在确保洗衣粉的质量的基础上,雕牌紧接着价格也降到 29 元/箱,从而跌破 30 元/箱的心理防线,由此,雕牌洗衣粉一举走出低谷,在全国各地掀起新一轮的"雕牌潮"。

与雕牌不同的是,对中等城市和农村市场富有成效的开拓工作为奇强的崛起奠定了良好的基础。一位中国广告界知名人士表示:"奇强看好了中档品牌在全国市场的空档,并选择闪电宣传攻势如建立办事处的方法,迅速在全国城乡广布广告、增加销售网点。为此,奇强甚至培训了 3000 名销售人员,并在所有火车开得到的地方建立办事处负责铺货及发展二三级经销商。"

奇强在宣传上更是因地制宜、形式多样,成功地拿下大部分的农村市场,在这个基础上,奇强为了巩固品牌形象,又在农村轰轰烈烈地打起了广告,只不过是载体不是报纸电视,也不是广告牌和灯箱,而是在乡村触目即是的土墙雨棚;在逐渐稳固了中等城市和农村市场的地位以后,奇强看准时机,用大胆新颖的营销活动又迅速在大城市迅速打开局面,"1997 年,奇强在北京洗涤用品展销洽谈会之机搞了个'风车行动',在展会上、商场里、公园中,送出 30 万个奇强风车,同时辅以媒体广告,由此,北京人在知道了有那么一个'全国销量第一、荣获国货金奖并且刚刚被评为城市消费最理想品牌的洗衣粉'的层面上开始了对奇强的消费"。

1999 年,奇强趁着白猫资金周转不畅之际,在上海推出和佳美洗衣粉功效相同但价格低 30％的加酶加香洗衣粉,再加上在东方电视台和地铁、小区的灯箱上做的广告,三个月之间就使洗衣粉在上海地区的销售额从 40 万元稳稳地升至 200 万元,成功地"攻克"上海。

雕牌的广告宣传也同样颇具特色,在特价的基础上,雕牌的策略更多的是通过密集的电视广告和结合社会热点的情感诉求广告。

2000 年初,雕牌洗衣粉开始在中央电视台高频率地播出新一轮的广告,并抓住下岗职工这一社会关注热点,打起亲情牌。广告立竿见影,加上产品本身的良好性能,一时间经销商告急,狂销高潮甚至没有给他们足够的时间来组织生产。

# 第二节　品牌定位的选择

## 一、品牌定位战略

定位的基本方法,不是去创作某种新奇或与众不同的事项,而是去操纵已经存在于顾客心中的东西,去重新结合已存在的联结关系。

实际上,回返现实是 20 世纪 90 年代以来这一段时期的有一个主要消费特点。如穿白色衣服的骑士(指 Ajax 去污粉的商标人物)及带黑眼罩(指 Hathaway 衬衫的商标人物)的噱头已经不再流行,代之而起的是类似"来自美乐公司的淡啤酒"(Lite Beer form Milier)所称的"有着你经常在上好啤酒中所想要的各项东西,只是量较少一点"的定位观念。

品牌在宣扬无限温情的同时,对自己的品牌基本定位前提做了率直、清楚的解释。如今要想成功,一定要脚踏实地。唯一值得要计较的现实,则是在潜在顾客心中早已存在的事物。在创作上,去创造某种并未存在于心中的重要事物,即使不一定不可能,也必会日益困难。

如前所述,品牌以两个方面为特征,即理性功能及感性符号。当消费者挑选品牌时,他们在理性上考虑品牌功能的实用问题,与此同时,他们评估不同品牌的个性,形成了哪一品牌能与他们的想象力联系在一起的观点。当发觉两个竞争品牌物理功能相近时,那么最能提高消费者自我价值观念或者说品牌个性与消费者个性相一致的那一品牌就被选中了。

## (一)品牌定位策略

品牌可以有多种定位,可以是低价定位、优质定位、地位定位、先进技术定位等。对于企业来说,运用品牌定位策略的目的是建立他所希望的、对本细分市场内大量消费者有吸引力的竞争优势。品牌定位策略多种多样,但常用的有以下五种:

### 1. 强化定位策略

这是指在消费者心目中强调自己现在的形象的定位。例如,七喜饮料的广告语"七喜,非可乐"。

### 2. 特色定位策略

这是指寻找为许多消费者所重视的,但尚未被占领的细分市场。例如,美国 M&M 公司生产的巧克力具有不易在手中融化的特点。该产品广告语为"只溶在口,不溶在手",极富个性。

### 3. 比较定位策略

这是指通过与竞争品牌的客观比较,来确定自己的市场定位。不过比较定位的分寸不易把握,易变成诋毁其他品牌的行为,所以要慎用。

### 4. 最优定位策略

这是指追求品牌成为本行业中领导者的市场定位。据调查,一般消费者能回想起同类产品的个数不超过七个,而名列第二的产品的销量往往只及名列第一的品牌的一半,所以"先入为主"是行之有效的品牌定位策略。

### 5. "高级俱乐部"策略

这是指强调自己是某个具有良好信誉的小集团成员之一。企业如果不能取得第一位和某种独特的属性,采取这种定位策略不失为一种良策。例如,广东惠州 TCL 电子集团公司,打出"国产电视三大名牌之一",一下子就挤入消费者视野。

一个名称有时关系到这个产品的销售对象、地区和国家。例如"帆船牌",英文为"junk",有假货、破烂之意。"紫罗兰牌",英文为"poursy",是指没有大丈夫气的男人,或指有同性恋倾向的男人。品牌定位策略的合理运用,能使企业及产品品牌在短时期内脱颖而出,加强品牌的个性张力,以此加深消费者对该品牌的感性认知度。

## (二)品牌定位原则

从不同策略看,品牌定位有以下几项基本原则:

### 1. 品牌意识原则

当一个品牌的定位存在时,该品牌的识别和价值主张才能够完全地得到发展,并且具有系统脉络和深度。对某些品牌而言,品牌识别和价值主张被合成一套陈述,并作为品牌定位之用,但在大部分的情况下,后者的内涵明显大于前者。例如,干净、清洁绝对是麦当劳品牌识别的重要部分,但却不能成为它的品牌定位,因为干净、清洁并不能将麦当劳区别于其主要的竞争对手。另一种情况是,在品牌识别及价值主张不变的情况下,品牌定位是可以被改变的。

### 2. 针对消费者原则

品牌定位必须设定一个特定的传播对象,而这些特定对象可能只是该品牌所有目标对象中的一部分。例如,"开开"衬衫的目标市场是工薪阶层但时尚超前以款式为主的青年消费群,以及收入丰厚、重工重料的白领消费群。为此,"开开"每年推出 400 个以上新款衬衫,1000 个以上新品羊毛衫迎合不同层次的消费需求。在进行品牌定位时,就是要以一种始终如一的形式将品牌的利益与消费者心理上的需求连接起来,通过这种方式将品牌的定位明确地传递给消费者。

品牌必须将自己定位于满足消费者需求的立场上,最终借助传播让品牌在消费者心智中获得一个有利的位置。要达到这一目的,首先必须考虑目标消费者的需要、欲求和需求。借助于消费者行为调查,可以了解目标对象的生活形态或心理层面的情况。这一切,都是为了找到切中消费者需要的品牌利益点。而思考的焦点要从产品属性转向消费者利益。

消费者利益的定位是站在消费者的立场上来看的,它是消费者期望从品牌中得到什么样的价值满足。所以用于定位的利益点选择除了产品利益外,还有心理、象征意义上的利益。这使得产品转化为品牌。因此可以说,定位与品牌化其实是一体两面,如果说品牌就是消费者认知,那么定位就是公司将品牌提供给消费者的过程。

### 3. 差异性竞争原则

在市场竞争十分激烈的情况下,几乎任何一个细分市场都存在一个或多个竞争者,未被开发的空间越来越少了。在这种情况下,企业在进行品牌定位时更应考虑竞争者的品牌定位,应力图在品牌所体现的个性和风格上与竞争者有所区别,否则消费者易于将后进入企业的品牌视作模仿者而不予信任。在百事可乐最初推向市场时,以挑战者身份使用"Me Too(我也是)"策略。言下之意,你是"真正的可乐","我也是"。消费者在心目中产生了模仿者的概念,可口可乐推出"只有'可口可乐'才是真正的可乐"战略进一步强化了这一印象,它在提醒消费者,"可口可乐"才是真正的创始者,其他都是仿冒品,给百事可乐以迎头痛击。因此,企业在进行品牌定位时,要突出自己的特色,营造自己品牌的优势,使自己的品牌有别于竞争性品牌。

品牌定位战略必须重视竞争者的影响,没有竞争的存在,定位就失去了价值。因此,不论以何种方法、策略定位,要始终考虑与竞争者的相对关系。斜躺在美国汉堡王餐厅桌上的一张牌子"只有麦当劳不喜欢我们的汉堡",就是此种情形的表现。品牌定位的差异性创造竞争价值,良好的差异定位可以创造品牌的"第一位置"。品牌定位本质上展现其相对于竞争者的优势,通过向消费者传达差异性信息而让品牌引起消费者注意的认知,并在消费者心智上占据与众不同的有价值的位置。

## 二、品牌定位的步骤

不同的商品可找到不同品牌定位,有的可以"优质定位",有的可以"低价定位",有的可以"优质低价定位",有的可以"先进技术定位",有的可以"大众化定位"等。每种品牌的定位,都应使其在整个市场上的位置恰如其分,充分发挥定位适当的市场竞争优势。这就需要在程序上加以体现。通常情况下,品牌定位的步骤如下:

### (一)明确竞争目标

在变化频繁的市场上,企业要明确自己的竞争目标,确定自己的经营领域,界定企业的经营品种范围和地区,制定具体的竞争战略是发展还是维持,或者是收缩甚至放弃。对有发展前途的领域,应提高其市场占有率,推动其发展;对市场领先而增长趋势不大的领域,应维持其市场占有率;对产品进入衰退期的领域则应主动收缩;对没有发展前途且不能盈利的领域则应坚决放弃。企业只有明确竞争目标,采取恰当的竞争战略,才有利于正确定位。明确竞争目标,是企业进行品牌定位的前提。

### (二)确定目标消费者

企业在明确了竞争目标以后,就要确定目标消费者,即愿意购买本企业产品品牌的顾客。消费者有不同类型、不同消费层次、不同消费习惯和偏好,企业的品牌定位要从主客观条件和因素出发,寻找适合竞争目标要求的目标消费者。要根据市场细分中的特定细分市场,满足特定消费者的特定需要,找准"市场空隙",细化品牌定位。消费者的需求也是不断变化的,企业还可以根据时代的进步和新产品发展的趋势,引导目标消费者产生新的需求,形成新的品牌定位。品牌定位一定要摸准顾客的心,唤起他们内心的需要,这是品牌定位的基本功能。

### (三)确认本企业的竞争优势

确定企业的竞争就需要关注三个方面的问题:①竞争对手的品牌定位如何;②目标市场上足够数量的消费者欲望满足程度如何以及确实还需要什么;③针对竞争者的品牌定位和潜在消费者的真正需要的利益要求,企业应该和能够做什么。要回答这三个问题,品牌经营人员必须通过一切调研手段,系统地设计、搜集、分析并报告有关上述问题的资料和研究结果。通过回答上诉三个问题,企业就可从中把握和确定自己的潜在竞争优势在何处。

### (四)选择相对竞争优势

相对竞争优势是企业能够胜过竞争对手的竞争能力。这种能力既可以是现有的,也可以是潜在的。准确地选择相对竞争优势就是一个企业各方面实力与竞争者的实力相比较的过程。比较的指标应是一个完整的体系,只有这样,才能准确地选择相对竞争优势。通常的方法是分析、比较企业与竞争对手在下列七个方面究竟哪些是优势,哪些是弱势。

1. 经营管理方面

经营管理方面主要是经营者素质,包括领导能力、决策水平、计划能力、组织协调能力以及个人应变等指标。

2. 技术开发方面

技术开发方面主要分析技术资源(如专利、技术诀窍等)、技术手段、技术人员能力和资金来源是否充足等指标。

3. 采购方面

采购方面主要分析采购方法、存储及物流系统、供应商合作以及采购人员能力等指标。

4. 生产作业方面

生产作业方面主要分析生产能力、技术装备、生产过程控制以及职工素质等指标。

5. 品牌营销方面

品牌营销方面主要分析营销网络控制、市场研究、服务与销售战略、广告、资金来源等是否充足,以及市场营销人员的能力等指标。

6. 财务方面

财务方面主要考察长期资本和短期资本的来源及资本成本、支付能力、现金流量,以及财务制度与理财素质等指标。

7. 产品及服务方面

产品及服务方面主要考察可利用的产品和服务特色、价格、质量、物流配送、支付条件、包装装潢、服务、市场份额、形象声誉等指标。

通过对上诉指标体系的分析与比较,选出最适合本企业的优势项目。

### (五)独特竞争优势的传播

这一步骤的主要任务是企业要通过一系列的宣传促销活动,将其独特的竞争优势准确地传

递给消费者,并在消费者心中留下良好的印象。为此企业应做到以下三点:

(1)企业应使目标消费者了解、知道、熟悉、认同、喜欢和偏好本企业的产品,在消费者心目中建立与品牌定位相一致的形象。

(2)企业通过一切努力强化品牌形象,保持与消费者的关系,稳定消费者的态度和加深消费者的感情来巩固与品牌相一致的形象。

(3)企业应注意消费者对品牌定位理解出现的偏差或由于企业品牌定位宣传上的失误而造成品牌诉求主题模糊、混乱和误会,及时纠正与品牌定位不一致的现象。

### (六)结合竞争优势与消费者心理

强化自身的竞争优势,确定目标消费者,这二者开始是单独进行的步骤,但成功的关键在于使二者结合起来,在品牌定位中,使本企业的竞争优势与消费者心理尤其是消费者强烈的购买愿意、购买动机结合起来,直至形成消费者的购买行为。这样,品牌定位就实现了它的目标,吸引消费者和开拓市场。企业在品牌定位中可以采取以下不同的策略来占领市场:

(1)先入为主策略。抢先占领市场制高点,成为市场领导者,确立品牌的领导地位,对于新产品、新品牌,先入为主策略更显威力。

(2)空隙卡入策略。如果消费者的心里已被其他先入者的品牌占领,作为跟进者的企业则应采取空隙卡入策略,在消费者心智空间中寻找空隙,从而开发新的市场空间。空隙找得越准越多,市场空间也就越大越深。市场空隙是大量存在的,关键在于人们要细心观察,用心发掘,就能为品牌定位找出可观的市场空间。

**案例介绍**

#### 奥迪的战略

1988 年奥迪与中国一汽的合作让中国的消费者第一次领略到了豪华轿车的风貌。但最初的奥迪 200 系列并没有将奥迪所代表的品质和概念完全展示给中国人。处于中国刚刚改革开放时期的黑色奥迪倒是被异化为某种权力和身份的象征,除了进口轿车,奥迪品牌已经和官方的级别划上了等号,成为一种寄生于特定体制的特殊消费品。

奥迪最初确定的目标市场是那些追求自我,懂得生活的满足,来自于一种优雅而不是张扬和炫耀的"个性一族"。在国外,奥迪作为一种品牌已经演变为一种生活方式的符号,品牌的定位是与单个消费者的个性而不是与社会地位、权力联系在一起的。审视 2001 年奥迪 A6 在中国的姿态,不失身份地采用广泛的大众化媒体,依然执着地突出自己的品质完美,悄悄地将诉求转向安全而不是豪华,似乎在努力改变 20 世纪八、九十年代留给中国人的传统印象,将自己的市场定位由官方转向"媚俗"。虽然,奥迪 A6 在价格方面还是国产轿车中的"贵族",但是,它已经清醒地看到 2000 年以来中国轿车市场的价格大战和私人购买汽车的消费热潮,引发了轿车市场竞争格局的重组,特别是广州本田和上海别克的节节攻势,奥迪继续沿用以往的品牌策略显然不合时宜。所以,到 2001 年,闪亮着银灰色四环标志的奥迪 A6 放下了自己矜持的架子,高举起"安全"的大旗向大众靠拢。

奥迪 A6 的品牌定位是秉承着奥迪品牌的一贯精髓的。奥迪创始人 August Horch 创立该品牌的宗旨,就是技术与创新,而且这一宗旨最后成为奥迪品牌的核心价值所在。可能这是奥迪品牌在中国市场立于不败之地最坚实的基础。奥迪在全球创立品牌成功的一个很重要的原因,就是无论它在哪里建立工厂生产奥迪轿车,它都会秉承"同一星球,同一奥迪,同一品质"的原则,将追求技术领先和不断创新的宗旨融化在工艺、技术和服务的每一个细节之中,并传播到世界的各个角落。无论奥迪 A3 生产于巴西,奥迪 TT 生产于匈牙利,还是奥迪 A8 生产于德国,奥迪 A6 生产于中国,追求品质的尽善尽美始终是奥迪品牌坚持的信念。2001 年中国全面推出的奥迪 A6 国产部件已经达到 40％,但它的品质保持了奥迪的国际水准。从 1997 年底开始采购、订货、安装和调试,到 1999 年第一辆 A6 在长春下线,意义不在于中国的汽车制造商也能够生产出高质量、高品位的轿车,而是将一个跨国品牌的精神传播和移植到了中国,让我们领略到世界最豪华的轿车塑造品牌的真谛;生产场地在哪里设置不重要,重要的是创立品牌的宗旨不能变。

在奥迪 A6 的定位推广上,一直以来都是将产品的技术领先和汽车性能的卓越作为诉求的核心。2001 年奥迪 A6 的广告将"那种万无一失的安全感"诉求建立在奥迪品牌追求技术和创新宗旨基础之上,让我们看到一个完全不同于原奥迪 200,也区别于广州本田雅阁和上海别克的个性。虽然,奥迪 A6 的价位和目标市场还有别于后两者,但这并不影响它对未来市场的判断和所做的准备。短期内,奥迪 A6 不可能从高档车的位置走向大众化,但它会用它那永不生锈的四环牢牢锁定中国那一批追求豪华轿车的消费者。

但是,奥迪这一向以稳健著称的德国品牌在 2001 年并不急于提高市场占有率,即使奥迪 A6 计划年产量超过三万辆,而 1999 年仅生产 5500 辆,2000 年计划生产 1.58 万辆,用着眼于未来市场的战略性眼光,奥迪 A6 行驶在风雨和冰雪的道路上,从容不迫地展示着自己优雅而高贵的身躯,让每一位梦想着有一辆私家车的中国人在心中拥有它。

## 三、品牌定位的方式

品牌定位并无固定模式,以下介绍几种常见的品牌定位方式。

### (一)定位以功能为基点

产品功能是产品整体中的核心部分。产品之所以为消费者所接收,主要是因为它具有一定的功能,能够给消费者带来他所需要的使用价值和利益,进而满足消费者某个或某些方面的需求。如果某一产品具有特别的功能,能够给消费者带来特别的利益,满足消费者特别的需求,那么标定在该产品上的品牌就具有了与其他产品品牌较明显的差异化。"小小神童"小容量的洗衣机和"洗地瓜的洗衣机"是消费者并不陌生的洗衣机产品,也是海尔针对某一类消费者的需求开发研制的具有特殊功能的新产品,这些功能差异化较强的产品得到了消费者的认同与接受,也赢得了消费者的青睐和赞誉。可见,以产品具有不同的功能为依据来进行品牌定位,是能够显现品牌个性与独特形象的定位方式。当然,"飘柔"的使头发光滑柔顺、"潘婷"的为头发提供营养保健、"海飞丝"的头屑去无踪等也都是以功能为基点的品牌定位。

### (二)定位以价格为基点

价格是厂商与消费者之间利益分配的最直接、最显见的指标,也是许多竞争对手在市场竞争中乐于采用的竞争手段。由此推理,价格是品牌定位的有效工具。以价格为基点进行品牌定位,就是借价格高低给消费者留下一个产品高价或产品低价的形象。一般而言,高价显示拥有者成功、地位与实力,比较为消费阶层的上层所青睐;低价则易赢得大众的芳心。

**案例分析**

#### 格兰仕的价格战

中国家电行业的价格战应该是这种价格基点定位的最佳注脚。从 20 世纪 80 年代初的冰箱混战,到 80 年代末以四川长虹为首的降价战,到 90 年代的空调战,每一场战役都是你死我活。

在这一系列的商业大战中,有许多小鱼和虾米被吃,有多少实力不济的企业倒闭,恐怕是一个无法统计的数字,这就使还处于成长初期的微波炉等行业无一例外地被迫卷入了 20 世纪末的价格战之中。

主要生产微波炉的广东格兰仕企业集团公司是这场价格战的发起者。1996 年 8 月,微波炉大战首先在上海滩打响。格兰仕在上海宣布大幅度降价,降幅达 40%。降价幅度之大令人咋舌。结果,在售卖格兰仕产品的柜台出现了国人已多年不见的购买长龙。而格兰仕通过这一轮的降价大战,市场份额从 34.85% 上升到 50.2%,占据了国内微波炉的半壁江山。不到半个月,格兰仕又在北京大幅度降价 40% 以上。

微波炉大战的参与者主要有"三大军团":一是格兰仕,人称"中国民族工业的一面旗帜";二是洋品牌,包括国外品牌在国内生产的产品以及由国外品牌参股、控股或收购的企业,占领国内 40% 的市场份额;三是国内大大小小的微波炉厂家像江苏菊花、北京新宝等,占领市场不到 10% 的份额。

到 1997 年 5 月,从价格战中得利的格兰仕得势不饶人,突然宣布在全国许多大中城市实行"买一赠三",甚至"买一赠四"促销大行动,赠品包括电风扇、豪华微波饭煲等家用电器,令消费者喜上眉梢。有人算过一笔账,一台微波炉 500 多元,而一个豪华微波电饭煲的市场零售价就达到 300 多元,那么一台豪华微波炉实际上值多少钱呢?大家都心知肚明。结果,在全国再次推出了购买格兰仕微波炉的狂潮。

1997 年 9 月,抵挡不住降价狂飙的 40 多家微波炉生产厂家联名向国家工商局、轻工总会状告格兰仕进行不正当竞争,倾销产品以垄断市场。很多旁观者也对格兰仕的做法感到不解,作为已是中国微波炉市场的龙头老大,如果格兰仕不率先降价,其他厂商也会心照不宣地遵守这种默契,大家和平共处,共同获得高额利润,何乐而不为。其实,格兰仕降价之后,公司的利润比降价前下降了几十倍,降价之前,一台微波炉的利润为 400~500 元,降价后最多每台利润为 20 元,最低时仅 5 元/台。这场价格战至此也告一段落。对于格兰仕的价格战,格兰仕的一位董事说格兰仕的价格战一直会打下去,这是一种策略,也是一种价格定位。

这场竞争中,格兰仕公司的优势是品牌和价格。而价格与规模是成正比的,规模越大,成本越低,价格就越低。1997 年,在只有生产 200 万台才能保本的情况下,格兰仕的生产规模达到了 250 万台。生产规模上去了,必须以产品的质量为保证。为了生产高质价优的产品,格兰仕选用国际上最好的零件和原材料,对产品尽量把关,每一道工序,每一件产品都经过严格的检测。

在短缺经济时代,企业作为生产者不愁产品销路,企业之间相安无事。当市场经济在中国大地扎根之后,仍有一些企业崇尚"人不犯我,我不犯人"的指导思维,市场是大家的,每人各分一杯羹。而格兰仕则不然,微波炉市场虽然供大于求,但利润都极高,如果大家相安无事,每个企业都有利。格兰仕偏偏要挑起一场血腥大战,而且要将别人往死里打,这不符合中国人的中庸哲学,但与现代市场经济是相适应的。市场经济就是优胜劣汰,强者生存。没有竞争就没有发展,甚至威胁到企业的生存。进行价格定位,打价格战也是企业发展的一种策略。

### (三)进行比附定位

比附定位,是指以消费者所熟知的品牌形象作衬托(或对照),反衬出企业自身品牌的特殊地位与形象的做法。就其实质而言,它也是一种借势定位,即借背景(作参照物或比附对象的品牌)之势,烘托自身品牌形象。

用比附定位方式进行品牌定位,会涉及比附对象问题。与谁来比?这是问题的关键。如果与一个知名度较低的品牌比,不仅有失自己的身份,也不利于提高自身品牌的知名度,反而有可能使被比的对方提高身价。因此,一般而言,比附定位过程中的比附对象主要是那些有较好的市场反响的知名度高的品牌。在饮料行业,可口可乐与百事可乐可谓"可乐双雄",其知名度和市场影响力全球公认,由此,"七喜"选择它们作为比附对象,塑造自己是第三大饮料的品牌形象。这一定位战略获得了极大的成功:在 1968 年实施此定位的当年,"七喜"的销售量就增加了 14%,到 1973 年增加了 50%。据盖洛普调研得知,直至 20 世纪 80 年代中期,每 10 个消费者中还有 7 人仍记得当年的非可乐运动。

当然,成功者不只"七喜"一家,艾维斯(Avis)也是值得一提的比附方式定位的成功者。艾维斯租车公司在其连续亏损 13 年之后,终于正式承认自己不如赫兹(Hertz)而位居第二。1962 年,艾维斯出租车公司聘请了美国运通银行(America Express Bank)投资金融部门副总裁唐森德(Townsend)任总裁。唐森德深入市场调查竞争情况,发现艾维斯与赫兹相比,无论在车辆的新旧程度上,还是在租金位价上,均没有优势可言,其营业额是 3.5:1(赫兹是 6400 万美元,艾维斯是 1800 万美元)。经过深思熟虑,艾维斯设计了新形象,打出了新的广告语:"我们第二,我们努力!"此定位的展示,很快赢得了消费者的信任与接纳。广大消费者对这种定位感到新颖的同时,为艾维斯的诚恳、自谦精神所感动。第一年艾维斯就扭亏转盈,获利 120 万美元,第二年获利 260 万美元,第三年获利 500 万美元。

比附定位能够成功的关键之处在于"比附"之中明确了自己的市场地位与形象,便于消费者识别;同时借助比附对象,在提及比附对象的同时,提升了自己。艾维斯在租车行业,七喜在饮料行业,都是一种典型的比附定位。

此外,品牌的定位典型的还有以产品外观为定位基点,以创新为定位基点。创新定位在高科技行业尤为醒目。

## 四、品牌建立的步骤

一个品牌的建立,大体经历以下步骤:

### (一)认识自己

这涉及了解产业环境这一重要问题。所谓了解产业环境:一是要了解产业竞争者,即现有公司间的竞争;二是要预测潜在的新加入者的威胁;三是要来自客户的评价;四是供应商的评价;五是市场上新出现的同类产品。企业一定要洞悉、明晰自己的位置,发挥自己的强项。

### (二)设立目标、创建企业文化

企业发展需要有一个较长远的目标,这个目标至少是 5～10 年。同时,目标必须是大胆的而且是成熟的战略性目标,而不是停留在利润、销售额等"数字层面"的低级目标。像迪斯尼建立的时候,它的目标就是要把欢乐带给世界;索尼在刚开创时的目标是要把产品卖到世界各地去,改变西方对自己产品品质的印象。

当然,达成这样一个目标,企业要有核心意识(即核心价值和核心使命),更加重要的是领导层对企业的目标和动作要达成共识,包括企业成功的六大元素,即策略性定位、清楚的焦点问题、回应挑战的能力、反馈系统、发展速度及弹性、企业的文化。

### (三)建立企业识别维护管理系统

要形成完整的企业识别维护管理系统应该经常思索的有以下问题:

(1)有多少员工知道企业的长远目标。

(2)企业的价值观(文化或行为准则)是什么,多少人能讲出来,又有多少人能做出来。

(3)主管单位是否知道企业的意图。

(4)顾客怎么看本企业。

(5)如何系统地维护企业形象。

## (四)建立品牌—消费者关系

确认品牌与消费者的关系有两个问题需要经常思考：

(1)品牌提供的价值是什么。

(2)是否有品牌资产。

## (五)制定品牌策略,建立识别

从市场整体角度看,企业的品牌是要成为全世界的品牌,还是全国性的品牌,还是地区性的品牌? 作为本企业的品牌策略,是多品牌还是单一品牌? 商标应是怎样的? 是母体品牌还是副品牌? 是企业品牌还是产品品牌? 品牌识别系统是否完整? 如此等等,只有真正解决这些问题,品牌战略才可能成功。

## (六)组织运作与品牌的责任归属

一般来说,企业最大的问题往往就是组织的运作不清楚。很多公司的品牌责任由新闻中心或者是广告公司等承担,但这是不合理的。另外,在很多企业中,行销或者是业务与传播的功能在很多企业里是分开的,这实际上是很危险的,很难维持一个品牌的威信。所以,企业的各作业环节语言要统一,行销、业务、传播功能要有机地结合在一起,要有清楚的决策流程,并有信息科技手段的协助,以及强有力的培训系统。

## (七)运用 360 度整合行销

企业的品牌行销应该能确保品牌与消费者的每个接触点都传达一致的有效的信息,其中包括产品的使用、店内陈列、广告、经销商会议、赞助活动、记者采访、电话、展览会、员工家属等多个层面和渠道。另外,重要的还有必须与代理商建立长期的伙伴关系。

## (八)培养顾客忠诚度

市场实践证明,大多数的产品类别是 20％的顾客购买 80％的销量,所以企业必须尽量去取得这 20％的顾客的资料。同时,越来越多的数据证明,开发新客户的成本比维持老客户的成本高很多(前者是后者的五倍)。

## (九)建立评估系统

有了好的计划还需要有对计划实施的良好评估系统。企业要精心确立调查方法和评估时间,了解品牌资产的变化,检查行销传播计划的执行情况。

## (十)持续品牌投入

企业品牌的树立和维持都需要不断的资金支持。即使在企业财务或经营发生困难时,也要在品牌的建立上持续投资。建立品牌实际上是不容易的,需要很长时间,这个过程之中最需要的是坚持。

### 案例分析

#### 恒基伟业掀起"高务通"热潮

个人数字助理(PDA)产品进入国内市场有十几年时间后,其市场始终不见起色。因为一直以来 PDA 产品没有一个明确的定位,人们习惯于把它看做计算机产品的附属物。IT 圈人士不重视它,因为它与 PC 相比功能太简单;而圈外人又觉得它操作复杂、性能低劣、价格太高。

可是,1998 年 12 月恒基伟业公司的"商务通"进入市场后,恒基伟业不到两年就使 PDA 市场一路升温,直至把 PDA 市场炒得沸沸扬扬。只用了半年的时间,"商务通"就建立起一个覆盖全国的销售网络。在全国 400 多个县级以上的城市建立代理商,销售点多达 3000 个;预计 20 万台的销售计划,实际完成几乎翻了一番;其商务通产品在 1999 年获得了 60% 的市场份额,被喻为该年度中国最大的商业奇迹之一。

商务通的成功,首先是定位的成功。早起 PDA 产品定位在电子辞典之类,命名为"快译通"。由于它以学生为目标市场,因为价格成为目标消费群的一大障碍,致使市场难以做大。而商务通以商务人士为目标市场,定位于商务人士的贴身帮手,价格自然不是障碍。"方便"变得最重要,名人影响不可少,以"商务通"命名品牌,出色地传播了这一定位,并产生了良好的心理效果。

恒基伟业公司先打"商务通"品牌,然后把"商务通"的品牌资产逐步转移到公司上,以后新品牌都用恒基伟业的品牌资产去带领。恒基伟业的品牌资产转移逐渐从幕后走向前台。值得一提的是,恒基伟业公司采取多品牌策略,以多品牌加强恒基伟业的市场地位。明确的定位是产品进入市场能够取得成功的关键。由于三方面原因(新加入者迅速跟进、市场上的品牌让消费者眼花缭乱、消费选择变得困难),当务之急是突出产品的个性——简单、使用、高科技,而不是基本功能,是进一步宣传自己的品牌形象,而不是具体的产品实体。

# 第三节 打造成功个性品牌

## 一、品牌定位与品牌个性

与品牌定位相似,品牌个性主要是回答"说什么"的问题。这最初由精信广告公司提出的策略理论,认为广告不只是"说利益"、"说形象",更要"说个性"。因此,掌握品牌个性,是完成品牌传播的核心要求。早在大卫·奥格威的品牌形象论中,就提到"个性"、"性格"的字眼,"最终决定品牌的市场地位的是品牌上的性格,而不是产品间微不足道的差异"。曾任奥美集团总裁的肯·罗曼(Ken Roman)与杰出的撰文员简·马斯(Jane Maas)对这一思想进行了精辟总结:广告客户和他的广告商要为品牌建立"个性",广告的语调必须能反映出产品个性。

个性的概念运用于品牌上,就可以形成所谓的品牌个性,如果企业在为品牌创造个性时,持续不断地进行沟通,则会使品牌产生差异性。了解品牌个性最简单的办法就是将品牌想成人。一个清洁剂的品牌,可以为它创造"关爱"的品牌个性,把它看做是一位强劲有力的男子汉。就像人的个性一样,品牌个性既是特殊的也是永续的。

当我们谈及品牌个性时,是指消费者认知品牌的尺度,它典型地反映一个人的个性,这触及了该品牌的核心领域。把品牌个性理解成产品或服务的特色是不恰当的。品牌个性属于软性的东西。如果与品牌形象做一比较,它们之间的区别是品牌形象,包括硬性和软性的属性,而品牌个性只强调其软件的属性。例如,可口可乐的品牌形象包括独特口感、弧线瓶包装、历史悠久、品质过硬、真实、可信等。但它的品牌个性是真实和可信,因此可以说,品牌个性是品牌形象中最能体现差异、最活跃激进的部分。它通常用形容词加以描述。

品牌个性虽然与品牌形象有所不同,但是它找到了塑造形象差异的一条具有真正生命的途径——把品牌当作一个人,创造它的性格(个性),而非特性。外表的形象是可以模仿的,但个性无法模仿。例如,一个人戴上大礼帽,留上一撮小胡子,人们就知道他在模仿卓别林,但他仅是模仿而已,永远无法替代卓别林。

大卫·奥格威说过:"一个伟大的创意是美丽而且高度智慧与疯狂的结合,一个伟大的创意能改变我们的语言,使默默无名的品牌一夜之间闻名全球。"从某种意义上说,品牌一定具有极其鲜明的"个性",这种独特的"个性",牢牢地把消费者吸引,使人过目不忘、印象深刻,品牌因此大行其道。如何塑造该品牌的"特别之处"呢?选择一堆广告,把上面的商标或者品牌名字都拿掉,如果消费者仍然能够从中认出这是哪家的品牌,那么就说明该品牌的建立比较成功。要让品牌呈现方式别具一格,必须充分了解消费者的购买心思,把握好他们的消费动机、需求、行为模式、消费决策模式,使产品在他们心目中达到感性形象,才能诱发消费者的欲求和联想。

从实质上对品牌的定义通常可以表达为:"品牌是消费者对产品的感觉。"感觉是看不见的,不容易描述的,感性的内涵对于品牌而言却是至关重要的。IBM 是一家科技公司,但人们对它的感觉和对同行业竞争对手惠普的感觉就不一样;美国运通卡虽然也同样是一张普通的塑料制成的卡片,但人们感觉它和万事达信用卡很不一样。目前,同质化的产品泛滥成灾,消费者很难凭借"记号"在同类中有所区别。如果产品想要畅销,就少不了特别的"记号",这也是品牌产生的基础。

广告是对品牌宣传的一部分,但难以深入全面地触及核心,品牌则可以接触到消费者的任何一个地方。在任何市场实践中,品牌都必须被视为发展市场的机会,在陈列室里展示的样品、网站、对服务的感受、电话销售、年报、呈现的新闻、信纸、送货车,每一项都要求极度重视,因为对于消费者而言,这些部门叠加起来构成他们对品牌的总体印象——这就是我们所说的 360 度品牌,各个部分加起来的总和比任何一个部分都要大。美国西北大学教授舒尔茨在《整合行销传播》一书中指出:20 世纪 90 年代,在同质化的市场中,唯有传播能创造出差异化的品牌竞争优势。这种传播,以消费者的欲求为"轴心",从产品概念的开发到产品包装设计以及公关、广告、促销等营销推广工具的综合应用,始终围绕这个"轴心"转。

品牌的个性化离不开准确无误的定位,没有个性的品牌肯定会在市场中湮没。品牌必须针对精确描绘的消费对象作清晰的定位。谁是我们最期待的购买者?他们是什么样的人?不仅仅是收入和人口统计的资料,更是他们生活形态和特征,从这个定位过程里可以简洁地看到我们想要在市场上拥有的位置,这指引了我们该作出什么样的主张或承诺。在冰箱世界里,有很多不同定位的可能性,事实上,针对冰箱的广告做的一个全球性的研究表明,定位的范围从"领导科技",像"快速制冷"到"领导潮流",冰箱如何点缀一个"设计师的厨房"都会出现,定位本身并没有对错,只要定位能够反映它们所针对的消费者的需求。然而,一个"科技领导"的定位如果只关注在制冷系统上,对消费者的吸引力就比较弱,但是如果谈的是科技的好处,如制冷系统使食物更加鲜脆好吃,其吸引力就会比较强。

品牌的个性是一种人格化。品牌人格化,即思考"如果这个品牌是一个人,它应该是什么样子……并以独具一格、令人心动、历久不衰作为策略的评估标准。因此,品牌个性反映品牌定位,又往往是对品牌定位的深化。也就是说,两个品牌可能存在同样的定位,但完全可以拥有不同的个性。例如,万宝路和云丝顿香烟,它们的定位是一样的,具体是竞争类别一样、口味一样(美式)、诉求对象一样(喜欢美式口味的吸烟者)、提供的利益点一样。因此,在执行上,表现方式也相对接近,都强调高品质,强调一个现代而出众的形象。万宝路由于由西部牛仔创造了鲜明的、单一的品牌个性——粗狂帅气、桀骜不驯,因而长久地在世界市场上遥遥领先于云丝顿香烟。

## 二、品牌个性测评

随着市场的深化发展,竞争日趋热化,单纯的企业或品牌形象研究已经难以在市场竞争日益激烈的今天提供品牌定位所必要的所有信息。品牌个性化是将品牌赋予人的特征或特点。就像人一样,品牌可以具有"现代的"、"时尚的"、"可爱的",或者"异域风情的"等特点。CRC品牌个性化定位研究致力于反映出人们对品牌的真实感受,而不仅局限于这个品牌是什么。研究经验显示,具有合适个性的品牌会使目标顾客感觉它正是适合自己类型的,顾客因此会愿意同品牌保持良好的关系。品牌个性化最适用于市场渗透率高、品牌关注度较低、使用最大的普通消费品。

CRC品牌个性化研究包括定性和定量两种方法。定性研究主要使用开放式问题,例如,如果将品牌A比作一个人,他应该是什么样子,会做些什么,住在哪里,穿什么样的衣服,参与哪些活动等。受访者由于对品牌个性的看法、视点不同,会做出不同的回答,将这些回答综合起来就可以得出较合理的测评结果。定量的品牌个性化测量主要采用因素测评方法,如对于户外运动品牌可以采用下面几个指标,具体见表1-1。

①诚实(实事求是,诚实的,健康的,快乐的);

②激动(勇敢的,活泼的,富于想象的,时尚的);

③能力(可信的,聪明的,成功的);

④成熟(上层的,有魅力的);

⑤粗犷(户外的,勇于面对困难的)。

表1-1　户外运动品牌的测评指标

| 因素 | A | B | C | D | E |
|---|---|---|---|---|---|
| 诚实 | 1.25 | 0.7 | 0.99 | 0.96 | 1.2 |
| 激动 | 0.87 | 1.27 | 1.02 | 1.06 | 1.11 |
| 能力 | 1.01 | 0.82 | 1.18 | 1.98 | 1.02 |
| 成熟 | 0.89 | 1.02 | 0.93 | 1.31 | 1.13 |
| 粗犷 | 0.93 | 0.93 | 1.01 | 0.85 | 1.43 |

可以让顾客根据每个个性特点的描述程度对品牌进行评价,评价标准是:1=非常不合适的描述;7=非常贴切的描述。下面是几个品牌各因素的平均品牌得分。

结果显示,某些品牌在某些因素上具有较强的特点:A品牌给人"诚实感";B品牌令人"激动";C品牌具有较强的"能力";D品牌充满"魅力";E品牌给人以"粗犷"的感觉。

尽管并非所有的品牌在这些方面都有较强的表现,但基本上,将这些尺度用于品牌个性的测度是合理的,不过,品牌个性所涵盖的范围远远超过了这五类。虽然人口统计项目(如年龄、性别和社会阶层)不必出现在个性测量尺度中(因为它们是可见、容易推断的),但品牌的这些人口统计学因素经常是个性特征中的最显著的部分。这并不奇怪,消费者总是寻找那些与自己个性一致的品牌,其原因是消费者通过使用品牌个性来界定他们以及他们的自我概念。在三十多年前,人们的消费特点是"别人有的东西我也要有",而当今个性化消费者行为,则是强调自我风格,又从"有比别人更好的东西"发展到"拥有别人没有的东西"。

品牌专家大卫·艾克就介绍过测量品牌个性方面的一项新的研究成果。曾使用"品牌个性尺度"(Brand Personality Scale,BPS)对1000位美国受访者、60个具有明确个性的品牌展开调查。这项研究使用的五大个性要素"纯真、刺激、称职、教养和强壮"几乎可以解释所有品牌(达93%的)之间的差异。这五大个性要素将许多品牌的个性描述得很好。例如柏康、贺曼和柯达在纯真一项上非常明显,李维斯、万宝路和耐克在强壮一项上表现清楚。每个个性特征又可以分为不同层面,它们在"品牌个性尺度"中都有清楚的名称,如表1-2所示。

表1-2 品牌个性尺度

| 五大个性要素 | 不同层面 | 词语描述 |
| --- | --- | --- |
| 纯真(如康柏、贺曼、柯达) | 纯朴 | 家庭为重的、小镇的、循规蹈矩的、蓝领的、美国的。 |
| | 诚实 | 诚心的、真实的、道德的、有思想的、沉稳的。 |
| | 有益 | 新颖的、诚恳的、永不衰老的、传统的、旧时尚的。 |
| | 愉悦 | 感情的、友善的、温暖的、快乐的。 |
| 刺激(如保时捷、绝对牌伏特加、班尼顿) | 大胆 | 极时髦的、刺激的、不规律的、俗丽的、煽动性的。 |
| | 有朝气 | 冷酷的、年轻的、活力充沛的、外向的、冒险的。 |
| | 富于想象 | 独特的、风趣的、令人惊讶的、有鉴赏的、好玩的。 |
| | 最新 | 独立的、现代的、创新的、积极的。 |
| 称职(如Amex、CNN、IBM) | 可依赖 | 勤奋的、安全的、有效率的、可靠的、小心的。 |
| | 聪明 | 技术的、团体的、严肃的。 |
| | 成功 | 领导者的、有信心的、有影响力的。 |
| 教养(如雷克萨斯、奔驰、露华浓) | 上层阶层 | 有魅力的、好看的、自负的、世故的。 |
| | 迷人 | 女性的、流畅的、性感的、高尚的。 |
| 强壮(如李维斯、万宝路、耐克) | 户外 | 男子气概的、西部的、活跃的、运动的。 |
| | 强韧 | 粗野的、强壮的、不愚蠢的。 |

资料来源:David A. Aaker:Building Strong Brand,The Free Press.

这十五个层面提示了在品牌个性塑造上的策略性选择。例如,一个纯真的强势品牌可以强调愉悦的个性,而不是诚实的个性。

摩托罗拉个性品牌的塑造就是如此,它经历了一个与上述类似的过程:建立→执行品牌计划→产品/市场细分;进一步细分市场及开发新市场→建立大品牌的形象。

### 案例分析

#### 摩托罗拉的中国战略

摩托罗拉1988年刚进入中国无线通讯市场时,整个中国无线通讯行业还很不成熟,因此摩托罗拉的主要工作不是如何进行市场细分,而是考虑如何发展这个行业。当时寻呼机对中国大陆的消费者而言是很神秘的。摩托罗拉正是瞄准了这个有巨大潜力的市场,当然首先要了解的是中国政府对整个电讯行业发展的计划。当时有线电话在中国的市场占有率不是很高,政府正准备花大精力发展无线电通讯。同时,摩托罗拉也面临着其他的挑战:当时欧美国家的寻呼机已有一系列产品,在中国应推出怎么样的产品或产品组合才能满足中国消费者的需求呢?这就涉及一系列的市场调研。市场调研在摩托罗拉的发展过程中始终是一个极其重要的环节。没有足够的数据支持,他们从不采取行动。

为此,摩托罗拉在产品定位、价格和分销渠道上进行了广泛的市场调查,调查的目标并不宏大,只是想把一些基本的东西,如产品、消费者、价格、渠道搞清楚。通过调查了解到,无线电通讯这个市场在中国虽然刚刚起步,但中国消费者需要的是一流技术和一流产品。因而在开展广告攻势时,摩托罗拉的着眼点不是市场细分,而是考虑建立品牌的基本要素——高质量,让消费者一想到摩托罗拉就想到有质量保证,以最领先的产品使消费者获得最大的益处。

当市场不断开放与成熟后,消费者的需求也随之发生变化。寻呼机作为单一商业工具的工作需要已难以满足消费者的需求,这时产生了新的消费群体。同时,由于寻呼机发展到 20 世纪 90 年代后技术含量越来越低,有不少小生产商逐渐进入。摩托罗拉面临着竞争对手和市场的一同变化,这就要求他们重回市场,与消费者交流,了解不同消费者的不同需求,而这种需求的多样化正是产品细分化的良机。

于是,摩托罗拉寻呼机进入了发展的第二阶段——一系列的市场/产品细分。这个阶段摩托罗拉邀请了很多专家,如专门的市场调查公司、广告公司、咨询公司来帮助做一系列的细分工作。这时新一轮的广告攻势定位为寻呼机不仅仅是为了应付特殊情况,任何场合,包括娱乐休闲都可以使用寻呼机,因为它可以建立亲朋好友之间的亲密关系。

从 1988 年摩托罗拉初进入中国市场这七八年,许多消费者使用的仍是老式寻呼机,他们期待着更新的、更现代化的产品。这样,摩托罗拉寻呼机进入了第三个发展阶段——进一步细分市场,开发新市场。进行了大量的市场调查后,他们的产品策略立为:一方面鼓励消费者继续把寻呼机视为一种商业工具,另一方面努力增长非商业用途市场。在地域上,也有待开发的市场,共分三类城市。第一类城市包括北京、上海和广州。这三个城市带领了整个周边地区的市场发展。如北京对华北地区、上海对长江三角洲地区,广州对珠江三角洲地区都有很强的辐射引导作用。然而市场调研发现,这类城市的市场已达饱和或趋向饱和。因此,摩托罗拉把重点放在第二、三类城市,转为满足底线城市消费者的需求规划产品,另一方面也努力激活一些没有潜力的市场。

经过不断的市场细分后,摩托罗拉把整个消费群体分为三类,这可以使整个市场潜力变大,但与他们之间的沟通还有待进一步加强。第一类是替换市场。通过每两个月一次的市场调查表明,在新的寻呼机的购买者中,有28％～30％的人不是第一次购机,他们对产品、服务的要求有特殊之处,往往更为挑剔。对这类消费者鼓励他们将现有的产品更新为高档次的摩托罗拉寻呼机。第二类是年轻族群。这类群体的总体年龄越来越趋向年轻化,多是在校大学生和部分中学生,他们的需求与第一类消费者有明显不同。根据不同需求摩托罗拉开发了不同的产品。以中文机为例,对于年轻族群,他们退出了彩色凡星型中文寻呼机,其颜色漂亮,全为金属色,外形呈流线型设计,屏幕小,价格合理。这就是考虑到了学生群体的特殊要求:他们想拥有寻呼机,以此作为身份的标志,同时他们经济上又不是条件很好。而对于日夜忙碌的商业主管们(他们是另一类消费群体),他们对信息有很大的需求,但又没有时间收集信息,针对他们,摩托罗拉提供了一类特殊的产品——智能加强型股票信息机。针对不同的消费群体,摩托罗拉不仅提供了不同的产品,在广告宣传上,也采用了不同的方式与之交流。

这样由于成功的市场细分,摩托罗拉的几种产品都很成功,如寻呼机、手机、对讲机,知名度都很高,但是消费者提起摩托罗拉时总是想起寻呼机、手机等具体产品,而不是整个品牌的概念。但是,摩托罗拉仍意识到有必要用同一个主题把不同的产品串连起来,建立一个终极阶段的强劲品牌特征,即有个性的品牌。这是摩托罗拉在中国建立品牌的第四个阶段。这个阶段的目标是让消费者树立"需要通讯产品,想摩托罗拉"的观念。于是把所有的广告拿出来重新审核,在1997 年进行了全球性的品牌策略回顾。要建立有个性的品牌,其切入点是解决摩托罗拉对消费者意味着什么,带来了什么益处,具有什么样的品牌价值等问题。他们这时又邀请了一些国内的知名广告公司、咨询公司帮助进行市场调查。调查后,摩托罗拉开始了新一轮品牌建立过程,1998 年 4 月,摩托罗拉开始在世界各地发布其新形象广告。广告传达的主要讯息是"摩托罗拉犹如一双羽翼,让你自由飞翔"。这个广告定位与消费者市场调查是密切相关的。这样,摩托罗拉给消费者带来的而是自由感,不受时间、地域的约束。从而塑造了自己的品牌个性。

## 案例介绍

### 芭比的变迁

其实,如果以泛市场的角度来看,我们可以把一个人看做一个品牌:她芳龄 28 岁,金发白肤,身材娇小,漂亮可爱,这就好比是某个品牌的特点。当你逐渐了解她之后,你们的关系更深入,你就会信任她,喜欢与她相处,甚至当她不再身边时十分想念她。有她相伴是一种快乐,你已经被她的价值和关心深深打动。这些就类似于人们与品牌个性所产生的情感效应。

人们无论如何总喜欢有人情味的东西。如果能够为一个品牌创造一种个性,就更容易打动消费者。品牌会成长,如同人际关系会发展一样,也正是这种情感方面的因素决定了消费者对品牌的忠诚。个性能提供情感方面的各种体验,情感体验促使品牌得以建立和发展。

这方面最好的例子莫过于"芭比娃娃"了。"芭比娃娃"1997 年全球销售达 10 亿个,美国小女孩平均每人拥有 7~8 个。到 21 世纪,"芭比娃娃"已经风行五十余年,但她还是同样受全球小朋友的宠爱。让我们看看芭比娃娃成长的历史,即是"芭比娃娃"的个性演变史:20 世纪 50 年代,芭比是个广交朋友、能说会道的小女孩;60 年代,芭比细眉轻弯,平民化突出;70 年代,有不同肤色的芭比;80 年代,黑色的芭比显得更可爱,且有不同的职业装;90 年代,芭比飞指敲击键盘,灵性十足;到了 21 世纪,芭比的形象更加多彩。

品牌没有一清晰、明确的个性,终究会迷失在市场大潮之中。"芭比娃娃"个性鲜明,是深受全球宠爱的根本原因。更为重要的是,芭比懂得随着时代的发展变化而演变形象,与顾客长期保持亲密的关系。因为,品牌的实质就是产品与顾客之间的一种互动关系,品牌创建的关键正是要搭准时代的脉搏,明了消费趋向,迎合消费趋势。

## 三、突破常规显个性

雀巢"奇巧"始终带着幽默的广告创意,传递着品牌的一个好"性格"(休闲和轻松)。例如在美国,雀巢"奇巧"的一个广告片的故事选择在市郊一个中产阶级家庭,一个疯狂崇拜某丑角明星的少女正沉浸在对偶像的疯狂之中。失望之余,少女开始享受"奇巧"巧克力的"轻松一刻",就在这片刻之间,那位小丑从天而降,少女却因移情"奇巧"而对此一无所知⋯⋯

绝对牌伏特加的广告创意和风格同样可谓独树一帜。它多年来坚持在平面广告中采用"标准格式"——以怪状瓶子的特写为中心,下方加一行两个词的英文,总是以"ABSOLUT"为首词,并以一个表示品质的词居次,如"完美"或"澄清"。在表现题材上与产品、物品、城市、艺术、节日、口味、服装设计、主题艺术、欧洲城市、影片与文字、时事新闻等结合,与视觉关联的标题措辞与引发的奇想赋予了广告无穷的魅力和奥妙。现在它的品牌个性已十分清晰——时髦、独特、风趣、现代、年轻。

营造名牌有多重模式,一般来说整体应当走正统路线,但在坚持整体正统的前提下,也可以时常打出一些有"反叛"风格的另类产品和别具一格的服务、别出心裁的营销方式等,使品牌更具冲击力。上述两例正是这种"反叛"个性的典型。

在中国,也同样有着这方面的事例。著名的有通灵翠钻研制成功国内首款钻石香水吊坠"午夜妖姬"，把钻石和香水巧妙结合起来，艺术化地解决了香水可能造成皮肤过敏、挥发过快等难题，只需在钻石吊坠上滴入一小滴香水，香味就能均匀地散出，在周围可持久弥漫着充满诱惑力的芬芳。有人提出，这款首饰虽然构思独特、款式别致，但是"午夜妖姬"这个另类的名字太鬼魅、太撩人。其实，在古汉语里，"妖"字原本有艳丽的意思，如曹植的《美女篇》："美女妖且闲，采桑歧路间"，又如"妖娆"等词语，在毛泽东著名的《沁园春·雪》里就有"看红装素裹，分外妖娆"；"姬"就是美女的意思，如著名的虞姬。冠以"午夜妖姬"之名以后，首饰立刻显得有了灵魂，"活"了起来，溢满了活跃的张力，十分传神地表达出女性飘逸的神秘感，符合当今人们追求新、奇、特的时尚消费潮流。

随着社会的发展，人们消费时尚的个性化趋势日益明显。为了迎合这一市场需求，厂商需要给产品开发出极具挑战性的个性，赋予品牌某种强烈的个性特征，制造出一个颇为诱人的购买动机，以别出心裁的方式超越社会常规，即着力表现"让人感到震惊"的事情，突破社会定势的束缚，从其他品牌循规蹈矩的品性中脱颖而出，给人以鹤立鸡群的深刻印象。与通灵翠钻"午夜妖姬"相类似，日本某些品牌推出"小妖精"、"白骨精"产品，还有名叫"嫉妒"、"毒药"的香水……都是成功的营销案例。再如，通灵翠钻新开发的世界首款情侣分手首饰"情人眼泪"，也是突破常规的一个典型。千百年来，首饰一直是婚庆的专用品，但通灵翠钻首创"情人眼泪"首饰，为情侣们分手打造分手礼物，赋予首饰全新的内涵，呼唤人们珍惜感情，不仅很有社会意义，而且打开了一扇更大的市场大门，拓展了新的市场空间。"情人眼泪"面世后受到热烈欢迎，消费者认为这种创新开拓市场的做法很有意义，全国各地都有失恋或分手的人来电或通过网络与通灵翠钻联系，希望买到"情人眼泪"首饰。

在个性品牌的塑造中象征符号对品牌个性有很强的影响力，比如，旁氏推出的"旁氏专业护肤中心"给了品牌一个新的识别，赋予了"旁氏"符合新时代需要的品牌个性——专业、现代、权威。

除了标志和其他识别符号外，另一类重要的象征符号是象征物。在对品牌形象的个性塑造中，选择能代表品牌个性的象征物往往很重要。象征物的运用可以使品牌就像一个人一样，具有了生命，从而让消费者与之对话，进而可能成为忠实的朋友关系。象征物的运用通常有三类，即人物、动物和卡通形象。比如，家乐氏糖霜玉米脆片塑造了象征物"老虎托尼"，传达了可靠、有趣、可口、美味的个性。樱花卫厨以一只白色身体、黄色嘴巴和脚趾、黑色翅尖和尾巴、身穿樱花红色马甲、举起右翼向消费者敬礼的候鸟信天翁，象征品牌真诚、友善、信守承诺的个性。

只有长期不变的象征符号运用才能深刻体现出品牌个性。"灯泡"的创意在广告中被很多人用过，但总是昙花一样，只有白兰氏鸡精坚持了下来，它以"灯泡"的熄灭或光亮来比喻体力的消耗与恢复。美国的老牌汉兹公司有一个著名品牌"斯达基"，原先的主要品牌是罐头鲔鱼，其象征卡通人物"鲔鱼查理"非常深入人心，多年来这家公司的广告主题都是"鲔鱼查理"想尽办法要被渔夫捕到，好一圆它变成一个"斯达基"罐头的美梦，可是它的计谋每次都以失败告终，因为只有最好的鲔鱼才有幸入选。多年来美国人不断在电视上看到这个系列广告，一句"抱歉啦，查理"的旁白已经成为人们朗朗上口的俗语。当在整个美国食品市场越来越向那些大大缩短调理时间和清理善后时间的食品倾斜，传统的食品、调理制造业受到非常大的冲击时，汉兹公司推出了一系列新产品应对，如上等冷冻鱼排和调味汁，只需煮沸 15 分钟即食，既省事又干净。广告仍然坚持起用原有的卡通人物"鲔鱼查理"，不过它的角色已随时代的需要做了变动。一个新广告片描写一对情侣在餐厅用餐，侍者"鲔鱼查理"为他们端上美味鱼排，当他索要小费时，得到的回答却是"抱歉啦，查理"。这些目标消费群是 25～49 岁的妇女，定位在妇女"给自己和丈夫的特别犒赏"。

新产品获得了很大的成功,老牌子也重新焕发了光彩。

不过,这种突破常规的品牌塑造和营销策划往往要冒很大危险,常常会引起争议。它是一把双刃剑,挥舞好了可以所向披靡,收到事半功倍的效果,取得骄人业绩;但也可能"画虎不成反类犬",引火烧身,给品牌形象带来很大的负面影响。不具备很高的营销理论水平和对全局的把握能力,不可轻易使用。

产品品牌的个性化是以产品和市场的组分来定位的。因此,同一家企业、同一类产品可以根据产品特征和市场目标的不同来树立不同的品牌。例如,欧米茄、雷达、浪琴、斯沃琪、天梭等名表虽然犹如同一家子的兄弟姐妹,都是全球最具规模的制表集团 SMH 旗下的手表品牌,为了凸显各品牌个性,SMH 公司从未主动宣传这些品牌源自同一企业。事实上,SMH 旗下的不同品牌性格迥异,凸显着其独特的一面,消费者易于根据自己的身份、职业、收入、社会地位的需要作出购买选择。例如,欧米茄代表着一种成功人士或名人尊贵豪华的选择,而雷达表示高科技的象征。在广告宣传与市场推广中,体现着品牌的鲜明个性。欧米茄精心挑选一些国际性的和地区性的名人作为形象大使,如超级名模辛迪·克劳馥、国际影星皮尔斯·布鲁斯南等。欧米茄的彩页杂志广告是一幅体现欧米茄大使非凡个性和时尚风采的照片口号"欧米茄——我的选择。(OMEGA,MY CHOICE)"。对消费者而言,人人都渴望成功和成名,自然对成功人士佩戴的欧米茄表产生共鸣和购买欲,以此寻找成功人士的感觉,而反观 SMH 公司其他品牌如雷达表的广告,便不会发现有什么明星出现,卖点和推广完全表现在高科技制表工艺和材料上,如"表面为硬度仅次于钻石的蓝宝石水晶,紧贴手腕"、"配合晶莹光洁的表盘,高贵典雅"、"白色表带由高科技陶瓷材料制成,坚硬耐磨,永不褪色"。

当然品牌的系列化是需要极强的市场策划能力的,发展系列产品反而导致放弃原有品牌个性而招致惨败的案例不胜枚举。派克钢笔号称钢笔之王,是一种高档产品。人们购买派克笔,绝对不仅仅为了购买一种书写工具,更主要是购买一种形象、体面、气派,高档次是派克笔行销市场的支撑点。1982 年,派克公司新任总经理彼得森上任后不是巩固和发展自己的市场强项——高档产品,而是去争夺低档笔市场,热衷于生产经营每支 3 美元以下的大众化钢笔。结果没过多久,派克公司不仅没有顺利进地打入低档笔市场,反而让对手克罗斯公司趁虚而入,派克笔的高档市场被冲击,市场占有率下降到 17%,销量只及克罗斯公司的一半。因为派克笔经营低档笔后,其"钢笔之王"的形象好美名受到损害,不能再满足人们以派克为荣和体现身份的心理需要,它失去主顾是在情理之中的。其实,派克如果真的很想占有低档市场,引入一个新品牌才是上策。

比较而言,丰田公司的品牌策划就比较成功。丰田公司准备争夺高档豪华车市场,但丰田十分明白自己的实力,跟大多数日本车一样,丰田与旗下各品牌如花冠、皇冠、佳美等在消费者心目中"低挡、省油、廉价车"的形象已根深蒂固。要改变公众心智中固有的观念谈何容易。于是,丰田专为高档车推出一个全新品牌雷克萨斯。经过数年呕心沥血、潜心研究,隆重上市,一役而成功。雷克萨斯车上故意隐去企业名称,车身上未标有丰田的标志,而丰田公司的其他品牌,如花冠、佳美等车上都标有丰田标志。这是丰田为了不让消费者对丰田公司传统品牌与新品牌之间产生联系,消除丰田形象对高档车的营销障碍而做的刻意安排。

## 案例介绍

### 万宝路的"硬汉之路"

20 世纪 60 年代早起,菲利普·莫里斯公司勇敢地把女人化的品牌——万宝路——一举改为男性化的品牌,创造了世界最为成功和持久的品牌。"万宝路"形象不同于一般化的,不分对象地向公众说教的宣传手法，而是别出心裁地设计成一位世人熟知的雄赳赳的西部牛仔，潇洒地叼着一支"万宝路"牌香烟，极力给人一种"自我选择、自愿吸烟"的感觉。该公司不惜重金把这一形象传播到世界的每一个角落。

自此之后，美国"万宝路"香烟的产品形象深入人心，以至于一位欧洲土生土长如今供职于纽约的一位工程师说道："如果一个美国人打算变得欧洲化一些，他必须买一部奔驰或宝马；但当一个人想要美国化，他只需抽万宝路，穿牛仔衣就可以了。"可见，"万宝路"已不仅是一个企业产品中的品牌，而成为美国文化的一部分。从这一点来讲，"万宝路"作为一个商业品牌被称为"世界第一品牌"是毫不夸张的。然而，"万宝路"的诞生与发展曾步履维艰，甚至面对过被迫停产的窘境。

20世纪20年代的美国正处在自己"迷惘的时代"。经过第一次世界大战的冲击，许多青年都自认为受到了战争的创伤，并且坚持只有拼命享乐才有可能将这种创伤冲淡。他们或在爵士乐的包围中大声尖叫，或沉浸在香烟的烟雾缭绕当中。无论男女，他（她）们嘴上都会异常悠闲雅致地衔着一支香烟。

妇女们愈加注意起自己的红唇，她们精心化妆，与一个男人又一个男人"伤心欲绝"地谈恋爱；她们挑剔衣饰颜色，感慨红颜易老，时光匆匆，妇女是爱美的天使，社会的宠儿；她们抱怨白色的香烟嘴常沾染了她们的唇膏，于是"万宝路"出世了。"万宝路"这个名字也是针对当时的社会风气而定的 MARIBORO 其实是 Man always remember lovely because of romantic only 的缩写，意为"男人们总是忘不了女人的爱。"其广告口号是"像五月的天气一样温和"，用意在于争当女性烟民的"红颜知己"。为了表示对女烟民关怀，菲利浦·莫里斯公司把 MARLBORO 香烟的烟嘴染成红色，以期广大时尚女士为这种无微不至的关怀所打动，从而打开销路。然而几个星期过去、几个月过去、几年过去了，莫里斯心中期待的销售热潮始终没有出现。热烈的期待不得不面对现实中尴尬的冷场。

从1924年问世，一直到20世纪50年代，"万宝路"始终默默无闻。它的温柔气质的广告形象似乎也未给广大淑女留下多少深刻的印象。

这一时期，万宝路在突出自己品牌个性时却没有获得广大的消费市场。菲利普·莫里斯公司开始考虑重塑形象，公司派专人请利奥·伯内特广告公司为万宝路作广告策划，以期打出万宝路的名气和销路。"让我们忘掉那个脂粉香艳的女子香烟，重新创造一个富有男子汉气概的举世闻名的"万宝路"香烟。利奥·伯内特广告公司的创始人对一筹莫展的求援者说。一个崭新大胆的改造万宝路香烟形象的计划产生了，产品品质不变，包装采用当时首创的平开式盒盖技术，又将名称的标准字（MARLBORO）尖角化，使之更富有男性的刚强，并以红色作为外盒的主要色彩。

公司品牌宣传广告的重大变化是："万宝路的广告不再以妇女为主要对象，而是硬铮铮的男子汉。"在广告中强调万宝路的男子气概，吸引了所有爱好追求这种气概的顾客。这个理想中的男子汉最终集中到美国牛仔这个形象上：一个目光深沉，皮肤粗糙，浑身散发着粗犷、豪气的英雄男子汉，在广告中袖管高高卷起，露出多毛的手臂，手指总是夹着一支冉冉冒烟的万宝路香烟。

1954年这一洗尽女人脂粉味的广告问世，他给万宝路带来巨大的财富。仅1954—1955年间，万宝路销售量提高了三倍，一跃成为全美第十大香烟品牌，1968年，其市场占有量上升到全美同行的第二位。

"他的上马的姿势、骑马的神态、遛马的方式，这一切必须具有男子汉气魄。"这就是使菲利普·莫里斯公司名噪全球的有力武器——"绝不矫饰的正直的男子汉气魄"。1955年至今，公司从选用那些出名的"特殊男子汉"转而是经常到美国最偏僻的大牧场去物色土生土长的"真正的牛仔。"菲利普·莫里斯公司投入千百亿美元的广告费,终于在人们心目中树立起"哪儿有男子汉,哪里就有万宝路"的名牌形象,那粗犷豪放、自由自在、纵横驰骋、浑身是劲、四海为家、无拘无束的牛仔代表了在美国开拓事业中不屈不挠的男子汉精神,而这也正是万宝路的形象。

万宝路正是通过定位的转换,从曾经女人的地位转到阳刚之气的男人身上。如果万宝路一直屈从于女性的定位上,那么今天的牛仔形象可能就不会存在了。对于今天的万宝路来说,不必打上 MARLBORO 品牌,一看粗犷的牛仔就知道了。

万宝路把定位从女人身上转移到男人身上,那么万宝路的个性又是怎样打造的呢?

万宝路香烟是一个将产品品质与感性特点连接成简单、有力的个性品牌,同时也是将品牌元素融合在一起的典型。万宝路广告恰如其分地达到了这一沟通目的。

万宝路的品牌个性化形象是从表到里全面深入塑造的。最外面的一环包括万宝路产品、包装等特征以及万宝路运动等一些实实在在的事物。这是万宝路最表层的东西,也是万宝路品牌的物质基础,没有它,其形象与个性就会成为无源之水、无本之木。万宝路不但有这层基础,而且它是扎实的、优秀的:万宝路的红色 V 形设计,成为万宝路的代言人,不用文字或名称,一看到红色 V 形设计人们就知道这是万宝路香烟。难怪人们公认,万宝路香烟包装是当今最成功的商品包装之一。

万宝路的品牌沟通远不只是"停留"在最外面的包装上。为了实现更好地沟通,万宝路品牌被人格化,即如果万宝路是一个人他应具有什么样的行为、精神、气质甚至价值观念。菲利浦·莫里斯公司通过选择万宝路的形象物牛仔来达到这一沟通目的。这样万宝路的沟通进入了中间一环——万宝路形象。通过各种沟通方式,万宝路树立了自己的形象——自由、野性与冒险。万宝路形象如同美国西部牛仔形象根植于人们心中。这种形象是稳固的,同时又是无形的,是人们被万宝路宣传长期感染而逐渐形成的,它像一座桥梁连接了万宝路香烟与万宝路个性。其中最重要、最核心的就是万宝路个性。

对男性力量、独立个性彰显正是万宝路与其他品牌截然不同之处,是万宝路形象最独特之处,也是万宝路沟通达到的最高境界。至此,人们对万宝路不只是一种形象的认识,更是一种对万宝路这一品牌高度的认同与热切的向往。万宝路品牌资产就是通过这里外三层紧密结合而形成的。其最外一环是基础,最内一环是核心,中间一环是联结两者的一根纽带。万宝路对烟民有如此大的吸引力归根结底是因为万宝路的品牌个性。

万宝路的成功表明了如何围绕独特个性来建立成功的品牌。在与消费者的沟通中,要遵从标识到形象再到个性的层次结构,个性是沟通的最高层面。品牌个性比品牌形象更深入一层,形象只是造成认同,而个性则可以造成崇拜。一个产品的沟通如果能做到个性层面,那么它在消费者中的形象就会极其深刻,品牌的沟通能力也极易成功。万宝路正是这样一个极其个性的品牌,是独特的品牌个性培育了千千万万的万宝路忠诚者。

从万宝路的成功个性打造上可以看出,成功个性的打造并不需要复杂。人的个性极其复杂、难以捉摸,如果试图让品牌个性达到人的复杂程度,那是徒劳的。有的公司管理者经常问这样的问题:我的品牌该有多少个性格特点?这并没有标准答案。但是一般不应该超过七、八条,再多的话,公司就很难面面俱到地表达那么多的个性而不把消费者搞糊涂。最好重点建立三到四项个性特点,并使之深入人心,而不要试图通过复杂的宣传活动来推广十条或更多的个性。

限制个性特点的数量并不一定意味着限制品牌的表现。著名的万宝路品牌强调的是力量和独立,只有这两个特点,但品牌管理始终相当出色,这使得它在许多年中一直保持着世界上第二大最具价值的品牌的地位。

## 四、品牌建立需要注意的问题

对于品牌的个性建立,需要注意以下两点:

### (一)从人的价值观和特点到品牌个性

人类个性主要由他们所持有的价值观、信仰及后天形成的个性特点所决定。例如,诚实就是一种价值观和信仰。许多人相信,一言一行都应以诚为本。再比如,自信就是一种特点,这不是一种信仰。当然,一个人会有许多价值观、信仰和特点,但是有一些是大家都特别喜欢和推崇的。例如,值得依赖、诚实、可靠、友善、关心和活泼开朗等。这些用以描绘人的个性特点的词汇都可以用来给品牌赋予个性。

下面这个例子,可以说明人们是如何从个性角度出发来评判品牌的。这是一项关于消费者对两家公司感觉的调查结果。问题是:"如果把这两家公司看做人,你怎样来描述他们?"回答如表 1-3 所示。

表 1-3 消费者对两家公司的不同态度

| A 公司 | B 公司 |
| --- | --- |
| 成熟 | 随和 |
| 傲慢 | 谦虚 |
| 讲究效率 | 乐于助人 |
| 以自我为中心 | 关心 |
| 不平易近人 | 平易近人 |
| 冷漠 | 热心 |

这两家公司是同一服务行业的强劲对手。如果有人问你,两家公司中你选哪家做朋友,你很可能选择 B 公司,调查中 95% 的人也是这样回答。毫不奇怪,B 公司的服务水准给顾客提供了高于 A 公司的体验。因此,不难得出结论,如有消费者不断体验到两家公司间的差别,那么 B 公司的品牌形象就会比 A 公司更强大。

调查结果表明消费者总喜欢符合自己观念的品牌。每个人对自己有一定的看法,对别人怎么看也有一定的标准。他们往往喜欢那些与自身相似或自己崇拜着相似的个性。因此,对某一消费群而言,创造具有与之相似个性的品牌将是一种有效的战略。品牌的个性跟消费者的个性越接近(或者跟他们所崇尚或追求的个性越接近),他们就越乐于购买这种品牌,品牌忠诚度就越高。

### (二)创建品牌个性的方法

无论是产品品牌还是公司品牌,公司必须决定品牌应该具有什么个性特点。建立品牌个性特点的方法之一是尽可能使品牌个性与消费者的个性或与他们所追求的个性相一致。过程如下:①确定目标对象;②了解他们的需求、欲望和喜好;③勾勒出消费者的个性特点;④创建相应的个性来配合这些特点。

## 案例介绍

### 李维斯的品牌个性

李维斯品牌个性的形成应该是上述两点的最佳侧证之一,牛仔在21世纪的今天已经成为既可以表现各个年龄阶层的服装,同时也是可以在任何时候穿着它都不会有落伍感觉的"时装"。代表着独创、正直和创新的李维斯(Levi's)品牌经过一个多世纪的努力奋斗,已经在全球160多个国家进行商标注册登记。从一个国家流行到全球,品牌个性始终如一并且成为全世界都可以接受的一大纺织品牌,这不能不说是李维斯品牌创造的一个神话。

每一次品牌塑造推广之前,许多实行跨国战略的公司都要进行大量的调查,研究在潜在的全球性消费细分市场中是否存在共同点或不同点,研究是否要因地制宜作出调整。对于年轻人这一全球性细分市场的了解,当数李维斯的品牌经理最为出色。因为这个市场是公司首要的追求目标,它是一个以15~19岁的男性为主的市场。公司比其他竞争对手更了解这一群体,也是它的战略优势之一,这种优势来源于常年进行消费者调查。例如,公司仅在欧洲就有约80个调查研究小组,主要从事广告开发工作。

李维斯的品牌个性由下列因素组成:

(1)款式新颖。李维斯开辟了牛仔裤市场,被认为是最正宗的牛仔裤品牌。每当李维斯品牌向其他顾客做宣传计划时,一定要让顾客感到它的与众不同,而且创意独特。李维斯自成一体,而且为了保持新颖性,也会不惜打破自己的成规。

(2)阳刚之气。李维斯的个性是充满阳刚之气。它是为进行强体力劳动的男士而设计的。阳刚之气及"酷"是品牌个性之核心。

(3)性感。穿上李维斯的男男女女都显得魅力无穷。它散发出富有磁性的魅力和信心。这种美丽不只源于外表,而且源于品牌所体现的机敏与智慧。

(4)青春活力。20世纪50年代,李维斯为美国年轻人所接受并从此流行,牛仔裤成为我行我素青年的统一服装。因此牛仔服总让人与青春紧紧联系在一起。

(5)叛逆精神。李维斯从来不被看成循规蹈矩的传统社会的一份子。规矩,顾名思义,就是上一代留下的条条框框,而李维斯随时都准备向传统挑战。

(6)富有个性。李维斯从来不怕与众不同。它坚信李维斯不仅需要得到同行的尊重,而且在必要时也应有强烈的个性来我行我素。

(7)自由轻松。穿上李维斯,自由又轻松。它摆脱了日常生活的嘈杂与忙碌,摆脱了可能阻碍自由行动的责任和义务。

(8)美国特色。最早穿着李维斯的是那些开拓美国、实现美国梦的英雄。它具有美国特色,但它并不想将美国的意识强行向全球传播,这反映了李维斯对消费者的尊重。

李维斯牛仔裤是世界上最早的牛仔裤品牌,向来以其张扬的个性而闻名。李维斯正是抓住年轻人心中的酷,抓住酷文化的流行,从而打造出时尚的前沿与新"酷"一族,保持着长时间的时尚、新潮、反叛、个性与流行。

# 第二章 | 品牌命名战略

**学习要点**

1. 了解品牌名称对于企业的重要性
2. 掌握品牌命名的基本原则
3. 掌握品牌名称的设计思想

## 第一节 用品牌名称打开市场

### 一、品牌名称——企业招牌

品牌名称在品牌诸多要素中是最重要的选择,因为它是最直接、最有效的信息传播工具,往往能迅速准确地表达出品牌的中心内涵和关键思想。艾·里斯说:"实际上被灌输到顾客心目中的根本不是产品,而只是产品名称,它成了潜在客户亲近产品的架构。"正因为品牌名称是和消费者对品牌的印象紧紧联系在一起的,并且在品牌经营过程中起着如此重大的作用,因此品牌名称在制定之前往往要经过深思熟虑和调查研究。

商品名称是以其自然属性和功能来命名的。例如,电视机、空调、电冰箱、洗衣机、影碟机、苹果、梨、土豆、大米、食油、汽车、飞机等,都是商品(产品)的名称。不管是谁生产的,是用什么技术和方法生产的,只要是同一种自然属性和功能,都使用同一种名称称呼它。美国生产的汽车、德国生产的汽车、法国生产的汽车、日本生产的汽车,统统都叫汽车,中国生产的大米、泰国生产的大米、越南生产的大米,统统都叫大米。商品(或产品)的名称代表了它的自然属性和功能。

品牌名称与商品名称不同,它不是一种自然属性,而是一种社会属性、人文属性。在市场经济日益走向发达与成熟的条件下,品牌名称是一种经济属性、企业属性,是经济领域的一种文化现象。同一种商品(或产品)由不同的企业进行生产,就会有不同的品牌名称以相区别。例如,同样是小汽车这种商品,就有美国的福特、凯迪拉克,德国的奔驰、宝马、大众,日本的丰田,法国的标致、雪铁龙、雷诺,中国的红旗等不同的品牌名称。甚至同一企业生产同一种产品,但由于商品的某些特色不同,也可以用不同的品牌名称以示区别。例如,宝洁公司在中国生产的洗发水这一种商品,就分别有海飞丝、飘柔、潘婷等多个品牌名称,该公司在中国生产的洗衣粉,又有汰渍、碧浪等许多品牌名称。也有另一种情况,即同一企业所生产的不同种类的商品,都采用同一品牌名称。例如,中国海尔集团,它所生产的冰箱、空调、洗衣机、电视机及其他产品,都是用的海尔品牌名称,如海尔冰箱、海尔空调、海尔洗衣机、海尔电视机。荷兰的飞利普公司生产的不同类型的产品,如计算机、电视机、音响、灯泡、电咖啡壶、电动剃刀等,都用的是飞利普这同一个品牌名称。由此可见,品牌名称的社会属性、经济属性,尤其是它的企业属性是非常清楚的,每一个品牌名称都与每一特定的企业向关联。

任何品牌都有一个名称,而且这个名称和它所代表的品牌有一种内在的联想和联系。品牌名称作为品牌之魂,体现了品牌的个性、特性和特色。不同企业所生产的同一类型的产品,人们很难一下子把它区分开来,而品牌却很容易地将它们加以区分。因此,产品是实体,品牌名称则是象征,是灵魂。它使消费者有一种很具体、很独特的联想。例如,一提到"奔驰",人们就联想到的德国产的小汽车;一提到"波音",人们就在脑海中浮现出美国飞机的身影;一提到"雀巢",就会使人联想到瑞士产的速溶咖啡。同样,一提到国内一些著名的品牌名称,也会令人们立刻联想到它所代表和象征的优秀产品和品牌。例如:长虹——彩电;格力——空调;小鸭——洗衣机;海尔——冰箱(海尔品牌名称的象征已扩展到整个家用电器);格兰仕——微波炉;杉杉——西服;金利来——领带;健力宝——饮料;娃哈哈——纯净水。

品牌名称是品牌最重要的组成要素之一,它表明了该品牌最基本的核心要素。品牌名称所代表的品牌,给消费者以整体印象和基本评价。一提到某一品牌名称,人们很快会对该品牌所代表的质量、技术、服务等有一个总的概念。因此,好的品牌是一笔巨大的无形资产,它能给企业带丰厚的回报。劳斯莱斯、凯迪拉克,代表了高贵、豪华的轿车;海尔、IBM 代表了优质的售后服务;柯达、富士代表了高质量的胶卷;苹果、三星代表了先进的移动电话技术;英特尔、微软代表了电脑硬件与软件的技术前沿。每一种品牌名称都给我们带来了有关的信息,而且长期影响人们的消费行为。因此,不能仅仅把品牌名称当作无关紧要的代号、符号,而应进一步挖掘品牌名称这一重要信息所代表和象征的丰富内涵。尤其是的著名品牌名称更是如此。

品牌名称具有其鲜明的民族性、国别性。一个民族或国家的语言文字、历史传统、风俗习惯、宗教信仰以及其他一些特点,都在品牌名称上反映出来。中华民族有五千年的文明史,形成了独具特色的方块字,因此我国生产的各种品牌,大都用汉字来命名,以表现汉文化的特色。例如,北大方正、清华同方、联想、四通、金山、孔府家酒、孔府宴酒、双星、凤凰、鸳鸯、神龙、麒麟、永久、飞天、一枝花、九头鸟、红双喜、剑南春等,都体现了中国以汉族为代表的历史传统、地方风俗、民族特色,反映了汉民族独有的文化氛围。

拼音汉字就具体又可以细分为英文、法文、俄文、德文、意大利文、西班牙文、葡萄牙文等各种不同的拼音文字,每一种拼音文字也都反映了欧美不同国家、不同民族的文化特色、民俗风情。因此,在不同的民族、国家,不同的语言环境中,品牌名称的命名也有不同。如 Xerox(施乐)、Philips(飞利浦)、Compaq(康柏)、Siemens(西门子)、Nestle(雀巢)、Heinz(亨氏)、Dole(都乐)、Hennessy(轩尼诗)、Levi's(李维斯)等。欧美拼音文字所形成的品牌名称,也反映了欧美各国的历史传统和文化特色,有的也带有浓厚的民族色彩或地方色彩。

作为市场经济的产物,品牌是一种市场产物。市场就其本性来说,它是开放的,无边界的。市场没有边界,市场作为人们经济交流的方式,作为商品交换关系的总和,总是要在发展中不断扩大其范围。因此,我们看到,不仅有一国内部地区和地区之间的市场交换,而且有日益发达的国家与国家之间、民族与民族之间的商品交换。在当今世界逐步走向经济全球的过程中,国与国之间、民族与民族之间是贸易往来和经济交流更加频繁。因此,反映市场经济现象的品牌,也必然冲出国界,走向世界,品牌名称也越来越具有国际型。

品牌名称国际性,通常有两种情况:一种是该品牌名称可以直接通行于全世界,不会产生重复或歧义。如美国的 Coca Cola(可口可乐)、Pepsi Cola(百事可乐),日本的 SONY(索尼),中国的 Haier(海尔)等。另一种情况是,有的品牌名称在开拓国际市场时,则要根据不同国家或民族的具体形象,相应地加以改变。最典型的是中国方块汉字的品牌名称,到国外市场上(主要是欧美市场上)都要改换成拼音文字(英文、俄文、法文、德文或其他拼音文字)。有的品牌名称不仅翻译的音不同,而且含义也要改变。例如,中国汉民族喜欢用"孔雀"、"大公鸡"、"菊花"等来命名品牌,以表示吉祥、典雅、美好的意思;而某些欧美国家,这些名称恰恰是不吉祥、不美好、不典雅的称谓,因而必须改为该国、该地认为是美好、雅致的其他名称才行。同样,某些欧美国家的品牌名称运用到中国来,也必须适合中国的国情,使洋品牌具有中国味。例如,德国的 Benz 汽车,起初直译为"本茨",没有中国韵味,后来改译为"奔驰"就很传神了。其他如可口可乐(Coca cola)、雅芳(Revlon)、潘婷(Pamteme)、高露洁(Colgate)等,都把洋品牌的名称完全中国化了,从而大大有利于打开和迅速扩大中国市场。

企业如果有强大的实力保证,就具有了向新市场的消费者推销一个"毫无意义"的品牌名称(如柯达、IBM 等)的基本保证(当然也有其品牌优势)。一般在品牌命名设计中,应考虑品牌名称"与生俱来"的文化内涵或象征,为以后的品牌传播、推广留下伏笔。比较典型的例子是著名女性品牌"太太"。"太太"字面本身两层含义:一是年龄,一般是对 30 岁左右的已婚妇人的尊称;二是其生活形态,多指悠闲阶级或有一定地位的已婚妇人。"太太"的名称不仅清晰地界定了目标消费群,同时也暗示了这一消费群富足而悠闲的生活状态,为后续有关"太太话题"的广告推介活动奠定了基础。同样的例子有"养生堂"、"康师傅"、"联想"等品牌。

丰富而积极的品牌名称内涵,可通过深入地分析和生动地阐述而演化成品牌形象,甚至是企业形象的理念基础。例如,给品牌名称(中文或英文)配一个漂亮的图案,就有了品牌视觉识别(或图形表现),即品牌的非语言表达部分——标志。标志是一种经过提炼和美化的图案造型与色彩组合的具体形象,用以表现品牌名称的丰富内涵。再如,品牌名称与标志的结合过程完整的品牌理念,如"麦当劳"与黄色"M"、"柯达"与红黄色"K"、"迪尼斯"和米老鼠、"奔驰"的三星圆环等。

品牌名称与标志、包装等各项运用要素加以配合、设计,以便于给消费者深刻的印象而更具亲和感。其实,以此角度而言,品牌名称、品牌标识和品牌包装的设计上,共同构成了品牌经营中一项系统工具。关于这一方面的详细内容将在品牌的形象标志设计、文化设计、美学设计、包装设计中论及。

### 📖 案例介绍

#### "绝对"品牌:绝对创意

伏特加酒诞生在公元 14 世纪的俄罗斯,酒精度一般在 40～55 度,属于低度烈度酒,纯度极高,是世界十大名酒之一。俄罗斯人吃黑鱼子酱,喝伏特加酒,是最具民族性的美食佳酿。所以在人们的印象中,只有俄罗斯制造的伏特加才是正宗的伏特加。

当 1978 年美国 Carillon 公司为进口代理,从 1979 年就开始对产生于瑞典的绝对牌(Absolut)伏特加投资 6.5 万美元,进行一项专门的市场调查时,得出的结论是绝对失败。人们甚至指出,品牌名称太过噱头,瓶的形状也太丑陋,酒吧伙计认为它难以倒取,瓶颈太短,酒瓶还没有贴上类似其他品牌色彩丰富、花俏的贴纸。绝对牌透明的清玻璃酒瓶,摆在酒柜上,人们一眼就能看穿它,感觉不出它的存在等。最后市场分析家的结论是:放弃这种产品。然而,Carillon公司总裁 Michel Roux 却认为这种产品与消费者印象中的伏特加形象是如此的不同,也正是如此,以致市场调研无法完整了解它。他果断地决定,放弃调查结果。他认为现在需要做的是用强劲的广告赋予品牌个性!于是,一场持久的关于"绝对"的创意诞生了。

绝对牌伏特加的品牌形象首先以一个绝佳的创意策略人和创意策略:从"酒文化"到"绝对完美"。Carillon 广告委任给 TBWA 广告公司。最初为该品牌创建知晓度和流行度的方法是建立在产品的瑞典 400 年传统文化上,这种广告与美国其他酒的广告十分相像,尤其对于性感女人来说,这是她们喜欢的生活方式意向。品牌要成功,广告不能随波逐流,必须冲破一般酒广告的传统模式;只渲染产品本身的质量远远不够,必须创造它的附加价值,把绝对牌塑造成时兴的、人人都想喝的形象。TBWA 的广告制作小组决定避开"瑞典"(Sweden),而力攻"Absolut"(绝对)这个具有双重意思的字眼。瑞典文"绝对"是品牌名称,英文"绝对"是绝对的、十足的、全然的意思。

同时 TBWA 公司认为,对于绝对牌伏特加,没有必要讲述任何产品的故事。该产品的独特由广告产生的独特性准确地反映出来。把瓶子置于中心主角当然可能吸引顾客,但更重要的是,与视觉关联的标题措词与引发的奇想赋予了广告无穷的魅力和奥妙。

(1)绝对的产品——以酒为特写。例如,TBWA 制作的第一则广告是在酒瓶上加一个光环,下面的标题为"绝对的完美"。第二则广告则在瓶身加上一对翅膀,标题为"绝对的天堂",没想到竟被《纽约时报》登在讣文版对面,让人啼笑皆非。

(2)绝对的物品——将各种物品扭曲或修改成酒瓶状。例如某滑雪场的山坡,从山顶到山脚被划出一个个巨大的酒瓶状,标题为"绝对的山顶",意味着酒的品质是绝顶的。

(3)绝对的城市——1987 年,由于绝对牌伏特加在加州的热销,TBWA 小组制作了一座酒瓶状的泳池,标题为"绝对的洛杉矶"以感谢加州消费者对此酒的厚爱。没料到全美不少城市纷纷要求制作一张该城市的特写广告。于是就有"绝对的西雅图"、"绝对的迈阿密"等佳作。

(4)绝对的艺术——波普艺术大师 Andy Warhol 率先为绝对酒瓶作画,并制成广告,一夜之间为绝对牌塑造了一个全新的形象。往后与 Carillon 进口商签约作画的大小艺术家多达 300 余位。

(5)绝对的节日、绝对的惊人之举——为营造圣诞气氛,绝对牌的平面广告暗藏玄机。

(6)绝对的口味——除了以蓝色为标准色的纯伏特加外,绝对牌还有柑橘、辣椒等多种品味。TBWA 使出浑身解数,例如将一只橘皮扭成酒瓶状,标题为"绝对吸引人","总是相同,却有不同"。在一系列"绝对"的品牌创意下,绝对牌伏特加也成功地成为伏特加市场中的"绝对"品牌。

## 二、品牌名称与品牌保护

品牌可以是一个名称、一个标记符号或一个设计,也可以是它们的组合。品牌作用是识别某个销售者或某群销售者的产品或服务,并使之同竞争对手的产品区别开来。品牌在本质上代表着卖者对交付给买者的产品特征、利益和服务的一贯性的承诺。最佳品牌就是质量的保证。

例如,在信息时代日渐成熟的今天,电信行业的品牌就是业内竞争的一个重点。拥有一个知名品牌能为电信运营商带来巨大的竞争优势。由于消费者的品牌意识知晓度和忠诚度很高,电信运营商可以节省大量的市场消费费用;因为消费者愿意购买电信运营商的产品,所以与分销商和零售商谈判时处于有利地位;由于品牌代表是可感知的高质量,电信运营商可以为产品定制比竞争者更高的价格;由于品牌代表着更高的信誉,公司能很容易进行品牌扩展。同时,品牌还为电信运营商对抗激烈的价值竞争提供了有效手段。

为了拥有良好的品牌,电信运营商可以自己树立品牌,也可以通过并购拥有品牌。法国电信收购 Orange 看中的就是其品牌。法国电信在其拓展全球移动通信市场时,就使用了 Orange 这一商标品牌,同时其国内移动运营公司 Itineris 也继续采用 Orange 这一品牌。当时 Itineris 公司在法国国内移动通信市场已经占 48% 的份额,远远领先其竞争对手。

在我国,电信、网通、移动、联通四大电信公司都提出了向世界一流电信企业迈进的宏伟目标。要向世界一流冲刺,就需要强大的竞争实力,需要充足的"企业资源"。同样,还必须形成并巩固自己的品牌形象。

中国品牌创意宣传虽起步晚，但也不乏成功案例。例如，杭州"娃哈哈"是一个口碑不错的品牌。娃哈哈公司为自己生产的营养口服液取名时，颇费了一番工夫。他们通过新闻媒介向社会广泛征集产品名称，然后组织专家对数百个应征名称进行市场学、心理学、传播学、社会学、语文学等多学科的研究论证，最终选定了"娃哈哈"这三个字。理由有三：其一，"娃哈哈"三字中的元音 a，是孩子最早最容易发的音，极易模仿，而且发音响亮，音韵和谐，容易记忆，因而容易被他们所接受。其二，从字面上看，"哈哈"是各种肤色的人表达欢笑喜悦之情。其三，同名儿歌以其特有的欢乐明快的音调和浓烈的民族色彩，唱遍了长城内外和大江南北，把这样一首广为流传的民族歌曲与产品商标联系起来，可以很好地提高它的知名度。

商标定名后，娃哈哈公司又精心设计了两个活泼可爱的娃娃形象作为商标图形，以达到产品商标名称和商标形象的有机融合。娃哈哈在产品尚未投入生产的时候，率先进行了商标注册。这样考虑是，我国从申请到核准注册，一般需要一年左右的时间，这样，许多名牌商品的商标还未完全注册下来，就已经被假冒伪劣品冲击得一塌糊涂。"娃娃"未生，先办"户口"，其他厂商如果假冒，就可以通过法律手段加以制止，还可以防止别的企业抢先注册。

公司还考虑到，由于商标图案较小，如果其他厂商采用相似的包装图案，同样可能引起消费者的误认误购。因此，他们在注册商标的同时，也将包装上的主要图案也进行注册，从而起到了全包装图案注册的作用，使他人难以仿冒。

这样一来，娃哈哈公司就获得在国内独家生产娃哈哈儿童营养液及其系列产品的权利。虽然其他厂家能生产同类产品，但不能打娃哈哈的牌子。仅为自己的"独生孩子"起好名字不够，还必须为其"兄弟姐妹"的名字全部报上"户口"，即进行防御性商标注册。

娃哈哈商标一经国家商标局注册通过，公司就立即利用报纸、广播、电视等大众传播媒介进行了大规模的广告宣传，以期先声夺人，占领市场。这一招果然见效，在许多地区，一些侵权或变相侵权的产品始终难以打开销路，因为消费者只认可娃哈哈。正是通过这几年的广而告之，形成了处处可见娃哈哈的良好销售环境。

与娃哈哈形成鲜明对比的则是中国电信的失策。

### 案例介绍

#### 中国电信痛失"中"字标

2002 年中国电信用了 7 年之久的"中"字标，因为没有及早进行注册，不得不改头换面。

1995 年，原中国邮电电信总局委托北京理想设计艺术公司设计完成了中国电信企业识别系统，并制作了《中国电信企业识别手册》。其中第一部分为中国电信企业标志，这就是我们日常所见的由"中"字和"回纹"构成的三维立体空间图案，颜色为淡蓝色。当年该标志正式投入使用。

1997 年原中国邮电电信总局将"中"字标在国家工商管理局进行了注册。1998 年电信总局将"中"字与电信字体组合并在国家工商管理局进行了注册。但由于种种原因，当时制作标志时，电信总局未能就标志版权归属问题与理想公司明确权责关系。这就为以后的事埋下了伏笔。

自 1999 年初起，邮电电信总局就与理想公司就"中"字标等版权归属问题进行多次磋商，希望理想公司将版权转让给中国电信。在即将达成协议时，理想公司又以标志实际设计者是某某人而非理想公司为由，拒绝转让。设计者声称其作品从不出售，中国电信可无偿使用，但拒绝出示书面文字说明。2000 年 5 月中国电信集团公司成立后，就此问题再次与理想公司协商未果。

法律专业人士对此看法是，按著作权法有关规定，如双方未明确版权归属，则该标志的版权归设计者所有,其他任何单位或个人未经版权所有者许可,使用该标志均为侵权;设计者只对"中"字标识享有版权,对"中国电信"、"CHINA TELECOM"及其组合不享有版权;中国电信集团公司如在未取得版权的情况下继续使用 CI 标志,将会涉及侵权。

在中国电信重组、公司整体上市在即的关头,这么大一笔无形资产却因为品牌策划的失策而"丢"掉了,其教训实在深刻。而且,如果不尽快拿出一个新的标志,对以上两项事宜也将产生负面影响。但众所周知,换标工作涉及面较广,是一项巨大的系统工程,原有的与该标志有关的企业宣传用品、办公用品等将全部作废,耗资非常巨大。

中国电信新的企业标识是由两个 C(CHINA COMPANY)成 90 度组合而成。在整体上形成一个变体的 T(TELECOM)字,表示 CHINA TELECOM COMPANY(中国电信)。但之前为"中"字标投入的财力以及"中"字标在国内国际上积蓄的无形资产顷刻付之东流却是无法回避的事实。

不过,幸运的是,中国电信的教训没有成为中国企业的一再上演的悲剧。中国移动的"全球通"业务,在经历了近十年的"模糊使用"后,在 2002 年终于拥有了合法的商标使用权。

中国的许多企业,尤其是通信企业,出于历史原因和认识习惯,在企业名称以及业务名称上总是习惯于挑一个模糊而气势磅礴的名词来称呼。诸如"中国电信"、"中国移动通信"、"全球通"等,均缺乏具体描述。按照商标法的要求,这些缺乏具体描述的名称受理难度很大。这个道理就如同开饺子铺不能把自己的店面简单叫做"饺子铺"一样,否则,别的饺子铺绝不同意。至少在前面也要加上称谓,例如,"王记饺子铺"。在这一点上,"中国联合通信公司"、"神州行"、"如意通"、"一线通"等称号就不存在这个问题。

对于中国企业的发展来说,提高品牌意识和品牌自我保护是一件非常紧急的事情。很多企业在发展出自己的产品,塑造出形象,建立品牌后却因为没有注册而不得不把多少年积累的心血付之东流,即使有的最后买回了名称,但也是历经了艰辛。

一个好的商标名称,是一个企业、一种产品拥有的一笔永久性的精神财富。一个企业,只要其名称、商标一经登记注册,就拥有了对该名称的独家使用权。一个好的名字能时时唤起人们美好的联想,使其拥有者得到鞭策和鼓励。以中国体操王子李宁的名称"李宁牌"体育用品系列,寄寓了企业要以李宁的拼搏精神改变中国体育系列用品落后的局面,以及追求世界一流产品的企业精神。"李宁牌"对于他们来说,与其说是一个商标,不如说是一个企业精神的缩略语。

# 第二节　品牌命名基本原则

## 一、品牌名称 策略取胜

一个品牌如果有好的命名,可以刺激消费者的感官从而留下印象,产生联想和触动,品牌名本身就是一句最简短、最直接的广告语。中国自古有"正名"之说,所谓"名不正则言不顺,言不顺则事不成"。命名是商标的主体,好坏之差,必将影响到品牌的成与败。"Coca Cola"译作可口可乐,即谐音,意思贴切,可谓天衣无缝。失败的命名也不乏其例,例如"万事发"则会让人联想到"东窗事发"、"多事之秋"。因此,品牌要特别,命名占据重要等级位置的首位。

在品牌日趋个性化的今天,很多企业为了品牌命名有特色,有利于竞争,趋势逐渐明显地向口语化方向发展,比如"马上冷"空调、"什么玩意儿"丸子、"小心点儿"拉面等,从"音"、"义"上都符合"幽默易记"的策略,创造出特别的风格。

品牌命名要能有效打开一个好的市场,有以下这些基本策略需要考虑:目标市场策略、产品定位策略、描述性与随意性的命名策略、本土化与全球化的选择策略。一个品牌走向市场,参与竞争,首先要弄清楚自己的目标消费者是谁,以此目标消费者为对象,通过品牌名称将这一目标对象形象化,并将其形象内涵转化为一种形象价值,从而使这一品牌名称清晰地告诉市场该产品的目标消费者是谁;同时又因此品牌名称所转化出来的形象价值而具备一种特殊的营销力。

大家都非常熟悉的"太太口服液"就是一个成功的范例,"太太"这一名称直接表明了这种口服液的消费者是那些"太太"们,一改其他保健品那种男女老少均可服用的目标泛泛的宣传。同时由于"太太"这个词本身所包含的特殊中国传统文化及人物关系的信息,使"太太"品牌无形中具备了一种文化分量,并因此能与目标消费者产生亲和。以"太太"作为目标消费者,并以"太太"作为品牌名称,这个品牌名称既启用了这一品牌的传播过程,同时又有一种定位及营销的力量,这是一种直接命名的比较成功的方式。

"情感形象与价值"作为一种定位方式和诉求渠道,已经被许多品牌作为市场定位及诉求的重要支点。配合此诉求内容和定位基点命名的品牌,也能启动定位过程,并由于它直接或间接地冲击消费者情感体验而具备明显的营销力量。

现代社会中,"消费观念"也成为人们日常消费的一种模式和倾向。许多品牌要带给消费者的就是一种观念。这种观念本身就成为其市场定位及命名的出发点。如"孔府家酒",就是把"孔府"这一特定空间、时间概念所包含的政治历史、人文观念,作为一种定位的诉求方式,并以此进行命名,直接简练地说明了该品牌的特殊性竞争立足点及态度。

一个消费者总能在消费这一产品时产生和期待产生某种切身的身心感受,许多产品就是以这种产品带给消费者的消费感觉来进行市场竞争定位的。品牌的命名也可以此目标为基础来进行。"舒肤佳"香皂的成功就是如此,它把消费者在消费这种产品功能特质时能够期待产生的心理和生理感受作为品牌命名的起点,从而使得"舒肤佳"这一命名本身就具备明确而有力的定位营销力量。

从以上论述中可以看出,产品的名称形式、状态表现是现代市场定位的一种重要手段。在产品的内在特性越来越相同的今天,产品的形式本身就可能成为一种产品优势。

品牌名称有两种最基础的作用——识别产品和传播信息。一个品牌名称越是一个独立的字词组合,越是不与其他名称接近或可以比较,那么它发挥的识别作用就越强。相反,一个品牌名称越是采用了有明确含义的词汇,越可能与其他名称关系接近,那么发挥的传统信息的作用就越强。它们代表了品牌命名的两种极端的策略导向——独立随意策略和描述性策略。前者的优点是名称充满个性,商标的保护力强,缺点是需要大笔的传播投资;后者的优点是名称本身可能就是一个广告,可以既省传播开支,但缺点很明显,即商标的保护力很弱,有时可能演变为产品的通用名称,而得不到商标注册和保护。一般来说,大公司宜采用独立随意策略,小公司宜采用描述性策略。作为一种折中,联想策略介于两者之中,这种策略的风险较小,因而也为绝大多数的营销人士采用。我国的一些知名品牌如白猫、旺旺、金嗓子、健力宝、养生堂都属于这种策略的运用。

随着经济一体化和跨国营销的发展,品牌命名必须考虑全球通用的策略。一个完善的品牌名称应当易于为世界上尽可能多的人发音、拼写、认知和记忆,在任何语言中都没有贬义,这样才有利于品牌名称在国际市场上的传播。在品牌命名上,首先要考虑如何使品牌名称合适当地。一种办法是为当地营销的产品起一个独立的品牌名,也可以把原有的品牌名翻译成适应当地的做法。NIKE 在中国翻译成"耐克"而不是"奈克"之类,就在于它显示了一个清楚的含义,经久耐用、克敌制胜,与原意"胜利女神"不谋而合。另一种办法是从一开始就选择一个全球通用的名称。世界著名品牌"宏碁"(Acer)电脑在 1976 年创业时的英文名叫 Multitech,经过十年的努力,Multitech 刚刚在国际市场上小有名气,却被一家美国计算机厂指控宏碁侵犯该公司商标权。前功尽弃的宏碁只好另起炉灶,前后花去近 100 万美元,委派著名广告商奥美进行更改品牌名称的工作。前后历时大半年时间,终于选定 Acer 这个名字。与 Multitech 相比,显然 Acer 更具有个性和商标保护力,同时深具全球通用性。它的优点在于蕴含意义(Acer 有优秀、杰出的含义),富有联想(源于拉丁文的 Acer 代表鲜明、活泼、敏锐、有洞察力),有助于在出版资料中排名靠前,易读易记。

## 二、品牌命名的原则

好的品牌名称是品牌迅速被消费者认识、接受、满意乃至铸造消费者忠诚的前提,品牌的名称在很大程度上影响品牌联想,并对产品的销售产生直接的影响。品牌名称作为品牌的核心要素甚至会直接导致一个品牌的兴衰,因此企业在一开始就要确定一个有利于传达品牌定位方向,且有利于传播的名称。

尽管品牌名称没有固定的标准,但从国内外知名品牌的成功经验或有些品牌失败的教训中,我们可以总结出品牌命名的一些基本原则。

### (一)可记忆性原则

第一个品牌命名原则是可记忆性。创立品牌的一个必要条件是要使消费者对品牌有一个较高的认识度,为了达到这个目的,品牌名称应该从本质上是可记忆的,并且是便于记忆的,这样可以促进消费者对品牌的回忆。

在商品品牌的汪洋大海中,要想使品牌被消费者记住,首要的一点是,品牌名应让消费者易读、易认,这样才能易记,高效地发挥它的识别功能和传播功能。如何使品牌易读、易认,这要求产品经理在为品牌取名时做到以下几点:

(1)简洁,即名字单纯、简洁、明快,易于传播。

(2)独特,即名称应具备独特的个性,避免与其他品牌名称混淆。如"老人头"、"花花公子""三星"、"金龙鱼"等。

(3)新颖,即名称更要有新鲜感,紧跟时代潮流创造新概念。如"喜之郎"、"自由鸟"、"经理人"、"步步高"等。

(4)响亮,即品牌名称要易于上口,难发音或音韵不好的字,都不宜做名称。

(5)有气魄,即品牌名称要有气魄,起点高,具备冲击力及浓厚的感情色彩,给人以震撼感。

对于品牌来说,只有消费者能很快地熟悉品牌名称,才能进一步产生联想和购买欲。因此,品牌名称切忌复杂繁琐,难读难记,而应简单明了,易读易记,使消费者能很快识别和掌握。

在中国,品牌名称一般以两个字或三个字为宜,这符合中国人的习惯,常见的有红旗、东风、神龙、凤凰、大中华、小天鹅、红金龙、紫罗兰、五粮液、剑南春、娃哈哈等。两三个字简短明了,易读易记。四个字或更多个字就不大符合中国人的习惯,使用较少,但也有一些具有特色的四字品牌也能为消费者接受,如北大方正、清华同方等。一个字的品牌名称较少。一般在品牌名称后面加一个"牌"字以便发声,如"雕牌"等。

品牌名称不但要文字简短,而且发声要顺畅,能朗朗上口。除上面例举的外,还有如联想、长城、春都、海尔、科龙、彩虹、红塔山、杏花村、万家乐、东方红等。这些品牌名称的音韵协调,有的铿锵有力,有的柔和悦耳,为中国老百姓所喜闻乐见,因此容易被记忆。

外国品牌同样讲究词语简短和发音响亮,英语品牌名称往往也只有两三个音节,且常以"K"、"P"、"C"、"B"、"D"、"G"等字母开头,如 Kodak(柯达)、Kraft(卡夫)、Keebler(奇宝)、Parker(派克)、Ploaroid(宝丽来)、Pepsi(百事)、Philips(飞利浦)、Compaq(康柏)、Coca Cola(可口可乐)、Corning(科宁)、Crest(佳洁士)、Bacardi(百加得)、Dole(都乐)、Danone(丹浓)、Disney(迪士尼)、Gatorade(佳得乐)、Gerber(嘉宝)等。这些外国品牌的音感、语感也符合外国人的习惯,容易识别辨认,也易读易记。

另外,有些外国品牌原文较长,但往往采取简单化办法用其简称,并且这种简称能风行全世界。如 IBM 品牌,全称为 International Business Machine(国际商用机器公司),它是该公司计算机产品品牌的名称;BWM 品牌,全称为 Bayerische Motoren Werke(巴伐利亚发动机公司),则是该公司汽车产品的品牌名称(中文译作"宝马");HP 品牌,全称是 Hewlett Packard,是计算机品牌的名称;NEC 品牌,全称是 Nippon Electric Company,是日本电气公司产品品牌。

### (二)意义性原则

意义性原则是指品牌名称本身具有含义,而这种含义可以直接或间接地传递商品的某些信息,如关于它的优点、性能以及使用它的好处。这种品牌名称或者可以提示产品,或者可以吸引顾客。高科技产品比较偏向使用提示商品的词汇,如 Minolta(相机)、Digital(电脑),而一些时髦的商品比较偏向于使用能吸引顾客的词汇,如 Obsession(香水)、Camel(香烟)、Jok(香水)。当然,无意义的品牌名称也存在,但不是很多,如 Kodak、SONY。

### (三)暗合功能、启发联想原则

品牌名称与产品功能之间是不能等同的。在可能条件下,赋予品牌名称以其所代表的产品功能的某种寓意,或明示,或暗喻,启发人们丰富的想象力,使品牌名称与产品功能在意念上有所联系,启发联想,往往是一着高棋,对品牌营销和占领市场有很大帮助。例如,中国的"春兰"品牌空调,就给人以美好温馨的联想,春天是温暖的,兰花是清香的,春天的兰花让人喜欢。再加上广告词"只要你拥有春兰空调,春天就永远陪伴你",使不少消费者在购买空调时对春兰一种亲切感,甚至成为其首选品牌。其他如"娃哈哈"饮料寓意孩子们喝了笑哈哈;"杏花村"品牌汾酒以"借问酒家何处有,牧童遥指杏花村"的诗句比喻好酒;"轻骑"品牌摩托车寓意其功能好,给人以轻松愉快的联想;"美加净"品牌化妆品名称尽可能使其寓意含蓄而隽永,给人以丰富的联想,这对美化品牌形象、促进品牌市场营销有很大益处。但是,在借喻品牌名称的联想功能时,也只能顺其自然,适可而止,不宜牵强附会,过分夸张,否则不但不能为品牌增辉,反而给人以虚伪、浮夸的感觉,引起人们的反感。

外国品牌也很重视寓意和联想功能。例如,德国大众汽车公司生产的"桑塔纳"品牌的小汽车,其品牌名称是借喻山谷旋风的快捷。"桑塔纳"是美国加利福尼亚州一座山谷的名称,山谷中还经常刮强大的旋风,这种旋风也叫"桑塔纳",大众公司以"桑塔纳"命名一种小汽车的品牌,使人们想象这种小汽车像旋风一样快速移动和强劲。瑞士雀巢品牌的奶粉和咖啡,比喻其"舒适"和"依偎"的寓意,像小鸟在鸟窝里一样安详和受到良好照顾一样。这样的品牌联想还有很多。

一些外国品牌翻译成中文时,把音译和意译结合起来,寓意其产品功能,是一种很有新意的再创造,其联想之处也很独到。例如,美国的 Coca Cola 饮料,原文并无特殊意义,但译成中文"可口可乐"以后,使这种饮料被赋予又可口有可乐的美称,令人拍案叫绝。外国品牌名称翻译的中国化,对这些品牌在中国市场的开拓起着重要的作用。

## （四）适应市场的原则

不同国家或地区因民族文化、宗教信仰、风俗习惯、语言文字等的差异，使得消费者对同一品牌名称的认知和联想是截然不同的。因此品牌名称要适应目标市场的文化价值观念，在品牌全球化的趋势下，品牌名称应具有世界性。企业应特别注意目标市场的文化、宗教、风俗习惯及语言文字等特征，以免品牌名称在消费者心中产生误解。

## （五）个性突出、风格独特原则

品牌名称贵在个性。只有不与其他品牌名称相混淆，才有利于发挥品牌名称独到的魅力，给消费者以鲜明的印象和感受，经久难忘。中国老字号"六必居"酱菜品牌，源于"六必居"酿酒，取其酿酒时六项必备的条件，以保证酒的质量。"六必"就是指黍稻必齐，曲蘖必实，湛之必洁，陶瓷必良，火候必得，水泉必香。后来"六必居"酱菜借鉴酿酒"六必"而实行酱菜"六必"的加工工艺，即原料必精选，腌制必精湛，酱味必浓郁，色泽必鲜亮，味道必清香，咸甜必适度。由于"六必居"品牌酱菜脆嫩可口，鲜甜香爽，是酱菜一绝，且"六必居"的品牌独具一格，因此名称大振，经久不衰。又如湖北沙市日用化工厂的"活力28"品牌洗衣粉，用了中文两个字，两个阿拉伯数字，本身就具有鲜明的个性，是符合消费者求奇求新的心理特征的。再加上其广告词"活力28，沙市日化"，更是突出了个性特色，给人以深刻印象。

突出个性和独到风格的方式有很多，有采用人名作为品牌名称的，如"皮尔·卡丹"服装、"香奈儿"香水、"张小泉"剪刀等；有采用企业（公司、商号）的名称作为品牌名称的，如"同仁堂"中药、"全聚德"烤鸭、"西门子"电器、"冠生园"糕点等；有运用数字的巧妙组合形成品牌名称的，如"999"胃泰、"505"神功元气袋、"555牌香烟"、"414"牌毛巾等；有的则以字母独特组合作为品牌名称，突出其个性，如EXXON（埃克森）、SONY（索尼）、XO白兰地、TCL电器、LG电器等。凡是独特表现品牌个性的都属于此例。

## （六）合法性原则

品牌名称合法性受到法律保护是品牌被保护的根本。产品经理在命名时就应遵循相关的法律条款。品牌名称的选定首先要考虑该品牌名称是否有侵权行为，产品经理要通过有关部门，查询是否已有相同或相似的品牌被注册，如果有，则必须重新命名。其次，要注意该品牌名称是否在允许注册的范围内。有的品牌名称虽然不构成侵权行为，但也不能注册，例如有一个品牌"小南京"，在短短几年内该企业迅速成为武汉乃至湖北的知名餐饮品牌，但当经营者准备申请注册时才知道，我国《商标法》规定地名是不能作为商标名称进行注册的，当然就不会受到法律的保护。幸运的是，该企业运用了"南京"的谐音"蓝鲸"，将"小南京"改为"小蓝鲸"，加上一定程度的宣传，使消费者较快认可了新品牌名称。但品牌的直接和间接损失是企业不可忽视的。

### 案例介绍

#### "可口可乐"以音取胜

可口可乐这一品牌名称是品牌名策划的经典，它的产生有一个小故事。

1886年，在美国乔治亚州亚特兰大市，约翰·彭伯顿偶然发明了一种颇受欢迎的有色饮料。他想开发这一饮料，又苦于没有资金，就找到鲁滨逊，提出合伙开发这一饮料的设想。但谈妥合作条件后，彭伯顿为了借助鲁滨逊的财力，便把为新饮料命名的权利让给鲁滨逊。

鲁滨逊一口应承下来，但思索一段时间后却感到给这一饮料起名并不那么容易。他把字典翻了一遍，也没有找到满意的名称。一天下来，由于脑袋昏昏沉沉，吃过晚饭后竟坐在书房的椅子上睡着了。等他一觉醒来时，已经是深夜2点多钟了，此时他已无心去动脑筋，只想随便按饮料的性质起一个名字。

鲁滨逊认为，饮料是清凉的，可用"冷"字(Cold)来代表，可"冷"字不能成为名字，必须在加上一个字。他又开始翻字典，结果还是一无所获，他生气地把字典丢在了一旁。恰巧，此时公鸡叫鸣了。他一下子跳了起来，"对了，就用公鸡(Cock)这个名字吧！"可是，"公鸡冷的"或"冷的公鸡"都不是饮料的名字。想着想着，他走到院子里，看到天空中一颗流星划过，这又引起他的灵感：把"公鸡"和"冷的"单词换个字母不就行了？于是他把"Cock Cold"中的"k"和"d"都换成了"a"，这样就变成了"Coca Cola"。

彭伯顿连念了几遍，突然高兴地叫道："妙极了！除非是你，谁也想不出这样的名字来，既好拼，又好念，更容易记，不管是谁看一遍都会记住它，作为品牌名称，真是再好不过了！"就这样，可口可乐品牌诞生了。

无论故事的真假如何，Coca Cola的品牌确实成功了。不过实际上，"Coca Cola"这两个字是有意义的，一个代表南美洲的一种草药，一个代表非洲产的一种果子，"Coca Cola"是草药与果子名称的结合。

品牌是用来识别的，它的一个基本作用就是要能够使消费者把一个企业的产品与另一个企业的同类产品区分开来。品牌的这种能力越强，就意味着品牌的显著性也就越强，也就意味着品牌具有与众不同的独创性和可识别性。可口可乐品牌正是这样一种品牌。

除此之外，品牌还要让人们对他们识别出的产品留下印象和记忆。简洁、明了的标志才符合人们的记忆规律和特点，并且简明的标志还可以超越国家、民族、语言、文化程度等限制，便于更广泛的大众所理解、记忆。一方面，"Coca Cola"名称简洁、明了，符合了人们的记忆规律和特点；另外一方面，"Coca"音韵同"Cock"(公鸡)相联系，"Cola"音韵又同"Cold"(冷的)相联系，一般文化程度的人都熟悉，从而可以强化识别性，加深人们的印象和记忆。

Coca Cola在全球的成功也表明，品牌定位已经形成一个国际化的发展趋势。品牌的国际化，除了要具有商标的一般特点——易读、易记、易认外，还要注重世界各国，尤其是那些拥有众多世界驰名商标的西方发达国家品牌定位的共同流行趋向。

## 案例介绍

### 蓝色飘飘的"蓝带"

诞生于19世纪的蓝带啤酒，是由美国巴士特公司生产的著名的啤酒品牌。一位名叫杰克·巴士特的啤酒厂主最先酿制成了这种啤酒。由于它的加工工艺独特，质地优良，在德国很快就有了名气，但是生产规模小，致使销售十分有限。此后受美洲新大陆吸引的巴士特家族的继承者们决心把工厂迁往美国以图获得更大的发展，于是巴士特公司搬到了出产优质大麦的美国威斯康星州。巴士特公司首先突破传统的生产方式，采用了先进的纯酵母培养工艺和机器生产，使巴士特啤酒的产量和质量得以迅速提高。

1828年，巴士特公司在其特选的优质酒的瓶颈上系上一蓝色飘带以示其优良的酒质，不同于其他品牌，没想到扎带子的行为却产生了神奇的功效，该产品在市场上大受欢迎。于是，系蓝带子的啤酒产量和销量迅速提高。久而久之，消费者不再称其原来的品牌名称而称其为"蓝带"。巴士特公司也就顺乎民意，将此啤酒的品牌重新注册为"蓝带"。

凭借"蓝带"啤酒，巴士特公司终于在19世纪70年代跻身于美国大公司之列。100多年来，带着几分浪漫色彩的"蓝带"啤酒出现在世界各地的市场，而直到20世纪80年代，蓝带啤酒公司始终没有离开过美国本土而在国外设厂。

但随着全球化进程的加快,蓝带啤酒也走向世界,走进了中国。1986 年 11 月,中美双方签订了合作经营合同,由广东肇庆市与美国蓝带集团公司在中国合营蓝带啤酒厂。自此,"蓝带"啤酒在中国有了生产基地,"蓝带"啤酒打入了消费最大的中国市场。

商标注册只能说是手段,而正确和有效的使用才是目的。"蓝带"品牌的成功之处就在于合法使用与巧妙使用相结合。

巴士特公司在特选优质酒的瓶颈上系一蓝丝带,其最初目的仅是为了区别于其他品牌,在不修改原品牌(自己不能擅自修改)的条件下,以此标明该啤酒是特选的高品质酒,这不是用品牌,而使用其他方式做区别标志。扎蓝带的方法恰恰正是用其独特的(不是商标)方式显示与众不同,这在众多的啤酒品牌中,自然是特殊的,显示出自有的特色。

由于扎蓝带的啤酒品质高,而这一做法又迎合了某些消费者的心理。一些人愿意出高价(是相对的)购买高档次的酒,以显示自己高雅、不俗,或是有钱有势,地位不同,从而刺激了消费者需求。扎蓝带的啤酒被消费者称之为"蓝带"啤酒。此名字来自于消费者,且名称简洁明了,顺耳好听,所以巴士特公司顺乎民意,重新注册了啤酒商标,这正是巴士特公司决策高明之处。

可以说,"蓝带"品牌名称是来自于消费者口中的,再经商标的设计与注册而成,这是世界商标史上首创的。

"蓝带"的成功经验表明,一个注册商标在经过一段时间使用后,可能会从消费者那里有这样或那样的反应,在明确商标存在这样或那样的缺陷时,应及时加以修正(当然要经过法律程序),只有这样,才能进一步迎合消费者的心理,也才能使品牌更加贴近商的特征。

蓝带啤酒扎蓝带标志又可以说是品牌史上立体品牌的雏形。在此之前以及以后的相当长一段时间内,还没有这种做法。现代社会,已将这种做法发展到商品的包装和装潢上。

# 第三节 品牌名称设计

## 一、品牌名称设计方案选择

品牌名称的设计并不是一件轻而易举的事,往往要花费大量的心血和时间,同时需要有丰富的想象力,充满睿智和灵感。一个成功的品牌名称设计,会带来巨大的无形资产;而一个平庸的名称设计则会使品牌失去光彩。

### (一)品牌名称设计类型

品牌名称设计的类型,主要包括以下方面:

(1)人名命名型。如王麻子、狗不理、麦当劳、波音、莱斯劳斯等。

(2)地名命名型。如茅台、香槟、古越龙山、燕京、天山、鄂尔多斯、桑塔纳等。

(3)字首组合命名型。多为拼音文字组成,如 TCL、LG、IBM、3M、NEC、BMW、GE、HP 等。

(4)企业名称命名型。即企业(公司、商号)的名称作为产品品牌的名称,如海尔、长虹、春兰、格力、飞利浦、三洋、联想、双星等。

(5)数字命名为。如 999、555、505 等。

(6)寓意命名型。如耀华、轻骑、金利来、娃哈哈、活力 28 等。

(7)吉祥命名型。如双喜、长寿、福临门、幸福、永久等。

　　(8)民俗命名型。这种命名是以各国、各民族的历史传统、文化特色、风俗习惯、人民喜好以及典故、成语或精神风貌等来设计的。如神龙、凤凰、孔雀、熊猫、飞天、英雄、红旗、东风、神州、美的、健力宝、万家乐、大中华、六必居等。

　　当然,也有一些成功品牌的命名带有独特的个性或偶然因素。另外,外国品牌翻译命名的设计也有许多讲究和学问,以音译、意译、音译加意译的多种方法进行多样化、多类型的命名。

### (二)品牌名称设计方法

　　品牌命名主要有以下几种方法:

　　(1)企业自己设计。主要是由企业主要负责人或少数人进行思考和设计品牌名称。中国的老字号企业及其商品品牌名称,多数是由企业主要负责人自己设计的。日本的 SONY 品牌是由其公司主要负责人盛田昭夫设计的。"金利来"品牌名称是企业创办人曾宪梓自己设计的。

　　(2)社会征集或招标设计。有的企业为了集思广益,往往向社会广泛征集意见或进行招标,对品牌名称进行设计,当然社会征集和招标以后,还须由企业进行筛选、比较和取舍。

　　(3)聘请专家设计。由企业聘请一名或多名专家甚至咨询公司的专家集团为品牌名称进行设计。例如,"娃哈哈"、"可口可乐"、"埃克森"等品牌名称,都是经过专家进行思考设计的。

　　上述三种设计方法不是截然分开的,而是可以有机结合的,许多著名的品牌名称设计,往往是三则最佳结合而形成的。

## 案例介绍

#### "金利来"的由来

　　1968 年,"金利来"品牌创立者曾宪梓看到香港当地生产的领带质量低劣,全都摆在地摊上,便立志在香港生产出做工精良的领带来。

　　在泰国时,曾宪梓跟着哥哥学做过几个月的领带,掌握了一些制作技术。所以,他凭借剪刀、尺子、缝纫机这些简单工具,真的做出了质优款新的领带。有了优质领带,还要给领带确定一个响亮的名称,因为领带没有牌子,不能进入高档商店柜台陈列。

　　曾宪梓最初期起的品牌名称叫"金狮",并兴致勃勃地将两条"金狮"领带送给他的一位亲戚。可没想到他的那位亲戚拒绝了他的礼物,并不高兴地说:"金输、金输,金子全给输啦!"原来,在香港常用话中,"狮"与"输"读音很相近,而且香港人爱讨个吉利,对"输"字很忌讳。

　　当晚,曾宪梓彻夜未眠,绞尽脑汁改"金狮"的名字,最后终于想出个好办法:将"金狮"的英文名"Goldlion"由意译改为意译与音译相结合,即"Gold"仍为意译"金",而"Lion"(狮)取音译,为"利来",即为"金利来"名称。金利来,金与利一齐来,谁听了都高兴! 于是,金利来品牌名称诞生了。

　　有了品牌名称,还要有相应的标志、图案等。曾宪梓突发奇想,中国人很少用毛笔写英文字,我用它写,不就是很特别的字形吗? 于是他在纸上用毛笔写出了"Goldlion"字样,再让设计人员整理、编排好,这就是现在"金利来"的英文标志。曾宪梓又用一枚钱币画了一个圆,用三角尺画了一个"L",一个优美的商标图形便构成了。

　　品牌名称改变以后,"金利来"果然一叫就响,成为驰名响亮的领带品牌,金利来公司也从此发达起来。

　　由于"金利来"而引申到现实,有些企业单纯突出品牌的显著性,而忽视了符合消费者心理这一客观要求,结果不得以失败告终。比如有的企业看到天津的"狗不理"包子驰名全国,便给自已的饭店起了"狗不闻"、"猫儿洞"的牌子,殊不知已经时过境迁,这种名称已经不符合今天的消费者心理,自然不会为今天的消费者所接受。

对于消费需要来说,男性喜欢体现健康、活泼的阳刚之气的品牌,如"吉列"、"天霸"、"奔驰"等;"福特"用于汽车,赋予男人独立、自信、冲动的品格。女士则偏爱表现女性温柔、浪漫气质与典雅、亲切的风格,如"舒尔美"、"美尔雅"等;"疯狂的爱"用于法国香水,赋予女人崇尚自我表现的品格。年轻人和儿童则喜欢活泼、轻松、富有幻想的品牌,如"双星"、"霹雳"等;"大大"用于泡泡糖,赋予孩子活泼、富于幻想、健康成长的品质。老年人则喜欢带有长寿、安康意义的品牌,如"长青"、"康乐"、"天坛"等。即使是年龄和性别相同的消费者由于其所受文化教育、生长的环境不同,购物时也有不同的心理倾向。因此,随着商品市场的日益扩大、经济交往的日益频繁,品牌面向的消费者越来越广泛,所以要求品牌的设计要根据商品的特点,对销售市场及销售对象进行周密的调查分析,然后再进行品牌的创意和定位。

## 案例介绍

### SONY 的诞生

在品牌命名上并不存在一个人人都要遵守的程序和步骤,但在今天,人们提倡科学的品牌命名。品牌命名不再被看成是一种随意性的名称的选择,而是要经过一些程序性的分析,要考虑多种因素。也许人们会认为这样讲扼杀创意的灵感,但在今天品牌营销高度发展的时代,科学的命名法是必需的。

科学的品牌命名方式一般要经过以下典型的步骤和过程。在进行品牌命名时,许多公司都遵循一些预先设定的程序和步骤。在开始给产品命名之时,下列这些阶段性问题是品牌命名中首先必须回答的常见问题:①企业希望其品牌在哪个地区、哪些市场上销售?地理范围覆盖越广,决策就越复杂。②即使本国消费者能读出这个名称,下一个问题是该名称在不同国家是否会有其他含义或联想。③如果这些都不成问题,那么该品牌名称在跨国营销时是否可用,是否能受到保护。

下面是品牌命名的战略性步骤:市场客体→品牌审核→品牌客体→品牌策略选择→指定的品牌准则→创造品牌名称选择方案→测试并挑选品牌名称。

SONY 品牌的成功更是如此。

1953 年,原"东京通信工业株式会社"领导人之一盛田昭夫(另一个是井深大)深感公司品牌和产品名称的重要性,决定改变"东京通信工业株式会社"这一个不太响亮的名称,而新名字必须担负起双重任务,既是公司的名称又是产品品牌的名字。当时他们生产了第一批晶体管收音机,为了让人们能够记住这批产品,必须有一个独特的品牌名称。盛田昭夫和井深大花了很长一段时间思考如何为产品品牌取名。他们的原则是不用象征标志,而用名字本身作为标志,并且用拼音文字,字母不能多,最多 5 个。

为了要起一个在世界各地都能认可、任何一种语言都能发出一样声音的新名字,盛田昭夫和井深大查阅了很多字典,想找一个响亮的名字。他们在字典里碰到了拉丁词汇"sonus",意思是"声音",这与他们开发的晶体管收音机具有收听声音的特点一致,于是在这个字上做文章。起初,他们为其产品定为"sonny",共 5 个字母,意思是"小宝宝"。但这个字在日本语采用罗马拼音过程中,却读成"sohn - nee"的音,意思是"赔钱",当然不合适。有一天,盛田突然发现,为什么不能去掉一个字母 n,使它变成"sony"呢?他觉得这是个好主意。

盛田昭夫发现,虽然 Sony 不含任何意思,但它用任何一种语言拼读都能发出同一种声音,世界上学习英语和罗马字母的人很多,这样就会使很多人能认识他们公司和产品的名字。后来,他们就用更简单的大写字母"SONY"代表自己的产品,到1958年1月,他们又正式把自己的公司名字也改成"SONY",并于该年12月在东京股票交易所登记。随后不久,索尼公司把"SONY"的名字在170多个国家和地区的各类部门注册,而不仅仅是在电子行业。在索尼公司成立35周年之际,公司领导人征求改变公司与产品名称的国际性招标活动,但通过交流,他们收到了上百个不要改变名称的请求,因此,公司决定不做任何改动。SONY这个品牌名称至今已深入到千家万户,成为日本电子产品的重要象征之一。应该说,SONY这个品牌名称的形成和传播,是融其民族性与国际性于一体的一个很好的范例。

## 二、设计品牌名称的具体步骤

### 1. 了解市场客体

品牌在命名之前就必须确定其目标市场和消费群体,以保证其品牌有助于其市场客体。企业品牌要有明确的品牌定位,做到有的放矢,应当不把自己放在消费者的角度去考虑。不同的消费者群体对品牌名称的喜好也是不一样的,如儿童喜欢一些诸如娃哈哈果奶或大白兔奶糖等之类的品牌名称。

### 2. 进行品牌审核

这是指研究影响品牌的内外因素,如公司资源、竞争程度等。这种审核必须有助于鉴别品牌命名的原则,如果品牌审核表明某公司生产了寿命长而受消费者青睐的电池,那么要设计的品牌名称必须解决的一个问题就是强化其产品成功因素。

### 3. 了解品牌客体

品牌客体即产品。在品牌命名中,必须考虑产品因素,这将有助于设计出与产品特点相符合的品牌名称来。如高科技产品的品牌名称就可以多采用科学化的名称,如联想等。

### 4. 企业必须制定正确的品牌策略

企业必须制定正确的品牌策略,即是单一品牌策略还是多品牌策略,是制造商品牌还是销售商品牌,这些必须在设计品牌名称之前就要确定。

### 5. 品牌准则

品牌命名有着它的基本准则,如简短易记等。但是,一般来说,一个品牌名称不能满足所有的准则。因此,在品牌命名之前,还要根据自己的情况有针对性地指定品牌命名准则。例如,产品要是在国际市场上销售,那么品牌的国际传播性就要放到第一位。

### 6. 拟定品牌名称方案

对品牌命名的各种要求和条件都有了清楚的概念之后,就可以设计出品牌名称。当然,设计品牌可以自己采用头脑风暴法进行,也可以委托专业人士进行。

### 7. 测试并选择品牌名称

品牌命名一般会设计出几个、几十个甚至上万个符合命名条件的可选名称,下面的问题就是在它们之中挑选出最佳名称。这就需要试用和测试,并且需要有一套客观的评估方法。至此,就可以得出最佳品牌名称。

日产汽车公司美国分公司总经理厄尔·赫斯特伯格曾说过:"找到一个简明扼要、恰如其分、不会冒犯别人又不会被他人拥有的名字是极其困难的。"企业或品牌的命名是一个系统过程,也可以说是一段心智过程,这就要求企业经营者和品牌设计人员要不懈地去探索,给产品或品牌起一个响亮的名字。

下图是 Interbrand 品牌命名的程序和步骤。它说明品牌命名是一项系统工程,需要一系列的命名程序和步骤,如图 2-1 所示。

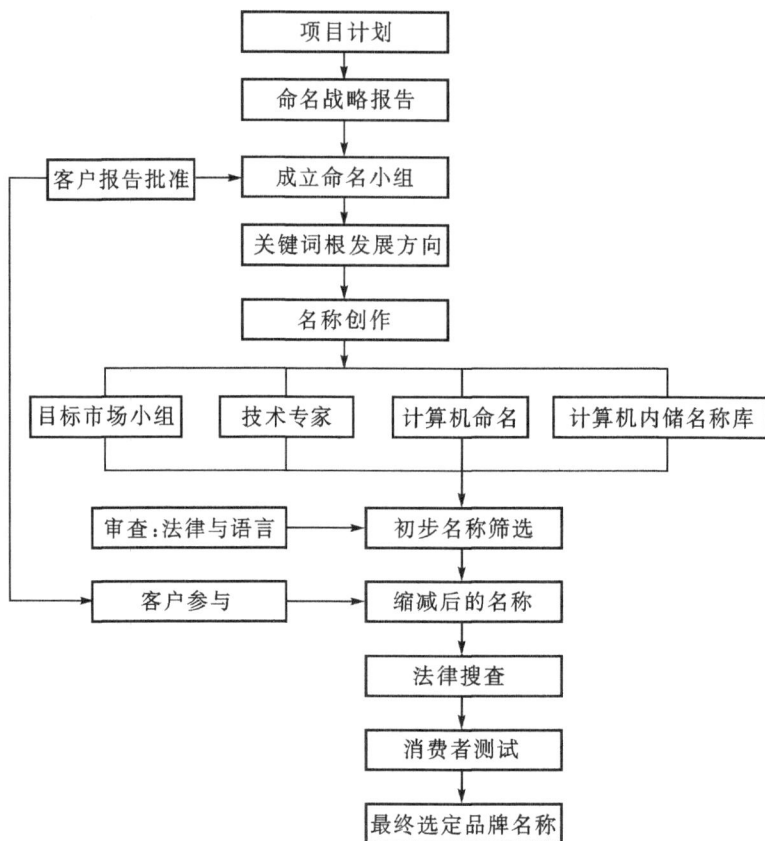

```
            ┌──────────────┐
            │   项目计划    │
            └──────────────┘
                   ↓
            ┌──────────────┐
            │  命名战略报告  │
            └──────────────┘
                   ↓
┌──────────┐  ┌──────────────┐
│客户报告批准│→│  成立命名小组  │
└──────────┘  └──────────────┘
                   ↓
            ┌──────────────┐
            │ 关键词根发展方向│
            └──────────────┘
                   ↓
            ┌──────────────┐
            │   名称创作    │
            └──────────────┘
```

┌──────────┐ ┌────────┐ ┌──────────┐ ┌──────────────┐
│目标市场小组│ │技术专家 │ │计算机命名 │ │计算机内储名称库│
└──────────┘ └────────┘ └──────────┘ └──────────────┘

┌──────────────┐   ┌──────────────┐
│审查:法律与语言 │ → │  初步名称筛选  │
└──────────────┘   └──────────────┘

┌──────────────┐   ┌──────────────┐
│   客户参与    │ → │  缩减后的名称  │
└──────────────┘   └──────────────┘
                        ↓
                   ┌──────────────┐
                   │   法律搜查    │
                   └──────────────┘
                        ↓
                   ┌──────────────┐
                   │   消费者测试   │
                   └──────────────┘
                        ↓
                   ┌──────────────┐
                   │ 最终选定品牌名称│
                   └──────────────┘

图 2-1　一般品牌名称程序

美国石油巨头埃克森公司创建于 1881 年,在很长一段时间内,该公司名称叫新泽西州埃索(ESSO)标准石油公司。后来,该公司为了在美国和其他各国名称和标志的统一,决心该换一个更适合的名称。他们动员了心理学、语言学、社会学、统计学等各方面的专家,调查了世界上 55个国家语言,专访了 7000 多人,研究一般群众心理、感情,查阅了 15000 个电话指南,通过计算机制作了约 10000 个名称,经过淘汰,剩下 8 个以供选择。

随后对这 8 个名称再用 100 种以上的语言进行搜索,以保证没有重复,并保证没有确切的意思。最后以花费 6 年时间和 10 亿美元的代价,确定了"埃克森"(EXXON)这个名字。这个名字容易记忆,内含叠字,便于拼读,在世界上独一无二,个性突出,这是世界历史上迄今为止最昂贵的改名,亦是花费最大的品牌名称设计。

### 案例介绍

#### 个性出众的"柯达"

美国柯达公司是世界上最大的摄影器材公司。它生产的"柯达"胶卷及一系列同名品牌产品,已经成为世界知名品牌。

　　1888年,银行职员出身的乔治·伊斯曼经过6年多的刻苦努力,他发明的小型口袋式照相机问世,从而结束了摄影爱好者用马车装载照相器材的历史。

　　但乔治·伊斯曼为给这照相机起品牌名字却大伤了一段时间的脑筋。一天夜晚,伊斯曼苦思后感到疲倦,就走到花园里散步。这是一个星月当空的夜晚,他抬起头寻找他唯一能够叫上名字的那颗星星,就是那颗"天狼星"。这是他记忆中最深刻的一颗星。随着天狼星的遐想,他回忆起孩提时代的往事。那时,他曾依偎在母亲的怀抱里,听母亲讲述有关"天狼星"的故事。他完全沉浸在夜晚的神奇思绪中。

　　突然之间,伊斯曼在脑海中浮现出照相机的第一个字母"K",而他母亲名字的第一个字母就是"K"。他常常把母亲的思念和含辛茹苦的精神牢牢记在心里,品牌名称中用"K"字恰恰可以表达对母亲的缅怀。他认为品牌名称应该响亮,要有魅力,使人容易记住。当他思考最后一个字母时,就又加上了一个"K"字,他认为"K"字本身就含有很强劲的魅力。就这样,世界闻名的一种新式照相机的名称——KODAK(柯达)——诞生了。

　　"柯达"品牌是典型的文字标志。柯达品牌的"K"字与名称"KODAK"相呼应,并采用黄纸红字手法创造强烈对比,具有很强的视觉识别力和信息传播效果。以后,伊斯曼的一系列发明,为他赢得了客观的财富,在这个基础上,他创办了专门生产照明器材的"伊斯曼·柯达"公司,并且红黄两色为柯达公司色彩的象征。

　　伊斯曼·柯达公司(Eastman KODAK)通过广告提醒公众:"不是 Eastman,就不是 KO-DAK",以防止柯达胶卷、相纸品牌名称变成通用名称。这是因为柯达品牌名声太大,加之广告和推销工作出色,很有可能被人们当作一般名词使用,品牌就会丧失其原来的显著性,使柯达公司失去品牌专用权。

　　这从另一个方面证明了"柯达"品牌确实是显著性、独特性极强的,从而被公众广泛注意和认可。总之,显著性、独特性是品牌设计的一个根本特征。具有显著性、独特性,才能使消费者区别同类产品的不同特点和不同质量,才能树立产品及企业的特殊形象。因此,要创立品牌,首先要设计出能够独树一帜、个性鲜明、具有很强的独创性和识别性的品牌标志。

# 第三章 品牌形象战略

学习要点

1. 了解品牌形象识别的概念和内涵
2. 了解品牌形象的识别系统
3. 掌握品牌形象导入的要点

## 第一节 品牌形象概述

### 一、企业形象识别的内涵

可口可乐、柯达、耐克、索尼,这些世界知名的公司主要就是依靠品牌形象致胜。那么,什么是企业品牌形象? 对于企业的发展来说,企业形象识别(Corporate Identity,CI)的导入是取得成功的一个势在必行的趋势。

20 世纪 50 年代,CI 战略首先出现于美国,60 年代传入日本,并经历一次较大的发展,70 年代末传入我国台湾和香港,80 年代末传入大陆。

CIS(Corporate Identity System),即企业形象识别系统,是对 CI 进行运用的一种系统方法,通过传送系统,将企业的文化理念传达给社会大众及内部员工,并获得它们认同的一种方法系统。

"优良的设计是优良的买卖",在 20 世纪 50 年代成为广告、形象设计界令人鼓舞的呼声。人们认为设计是形成质量和可靠声誉的主要方式。哈佛商学院等院校开始在工商管理人才培训计划中体现企业识别和企业形象的内容。大公司和商业机构逐渐认识到在各种不同群体的阶层中,需要发展一个企业识别和形象。这种视觉识别系统远远超过以往的商标或标识设计。它把一个特定机构的所有传达统一成一致的设计系统,公司借之建立一个一致的形象,帮助实现可识别的目标。使用 CI 的先驱是经营打字机和计算机的德国 AEC 公司。

对 CI 的成熟应用,IBM 是成功的代表。设计师兰特对 1930 年由特伦伯设计的 IBM 商标重新设计,形成有力和独特的字母形象。20 世纪 50 年代末,兰特为 IBM 设计的公司文件格式,不仅树立了长期的标准和风格,同时也传达了公司先进的技术和机构效率。从 IBM 开始,CI 的运用成为一个发展的设计规划,并有内部的专职部门负责,与外部的设计顾问们合作,保持公司视觉形象的连续性和高质量。

企业品牌形象作为品牌战略非常重要的一部分,有如下特点:

(1)企业品牌资本形象被视为一种资源要素,是一种无形资产。这是企业品牌资本形象战略得以实现的根基,随着信息化社会的到来,科学技术出现了社会化和一体化的发展趋势,由技术引导的产品及服务质量方面的差异显然被缩小了,尤其理性消费向感性消费的转变,大众消费向个性消费过度,由完全的卖方市场转变为完全的买方市场,使单一的竞争优势(价格优势、品质优势)已不足以保证企业在激烈的商战中取得市场优势。企业只有借助于综合的优势,并采用科学信息传达手段,充分了解市场,才能在激烈的竞争中把握克敌制胜的主动权。

(2)企业品牌资本形象战略是企业形象差别化战略。CI战略作为企业差别化战略,它特别强调的是信息传达的效率化、标准化和统一化的差别,利用信息传达的手段使企业产品的使用者,以及与企业部门、社区等明确企业的社会定位及其存在的意义,并加以认同。利用信息的传达,使产品的对象识别企业视觉符号,如企业的标志、名称、商标、色彩、图案等,确立视觉印象。品牌形象也需要利用感性诉求,以维持公众对企业的认识、依赖和好感。

(3)企业对理念的开发、提供和自我认同,是品牌资本形象战略成功的关键。企业在导入CI战略的过程中,首先应制定明确的经营理念,达到"自我认识"与"自我介绍"的统一,明确企业理念的过程,因此如果不能充分地探讨企业理念问题,就无法讨论CI战略的问题。

(4)品牌资本形象战略是一种全方位的信息传达体系,也是一种企业全员经营战略。企业信息的传播对象不仅仅是消费者,而是全方位的,包括企业内部员工、社会大众、机关团体。企业在导入CI战略的过程中,必须由自己的力量来完成企业理念的提供和开发工作,这就需要动员企业员工的力量,首先是公司内部的教育运动,要促成完整的外部形象,前提是内部员工的认同和自觉参与。因此,CI的推动必须采用某种形式,让企业的全体员工有共同参与的机会。

(5)企业信息传达的媒体,不只是局限于大众传播媒体,而是扩大到所有与企业有关的媒体。

(6)企业品牌资本形象战略是企业的长期战略。作为长期战略而非短期行为,品牌资本形象的开发可划分为三个过程,即调查、策划、实施。调查就是把握现状,分析实态,寻求问题并加以分析;策划是在调查的基础上,提炼理念,提出构思,设计程序;实施是根据策划的结果,开发CI,确认媒体的选择与投放,并对内、外发布。此外,对实际操作过程进行监督,对实施效果进行反馈,并对整个品牌资本形象战略体系进行改进、补充、提高和完善。

在企业品牌资本形象战略中所要建立的企业识别系统,就其实质来说,就是企业文化系统,它既有理念的支持(企业的价值观),也有企业的行为规范(行动识别),同时还有表现理念及其配合行动的视觉符号系统(视觉识别包括企业标志、名称、商标、标准色、标准字、图案等)。

就内容来说,CI主要包括四个方面:

①MI(Mind Identity),即企业理念识别,主要包括经营方针、精神、标语口号、企业经营风格、企业文化、企业理念、企业战略、企业建筑、招牌、制服、吉祥物等,是企业所蕴涵的内在动力,影响着企业其他活动的开展和进行,同时,也是CI其他方面内容的决定性因素。

②BI(Behavior Identity),即企业行为是别,主要包括教育培训、福利培训、礼仪规范、环境规划、公关、营销活动、沟通活动、公益活动等,是行为活动的动态形式。偏重过程的实施与形式,是CI外化的最主要的表现形式之一。

③VI(Visual Identity),即企业视觉识别,主要包括企业标志、标准字、标准色、广告设计、事物用品、交通工具、辅助产品设计等,是CI系统最外在、最直观的部分,通过它直接刺激人们的视觉神经,在人的大脑里迅速形成记忆。

④AI(Audio Identity),即企业听觉识别,主要包括企业团队歌曲、企业形象歌曲、商业名称、广告用语、广告音乐等。它是以听觉的传播力来感染媒体,把企业理念、文化特质、服务内容、企业规范等抽象事物,转化为具体的事物,以声音的手段塑造企业形象,彰显个性。

其四者的关系如图3-1所示。

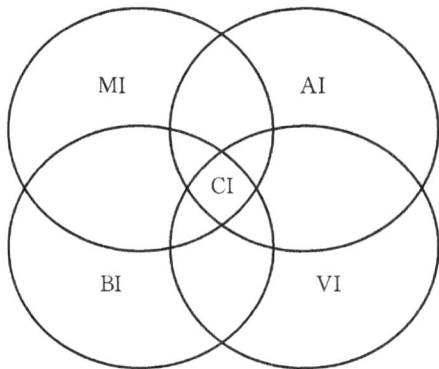

图 3-1  CI 示意图

## 案例介绍

### 日本马自达因 CI 名扬四海

日本马自达株式会社(原东阳软木工业株式会社)创立于 1920 年,主要从事三轮机动车制造和销售。马自达公司在科技产品领域里取得成功,并领先于其他公司,但旧有的三轮机动车制造商的印象仍然无法改变。企业形象如何改变,这一问题摆在了马自达企业的高层领导人面前,同时也是马自达公司如何改变自身形象的问题之一。

1971 年,为了改变"企业形象",统一标识,马自达公司开始了企业形象革命。

1972 年,马自达开始实施 CI 计划并确定了 CI 的基本方针:Mazda 扩张声誉方针,将 Mazda 作为所有集团名称,并借各种沟通机会,将信息与 Mazda 连接在一起,以确认其企业形象为目标。另外,马自达不断通过 CI 基本方针的关键词,如"进取性"、"高品质"、"丰富之形象"等所谓"马自达"的企业精神,设定开发的新系统,废除全部生产线化的汽车制造商的惯例,以车种品牌为顶点的方针,确立公司名称 Mazda 为最高方位,以追求标准化,以此提高企业形象。

虽然受 20 世纪 70 年代的石油危机影响而放慢其前进步伐,然而马自达以此目标所开发引进的 CI 政策经过不断努力,克服困难,终于使马自达成为日本第一家正式引进 CI 的先驱企业,为日本企业树立了一个企业识别系统的开发典范。其 CI 计划,更成为该公司恢复经营迈向国际先进汽车制造商的原动力。

1994 年,由于公司名称改变而带来成果的缘故,将其改变企业形象计划书告一段落,由此迈出了发展前进的第一步。

马自达新标志图案的开发,由 6 名年轻的业务骨干作为设计师负责进行,并指明以竞赛方式进行筛选。这一竞赛分为两个阶段进行。第一阶段提出了 21 个方案,在其中选出 4 名设计师所设计的 5 个方案,加上以后一个革新者的方案,共 6 个方案,并附加受分公司指出缺点而修改以及追加品种而展开的方案等。基于此来进行第二阶段。第二阶段里针对公司内外相关者,做形象调查,并对一般人实施计量器检验,而由国内外著名设计师加以广泛的审查,由专业的角度经严格审核的结果,决定采用吉村氏的设计方案。

马自达企业识别手册反映了公司 CI 基础设计系统是供分布海外的分公司使用的,标志是由 Mazda 字体衍生出来,将中心的 z 字设计成视觉焦点。为了配合印刷的需要,采用线框的字体。

当然,也可采用反白的表现,以制造不同的效果。这个 CI 计划主要环绕着 Mazda 企业标志为核心,包括基本视觉要素中蓝色的方形、条文以及产品标准字、专用标准字等,以致名片、交通工具的车体应用设计的展开。

马自达 CI 系统的运用管理,在初期阶段即引进电脑系统。特别是上述销售商店所使用的 CAD、CAM 系统,以及采用电脑辅助作业系统,均为日本最初引进电脑开发系统的典范。

马自达企业精神是使全世界的驾驶者得到安全、信赖和满足。这就是马自达在汽车制造领域、站在世纪文明的高度所确定的"丰富人性"的经营理念。早在松田重次郎成立马自达公司时,就倡导马自达的"感性设计"指导方针和信奉质量。正是本着这种精神,才使马自达如此具有自己的个性。

马自达公司坚信,每辆汽车都必须尽可能做到和生态环境友好相处。除了减少汽车废气的排出以及消除石棉和含氯氟甲烷之外,马自达还创造了世界上第一台氢燃料转子式发动机,达到了完全和自然的能源循环。在废料回收再利用方面,他们的努力也是无止境的。世界上第一个可以反复再利用的塑料复合材料的发明就是一个例子。

除了企业精神的内化之外,马自达还将之向社会范围扩展。马自达坚持追求全球性的和谐。这就是为什么马自达会对国际性的、民族性的、地区性的活动贡献其资源和活力,其目的在于促进相互了解,为未来全球健康社会打下一个坚固的基础。

马自达 CI 系统以追求标准化、提高企业形象为目标,并同时进行所有应用领域的开发,尤其在名片、信封等文具类或是业务上使用的报表、传票等方面,更是彻底贯彻其目标,进行事务合理化设计系统开发。这就为制作成本大幅降低,以及事务作业的标准化,起到提高效率的功用。

马自达的 CI 在空间展示的应用上,贯彻了"四角形之蓝色于天空中更显其色"的马自达符号设计的基本概念。采用四角形之蓝色,乃是基于环保意识的出发点,以表现该公司的清爽、干净、高品质且信赖性之感。因此,所有展示板均以蓝色为中心,并以黑色为底色。此种简单、明了的设计图案备受众人瞩目,并且具有分别其他标志的效果。

在日本及世界各地存在为数不多的零售商是马自达与社会的接触点,也是结合人与马自达的沟通场所。以 CI 战略上,马自达即为其代表商店。因此,该公司采用将所有 CI 系统集中于商店的方针。

另外,由于使用于业务上的车辆,通常被认为体现着公司的一种车辆服务精神。因此,马自达决定以两条蓝色线条的方式,来表现其服务精神、信赖感以及"运动感"。在交通工具外观设计上,从马自达标志视觉焦点的"z"字方面考虑,发展演变成对角线的两条平行的蓝色条纹,造型独特,引人注目。

## 二、三大 CI 潮流

在一个飞速发展的社会里,价格在消费选择中的重要性已经逐渐被削弱了,产品的相似之处多于不同之处,因此商标和公司形象变得比产品和价格更为重要,尤其是在市场日趋繁荣、竞争更加激烈的当代社会环境下,良好的企业形象已成为企业经营过程中必需的和宝贵的资源,它将为企业带来意想不到的收益。

在时下的 CI 潮中,有三大派别发展具有典型代表性。这三大潮流就是美国 CI、日本 CI 和中国 CI。

### (一)美国 CI

美国是世界上最早推行 CI 的国家。IBM 公司是其典型代表。

在美国 CI 强调以标准字、标准色和商标作为沟通企业理念和企业文化的工具。与其把它称作视觉识别营销法,倒不如说其更注重于 CI 的设计。正如美国著名的 CI 设计大师绍尔·巴斯所言:"设计者的作用就是要创造出更加有效的视觉传达工具,对某种产品、观念和服务予以宣传……我们所用的工具不外乎线条、色彩、图形、结构和印刷技术。"因此,美国型 CI 用于企业外部宣传,以市场营销为导向。朗涛策略设计公司亚太区总部则是这种美国型 CI 的代表。该公司在其长期的设计工作中,创立了策略设计中四个阶段的作业模式。

第一阶段——分析及识别策略发展。目标是由全面了解客户现状及形象开始,拟定出主导创意发展的策略。

第二阶段——创意发展。依据所达成的共识,全力投入创意开拓。

第三阶段——系统发展。设计各种不同的方式应用,并应根据实际进行状况而制定体现企业特性的各项细节。

第四阶段——平面设计标准手册的制定。准备一份标准手册用以指导实行全新形象识别系统。

美国的 CI 策划是最为典型的,在长期运作之下,美国已经出现了众多的知名度极高的 CI 标志形象。在美国,开车时远远看到黄色 M 字型的标志时,马上就会联想到那是麦当劳的招牌;如果看到红黑两色并排的招牌,那一定是加油站;若是光亮的黑型记号出现,便是"假期旅馆"的标志招牌。像这样能令人瞬间辨认的招牌,是美国路边招牌的特色。其中最重要的特征是这些企业标志的颜色,其次是图形,再次是招牌上的文字。色彩和图形对于运动中的人识别起来最为快捷。

几乎所有人一致认为"可口可乐"的标志、图形很引人注目,是最优秀的设计之一。人们不必去阅读牌上的"可口可乐"文字,只要看到方形的招牌中的那一条白色的波浪图形马上就知道是"可口可乐"商标标志。

在车辆文化的背景下,美国企业非常重视 CI 战略中的视觉传播识别系统(VI)的设计,亦非常重视企业的标志和标准色,如果标志和标准色的视觉效果不理想,视觉传达起来就困难,即它在同业的竞争中就难以占有优势。在美国,企业的标志、企业名称的标准字体、企业的色彩等视觉设计独具特色,让人一目了然,此种做法广泛受到重视。

美国的文化传统融合世界各民族的特点。由于美国较彻底的资产阶级革命和长期稳定的政治经济体制,形成了开拓、进取、创新、务实的民族文化特色。美国的企业管理发展的趋势是定量化和科学化,在发展中特别注重社会的契约化、法律化和理性化。企业识别系统、企业文化、企业形象相互作用,三者之间有着密切的关系,独特的企业文化通过优质的产品和服务、有效的视觉识别系统,传达给社会大众,从而提升了企业形象。

20 世纪 80 年代以后,美国的 CI 战略向提高官能感觉的方向发展,亦朝着视觉环境舒适化的方向前进发展,如"假期旅馆"在高速公路上的招牌是霓虹灯闪闪发光的星星标志,但在城市里的"假期旅馆"的霓虹灯招牌却有不同,只在具有稳定感的咖啡色招牌上,标志出标准字体才能够吸引顾客。

虽然美国各公司企业的 CI 策划设计都有自己的特色,但作为一个整体,美国企业的 CI 还是有其一致性的。美国式的注重视觉形象的 CI 战略,不仅仅标榜和宣传企业本身,而且注重企业环境,创造一种良好的都市文化、地区性和社会性文化。那种只在乎自己的商店,只考虑自己的企业或机构的形象,不择手段地采用各种吸引人的宣传手法,在先进国家和发达的社会中将逐渐不受欢迎。

### (二)日本 CI

20 世纪 60—70 年代,CI 战略传入日本。日本率先导入 CI 的是金融界和商业零售业。之后,一些企业也开始采用,而且广受重视。当时日本出现了新企业、新产品的迅速增加,而且市场占有率迅速扩大的新情况,因此日本企业界面临着这样的变化,自然就需要 CI 来协助。

从当时的社会背景来分析,日本无论是在日常生活上或企业经营上,都已非常美国化、国际化。因此受到美国式的信息传递方法的影响,日本人的价值观已从第二次世界大战前的权威主义转为民主主义,变得单纯、平易近人。

作为东方民族,日本的 CI 战略不仅吸取了美国等西方国家的长处,同时融合了日本民族文化和管理特色,创造出了具有民族特征的 CI 战略。由于日本企业通过引进美国的企业经营制度,企业经营管理得以摆脱了家庭制的统治,为经营管理现代化创造了条件。日本人巧妙地将西方先进的管理理论、管理技术和管理手段相结合,形成了日本式的企业经营管理制度。20 世纪70 年代以后,日本实现了企业经营管理的现代化。日本的企业界认为,文化的融合是一种好事情。日本企业成功的秘诀在于现代化与民族化的统一。

日本 CI 与美国的有所区别,具有自己的特色。日本把 CI 作为"生存的 CI",即把继承和培育企业经营的宗旨视作企业生存的根本。因此,它以企业内容作为 CI 的工作重点,着重于确立经营理念、企业意识、企业的凝聚力,这使得日本的 CI 具有"文化型"的特点。举例来说,日本的八佰伴公司的核心理念是所谓的"生命的实相哲学",它源于佛教思想又加入金钱的内容。在此思想的主导下,企业理念演绎为"人无论贫贱富贵,都同样平等,所以到八佰伴花一元钱和花十万元购物的人,都同样是人,所以要一律的感谢、奉恩,提供亲切的服务"。日本型 CI 的代表公司是PAOS 株式会社,它创始于 1968 年,其主要贡献是把商业设计提升到经济设计的理论,使 CI 的VI 阶段提升成为企业最根本的意识战略。PAOS 的设计新概念和方法论是站在世界性的立场上建立企业的经营战略体系,以它的组织、运营、经销和与之对应的各种体现作为思考的出发点。

日本企业对 CI 策划非常重视。如日本电通把企业形象识别作为交流识别系统(Communication Identity System)的一个主要业务。它对"企业识别"的定义是:企业等经营团队从与自身有直接利害关系的群体——职工、股东、客户以及消费者和地区环境——的关系出发,对自己的经营环境、事业范围进行调整,刷新自身的企业形象而开展的宣传活动。

因此,日本 CI 具有典型的日本风格,它强调视觉特征和企业实际状况的一致性,重视 MI、BI、VI 的整体性作用,追求完整地表达企业的名牌商标形象、经营管理状态和企业的文化内容。

与美国的 CI 相比,日本的 CI 设计也有自己的特色,以下是日本航空公司和可口可乐这两个可以代表各自国家特色的 CI 策划个案对比,如表 3-1 所示。

表 3-1　日本航空公司和可口可乐 CI 策划个案对比

| | 日本航空公司 | 可口可乐 |
| --- | --- | --- |
| 背景 | 在日本,日航被视为官僚化、拘谨及一成不变的机构,形象已古老失色,但公司管理层不愿意放弃已使用了 20 年的"鹤"标志。因为"鹤"在日本象征长寿,飞得最高最远。 | 从知名度来说,没有一样产品可以与可口可乐匹敌。百年以来,可口可乐销量与日俱增。目前,可口可乐广销到 155 个、使用 80 个不同语言的国家。每天平均有千千万万男女老少享用。 |
| 问题点 | 面对来自国内外日益激烈的竞争,日航形象需要更新,以适应潮流及加强服务。 | 虽然历史悠久、市场威力强大,但可口可乐在过去 15 年中没有评估其品牌识别及包装。在新的战略目标驱动下,可口可乐开始计划创造能显示其领导市场地位的视觉标志。 |
| 解决方式 | 经深入调研之后,确定重大任务是要把日航的视觉形象提升到国际水准,但仍保留一些现代日本的风格。取舍原有的"鹤形"表示成为一个很敏感的难题。<br>①既要迎合国际旅客的喜好,更要为本土旅客以及员工接受。<br>②关键是如何表达真正的日本色彩。<br>③最后解决方案是发展一个全新的日航标志,但保留"鹤形"标志在尾部机翼上。 | 调研组花费数月时间,横跨世界各地 23 个国家的主要市场进行观察分析,向可口可乐管理阶层做出建议,利用一个全球统一的包装系统设计,把可口可乐的领导地位再大幅度提升。<br>①从基本品牌元素着手开始,用一条动力弧线将 Coca Cola 以及 Coke 两个品牌名称紧紧锁起,成为一个整体合一的签署形式。<br>②Coke 的字体修饰成斜体形,和 Coca Cola 的字形更加和谐配合,更迎合潮流。<br>③全新的整体统一包装系统使可口可乐商标能够清晰地脱颖而出,同时维持一个统一的效果。 |
| 具体投案 | ①新设计的"JAL"字款非常典雅,反映出日航重视质量、安全,可靠及永恒的价值。设计细微,处理手法创新,有争取向前的感觉。<br>②色调方面,采用黑色强调诚实稳重感。使用原来日航的企业红色方格形,充满朝气和活力。灰色的长条形代表了动力和速度。方格基本上采用几何型,但配合现有的"鹤形"标志异常和谐。新形象设计简单、优美,国际化和现代日本感兼顾,平衡得宜。 | 品牌的核心基本元素为红色及一条划分 Coke/Coca Cola 相互识别的动力弧线,但在处理上要全面一致。一方面全力保留可口可乐的传统,另一方面使日渐通行的 Coke 简称名正言顺。红色所代表的独特价值,曾因制造多种产品系列的识别而削弱不少,现在重用红色,把损失重新挽回。 |

　　从这些文字,国家标志上都可以看出,日本的 CI 形象设计策划是有与美国 CI 策划不尽相同之处,它更具有自己的民族特色。

## (三)中国 CI

　　中国 CI 的发展结合了美国和日本的优点,把理念识别、行为识别和视觉识别统一了起来。但是我国 CI 由于正处在发展阶段,并不成熟,导致了众多 CI 良莠不齐。

　　我国的 CI 首先在台湾地区得到成熟的运用。它强调将企业经营理念和精神文化,运用统一的整体性传达系统(特别是视觉传达设计),传达给企业内部与社会大众,并使其对企业产生一致的认同感和价值观。代表者是艾肯形象策略公司(ICON),它强调人、事、物为基本条件,以"沟通、价值、创造"为三大开发概念,如图 3-2 所示。

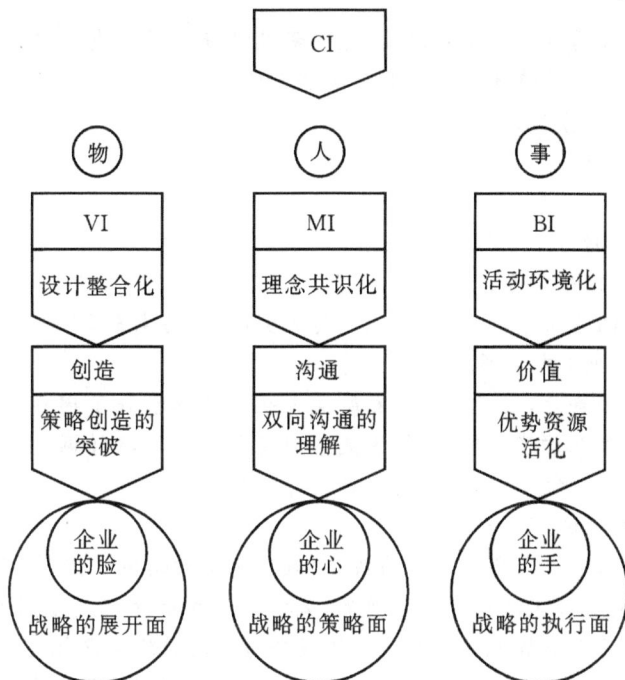

图 3-2　艾肯形象策略公司 CI 规划关系图

我国正处于一个经济的转轨过程中,由于很多企业没有解决企业经营的深层次问题,往往使 CI 的导入流于一种形式。表现在理念建构上,纷纷追求"国际化、现代化",创新、发展、环保等字眼成为一种套路,其结果往往让 CI 成为一种大同小异的时尚文本。因此,我们必须理解 CI 的本原以及它与企业其他经营要素之间的关系。

### 案例介绍

#### 台湾荣达公司的 CI 计划

台湾荣达照相器材股份有限公司,于 1986 年自行成功研制出全自动相机(俗称像瓜相机)轰动业界。然而,在面对市场未来的挑战中,如何以革新的经营战略与形象发展名牌商标,是值得荣达深思的问题。

1992 年 10 月荣达公司正式成立识别规划委员会来进行 CI 作业。荣达公司认为在 CI 形象规划中,为了建立良性的内外部沟通,以达成内部整体意识活动改革和外界认同荣达新形象的目的,就应该有一个贯穿整体 CI 推广的"活动标语视觉设计",来造成全局的注目焦点,活络 CI 气氛以期达成事半功倍的成效。

1. 荣达公司 CI 计划的命名

法文中的 NEO 即是英文中的 NEW,代表新发现或新创造,X 是代数中第一未知数,有无限延伸的意念。因此,NEO-X 计划为荣达 CI 形象规划的命名,透过新形象的展现,是一种再创新和再突破。

2. NEO-X 计划环境化

在荣达公司 NEO-X 计划中,为落实推动 CI 战略,特别对厂房大楼的内外,在 CI 活动期间,全部的视觉焦点环境予以整体包装。

3．视觉现况调查

为明确未来荣达公司设计的规划方案,透过现况调查作了审查。这就避免了未来设计方向缺乏依据和实际需求不符的情况发生。调查共分五项:

(1)品牌形象系统的分析;

(2)应用系统的分析;

(3)包装用品系统的分析;

(4)世界视觉设计趋势的分析;

(5)视觉系统相关问题调查;

从上述几个方面的分析中,分析设计现况的优劣,以作为未来 CI 设计规划的参考。

4．荣达公司的企业实态了解

除进行视觉现况调查外,还对企业的发展及未来经营远景作了周详的调查和了解。经营者及高层主管一对一的深入访谈,中层主管的集体座谈和员工的抽样调查,从不同层面、不同角度了解了荣达的企业实态,这就奠定了荣达未来设计的基础。

5．视觉审查战略研讨

在导入 CI 的同时,为寻求公司内部的共识,激发同仁的创造意识,CI 传案小组与 CI 委员会共同开办了 6 场 CI 策略共识活动和教育训练,从视觉审查分析、竞争差异研讨、形象战略研讨等方面共同讨论未来荣达形象展现的策略,使 CI 观念与沟通传递概念能更具体、更明确化。

荣达公司在此基础上,为了能更好地表现自己的形象,特别重视对自己企业的 CI 视觉设计,荣达公司的 CI 视觉设计遵循了以下程序:

(1)明确经营诉求。荣达以"挑战未来,迎接国际"的诉求来强化自创品牌的观念,并延续以 LONDA 的中译英品牌来行销国际。荣达的企业目标相应地以"追求品质,不断超越"来要求产品质量,其事业领域不再局限在闪光灯与照明器材的周边设备;而在新的经营方向上,以"光电产品"为主体,生产个体小家电产品的开发策略,摆脱以往零件厂商的印象。

(2)经营诉求概念开发。全新的荣达科技识别规划由经营诉求→经营语意化→形象概念化→视觉符号转化为具体的"造型题材"。

(3)基本要素开发程序。上述的造型到构成发展,只是识别设计的基础工程。在设计的目标过程中,还要不时参考国内外各产业的各种设计趋势,并依据视觉审查后的要求来作为设计的参考。

除客观的基本资料及数据外,最重要的标志设计应当符合三个要求:

①形象设计开发方面。在标志的设计过程中,必须要考虑到产业的属性,并融入荣达企业的经营特性及目标,将独树一帜的识别特性加以强化与塑造。

②机能设计开发方面。除视觉美感强烈外,更要注意标志在各媒体上的应用与机能,要能适应于各种产业的应用材质,方为有效地视觉规划。

③系统设计开发方面。有特色标志能应用到各种媒体上,设计除美观、机能外,更要注重所有规划用品的一致性,更能达成相乘累积的视觉效果。

# 第二节　品牌形象的识别系统

## 一、理念识别系统(MI)

### (一)名牌经营理念

企业理念识别(MI)是 CI 的宏观指导思想,相当于人的大脑,属于思想意识的范畴,主要包括企业责任感、企业精神、企业规章制度三个部分。

### 1．企业责任感

企业责任感是指企业出于社会责任，从而义务承担的任务或完成企业自身发展所规定的任务，以及由此而产生的一种紧迫感。这是企业得以长期生存和发展的原动力，是必不可缺的，否则，整个企业都将会缺乏生气，而逐步走向死亡。

策划企业责任感首先要明确总的指导思想。在有一个总的指导思想之后，对企业责任感的设计需要进一步明确地提出企业的长期目标、短期目标，上至高层管理者，下至普通员工，都要形成这样一个明确的共识。同时，为了进一步强化和保证这个目标的实现，有必要从物质和精神予以强调。从物质上，强调这个责任感带给企业的前景，以及由此给员工带来的物质利益；从精神上，强调能为社会、为国家、为民族做出多大贡献，能为社会进行发展做出多大贡献。

### 2．企业精神

企业的经营观念与精神是企业文化的主体，亦是 MI 的关键内容。因此，不仅要注重企业精神的内容，而且要讲究企业精神的表达方式。具体、明了、精炼的文字形式，通过多种渠道、多种形式的传播，对于强化员工的意识有着重要的意义。

我国的企业经过实践，积累了许多企业精神表达的经验，采用多种多样、生动活泼的命名方法，主要有如下几种：

(1)厂名命名法。如"大庆精神"、"鞍钢精神"，日本松下电器公司的"松下精神"，旧中国的民主公司的"民主精神"，第一汽车制造厂的"一汽精神"等。

(2)产品与商标命名法。大部分企业以拳头产品名称来命名。如沈阳风动机厂根据自己的拳头产品齿岩机敢于碰硬、开拓进取的特点，即把该厂的企业精神命名为"齿岩机精神"。再如无锡自行车业公司的"长征精神"（长征牌自行车），常州照相机厂的"红梅精神"（红梅牌相机）等都是以产品商标命名。这种命名法将企业与其产品商标融为一体，有利于提高产品和商标的声誉，增强员工的自豪感，把爱企业和爱产品有机结合起来。

(3)人名命名法。这种方式又有以下两种情况：一是以员工英雄代表、劳动模范的名字命名，如大庆油田的"铁人精神"，鞍钢的"孟泰精神"；二是以全体员工的方式命名，如广州白云制药厂的"白云山人精神"，这种命名方式有利于唤起员工的主人翁意识。

(4)概括命名法。这种方式是将企业精神的具体内容加以概括、提炼而命名。如沈阳新光机械厂的"一"精神（一体同心，一丝不苟，一往无前），常州林业机械厂的"三气"（工厂有名气，队伍有士气，职工有志气），日本佳能公司的"三自精神"（自发，自治，自觉）。这种命名法，提纲挈领地提示企业精神的内容，便于员工记忆。

(5)借物寓意命名法。这种方式是以与企业生产经营有关的某一事物之名作为企业精神名字，如日本索尼公司的"土拨鼠精神"。这种命名方式形象生动，画龙点睛，有利于员工理解企业精神的实质。

(6)形象比喻法。这种方式是以比喻的手法来命名企业精神，如北京百货大楼的"一团火精神"，对待顾客温暖如春，全心全意为顾客服务。此外，还有一些煤炭企业提出的"火炬精神"，都是形象比喻的命名方式。这种命名方式，给人形象感很强，有利于在员工意识中烙上强烈的价值观念印证。

以上只是从整体出发，在具体内容上，根据企业精神主要包括企业格言、企业口号、企业座右铭等，其设计也应遵循以下特点：

(1)独特性。经常有企业喊出："团结开拓、求实创新。"这样的口号普遍却无个性，对具体的企业品牌形象策划来说并无实质意义。而大庆油田提出的"做老实人,说老实话,办老实事,严格要求,严密组织,严密态度,严明纪律",虽然未必让人记得住,但却能给人留下大庆油田的印象。红桃K的"只有逗号,没有句号",也能给人一种耳目一新的感觉;至于海尔的"真诚到永远",则几乎是耳熟能详了。

(2)时代感。企业精神应该能与时代相合拍,反映时代的特色。例如,TCL集团公司在创立之初,对TCL的解释是Telephone Communication League,意为电话通讯联盟,以此表明其在电话通讯领域里的主要业务。时隔几年,TCL的一位负责人又说是Television Computer Lion,意为电视机、计算机领域的狮子,以此表明其涉足电视制造业、计算机领域的冲劲。而李东生总裁更进一步解释为Technology China Lion,意为中国的技术之狮,表明其在技术领域的先进性。TCL的含义还有很多,但每一次解释都是随着当时时代的变化而变化的,从而不断地给人一种新的感觉。

(3)民族感。企业总是有自己的民族归属,特别对于尚处在发展中前期的企业来说,只有依托本土、本民族市场才能更好地发展。深圳中华自行车集团,是我国新兴的一家大型自行车企业,其精神理念就是"产业报国"。具体解释就是:"作为一个生产者,我们应该使所有消费者都因为使用我们的产品而感到快乐。把企业的素质推上高层次,为提高我国的企业素质尽我们的努力。将产品介绍到世界各地,让别人都知道中国的产品是优秀的,同时向全世界宣告:'中华民族是优秀的!'"

3.企业准则

企业准则是指企业的规章制度,体现了企业对员工的具体要求,包括服务公约、礼仪服饰、行动规范、操作要求、考勤制度等。如北京的赛特集团,对内部员工就有一套严格的行为准则:发现员工带通讯工具上班,属小过,罚款50元;发现员工有挖鼻孔行为,属过失,罚款100元;发现员工与顾客有争执,属违规,罚款500~1000元。每天早晨要进行军事化的集合,从严管理员工,从而使赛特集团的销售利润一直位列北京市同行业前茅。

麦当劳的企业准则更是有名,例如,麦当劳有这样的一条行为准则,以规范要求员工——与其靠着墙休息,不如起身打扫。这就使得员工时时产生一种紧迫感,即使顾客很少时,也不会闲着,而是自觉抓紧时间进行卫生打扫,或做一些别的工作。

MI是企业的存在价值、经营思想、企业精神的综合体现,在现代企业的发展中起着不可估量的作用,这种作用主要体现在以下几个方面:

(1)MI是在企业发展过程中,对企业的生产经营起推动作用的主导意识。它在企业经营中贯穿在企业活动(BI)的一切方面,而且特别突出地体现在企业的重大目标和社会责任等重大问题的决策上,对企业行为起到定向、指导的作用。

(2)MI是企业家进行决策、组织、经营活动的主导意识。在一个企业中首先代表了企业领导人的思想观念、事业追求、工作作风、基本思想和方式方法,对企业必然产生极大的作用力和影响力。在国外一些企业中,企业家们所倡导的精神、理念有时会成为企业集体精神的标志,如日本松下电器公司的"松下精神"就是如此。

(3)MI是形成和决定职工群体的心理定势的主导意识。企业的精神和理念对于职工群体意识有决定作用,集中体现了企业的凝聚力。一经形成群体的心理定势,便会产生极大的集体合力,大大增强职工的责任感、自觉性,勇挑重担,并按照企业的精神和价值观所规定的行为准则,积极主动地修正自己的行为,关心企业的前途,维护企业的声誉,为企业的发展贡献力量。

(4)MI是企业的灵魂,是企业展开活动的行动指南。树立美好的企业形象和品牌资本形象,首先要在企业统一思想,使全体员工的行为举止符合企业的个性,这就要求MI不仅仅是一个企业领导人的思想,而应在企业内部成员中形成共识和认同。因此 MI 不仅要注重内容,同时要讲究企业精神、价值观、经营观念的正确表达形式。这是理念识别系统(MIS)的重要特征之一,不仅重视经营理念内容,而且重视其传播效果,及企业整体传播策略的一部分。只有通过具体、简明、精炼的文字形式传达出来,才能强化 MI 对企业全体员工思想的指导意义。

4. 标语式口号

标语式口号是指把企业的精神和经营理念的主要内容用箴言、警句张贴在企业的四处,使员工处处可见,随时受到熏陶。如美国 IBM 公司倡导一种和谐的人际关系。工司到处竖着一些标牌,上面写着"见面请微笑","交换意见请微笑","如果你看到一个不笑的人,就请主动先向他们笑一笑",公司经理在工厂里转圈时,主动向员工们挥手,与他们亲切交谈,脸上始终挂着微笑。整个公司的企业造型就是一张微笑的脸,在工厂的许多地方和工厂的大门口,工厂内的指示符号和公认的工作帽上都贴有公司的象征造型,人们把公司内部所在地称为"微笑市"。日本用这种方式强化宣传企业形象的做法也屡见不鲜。索尼公司的经理室就常年挂着一幅企业精神象征的造型土拨鼠形象。

### (二)名牌理念设计的原则与步骤

#### 1. 名牌理念设计的原则

第一,全面性。CI 的设计,要综合地全面考虑所能利用的信息传载媒体。在设计时,既要符合文学媒体,又要符合视听媒体,还要有符合电子媒体;既要能在商业媒体上展示,又要能在非商业媒体上展示;既要能利用外部条件进行展示,更要能利用自身进行信息传播。

第二,统一性。为了保持企业形象的一致,CI 设计时必须充分考虑统一性原则。在向外界传达任何讯息时,都必须突出一个统一的形象,借此来使观众对其有一个整体性、全局性的了解,从而进一步强化企业形象,提升企业的知名度和美誉度。

第三,实践性。CI 是用来展现企业形象的一种方法,因此若不具备实践性,不能切实用于实际操作,那无异于纸上谈兵。CI 理念必须要有其行为系统来保证,否则只能是一句空洞的口号,当然也就不可能进行企业信息的全方位传达了,也就与企业制订 CI 战略的初衷相去甚远。

第四,规范性。CI 是要以标准的形象来向世人展示,因此,其设计务求做到规范。从理念设计、行为设计、视觉设计到听觉设计,都必须努力保持规范。对此,麦当劳前总裁柯雷尔曾说道:"只要标准统一,而且持之以恒,坚定标准就能保证成功。"

第五,战略性。CI 本身就是一种战略,是一种全方位的企业形象系统。因此,企业必须对今后十年、二十年甚至上百年的发展做出考虑和大致的规划。这就要求对企业的运作策略、内外环境、市场前景等进行全面了解和综合实力分析,以此做出一个长远规划,用以完成企业的形象建设和维护工作。CI 战略一经确立,就很少作较大的改动,因此它具有长远的战略性。

第六,民族性。不同的民族有着不同的特点,这反映在 CI 战略上,也就是其民族性的原则。各个不同的国家,在这一点上都纷纷形成自己的特色体系,对于我们中国也不例外。在进行 CI 策划时,要求我们绝不能照搬照抄外国的经验和模式,要根据我们企业自身的特点,创造出符合我国实际情况的,反映我们民族特色的 CI 战略来。

第七,个性化。CI 是为了突出自己企业的形象,因此个性也就成为其本性的一项要求。一个企业的 CI 若是没有个性化,与其他企业相似或雷同,那他人也不会认为这个企业有存在必要。只有个性化的 CI,才能产生区分度,也只有区分度才能在众多纷繁复杂的信息中脱颖而出,为社会公众所迅速识别,并形成牢固的记忆。

第八,系统性。CI 是一个系统工程,对其 BI、VI、MI、AI 四个方面的内容,都不可偏废,要以一种系统化的、长期的观点,从企业的经营哲学、经营宗旨、行为规范、形象传达等方面进行全方位的系统化的设计,给各个内容以相应的地位,任何一方都不可偏废。

唯有主动遵循以上原则,品牌设计才可能成功。

2．品牌理念的设计步骤

企业品牌形象战略的设计理念,一般包括如下几个方面的步骤:

第一,企业内外调查。企业内部调查主要是研究企业的经营方向、行业特点、运行状况;企业外部调查主要是了解社会对企业的基本期望。把两者结合起来才能找出企业理念的真正诉求。

第二,确立理念设计要素。这是指在调查的基础上,确定理念所要反映的基本要素,并把这些要素加以整理并一一界定其含义,分析它们对品牌资本形象战略的紧密程度。

第三,语言表示要素。这是指用语言对所要设计的要素一一进行表达,也就是所选定的语言能准确地代表企业理念所表现的全部意义。

第四,概括。这是指用最简练的文字对所要表达的全部要素和内涵进行概括。经概括后的文字,必须易读、易记、朗朗上口。

在上述企业理念的设计步骤中,最重要的是第一步,即企业的内外调查,只有找出理念的诉求方向,才能设计出符合企业实际的、切实可行的企业理念来。

在企业着手设计理念之前,应首先了解企业现实情况。

下面的这些自测题,或许可以对企业有所帮助:

(1)本公司是否拥有一个或两个以上明显的信念(条)呢？如果有,是什么？本公司的人们知道吗？哪些人知道？

(2)这些信念(条)是如何传播到企业内部去的？它对企业日常的经营行为和员工的活动有何影响？这些信念(条)是否通过公司的人事政策、表扬奖励予以加强？

(3)公司职员如何表述公司业绩特征？他们是否经常用到"企业理念"一词？

(4)在价值观评价体系之中,公司员工最珍视的是哪一种？(它们包括工作的安定感、自我实现、民族决策、机会均等、集体荣誉感与个人主义等)。

(5)公司员工是如何看待时间、效益、金钱、个人价值、竞争等问题的？

(6)员工对本企业竞争对手的评价如何？竞争对手对本公司中高级职员具有吸引力的地方何在？

(7)本公司现行制度中哪些应该加强？哪些应予以削弱？全体员工对企业现有的文化活动如何评价？

(8)企业是否有意识地去树立榜样？如果有,榜样的类型和标准怎样？员工对公司榜样和英雄人物是如何看待的？与企业评判的准则有哪些差别？

(9)公司如何对待英雄人物？

(10)如此等等公司内部是否有员工畅所欲言的环境和反映情况的正常渠道？

### (三)CI 理念整合简表

1．成立 CI 执行委员会

①CI 工程名称

②CI 工程标语

③CI 工程象征图腾

④CI 工程视觉用品

2. CI 通讯发行(次数：_____)

3. CI 沟通意见箱(数量：_____)

4. CI 骨干力量培训(场次：_____)

5. 全员 CI 普及(场次：_____)

6. 相关部门定性访谈(人数：_____)

7. 相关企业主管访谈(人数：_____)

8. 经销商访谈(人数：_____)

9. 协作厂商访谈(人数：_____)

10. 中级主管访谈(人数：_____)

11. 基层主管访谈(人数：_____)

12. 储备干部访谈(人数：_____)

13. 员工集会座谈(次数：_____)

14. 消费者(对象)集会座谈(次数：_____)

15. 员工定量调查(分数 ：_____)

16. 消费者定量调查(分数：_____)

17. 特定对象定量调查(份数：_____)

18. 经销商定量调查(份数：_____)

19. 协作厂商定量调查(份数：_____)

20. 相关业种趋势研讨(场次：_____)

21. 相关业种实际考察(地点、人数、天数：_____)

22. CI 教育研讨会(天数：_____)

23. CI 共识研讨会(天数：_____)

24. CI 策略研讨会(天数：_____)

25. CI 创造研讨会(天数：_____)

26. CI 领导研讨会(天数：_____)

27. CI 活力研讨会(天数：_____)

28. CI 成长研讨会(天数：_____)

29. CI 视觉策略研讨会(天数：_____)

30. 形象策略建议书(份数：_____)

31. 经营策略建议书(份数：_____)

32. 行销策略建议书(份数：_____)

33. 经营理念建议书(份数：_____)

34. 集团命名(中文、英文)

35. 企业命名(中文、英文)

36. 品牌命名(中文、英文)

37. 命名国内近似查询(数量：_____)

38. 命名国外注册查询(数量：_____)

39. 命名国内注册登记(数量：_____)

40. 命名国外注册登记(数量：_____)

41. 内部精神标语

42. 外部精神标语

43. 精神标语征选活动(企划)

44. 企业歌曲(作曲、填词)

45. 企业音乐

46. 企业手势

47. 企业吉祥物征选

48. 企业花、树征选

49. 其他

## 案例介绍

### 松下精神

日本企业的经营哲学与企业精神通常是以社规、社训的形式来表现的,而独特的经营管理理念往往是以更加非正式的形式渗透到职员中间的。最代表性的莫过于松下公司的"松下精神"。

"经营之神"松下幸之助的经营哲学具有多种多样的表现形式,但其精华之一是把向消费者提供物美价廉的商品"看做是制造商的使命,而作为完成这一使命的报酬,是从社会获得利益"。松下确立的就是这样一种独特的经营哲学和企业精神。这是一种严峻的经营哲学,它认为企业如不能获得适当的利益,这就证明它没有对社会做出贡献,也就是滥用了社会的人力、物力、财力,造成了浪费。

松下电器贯彻经营理念着眼于开发低成本、高附加值的产品。这一思想渗透大集团所有企业组织的各个部分。于是,松下所属企业亦贯彻用户指向,以获取"适中收益"为目标,都取得良好的业绩。

松下精神主要体现在松下精神、松下纲领、松下信条、松下哲学四个方面。

1. 松下精神

(1)产业报国精神——产业报国是松下电器公司纲领,作为产业工人,认识本精神有很大的意义。

(2)光明正大精神——光明正大为人们处世之本,不论学识才能有无,如无此精神,即不足为荣。

(3)友好一致精神——友好一致已成为公司信条,公司人才济济,如无此精神,就成为乌合之众,无力量可言。

(4)奋斗向上精神——为了完成我辈使命,只有彻底奋斗才是唯一途径,和平繁荣要靠这种精神争取。

(5)礼节谦让精神——为人若无礼节谦让,就无正常的社会秩序,公司员工应具有礼节谦让的美德。

(6)适应同化精神——如不适应自然哲理,进步发达就无法实现,如不适应社会大势,成功自然无法获得。

(7)感激报恩精神——对为企业带来无限喜悦与活力者应持报恩之念。此念铭记在心中,方能克服种种困难,招来真正幸福之源。

2. 松下纲领(或基本企业原则)

认清身为企业的责任,追求进步,促进社会大众福利,致力于社会大众的长远发展。

3. 松下信条

松下公司每一位成员和亲协力、致诚团结,才能保证进步与发展,每一个员工都要记住努力才能使本公司不断进步。

上述条文,不论董事长、部长、课长,还是新职工,全体员工都要齐声诵读。

4. 松下哲学

坚定正确的经营观念:自主经营、堰提式经营、量力经营、专业经营、靠人经营、全员式经营、适时经营、求实经营。

通过这些,松下电器公司形成了"松下经营",并在此精神的推动下,松下公司迅速发展,成为了日本企业界的代表之一。

以"松下精神"为品牌形象战略的灵魂,只有得到职工的认同和响应,得到社会的认可,有特色,有个性,才能建立好的品牌。

## 案例介绍

### 太阳神:当太阳升起的时候

在古希腊神话中"APOLLO(太阳神)"是赋以万物生机、主宰光明的保护神,也是诗歌、音乐、健康、力量的美好象征,还是人类始祖的崇尚图腾与现代偶像的完整糅合,以及一个永恒的艺术象征。

太阳神集团以"太阳神"为企业、商标、产品的命名,可以充分地体现出企业的五大优势:

①高瞻远瞩地表达企业向上精神和战略目标;

②形象地体现企业及商品独特的个性与气质;

③贴切地反映产品的属性和功能;

④读音响亮,通俗易记,含义隽永,可以顺畅地演化为明确、优美的直观图像;

⑤以昂扬的格调引起种种美好的联想与追求。

太阳神品牌设计的图案,以简练、强烈的圆形与三角形构成:圆形是太阳的象征,代表健康、向上的商品功能与企业经营宗旨;三角形的放置呈向上趋势,是APOLLO的第一个字母,象征人字的造型,体现出企业向上升腾的意境和以"人"为中心的服务及经营理念;以红、黑、白三种永恒的色彩,组合成强烈的色彩反差,体现企业不甘现状、奋力开拓的整体心态。"太阳神"字体造型是根据中国象形文字的意念,结合英文APOLLO的黑体字形成具有特色的合成文字。太阳神品牌形象的设计特点在于追求单纯、明确、简练的造型,构成瞬间强烈的视觉冲击效果,同时也高层次地体现了企业独特的经营风格。

"太阳神"作为企业和产品形象在识别系统的基础定位,其意在于希望通过更理性化的设计手法,形成企业、商标(品牌)、产品形象三位一体的整体形象,强化企业文化意识与凝聚力,利于导向高层次、多功能、国际化、商品化、系列化、标准化、集团式的全方位发展战略,便于企业内部管理到外部经营形成良性发展。

太阳神集团公司重视对公司CI的宣传。在广告宣传方面,不但重视产品广告的创意、设计、制作水平、视觉效果和宣传频率,而且对企业形象广告的制作和发布尤其殚精竭虑。每当在黄金时段收看到想起雄浑的男高音"当太阳升起的时候……"时,我们总会被其中不可抗拒的强大的生命力所征服,我们总会被该公司蓬勃向上的企业精神、健康鲜明的企业个性所感染。这个企业形象广告将太阳神集团公司的灵魂完满地展现在人们的面前,使人们了解该公司立足于现在、放眼于未来的鹰击长空般宏伟壮阔的企业理念。通过这个企业形象广告,太阳神集团公司由太阳、三角形、"APOLLO"和"太阳神"组成的商标进入了千千万万中国人的心目中。

除此之外，太阳神集团公司还积极参与和支持社会公益事业以彰显自己的形象。该公司超越了只重视建立销售网络、热衷于搞"有奖销售"之类活动的传统企业营销机制，因为太阳神集团公司推出的不仅是经济效益，而是社会效益，所以它成立以来上百次对社会公益事业进行了热忱、慷慨的支持和赞助，得到了社会上广泛的关注和好评。

积极地参与社会活动作为现代企业的重要标志之一，是企业从狭窄的经济领域进入广泛的社会领域，企业意识从小生产水平升华到现代观念的象征。这可以从正面，通过更广泛的渠道强化公司的形象。

太阳神集团的企业形象建设以事实向我们阐述了这样一个道理：一个企业有没有企业形象是它最终能发展到怎样一个层次的决定性因素。那些忽略自身形象建设的企业可能闪光一时，但它们最终只能如流星般转瞬即逝，它们在短时期内创造的经济效益由于没有良好的社会效益支持，必将步一切泡沫经济的后尘，迅速在瞬息万变的经济形势中消失；只有具备良好的 CI 观，能够以立体的方式进行企业的形象、信誉和营销系统的建设，从企业整体战略出发进行全面运作，将商品力、销售力、企业形象力三个因素紧密结合在一起的现代型企业，才能在复杂的经济形势中获得长远的发展，并向太阳一样，具有不尽的潜能和永恒的生命力。

## 二、行为识别系统（BI）

BI 作为 CI 的一部分，是企业 CI 理念的活动执行，是一种动态思想，也是事关企业 CI 设计成功与否的关键所在。它必须秉承统一性和个性化的特点，企业在执行 CI 理念、进行 CI 工作活动时必须步调一致、口径统一，而同时，CI 的执行又必须同其他企业区别开来，以独特的行为显示自己独特的个性。

企业经营理念（MI）的产生，它可以出自企业领导人对企业经营管理和发展的设想，可以从高级职员、管理人员的设想中产生，也可以从一般员工的意见和建议中产生，还可以从企业的历史、传统、发展规划中产生。企业的经营理念的形成往往离不开企业文化、企业精神、企业价值观这一大前提，还与社会制度、政治体制等大环境相关。从这一点来说，MI 不是企业的经营结构方式之间的差异，或是开放式的经营方针或是封闭式的经营方式之间的差异。

只有企业员工的劳动，才能为企业制造产品、销售产品，直接面对消费者和各种顾客，无论是好是坏，他们的实际工作就是传播企业的信息，创造企业的形象和名誉。如果企业的员工不理解企业的理念，不了解企业的经营方针和战略是什么内容，或者他们不能将经营战略变成实际工作中的具体概念，那么企业的品牌战略资本形象是不可能成功的。

所以，企业品牌形象战略目标虽然反差很大，但是企业内部 BI 活动传播对象（员工）阶层将决定一个企业是否能面对它的目标，也正是员工阶层将决定产品质量，最终也正是员工阶层将决定品牌形象和企业形象。

BI 对内传播的目标是求得员工对企业的认同，使员工不仅了解企业的经营思想、经营战略、未来远景，而且要使员工把自己当做企业的一部分，全心全意地为实现企业的目标而工作，使企业成为一个命运共同体。由于企业与员工之间、员工与员工之间的特殊关系状态，决定了企业对内的 BI 活动的传播方式是非大众式的、平等沟通传播的形式。因此是多种多样的，无时无刻不贯穿在企业活动的各个方面。所以如何有计划、有控制、有成效地开展企业经营思想、价值的传播活动是研究企业内部 BI 的重要课题。从品牌资本形象战略的根本意义上来说，企业对内部的传播活动形式本身就是有重要意义的识别。

企业 BI 的内部活动主要可以分为组织机构建构与运作方式、生产管理活动、干部员工的教育和培训、生产福利、工作环境、生产技术设备、与股东的联系等。企业对外的识别活动,是指企业通过市场营销、公共关系活动、社会公益活动等,向消费大众、金融界、政府主管部门、社区公众的信息传播活动,并通过对这一系列传播活动进行控制,有计划、按步骤地传播统一的企业信息,使传播对象了解企业的经营理念、价值观念、经营方针、产品和服务信息、企业现状和发展规划,以求得到社会大众的认同,为企业的经营创造理想的外部环境。

与此相应的是,企业 BI 对外的活动主要包括市场调查、产品开发、公关活动、促销活动、流通政策、销售代理商、金融机构、股市对策、社会公益活动等。

除此之外,BI 还是一个企业系统中的一部分,其中更是与 MI 关系密切。BI 是 MI 的落实。由此,我们可以从企业的内部行为和外部行为中来考察分析设计 BI 的作用:

1. 增强凝聚力

凝聚力,又称向心力,是一种向内部集中,借以强化共同体的力量。凝聚力一旦形成,则会使得企业开展活动更为统一,团体工作更有效率。

2. 全员教育

对全体员工进行 BI 教育,是 CI 设计中非常重要的一环,它将直接影响企业形象的提升。常见方法有:

(1)颁发详尽的 CI 手册,将所有内容要求列属其中,让员工耳熟能详,并能身体力行;

(2)通过一些列活动,让员工参与 CI 的部分讨论,并使其明白背景和结果;

(3)开展 CI 应用要素的实际运用,让员工在不知不觉中接受暗示教育;

(4)加强企业内部沟通。

3. 提升企业市场形象

在一系列市场环节上,争取更进一步,如提供更周到的服务,从而最终促使企业知名度和美誉度提高。

### 案例介绍

#### 麦当劳与肯德基

麦当劳独具特色的 BI 规范是其成为成功企业典范的重要内容。麦当劳的创始人创业伊始,就确定了四个经营信条:高品质的产品;快捷微笑的服务;清洁优雅的环境;物有所值。麦当劳特别制定了一套准则来保证员工行为规范:OTM(Operation Training Manus)即营业训练手册;SOC(Station Operation Checkest)即岗位检查表;QC(Quality Guide)即品质导正手册;MDT(Management Development Training)即管理人员训练。在麦当劳小到洗手消毒有程序,大到管理都有手册来保证其规范的贯彻。

关于营业训练手册(OTM),麦当劳认为快餐连锁标准化能保证每个餐厅都提供相同标准的服务。开业伊始麦当劳就制定了一本 OTM,详细说明麦当劳的各项政策以及餐厅的个性程序,OTM 日后成为指导麦当劳的圣经。

岗位检查表(SOC)则把麦当劳的餐厅服务分为二十多个工作段,如煎肉、收货等。每个工作都有 SOC,上面详细说明各个工作阶段实现应检查的项目、步骤和岗位职责。进入麦当劳后,员工将学习每个工作阶段,在各段表现突出的会晋升为训练员,训练新工;训练员表现好,可进入管理层。麦当劳强调:你的资历、学历都不重要,重在你的能力与表现。麦当劳的员工来自各个阶层,从 18~50 岁都有,但他们都需全面接受系统训练。

对于品质导正手册(QC),管理人员每人都有一本,它详细说明了各种半成品的接货温度、储存温度等与质量有关的数据。

麦当劳一整套规章制度与管理措施,富有特色的管理人员的培训和提升方法,是其经营思想的具体体现,从而使麦当劳具有强有力的企业形象,赢得社会大众的美誉。可以说麦当劳是具有管理特色的CI的典范。

肯德基是一家国际性的快餐连锁店。其最大的特征便是:一家是一家,十家是一家,百家、千家、万家还是一家。而肯德基成功的经验之一就是其一致的行为规范。

肯德基以自己的一致性在全球范围内取得了巨大的成功。无论你身在何处,只要来到了肯德基,你就会发现其实自己并没有走远。因为那红白条的尖层顶、大胡子山德斯上校、宽敞明亮的大玻璃窗、笑容可掬的侍应生,还有香喷喷、脆松松、金灿灿的油炸鸡腿,都实在熟悉不过的了。

肯德基刚进中国的时候,曾有人对此忧心忡忡:外来快餐业对中国的快餐业将产生怎样的冲击呢?尤其看到肯德基里坐满了我们的下一代,这种忧虑就更加沉重——经营之道莫过于影响下一代的口味。于是老牌子荣华鸡拿出了实际行动,跟肯德基摆擂台,肯德基开到哪里,荣华鸡就跟到哪里。曾有一段时间,在北京和上海,只要有一家肯德基开业,马上就有一家荣华鸡在旁边揭牌,竞争虽然很激烈,但结果总以荣华鸡败北而告终。

荣华鸡失败的主要原因就在于没有彻底导入CI系统。具体表现就是其口味今天咸一点,明天淡一点,后天可能又甜一点,形象涣散。而肯德基无论在世界何地,永远都是熟悉的那种味道。专家从营销与广告的角度来分析,其实另外还有一些原因导致这个结局。

很多时候我们到肯德基并不一定都是为了单纯进食。比如三两知己想聊聊天,那么肯德基便是一个不错的选择,尤其是占一个临窗的座位,悠闲地看着窗外的车来人往,给自己也给好友一个单纯、宁静的心境。

论营养,麦当劳与肯德基可能不如中国的传统中餐;论口味,它们更不及中餐的丰富多彩。但是肯德基和麦当劳代表美国的文化,它们能给予的随意、简单和体贴,却是荣华鸡等所不能及的,这就是它们企业市场形象的竞争力之所在。

## 三、视觉识别系统(VI)

VI是CI的静态表现,是一种具体化、视觉化的符号识别传达方式。它是将企业理念、企业文化、服务内容、企业规划等抽象语言,以视觉传播的手段,将其转化为具体符号概念,应用在形象的展开上面。

VI的设计原则,主要有以下几方面组成:

### 1. 目标性原则

必须在对企业实际情况做深入了解后,再进行VI设计。在不同的阶段追求不同的外部形象目标,通过这些外部目标形象,将企业自身的整体实力、外在形象、所处位置等传递给社会公众。

企业形象根据自己所处的发展阶段不同有不同的目标形象。创新形象,一般是在企业创立之初所设立的形象系统,强调强烈的视觉冲击,一下子吸引住消费者,让人接受一种全新的面貌。发展形象,一般是在企业处于上升阶段时设计的整体形象,强调的是给人一种朝气蓬勃、积极向上的感觉,让人接受这种形象影响力。竞争形象,一般是在企业处于稳定阶段时设计的形象,强调给人的感觉是富有活力、感召力、竞争力和感染力的形象,以此吸引竞争对手的顾客群。

### 2. 普遍性原则

这一原则是只要符合当地的风俗习惯,为当地群众所接受,不犯禁忌,同时具有清晰可见的可读性与辨识性,设计时具有国际性,为成为一个国际品牌奠定基础。

### 3. 3E 原则

3E 原则是指符合工程学(Enigneering)、经济学(Economics)、美学(Ethics)的开发与作业要求。

①Engineering:Good Concept Making,即在工程学上要具备开发、创造企业个性的系统的能力。

②Economics:Performance for Value,即在经济学上要创造出独特的销售价值。

③Ethics:Best Image Production,即在美学上要提升企业品牌的形象。

### 4. 合法原则

合法原则是指 VI 设计的识别符号,注意不要违反当地的机关法律条文。在以上原则的前提下,可以根据一定的程序进行 CI 视觉设计。具体来说,CI 视觉设计可以简述如下:

(1)设计趋势分析(数量:_____)。

(2)视觉设计概念(份数:_____)。

(3)集团标志设计(提案数量:_____)。

(4)企业标志设计(提案数量:_____)。

(5)品牌标志设计(提案数量:_____)。

(6)产品标志设计(提案数量:_____)。

(7)纪念标志设计(提案数量:_____)。

(8)形象视点调查(数量:_____)。

(9)模拟标志设计(提案数量:_____)。

(10)商标国际近似查询(数量:_____)。

(11)商标国外近似登记(数量:_____)。

(12)商标国内注册登记(数量:_____)。

(13)商标国外注册登记(数量:_____)。

(14)视觉修饰及标志精致化。

(15)中文标准字(提案数量:_____)。

(16)英文标准字(提案数量:_____)。

VI 传递系统如图 3-3 所示。

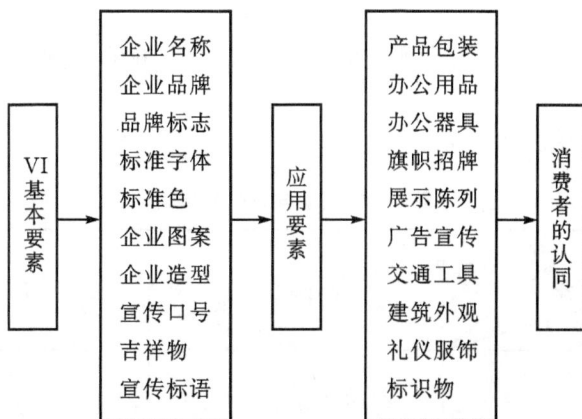

图 3-3　VI 传递系统

品牌的成功只依靠品牌名称还不够,必须要为商品设定一个标志。标志是品牌的外形,是创造品牌知名度和品牌联想的关键。心理学的分析结果表明:人们凭感觉接受到的外界信息中,83%的印象来自视觉,剩下的11%来自听觉、3.5%来自嗅觉、1.5%来自触觉、1%来自味觉。标志正是对人的是视觉的满足,视觉形象远比文字描述容易为人接受。所以标志对获得品牌知名度有很大的影响。

日本一家银行的标志是一颗逗人喜爱的小红心。走进这家银行,这颗小红心随处可见,它象征着一种友善、近人情的形象。迪斯尼公司的米老鼠、唐老鸭给人们带来欢乐和幻想,这是最成功和最有趣的的标志。但是由于有些标志容易被刻意模仿,而使公司产品受到威胁,因此,SONY、IBM的标志干脆就与真商标一模一样。

一般而言,标志设计应该具有简洁、凝练、独特、新颖的特征。如麦当劳的黄金色拱门"M",奔驰的"方向盘"标志,耐克品牌名称左下脚有一个象征一艘船载着"NIKE"的"√"。

## 四、AI 的引进

在 CI 中 AI 是最晚引进的一种企业识别方法。它是对听觉和视觉综合测试后得出的一种方法。

AI 的内容包括以下方面:

1. 广告导语

广告导语一般是广告语的浓缩部分,以很简洁的一句话来体现企业的精神,凸显企业的个性。

2. 商业名称

商业名称要求简洁上口,能正面促进企业理念。

3. 主题音乐

主题音乐是企业的基础识别,是一切扩展与延伸的基础,主要包括企业团队歌曲和企业形象歌曲。前者主要用于增强企业的凝聚力,强化企业内部员工的精神理念;后者则主要用于展示企业形象,向外部公众展示企业风貌,以此增强其信任感。

4. 标识音乐

标识音乐主要用于广告音乐和宣传音乐,一般是从企业主题音乐来摘录高潮部分播出,具有与商标同样的功效。

5. 主题音乐扩展

主题音乐扩展是从高层次出发来展示企业形象,通过交响乐、民族乐器、轻音乐等来进行全方位的展示。

视听与记忆比较如表 3-2 所示。

表 3-2　视听与记忆的比较

| 记忆保持率　　保持时间　　视听 | 3 小时候 | 3 天后 |
|---|---|---|
| 听 | 70% | 10% |
| 视 | 72% | 20% |
| 听视结合 | 85% | 65% |

**案例介绍**

### "麦氏威尔"品牌策划与设计

好的广告可以对品牌的树立形成一个画龙点睛的效果。

20世纪80年代初,"麦氏威尔"咖啡准备在中国台湾地区上市。当时,"雀巢"等于是咖啡的代名词。针对这种状况,"麦氏威尔"咖啡的品牌策划与设计在逆境中开始起步。"麦氏威尔"品牌的成功经历了下面三个阶段:

(1)创业期:1982年11月上市,运用名人建立品牌知名度,倡议大家从喝茶转到喝咖啡,并试图区分美国式与欧洲式咖啡,结果创造了极高的知名度(67%),并抢占了15%的咖啡市场。

(2)发展期:继续用名人建立品牌的知名度,强化品牌的识别力。主题广告传达"与朋友分享"的概念,推出咖啡礼盒,强调"好东西要与好朋友分享"。随罐赠送咖啡杯,开发随身包与随身杯,并举办"爱·分享·行动"的慈善活动。结果,"麦氏威尔"成为极具威力的品牌,紧追"雀巢"之后。

(3)成熟期:1988年至今,市场上出现许多的咖啡品牌,使得咖啡市场竞争异常激烈,"麦氏威尔"继续使用"分享"这个定位。1994年,"麦氏威尔"的"好东西要与好朋友分享"这一广告语被评为台湾地区消费者最受欢迎的口号。

"好东西要与好朋友分享"这是"麦氏威尔"咖啡进入台湾地区市场时推出的广告语。由于雀巢咖啡已经牢牢占据了台湾地区市场,那句"味道好极了"的广告语又已经深入人心,"麦氏威尔"只好从感情入手,把咖啡与友情结合起来,深得台湾消费者的认同,使得"麦氏威尔"顺利进入台湾咖啡市场。当人们一看到"麦氏威尔"咖啡,就想起与朋友分享的感觉。

能在当今竞争日趋激烈的国际市场被认可和定位,表明企业内在文化被大众认同,代表现代企业正式进入国际贸易的轨道。台湾地区的"麦氏威尔"咖啡可以说是通过CI策划与设计步入国际竞争市场、塑造良好的品牌个性的典范。

像"麦氏威尔"这样好的广告语并不少见,如"金利来领带,男人的世界"、"让我们做更好!""人头马一开,好事自然来"这些广告语给品牌增色不少。好的广告语就是品牌的眼睛,对于人们理解品牌内涵,建立品牌忠诚度都有不同寻常的意义。

**案例介绍**

### 曼特迪生公司的企业识别系统设计

曼特迪生(Montedison)公司是意大利最大的企业集团,它是由爱迪生公司与曼特卡吉尼公司合并而成。合并之后,公司导入了新的企业识别系统设计。

第一是进行公司形象开发。曼特迪生公司的145家关系企业按照朗涛公司的建议,在通讯上分成如下四大部门:①纤维部门;②食品流通部门;③药品部门;④石油化学部门。

属于此四大部门所有关系企业必须以曼特迪生为中心而团结一致,为达成共同目标而努力。

在这一前提之下,公司所开发的新公司形象,必须能使对过去一切令人厌恶的回忆打上终结。公司内外视觉上,均能清楚地表明选择的新经营理念。同时,也需要开发相当有力的标志,以配合展开此复杂企业集团的统一制度。

1972年朗涛公司开发出能解决以往问题的公司新标志。这一象征以Montedison为中心,外围有四个事业部门,以整体定向发展为基础。新系统包括单纯的标准字体,以及采用象征发展方向性的标准字体,总共开发六种基本形态。

第二是进行企业颜色的区分。朗涛公司技巧性地解决 Montedison 标志的另一问题,即在四个箭头所构成的标志中,以右下方箭头不同的颜色,表达不同的事业部门,依颜色基准以便区别总公司、关系企业及各部门。使用相同标志,将 Montedison 集团统一化,并以各部门标准字体与标志组合,表示总部和关系企业的名称,一见即知是 Montedison 企业集团而留下深刻印象。这种标志和标准字体的组合虽有一定标准,为了更广泛展开,同时制定了数种变化型。具体情况如表 3-3 所示。

表 3-3　曼特迪生公司的企业颜色区分

| 色彩计划 \\ 标准色彩 公司部门 | 完成基本色 | | 单色 | 其他颜色 |
| --- | --- | --- | --- | --- |
| | 没有变化的 3 个箭头记号 | 有变化的箭头记号 | | |
| Montedison | | 灰色 | 褐色 | 灰色与黑色 |
| 纤维部门 | 灰色 | 褐色 | 褐色 | 灰色与黑色 |
| 食品流通部门 | 灰色 | 红色 | 红色 | 灰色与黑色 |
| 药品部门 | 灰色 | 绿色 | 绿色 | 灰色与黑色 |
| 石油化学部门 | 灰色 | 浅蓝色 | 浅蓝色 | 灰色与黑色 |

第三是进行标准字与标准的开发。对 Montedison 及其集团中的企业而言,宣传广告语是重要的讯息传达活动。其目的有二:一是将一切属于 Montedison 集团所有事业部门的公司名称公诸社会大众;二是传送与 Montedison 公司直接或间接关联集团中的各公司的企业活动及产品。

由于广告宣传活动具有这些目的,需要开发特别的标志及标准字体。此系统就用于具有移动招牌效果的输送机器以及超级市场,而使用此标志与标准字体的交通工具,则采用规定的标准色。例如,属于食品和小麦流通部门的 STANDA 超级市场,标志中的三个箭头为灰色,右下箭头使用红色,而将公司名称和 Montedison 留下反白字体。

第四是进行统一的包装处理。

Montedison 公司还在包装图样处理上设定如下的基准。

①将标志设计构成要素(如箭头形状、直线角度、立体感等)在包装图样设计要素上适当地展开。

②使用象徵图案。

③使用规定的色彩计划。

④明确表示产品用途。

⑤表示 Montedison 的标志及标准字体。

根据上诉五项基准,公司产品的包装能充分表达企业产品的机能、效能、商品品质等信赖度及形象。在产品等大量陈列上,将每一产品的简明箭头记号指向公司标志的方向,如此将产生相同视觉形象的效果。其他产品包装上也有强调象徵性格及方向性的部分。

Montedison 公司面临的这种 CI 方面的现实问题,对许多企业而言是常见的。当然,若要全面性地展开此系统,仍须尽量于短时间完成。Montedison 通过详细地策划,用完全的革新形象统一了以往两个公司的形象,成功地塑造了一个统一的新形象。

# 第三节　品牌形象的导入

## 一、CI的导入条件

在内涵上,CI具有双面性。从整体着眼,CI必须是非常独特的,与众不同的,强调个性色彩的,必须与其他同类产品或企业明显区分。

但是,如果考查的是作为构成整体的具体的人和物,这些在CI中是不能作为独立的个体存在的,在CI系统中单个的人或物没有任何丝毫的个性或特点可言,只能作为整体的一个部分,就像机器上的螺丝钉螺帽一样,一切都必须服从整体的形象要求。整体的形象是一颗杉树,个体的形象也只能是杉树;整体的形象是狮子,个体的形象也只能是狮子。当然,这个形象不一定都是非常具象的实体,它还可以是某种观念、某种感觉、某种形态、某种方式。

### (一)CI成功导入的条件

CI是一个秩序严谨、等级森严的体系。CI就像宇宙星系各自循着各自的轨道运行,彼此相安无事。等级、秩序是为了维持整体的平衡于正常运行。

因此,企业导入CI时需要对此认真考虑才能成功。当然,CI的导入不是无条件的,它只有在企业具备一定的条件下才能导入,否则对于企业的发展来说,CI并不能产生传说中包治百病的效果。

成功地导入CI需具备以下条件:

1. 决策者的态度

企业决策者的态度,反映了他的认识水平和工作能力,它将会直接影响到CI战略的实施效果问题。CI战略的导入,通常应由决策层在检讨企业过去、现在和未来之后如实提出。这一条件应包括以下内容:

(1)决策者应具有一定超前意识,在经营上敢于独辟蹊径、承担风险;

(2)决策者善于鼓励下属开动脑筋,多想敢想,创造性地运用新思想核心观念;

(3)决策者知识面广,对新鲜事物比较敏感,判断力较强;

(4)决策者具有很强的说服力和组织能力,能获得来自企业内部的广泛支持;

(5)决策者重视战略研究,常听取顾问或参谋班子的建议。

2. 产品与服务

产品是企业发展的基础,服务则是产品信誉的组成部分。只有依靠优质的产品和良好完善的服务,才能确定企业最终的社会地位。设想一个连产品质量都保证不了、连最基本的热情和耐心服务都做不到的企业,它的形象怎么可能会好。企业形象塑造,首先源于企业自身。策划再好的形象,如果脱离了产品与服务的基础,也只能是"空中楼阁"。一旦公众感到这种与实际不符的虚假形象之后,企业为此所付的代价将付之东流。

具体地说,"产品与服务"这一条件应包含有以下内容:

(1)企业有比较完备的产品线和产品结构;

(2)主导产品的生产形成规模效益且质量比较稳定;

(3)主导产品在市场上有一定销路,用户使用后反应较好;

(4)企业已建成售后服务体系,基本上可以满足其服务政策和用户的具体要求;

(5)企业技术水平先进,且有一定技术改造和开发能力。

3. 企业经营管理水平

管理体现了企业经营的效率和效果。纵观国内外成功企业,都有比较高的管理水平。如美国麦当劳、沃尔玛等世界著名的企业,都曾创造过杰出的管理经验,成为其他竞争者相学习和效仿的典型。

企业经营管理水平主要涵盖以下几个方面:

(1)企业管理的基础性工作比较健全,销售网络顺畅,信息的收集、处理、发布等工作能适应正常经营管理的要求;

(2)初步建立了质量保障体系,质量工作正常有序;

(3)组织机构比较健全且灵活机动,能随着客观条件的要求或变化作出适当的调整;

(4)有经营风险和竞争意识,可以综合运用价格和非价格营销因素参与市场竞争,对广告有足够的认识;

(5)能有意识地展开公关活动。

总之决策者的超前决策意识及态度、良好的产品与服务、较高的经营管理水平是 CI 战略导入的前提,而其中居第一位的条件就是产品和服务。

## (二)最适宜 CI 的企业

在上述三个条件的考评之下可以发现,最需要,也是最适合导入 CI 有以下类型的企业:

1. 上市公司

上市公司管理水平比较高,综合业绩较好,在国内同行业居领先地位。可是,上市公司企业缺乏对股民承诺的兑现,分红少,配股多,挫伤了股民的信息和热情。另外,很多上市公司在经营活动与信息披露的公开性方面也比较差。导入 CI 战略并切实执行,对企业公众形象的改善是大有裨益的。

2. 零售百货商业企业

零售百货商业企业比较注重店面装饰与设计特色,但其服务质量较差,企业缺乏富有个性的经营理念。国外连锁店如麦德龙、家乐福等的涌入,对国内同行冲击极大,迫使许多大众商场不得不做出改变,以塑造全新形象。

3. 旅游业及其他

国内旅行社、旅游公司等对视觉识别活动不很重视,难以给人一种统一鲜明的印象。它们的管理混乱、乱收费等现象,也有待通过 CI 战略来整理和改正。其他诸如交通运输、出租业、娱乐业等也都存在类似问题,同样面临着形象再造的情况。

4. 集团企业

相对而言,它们物质基础比较雄厚,企业有一种或几种优势产品,但对企业集团的整体宣传较少,行为识别和视听识别普遍缺乏个性,极不明显。它们可通过 CI 的导入,统一下属各企业的行为,强化视觉识别效果,将产品优势转变为集团优势。

5. 外贸进出口企业

外贸进出口企业信息灵通,关系广泛,资源雄厚。但企业出口时缺乏统一品牌,企业形象不鲜明,出口量少,品种多。CI 战略的导入,有利于促使它们向国际性综合商社转变或通过吸收实体而过渡为跨国实体公司。

6．银行、航空公司、邮政等垄断性服务行业

这些企业具有行业垄断色彩，服务差，业务范围窄，企业信用差。视觉识别虽有一定特色，但与企业理念和行为严重脱节。为适应迫在眉睫的市场竞争和国际经营等要求，有必要导入CI战略，重整企业管理。

总之，只有管理科学、经营完善、决策严谨的企业导入CI才能真正成功。

### (三)CI 导入的特点

从 CI 的导入看，不管以何种角度导入，CI 必须具备以下特点：

1．广泛性

CI 战略的实施，不仅要针对消费者树立形象，更要针对其他非目标消费者，针对社会上的所有公众，以及针对整个社会树立自己的形象。

2．长期性

CI 战略，既然是战略，那就不能朝令夕改，绝不是临时的短期行为。要求企业在制定企业战略时，就要有效地制定长期规划，有组织、有系统地定期监督管理。

3．全面性

CI 战略所利用的信息传播媒体，绝不能局限于几家商业或综合媒体，必须动用所有能传播的工具，全方位、多角度、深层次地进行传播。

4．系统性

CI 战略是在一个统一的思想的指导下，系统地全面地运用以下四个方面的内容，作为一个整体，系统地加以运用。

5．理性化

CI 战略是经过深层次的思考，站在哲学的角度，根据企业的实际情况，结合企业原有的文化理念、市场营销标准、企业设计，予以系统化、理论化的一门科学，是企业经营的指导。

6．实践性

CI 战略又必须在微观上可操作，具有很强的具体运用性。在涉及形象的表现上，甚至非常微观具体，以便与全体员工予以全方位的配合和执行。

7．整体性

CI 战略的执行导入，绝不仅仅是领导层的事，也不仅仅是广告宣传部门对外作企业宣传而已，应该是整个企业、全体成员共同的责任，必须全体成员一致地执行，大家有一个全局的观念。只有能在导入 CI 时真正体现这几方面的特点，企业的 CI 导入的成功才是可预期的。

## 二、CI 导入的三步准备

CI 的导入，需要由专家进行三步准备。

### (一)成立 CI 委员会

1．CI 委员会的任务

CI 委员会主要有以下基本任务：

(1)确立 CI 导入的时间与日程；

(2)确立 CI 导入的方针与政策；

(3)确立 CI 导入的价值取向；

(4)全面研究企业的现状；

(5)提供 CI 设计的全部相关资料；

(6)审定 CI 设计的方案；

(7)协助 CI 设计人员工作；

(8)调动全体员工参与 CI 导入活动；

(9)在企业内部全面推行 CI 设计；

(10)反馈各方面对 CI 设计的意见。

2. CI 委员会的构成

通常,CI 委员会的人员主要由以下三部分人员组成：

(1)决策人员。决策人员主要是企业主管,他们有权决定企业的一切行为。CI 设计和传达要靠他们来进行保障。如果 CI 委员会没有企业主管参与,CI 设计是不可能真正开展的。

(2)职能人员。职能人员是指各企业主要部门的负责人。这部分人有两个基本任务：一是向 CI 委员会检讨各部门的全部情况,并收集 CI 策划所需要的信息；二是掌握 CI 设计的全部内容,以便能在本部门全面地推行。

(3)策划人员。策划人员主要是专门的策划专家,他们负责 CI 的全部设计工作。

3. CI 委员会的原则

在组成上,CI 委员会必须遵循以下原则：

(1)权威性原则。CI 导入专家应具有较高的权威性,其意见能够被企业主管部门认可,并必须能够影响整个 CI 委员会。否则,CI 计划就会难以实施下去。

(2)协调性原则。CI 委员会是 CI 导入的正式机构,必须保持高度的协调性。这种协调性包含两个方面：

①CI 委员会内部的协调。CI 委员会内部成员之间必须团结协作,既能畅所欲言,又能听取他人意见。在意见不一致时,必须能坚持少数服从多数的原则,整个 CI 委员会的行动必须高度统一。

②CI 委员会与外部的协调。CI 设计的过程和结果实施,都来自于企业全体员工的支持,如果没有这种支持,CI 设计就失去了意义。所以要求 CI 委员会的成员首先要具有良好的人缘关系,不要把矛盾焦点人物选进 CI 委员会；其次还应主动和部门协调关系,必须具有协调能力。

(3)创见性原则。CI 委员会的组成人员要有创见性,不仅能够独立发表意见,还能发表有分量与创造性的见解。如果 CI 委员会的成员对本企业的未来设计毫无见解,那么这个 CI 委员会的组成就是失败的。

(4)代表性原则。CI 委员会与组成成员要有一定的代表性,要能代表企业各个方面。通过CI 委员会自身,便可以了解到企业的全部运行状况。因此,CI 委员会的成员,应注意从企业的各个部门进行抽调,并能代表所在部门发表意见和收集意见。

## (二)CI 执行委员会

在 CI 委员会之下就是 CI 执行委员会。

1. CI 执行委员会的构成

CI 执行委员会主要由四部分人员构成：

(1)创意策划家。创意人员负责 CI 设计过程中的全部创意。这部分人员应由 CI 策划专家担任。

(2)平面设计人员。这部分人员是根据创意策划专家的创意,将企业的理念甚至行为系统进行视觉化设计。

(3)市场调研人员。市场调研人员根据创意策划专家的创意,组织具体的市场调查,并回收全部资料向创意策划专家提供。

(4)文案人员。文案人员主要负责 CI 设计过程中的全部文案工作,包括系统的新闻报道。

**2. CI 执行委员会的任务**

CI 执行委员会主要有如下基本任务:

(1)预测 CI 导入的具体时机;

(2)预测 CI 导入的费用预算;

(3)提出 CI 设计的论证报告;

(4)诊断企业内部 CI;

(5)调查企业的外部环境;

(6)设计企业的理念、行为、感觉识别和传达系统;

(7)负责 CI 设计的内外推进;

(8)检查 CI 设计效果。

之后就是具体的 CI 策划,它可以是企业自己进行,也可以选择分布的专业公司来进行。不过,CI 策划的实施都要遵循以下程序:

CI 的策划是从企业形象调查开始的,企业形象调查是通过定性的和定量的、总体的和项目的调查,基本掌握企业的全部情况。得出调查结果之后,可以按照事先确定的标准对调查的结果进行综合的评价,如对企业人制度及基本形象的评价、企业形象的特征及问题的评价、对企业商品力和销售力的评价、对企业内部传播情况的评价以及对企业现有识别项目的评价,并在此基础上确立 CI 的目标和方向,提出新的企业形象的概念,进而转化为设计的概念,并以此作为设计项目开发的依据。

### (三)企业新的理念系统

然后要建立企业新的理念系统,这是策划的重点之一。企业理念需从企业员工或主管中能够代表企业全体的价值观念、文化因素、历史传统、经营风格等多种因素的融合中产生,并以简明概括的语言表达出来。要广泛征求企业员工的意见,反复讨论、认真酝酿,充分表达企业理念的思想性、独特性、指导性和传播性特点,并通过具体的形象概括出来。在此策划阶段的特点是,在企业内部从思想上进行自我反省、检讨,对照企业的新规划、新目标提出新的设想,进而提炼出企业形象的新概念,发展成完整的理念系统(企业宗旨、企业精神、经营方针、行为规范等)。

### 三、CI 手册的编制

CI 形象的表现,也大多数都是图案形式,以至于人们对此的第一反应总是形式化的图案。无疑,图案是最常用的,包括标准色、标准字、商标,以及其组合、发散的应用系统。而且事实上,图案在 CI 中的运用几乎应等同于 VI。这方面的例子很多,比如大白兔奶糖的大白兔形象,不胜枚举。

除此之外,还有许多可以开发挖掘并大有文章可做的方式。比如,光线可以应用于形象识别的表现,尤其适合于商场、饭店、宾馆等单位。从科学原理角度讲,光线对人的生理感官影响非常大。有这么一件事:有人开了一家饭店,生意一直不景气。他的一个朋友建议将饭店的红色主光源改为黄色、绿色,饭店的生意一下子红火起来。这说明光线对人的影响不可忽视。而在 CI 设计中,光线的处理同样可以起到出神入化显现个性的作用。

说到光源,就绝不能忽略声音识别(SI)。声音识别的运用在 CI 形象中也占据重要的地位。从唐老鸭的"啊呃",到全仕奶牛的叫声"哞——",都极有特点,记忆性很强。其他如特制音效、音乐、歌曲、语言等,非常广泛。

另外就是味觉,就像肯德基和麦当劳那样,通过严格控制的配方、选料和制作程序,生产出味道一致的炸鸡腿、牛排汉堡包和特色饮料。荣华鸡与肯德基擂台败北,其中一个重要的原因就是口味失控,今天咸一点,明天淡一点,后天又甜一点,从而失去特点,形象涣散,终至痛失市场。

当然,企业还经常用材料的质感来区别形象。万宝路服装可算深得其精髓。粗糙又精致的肌理,似绒非绒似皮非皮的面料,感觉独特,触觉非同一般,令人难忘。

另外,还有风格、氛围、情节,这些无一不可用于形象识别的表现。

这些都需要编制专门的 CI 手册来指导和保证。CI 手册的编制内容,一般来说应包括以下几个内容:

第一部分:引言

(1)公司主要负责人的致词;

(2)企业经营理念体系和发展目标;

(3)企业导入 CI 的目的;

(4)CI 手册的使用方法和要求。

第二部分:基本视觉要素

(1)企业标志;

(2)企业标志、标准字、标准色的变体设计;

(3)企业标志、标准字的制图法与标准色的表示方法;

(4)附属基本要素(包括专用字体、象征物、专用图案、版面编排模式)。

第三部分:基本要素组合系统

(1)基本要素的组合规定;

(2)基本要素的组合系统的变体设计;

(3)基本要素禁止组合的规定和范例。

第四部分:设计应用项目

(1)办公、事务用品设计应用项目;

(2)招牌、标志和旗帜设计应用项目;

(3)交通工具设计应用项目;

(4)员工制服设计应用项目;

(5)产品包装、装修设计应用项目;

(6)企业广告设计应用项目;

(7)展览与展示设计应用项目。

第五部分:印刷样本及标准色票

(1)企业标志、标准字、象征物等印刷样本或不干胶;

(2)企业标准色色票。

CI 手册是为实施名牌商标形象战略而编制的,它对这一战略能否成功是至关重要的一件大事。

企业一般是在企业视听识别开发完成之后即着手设计和编制 CI 手册,它将 VIS 和 HIS 的全部内容进行系统归纳,并对基本要素的使用功能和规范、媒体制作和运用等实施细节辅以必要说明,它是企业进行 CIS 管理的重要依据之一。CI 手册内容的设计除上述基本方面之外,还应具体明了,让使用者容易掌握应用要领。示例如表 3-4 所示。

表 3-4　CI 手册

| 项目 | 内容 | 确认事项 |
|---|---|---|
| 一、媒体标志风格类 | 1□电视广告商标风格<br>2□报纸广告商标风格<br>3□杂志广告商标风格<br>4□人事广告商标风格<br>5□公司简介商标风格<br>6□产品简介商标风格<br>7□促销 DM 商标风格<br>8□产品说明书商标风格<br>9□营业用卡(回函)商标风格<br>10□海报商标风格<br>11□POP 商标风格<br>12□幻灯片商标风格<br>13□其他…… | 设计色稿一式 |
| 二、广告招牌类 | 1□造型招牌(户内)<br>2□造型招牌(户外)<br>3□直式招牌<br>4□横式招牌<br>5□立地招牌<br>6□柜台后招牌<br>7□霓虹灯招牌<br>8□大楼屋顶招牌<br>9□大楼楼层招牌<br>10□骑楼下招牌<br>11□骑楼柱面招牌<br>12□悬挂式招牌<br>13□帆布招牌<br>14□户外看板(路牌广告)<br>15□禁止停车牌<br>16□其他…… | 设计色稿一式 |

| 项目 | 内容 | 确认事项 |
|---|---|---|
| 三、员工制服 CI 风格类 | 1□男性主管职员制服(二季)<br>2□女性主管职员制服(二季)<br>3□男性行政职员制服(二季)<br>4□女性行政职员制服(二季)<br>5□男性生产职员制服(二季)<br>6□女性生产职员制服(二季)<br>7□男性店面职员制服(二季)<br>8□女性店面职员制服(二季)<br>9□男性展示职员制服(二季)<br>10□女性展示职员制服(二季)<br>11□男性服务职员制服(二季)<br>12□女性服务职员制服(二季)<br>13□男性工务职员制服(二季)<br>14□女性工务职员制服(二季)<br>15□男性警卫职员制服(二季)<br>16□女性警卫职员制服(二季)<br>17□男性清洁职员制服(二季)<br>18□女性清洁职员制服(二季)<br>19□男性厨师职员制服(二季)<br>20□女性厨师职员制服(二季)<br>21□男性运动服(二季)<br>22□女性运动服(二季)<br>23□运动夹克(二季)<br>24□运动帽<br>25□运动鞋<br>26□徽章<br>27□领带夹<br>28□领带<br>29□领巾<br>30□皮带<br>31□安全帽<br>32□工作帽<br>33□识别证<br>34□雨具<br>35□其他…… | 设计色稿一式 |

| 项目 | 内容 | 确认事项 |
|---|---|---|
| 四、事务用品类 | 1□名片(中式)<br>2□名片(西式)<br>3□名片(中西式)<br>4□信纸(空白)<br>5□信纸(横纹)<br>6□信纸(方格)<br>7□信纸(中式)<br>8□公文袋(大、中、小)<br>9□资料袋(大、中、小)<br>10□传真用纸表头<br>11□便条纸<br>12□各式表格格式<br>13□卷宗夹<br>14□公司专用稿纸<br>15□贵宾卡<br>16□来宾证<br>17□通行证<br>18□贴纸<br>19□笔记本封面<br>20□合同书封面<br>21□企划书封面<br>22□事务用标签贴纸<br>23□航空专用信封<br>24□航空专用信封套<br>25□证书<br>26□奖状、牌<br>27□纸杯<br>28□事务用账票<br>29□各单位表单<br>30□留言条<br>31□其他…… | 设计色稿一式 |
| 五、包装用品类 | 1□包装纸(单色)<br>2□包装纸(双色)<br>3□包装纸(特别色)<br>4□包装纸袋(大、中、小)<br>5□包装纸盒(大、中、小)<br>6□手提袋(大、中、小)<br>7□胶带(宽、窄)<br>8□外包装箱(大、中、小)<br>9□包装塑料袋(大、中、小)<br>10□包装贴纸(大、中、小)<br>11□包装封缄(大、中、小)<br>12□包装用绳<br>13□产品吊牌<br>14□产品铭版<br>15□其他…… | 设计色稿一式 |

| 项目 | 内容 | 确认事项 |
|------|------|----------|
| 六、旗帜规划类 | 1□公司旗帜<br>2□纪念旗帜<br>3□横式挂旗<br>4□直式立旗<br>5□小吊旗<br>6□小串旗<br>7□大型挂旗<br>8□桌上旗<br>9□锦旗<br>10□奖励旗<br>11□纪念旗<br>12□促销用旗帜<br>13□庆典用旗帜<br>14□主题式旗帜<br>15□其他…… | 设计色稿一式 |
| 七、室内外指标类 | 1□室内指标系统<br>2□室外指标系统<br>3□符号指标系统<br>4□部门指示牌<br>5□总区域看板<br>6□分区域看板<br>7□其他…… | 设计色稿一式 |
| 八、交通运输工具类 | 1□业务用车<br>2□平板车<br>3□交通车<br>4□商务车<br>5□箱型货车<br>6□箱型货柜车<br>7□旅行车<br>8□小客车<br>9□机车<br>10□脚踏车<br>11□拖头车<br>12□推高车<br>13□吊车<br>14□其他…… | 设计色稿一式 |

| 项目 | 内容 | 确认事项 |
|---|---|---|
| 九、环境风格类 | 1□工作外观色带<br>2□室内形象墙面<br>3□大楼建筑物外观<br>4□大门入口设计<br>5□柜台后墙面设计<br>6□玻璃门色带设计<br>7□公布栏<br>8□踏垫<br>9□垃圾桶<br>10□烟灰缸<br>11□室内精神标语墙<br>12□员工储物柜<br>13□环境色彩标示<br>14□其他…… | 设计色稿一式 |
| 十、展示风格类 | 1□展示会场设计<br>2□展示会场参观指示<br>3□展示橱窗设计<br>4□展示板<br>5□舞台设计<br>6□商品展示架<br>7□商品展示台<br>8□照明规划<br>9□色彩规划<br>10□动线规划<br>11□其他…… | 设计色稿一式 |
| 十一、其他用品 | 1□邀请卡（封套）<br>2□生日卡（封套）<br>3□问候卡（封套）<br>4□感谢卡（封套）<br>5□圣诞卡（封套）<br>6□贺年卡（封套）<br>7□祝贺卡（封套）<br>8□年历<br>9□月历<br>10□日历<br>11□工商日志<br>12□其他…… | 设计色稿一式 |

## 四、CI 程序的实施

### (一)CI 导入的分类

CI 导入方式分为一次性导入和阶段性导入。

**1. 一次性导入**

一次性导入是指在计划的导入期内,一次性地确定企业理念、行为准则和视听识别标志等。其优点在于导入之后,有利于企业形象的迅速提升。

应该注意一次性导入对企业领导人和员工素质要求较高,领导者必须对企业的未来有准确的预见和把握,而员工也必须明确认识企业宗旨,认同企业文化等,否则应用要素设计得再好,也难以保证理念和行为的完整统一。随着时间的推移,三者之间就会因行为的偏差而产生分离,使企业形象瓦解。

**2. 阶段性导入**

阶段性导入是指企业按照战略构想,在一个较长的时期内(通常 3~5 年或者更长),分阶段、有步骤地导入各个识别子系统。其特点是时间长,便于员工逐渐接受和认同,也便于企业随时间变化作出适当调整;另外投入的要素多,耗费精力大,短期内难以见效。

不过,不管是一次性导入,还是阶段性导入,CI 战略的导入和实施都并不是一劳永逸的工作。在建立了 CI 体系支持后,企业仍要根据内外条件的不断变化,不断调整 CI 战略。

### (二)CI 导入的流程与时机

**1. 流程**

企业导入 CI 战略,其目的在于追求反映企业实态的良好形象。如果导入得当,它可以使企业迅速实现从名牌产品到知名企业的转变,这一转变过程可以从图 3-4 中体现出来:名牌产品→良好的企业管理→可信赖的企业→知名企业。这是人们一般的逻辑思维过程。

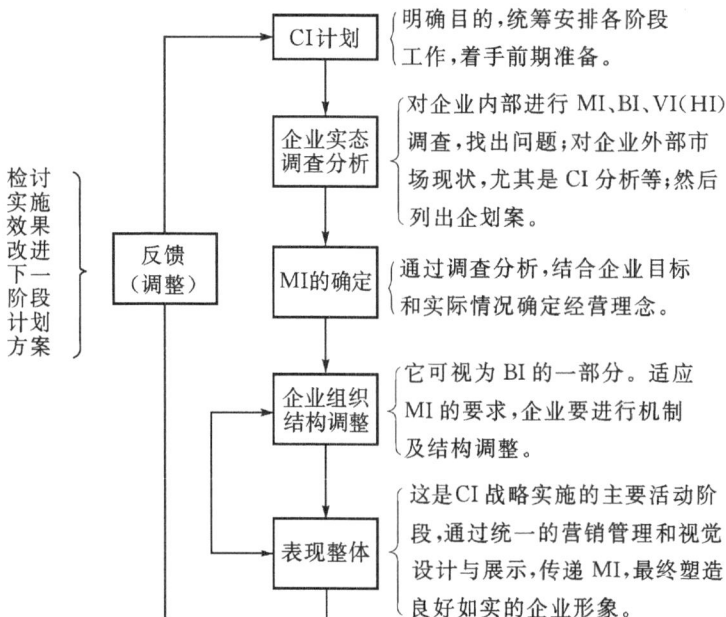

图 3-4　CI 战略导入实施流程

2. 时机

另外,CI 导入时机也是一个值得深入讨论的问题。这主要体现在企业的机制、财力、人力、成员素质等是否做好 CI 导入的准备。时机成熟,导入 CI 自然瓜熟蒂落;时机不成熟,就是拔苗助长了。

CI 没有固定的模式,它不是编制一个电脑程序,输入电脑,然后就可以有序运作。CI 是具有个别性的,对于不同企业,甚至处于不同阶段的企业,它的 CI 形态都是有变化的。重要的是"适合"这两个字。

当然,虽然 CI 战略对企业的成功与否至关重要,但是 CI 绝不是万能钥匙。它只是解决问题的方法之一。或者说,CI 能解决企业的某些问题,但不可能解决企业的所有问题。

以下提供几种 CI 导入时机的建议:

(1)为了在同质化的市场激烈竞争的环境中塑造出差异性而导入。在国内服装市场品牌多,名牌少,竞争激烈的情况下,"开开"衬衫主动策划 CI 活动。"开开"衬衫的高品位的形象,随着它的企业标志 K(中文 Kaikai 的字头大写)而远播全国,并开始走向海外市场。

(2)为消除负面印象,创造企业新契机而导入。我国的一些公司,因受 1997 年亚洲金融危机的影响而一度陷入危机之中,它们并没有因此而灰心。这些公司于 20 世纪 90 年代末,为实现"二次创业",开始导入 CI 战略,使公司又逐渐走出形象的低谷。

(3)抓住改革契机为强化企业体质而导入。广州潘高寿药业股份有限公司,就是借股份制改革之际,积极推进 CI 战略,以此提高企业体制的力量。它们重点加强了 VI 的设计,在巩固原有拳头产品——蛇胆川贝枇杷膏——的基础上,又推出具有现代设计意念和风格的新包装产品桔红痰咳膏、乌鸡白凤膏等,成功占领市场。公司又成功地收购了美国的一家药厂,并在中国香港、泰国等地成立了多家合资企业,产品大量进入国际市场。

(4)企业推行多元化的经营方针时导入。深圳万科集团就是在企业面临发展扩充的时候开始导入这一战略的。凭借统一的策划和完整的形象,大大加强了各相关实体的团结,企业整体实力大幅度提高。

(5)推行跨国经营战略,进军海外市场之际导入。按照国际管理和标准,重新设计企业及产品标志,可有效地获得国际认同。有些企业最初在产品外销时,企业标志形象并不突出,识别效果差。为此,它后来也导入 CI 战略,有效地统一了外销产品的识别活动,逐渐树立起了鲜明完整的企业形象。

(6)为扭转企业危机,强化凝聚力而导入。北京全聚德烤鸭股份有限公司,面临洋快餐的冲击和大酒楼的威胁,深刻地体会到传统的经营方式如果再不改变的话,百年老店也将面临危机。于是,他们主动聘请专业设计公司,协助企业导入 CI 战略,重新确定了经营宗旨和经营风格,在保留传统特色的同时又融入了现代营销观念。

(7)顺应时代潮流赋予企业形象新内涵时导入。随着第三产业的迅速发展,国内商业正掀起一股连锁经营的浪潮。国外连锁商店的进入,给国内市场注入了巨大活力,也引起了国营商业的极大震动。广州市东山区糖烟酒副食品公司导入 CI 后,经济效益明显提高。公司所有的商店,全部改名为"乐多多"(LEDVODVO)连锁店,给人以"笑口常开,其乐无穷"的购物感受,准确地表达了店方"以诚待客、微笑服务"的意念。

(8)更换企业领导层之后导入。新领导倡导新的理念和方针,有利于重振企业形象。济南东港实业公司,在收购一家造纸厂后,创建了大易造纸有限公司并导入 CI 战略。新造纸厂成立之后,在新的领导班子带动下,企业形象迅速得到了广泛赞誉,经济效益也连创历史记录。

(9)企业重新注册时导入。新组建的企业集团、改制的上市股份有限公司等,常常要重新进行工商登记,更改公司名称、公司章程,甚至要重新修订企业目标和经营信念。为了让公司内外人员有效地识别企业及其"新面貌",有必要导入CI战略。广州油脂化学工业总公司,在改制为"浪奇股份有限公司"时,及时抓住机遇,导入CI,塑造了"创造生活无限美"的企业新形象,赢得了广大消费者的忠实信赖,被人称为"中国式宝洁"。

最后需要提到的一点是,必须对企业形象的导入进行教育和传播。教育和传播是相对两方面而言的:对内,必须对全体员工进行CI的教育,宣传企业的理念,告诉员工怎么去做,怎么去说,怎么去笑;对外,则是通过大众传媒和自身努力,将企业形象传播出去,树立于社会大众面前,进入人们的心目中。教育的目的是为了保证CI得到有效的持续贯彻与实施;传播是针对我国地域广、人口多,而传播观念、传播手段、传播技巧不发达的状况,特别提出的,以示郑重。

## 案例介绍

### 杉杉集团的CI导入

1998年的第十一届全国公关组织联席会上,宁波杉杉集团荣获CI优秀奖。杉杉集团的CI成功可以归功于它顺应当代CI设计新潮流,把握了国际CI设计的三大趋向。

一、文化导向

20世纪八九十年代以来的国际经济发展表明,未来的经济发展将越来越注重文化的驱动,呈现明显的文化导向。原有的注重经济价值、物质消费导向将日渐转为注重心理、审美等精神价值和文化附加值。杉杉的CI正顺应了这一趋势。与创牌之初偏重于商业广告的动作不同,杉杉在1994年导入CI,意在提升企业文化力。从"杉杉"品名入手,品牌诉求紧扣21世纪"环保、生态平衡、绿化"的世界性主题,以确立杉杉品牌的精神文化高品位。

二、企业信息增值与CI传播

今天的市场已经进入了商品力、销售力和企业形象力三元导向的时代,企业形象力不但能使产品和服务在更大的深度上吸引消费者,而且能更直接有效地促进企业信息的增值,推动企业经济发展。杉杉顺应潮流,新标志确定后,立即全面启动自己的企业形象的推广活动。所有的广告、灯箱、霓虹灯等,都被换成统一的全新标志和企业精神用语;专卖店外观和内部设计经过重新装潢与设置,焕然一新。在VI视觉推展之后,杉杉展开了MI理念统筹下的BI大运作,即一系列有杉杉特色的活动。把握时机向社会传达各种信息,追求CI的实效性、审美愉悦性、功能性等,使杉杉达到了企业信息增值的目的。

杉杉对VI的传播尤其看重。杉杉集团意识到VI是品牌信息中最容易被广泛散播与接收的部分。VI的开发,由标志设计开始,并扩展运用于企业各种视觉媒体。一个隐晦不明的标志,容易造成企业暧昧保守的形象,而敏锐创新的设计则容易让人获得好感,并达到信息沟通的目的。正是出于这一考虑,杉杉追求视觉的掌握与整合。结果是在导入CI的第二年,杉杉品牌评估价值增至2.9亿元,其后还更上一层楼。

三、CI执行策略的系统性和创新性

杉杉是与台湾艾肯形象策略公司携手合作导入CI的。1994年导入时,艾肯只做了三年规划就结案了,但其后杉杉CI的发展仍持之以恒。1996年底,张肇达和王新元两位著名设计师加盟杉杉,同时创办《风采》时尚杂志,举办时装发布活动。为奉行"潇洒人间"的产品理念,杉杉多次举办时装巡回展。继"走进东方"之后,"不是我,是风"的高级服装发布会又获得成功。CI已成为杉杉的一种自觉性行动。

杉杉集团导入 CI 的具体步骤如下：

1. 目标定位

CI 导入前的市场调查显示,在大众印象中,"杉杉"只是西服的一种品牌,缺少整体丰满性的集团概念以及缺乏鲜明的形象和品位。因此没有强烈的号召力,尚未形成公众的偏爱或认牌购买心理。

从竞争品牌来看,国外如皮尔·卡丹、鳄鱼等,广告策划与形象塑造都先声夺人,在中国市场上抢占了较大份额。而国内的一些品牌在市场竞争中的营销策略和手段,尚处于价格竞争等低层次的水准。因而,杉杉集团在广告和公关活动策略上应突出体现企业的整体化形象,突出企业自身的文化意蕴,使企业性格、品牌性格和产品性格得以统一、升华并广为人知。

1994 年初,杉杉的决策层经过对 CI 的深入研讨,确立了导入 CI 的计划,并由总裁作为 CI 决策委员会召集人,企业形象策划部部长担纲此计划的总干事。经过杉杉 CI 委员会与艾肯公司的共同规划,把杉杉导入 CI 的目标确定为:

(1)定位并提升企业形象,创建一流的企业文化经营文化系统。

(2)创造第一,系统科学地进行有形资产和无形资产的经营,提高综合竞争能力。

(3)以 CI 为载体,与世界先进企业经营惯例接轨——创立中国的世界级服装品牌。

2. 具体实施

至此,杉杉集团斥资 200 万元人民币,整体导入 CI,并在公司运行中把策划方案逐步实行。

(1)确立了杉杉在社会和公众中的绿化环保代言人的地位,表现了杉杉企业一种现代、清新、富于社会责任感的美好形象,极大地丰富了杉杉品牌文化的内涵,提升了社会的美誉度。

(2)通过 CI 导入及深入推广行动,促进了企业发展战略的完美,使杉杉集团逐步建立起富于特质的文化企业经营文化系统,并以此为依托走上了有形资产与无形资产相结合的企业发展新路。据"中企资产事务中心"的审慎评估,导入 CI 后,杉杉品牌的无形资产价值迅速升值成为企业自身的又一笔巨大财富。

成功导入 CI 后的调查资料显示,杉杉集团和品牌的认知率,在华东和华中市场已从 1994 年初的 50% 上升到 1995 年末的 92%;在华北和东北市场,从 1994 年初的 6% 迅速上升至 1995 年末的 23% 左右,使这两个原本薄弱的市场迅速得以开辟,并辐射到更为广阔的西北、西南等市场,从而使杉杉品牌作为全国性品牌的地位进一步确立。与此同时,杉杉集团的销售额从 1993 年末的 2.54 亿元迅速上升至 1995 年的 8.5 亿元和 1997 年的 21.7 亿元,实现了持续跳跃式发展。

在此基础上,凭借导入 CI 的扩张效力。杉杉集团以服装为基础产业,迅速向金融、期货、证券、广告、房地产、高新科技和文化出版等产业拓展。

杉杉集团 CI 导入的成功与其坚持民族性原则是分不开的。杉杉集团的 CI 导入,富于鲜明的民族特色。纽约全美平面设计技术研究院院长柯林福贝斯先生对杉杉集团的 CI 导入与推广作出评价:"作为亚洲企业新锐,在成功地完成了 VI 设计的同时,也体现了该领域的系统化、科学化的共同特性——具有鲜明的 BI 个性特征,成功地塑造和提升了优美的企业形象,表现了亚洲企业在 CI 领域的独创性和成熟性。"

杉杉集团 CI 导入的成功更是以文化为基础,以战略为主导的 CI 策划的成功。传统的 BI 推展模式几乎覆盖整个经营管理活动,即包括员工教育、规范化管理、企业内部环境营造等。这些,杉杉都做了。杉杉的可贵之处在于有所创新。杉杉与台湾亚太公司联手,从事专卖连锁达到了一个新高度。杉杉的 CI 拓展采用"整合营销传播"方法。导入 CI 后,一改过去以广告传播为主干的做法,杉杉采取整合传播的手段,实施"规模诉求","以一种声音说话",让人"听见的是一种声音"。以活动策划为例,"我爱着绿色家园"的文艺晚会、"绿叶情深"的万民签名、"杉杉中国指挥育才基金"的设立、余秋雨《文化苦旅》电视系列散文,乃至"杉杉论坛"会员俱乐部等,就绝非传统的单一广告传播所能为。结果是潜移默化中,杉杉形象在公众心田根植了,品牌在消费者心目中由"认知"走向"忠诚"。

杉杉集团的 CI 导入是十分成功的,它深刻地说明,现代企业的竞争越来越归结为形象的竞争,企业形象已成为企业无形的资产和无价之宝,全方位地实施企业形象管理是企业发展壮大的必由之路。

杉杉集团 CI 导入的成功在于集团坚持了 CIS 战略是一个系统。CIS 由 MI、BI 和 VI 构成,是以理念识别系统为基础和核心,行为识别系统为主导,视觉识别系统的表现的整合工程。在这一系列的整合工程中,所有的视觉表现必须以内在的企业经营管理,MI 是最为重要的,它犹如企业的心脏和灵魂,在 CIS 导入中,必须以其为重点来抓。在 MI 设计中,要提炼极具个性的企业精神,与众不同的经营理念和别具一格、振奋人心的标语口号。在重视 MI 的同时,又将 BI 作为手脚,VI 作为脸面。因为 MI 属于企业思想、文化意识的层次,是高度概括和抽象的精神理念,它只有通过 BI 这一企业行为的动态形式和 VI 这一具体可感的视觉形式,才能具体显现其中的深刻内涵,表达其中丰富的精神特质。从杉杉集团 CI 导入可以看出,企业形象并非由某几项要素构成的,而是各种要素彼此关联的综合。只有多重要素都处于和谐统一中,企业才会呈现良好的形象。所以,只有从企业形象系统整体入手,由表及里,由外到内,全方位地实施 CIS 战略,才能使 CIS 收到实效,使企业有效地塑造自己的形象。

# 第四章 品牌驰名战略

1. 了解品牌扩张
2. 了解品牌延伸
3. 了解单一品牌决策、多品牌决策、复合品牌决策和副品牌策略,并掌握它们之间的相互关系

# 第一节 品牌扩张

## 一、名牌"扩散效应"

21世纪初,一些权威机构评出的世界最有价值的300个品牌之中,菲利浦·莫里斯公司拥有4个烟草品牌,1个啤酒品牌,1个软饮料品牌,2个咖啡品牌,2个食品品牌,这10个品牌的年收入达240.2亿美元,但只占该公司全部收入的45％,足见其经营范围之大。在菲利浦·莫里斯公司,起家的万宝路香烟带来的收入只占其总收入的20％,而其他收入达都是通过利用万宝路的品牌形成扩散效应获得。而像菲利浦·莫里斯公司这样经营多元化的世界几大公司还为数不少,利用品牌的扩张效应实施多元化经营更是成为不少大公司的战略选择的主导。

世界名牌纷纷实施品牌扩张策略,这既有企业内部的原因,也有外部环境的原因。从企业内部讲,名牌企业一般具有较大的规模和较强的经济实力,这为实行品牌扩张提供了可能。另一方面,企业规模扩大后,在原料供应、产品生产及销售等环节难免会出现能力不配套的问题,即"规模不当"。从事多样化经营品牌扩张或可以补充某环节能力不足,或可以充分利用企业内部闲置的资源,正可弥补"规模不当"的弱点,从而使企业规模结构更趋合理。

例如,美国杜邦公司在20世纪70年代面对石油价格的暴涨,一时无法应付,产品的营销与价格都处于混乱状态,仅仅两年间,其利润就下降2.7亿美元。鉴于公司80％产品的原料是石油,70％的收益来自石油制品,在权衡利弊之后,杜邦决定兼并美国第九大石油公司,并创立了其品牌。此举实现了原料的自给自足,不但降低成本,而且摆脱了国际市场的控制,使公司在化学工业市场立于不败之地。

扩散效应是指企业的一种产品成为名牌,会赢得广大用户乃至社会范围内对该产品及企业的信任和好感。品牌扩张就利用名牌的"扩散效应"。如果企业通过巧妙地宣传,将这种信任和好感由针对某种具体产品转变为针对品牌或企业整体,那么企业就可以充分利用这种宝贵资源推出同品牌的或不同品牌的其他产品。如果策划得当,人们对该品牌原有的信任和好感会逐步扩展到新产品上,那么新产品就很容易获得成功。

品牌扩张是对品牌扩散效应的发挥,是企业将某一知名品牌或某一具有市场影响力的成功

品牌扩展到与成名品牌货源产品完全不同的产品上,以凭借现有成功品牌推出新产品的过程。这点与品牌延伸策略相似。例如,海尔集团自1984—1991年的7年时间里,只生产一种产品"海尔"(实际上是"青岛—利勃海尔",后逐渐脱落成"海尔")牌电冰箱,当"海尔"电冰箱成为全国知名品牌、拥有相当数量的忠诚度较高的消费者群,并成为当时中国家电产品唯一的驰名商标后,海尔集团利用"海尔"的品牌效应和完善的销售与服务网络,从电冰箱扩展到电冰柜、空调器、洗衣机、微波炉、电视机、热水器、电脑、手机等多个门类的产品,成为国内企业中实行品牌扩张、实施相关多元化经营成功典范。显然,如果不利用"海尔"这个成功品牌,这些新产品就不一定能很快地进入市场。由此可见,品牌扩张策略可以使新产品借助成功品牌的市场声誉和良好形象,在节省促销费用的情况下顺利地进占市场。

品牌扩张的实质就是通过品牌在产品上的扩张来提高品牌的市场影响力,进而使品牌放大、强势、增值。

按品牌扩张的产品不同,品牌扩张有异质产品品牌扩张与同质产品品牌扩张之分。异质产品品牌扩张是指扩张的基本含义,就是企业利用成功品牌的声誉和形象推出与原产品完全不同的产品过程;而将成功品牌扩张到同种产品上以实现品牌市场规模的扩大则属于同质产品品牌扩张。例如,海尔集团的"激活休克鱼"和众所周知的企业并购(包括委托生产或加工)以及特许经营等均属此种同质产品品牌扩张。同种产品的品牌扩张,或者说是原有产品的市场扩张,并不是为了推出新产品。但因此种情况的运作,同样可以实现品牌应用范围扩大,同样会提高品牌的市场占有率,故亦应将其视作品牌扩张的一种表现形式。

20世纪80年代以来,品牌扩张成为西方跨国大公司的重要战略支柱。许多企业都把品牌扩张看做是一种有效的营销手段。资料表明,20世纪末大约有16000多项新产品导入美国的超级市场、药店和百货店,它们当中有相当一部分是采用品牌扩张进入市场的。据统计,跨国公司中有2/3以上采用品牌扩张来拓展市场,如三菱、惠普、佳能、索尼和飞利浦等。在中国,海尔、康佳、TCL、娃哈哈等一些知名品牌也先后运用品牌扩张策略获得了理想的经营业绩。

品牌扩张的作用主要表现在以下几个方面:

(1)品牌经营者可用某一强劲的品牌来使新品牌很快获得识别,品牌经营者因此而节省了包括使消费者熟悉新产品在内的所有广告费用。当新品牌或重新定位的品牌有消费者已熟悉的成分时,消费者对此新定位所传达的信息就有一种熟悉的感觉——品牌意识,这种感觉是通过对原有品牌的认识和品牌联想的延伸而获得的。

品牌名称意识提供了一种能够影响一些低价产品的购买并帮助决定在其他产品中购买哪种品牌的熟悉感。由于这一原因,被消费者不熟悉的品牌也容易被接受,一个被接受的品牌能够直接为品牌经营者获得市场优势。例如,可口可乐公司推出健怡可口可乐、樱桃可口可乐时,就没有进行大规模的广告宣传,但很快赢得了消费者的认可。

(2)成功的品牌扩张能给现存的品牌或产品线增强活力,为消费者提供更完整的选择。一般来说,很少有消费者对某一品牌忠诚到对其他品牌不想试一试的程度。获得这些品牌转换成忠诚的有效方法就是进行品牌扩张,为目标职场提供几种品牌。例如,可口可乐推出的第一个真正延伸品牌健怡可口可乐,就获得了极大的成功。健怡可口可乐迅速成为美国第三畅销的不含酒精饮料,以及美国销售第一的低糖含量饮料。受此鼓舞,可口可乐公司开展了一项重大的品牌扩张计划。在一系列扩张品牌陆续推出之后,消费者现在可以选择的"可口可乐"形成了一个品牌产品系列。这些扩张品牌的推出极大地丰富了消费者的选择对象,为可口可乐家族注入了新的活力,提高了品牌竞争力。

(3)品牌扩张能够增强核心品牌的形象,也能够提高整体品牌家族的投资效益,即整体的营销投资达到理想经济规模时,核心品牌和主力品牌都因此而受益。例如,美国斯林·普飞公司的科普特防晒品牌到水宝贝品牌的发展就是成功的品牌扩张。这个品牌并不是为了企业发展而进一步细分市场,而是由于消费者对日光浴的观念发生了变化。新的细分市场由此而出现。斯林·普飞公司及时地抓住了这一时机,决定进行品牌扩张。经过长期的准备工作之后,不但成功地推出了扩张品牌,同时也巧妙地将核心品牌的定位由"晒黑肌肤"转换到"防晒"。该品牌扩张不仅丰富了科普特防晒品牌家庭,而且也为斯林·普飞公司带来了规模效益。

## 二、品牌扩张与广告

一项统计资料显示,美国排名前 20 位的品牌中,每个品牌平均每年广告投入费用是 2.3 亿美元;排名前 50 位的品牌,平均每年花在广告上面的费用是 1.58 亿美元;而一些顶尖的品牌,如美国电话电报公司每年为其品牌所花费用达 4 亿美元以上。品牌的广告推广是指品牌经营者采用付费方式,委托广告经营部门通过传播媒介,以现代科学技术和现代化设备为手段,以策划为主体,以创意为中心,对目标市场所进行的以有关品牌名称、品牌标志、品牌定位、品牌个性等为主要内容的宣传活动。

### 1. 广告决策

消费者了解一个品牌或者产品绝大多数信息都是通过广告。广告是提高品牌知名度、信任度、忠诚度,塑造品牌形象和个性的有力工具,因此,品牌的广告推广是品牌推广的核心。消费者经常看到某产品的广告,久而久之,就会觉得此产品是"名牌",是可靠的产品,品牌也是如此。

广告从类型上讲,有形象广告、产品广告、公益广告、促销广告、品牌广告等,在形式上,广告有报纸广告、电视广告、杂志广告、网络广告、广播广告、户外广告等。不同类型、不同形式的广告要达到的目的是不同的,其广告效果也是不同的,但都可以作为品牌广告推广的一部分。当今是一个信息爆炸过剩的时代,也是一个紧张多变的时代,为有效地进行品牌广告推广,我们必须做好以下五个决策,即所谓的 5M。

(1)广告推广的目的是什么?(任务 mission)。

(2)有多少钱可供使用?(金钱 money)。

(3)应传递什么信息?(信息 message)。

(4)应使用什么媒体?(媒体 media)。

(5)应如何评估广告效果?(测量方法 measurement)。

### 2. 广告媒体选择

广告对造就品牌的知名度和美誉度的作用,已广为人知。广告的诱惑性有助于品牌市场的拓展和销售量的增加,也已为一般企业所熟知。广告传播是品牌传播的主要方式,也是应用最广的促销方式,但很少有品牌管理者对广告媒体的选择及其效果做彻底研究。信息沟通作为一种间接式沟通,沟通方式的选择直接决定了沟通的效果。不同的广告媒体有不同的优缺点。这决定了品牌管理者在推行广告策略塑造品牌时,必须对广告媒体做出正确的选择。

正确地选择广告媒体,通常需要考虑以下四个因素:

(1)产品的性质。不同性质的产品有不同的使用价值、使用范围和传播要求。广告媒体只有与之相适应时,才能收到显著的效果。譬如,对生产资料、高科技产品的广告传播多以专业人员为主,通常应选用专业性杂志、报纸等媒体;而对一般生活品,则适合于选择能直接传播到大众的广告媒体,如广播、电视、户外灯箱等。

(2)消费者接触媒体的习惯。不同的消费者群体接触广告媒体的习惯是不同的。广告传播的目标之一就是与消费者沟通信息,使消费者了解品牌和产品,进而刺激其购买欲望。因此,这二者的配合是品牌管理者在制定广告传播策略时需要优先考虑的要素之一。能使信息最有效地传递到目标市场的媒体是最好的选择媒体。例如,儿童读不懂报纸杂志,也难以理解没有直观效果的广播信息,因此,儿童用品的广告传播宜选用电视。妇女用品的广告传播则大多选用妇女喜欢阅读的妇女杂志、电台频道或是(专卖店的)橱窗。

(3)媒体的传播范围。媒体的权威性、发行量、收视率等直接决定了广告传播的宽窄。适合全国各地使用的产品,应以全国性发行的报纸、杂志、国家广播电台和全国性的电视频道作为媒体。

(4)广告费用。即使是同一媒体,广告费用也因传播范围和影响力的大小而存在价格差异。电视媒体的绝对费用要高于报刊媒体,但对于广告传播的效果而言,管理者需要比较的是其相对费用的大小。

只有能综合客观地考虑着四个方面的因素,才能真正有效地实现通过广告推广品牌的目的。基于广告的重要性,甚至有人总结出了这样一个公式:

品牌＝产品＋广告。

广告的构想其实就是品牌的资本,广告是传递品牌信息、塑造品牌个性的有力工具。因此,广告是品牌推广的重要方式。

3. 广告设计原则

成功的广告不仅取决于媒体的选择的成功与否,更取决于广告设计的质量。遵守基本原则是广告质量的必需保障。传播的基本原则来源于消费者的信息处理方式。一般而言,出色的广告设计遵循以下基本原则:

(1)简明清楚。在信息社会里,消费者在信息的汪洋中通常是"蜻蜓点水"。他们将信息的收集局限在必须知道的最小范围内。这在信息消费上表现为"最小努力法则",源于过度简化的消费心理。因此,品牌传播者必须明了如何使用尽量简化的信息。不仅广告信息如此,所有的营销传播要素都要简明清楚。只有简明清楚,才能让品牌在资讯时代形象常驻。

(2)熟悉易懂。匹配法则表明,消费者只接受与其以前的知识和经验相吻合的信息。熟悉,意味着更容易"打交道";易懂,意味着信息更加深入人心。当传播者和受众具有共同的"经验域"时,广告传播很可能取能成功。熟悉易懂,就是在原有的基础上持续下去,让品牌进入消费者易于了解的产品类别中去。

(3)与众不同。消费者对熟视无睹的信息变得麻木不仁导致了传播的失败。当消费者逃避复杂、浅尝辄止时,凸现品牌信息的"与众不同"就是他们的选择依据。相对于"清楚简明","与众不同"是一种更积极主动的做法。它更为奥格威和雷斯等广告传播大师所接受。与众不同,就要凸显个性,抛弃千篇一律,切忌面面俱到。

(4)亲近有趣。舒尔茨认为,广告创意面临的最大挑战是:驱逐枯燥、夸大、卖弄却言之无物的言语,代之以符合消费者期望的、真正有意义的、有助于消费者解决问题并改善他们生活的资讯。在广告中的 3B(美女 Beauty、婴儿 Baby、动物 Beast)创意原则同样阐明了对传播的"充满情感"、"引发好奇心"的一般要求。在沟通中,可爱、有趣的"代言人"的运用,亲切情感或意念的传达,屡试不爽。亲切有趣,就是要善于调动消费者的情感因素,让创意紧贴生活,赋予品牌好感的人文内涵。

(5)持久一致。越来越多的数据显示,消费者的决策依据往往是他们自认为重要、真实、正确的认知,而做出的具体的、理性的判断。这就要求品牌信息必须清晰一致,才易于消费者对信息的处理存储,从而获得"累积"效应。持久一致,要求广告传播长期坚持统一定位,坚持风格,坚持核心传播要素的稳定不变。

遵循上述五个原则的广告往往能取得成功。

## 案例介绍

### Swatch 世界名牌历程

如今,Swatch 手表是时尚、个性的代言人,一款 Swatch 手表就是一份纪念、一段历史、一件工艺品、一份感情寄托。

制表业是瑞士的国家象征。其行业的传统目标客户是那些富裕的保守消费者。20 世纪 70 年代,一场风暴席卷瑞士制表业,整个行业遭到严重破坏,以卡西欧(Casio)、精工(Seiko)、西铁城(Citizen)为代表的日本制表业,针对中低收入的消费者,采用数字技术,并且注重于低成本制造、普及性销售、大面积市场推广,使得手表销量激增,直接导致瑞士制表业损失惨重。在不到十年的时间里,瑞士制表工人的数量从 90 万下降到 30 万。两家瑞士钟表制造商,拥有欧米茄(Omega)品牌的 SSIH 公司和拥有雷达(Rado)、浪琴(Longines)的 ASUAG 公司,一年就损失 1.2 亿美元,而这两家公司年收入仅为 11 亿美元。

面对困境,德国企业家哈耶克提出:"我们能够再次成为世界第一。"为重振瑞士制表业辉煌,1985 年,哈耶克和投资者收购了 SSIH 公司和 AUAG 公司两家公司全部资产的 51%。取得控制权后,哈耶克开始了缔造品牌神话的征程。

1. 进军低价市场

首先哈耶克对市场进行测试,发现消费者可以接受瑞士表相对日本、中国香港产品稍贵一些的价格。市场显示,瑞士手表具有产品差别优势,即使日本劳动力成本为零,瑞士手表仍会有市场。哈耶克认为:"这不是一个工资成本的问题,而是管理、创新、营销和产品的问题。"哈耶克大胆进入低价市场,提出近乎荒唐的挑战:"找到一个方法,让我们在瑞士以 30 美元的价格出售手表。"

在低档市场上,哈耶克也同样寻求产品的差异性,跨过"经济型手表"门槛,用"风格时尚型"对低档市场进行细分,研究了年龄 18~30 岁的消费者。他认为,要在这个市场上取得成功,必须能够感知消费者口味的变化,这比掌握的生产技术更为重要。年轻人没有很多钱购买高档表,但需要一种时尚来满足个性化。

在研究市场的同时,哈耶克也对生产制造工艺进行改进,并实现了一系列突破创新。例如,把手表零件从 155 个减少到 51 个,减少转动部分,也就降低了损坏机率,并且组装手表所需的人手也减少多了;新建自动装配线,每天能产生 35000 块 Swatch 手表盒上百万的零部件,劳动力成本从 30% 降到 10%,并保证质量。手表的最低返修率是不到 3%。而 Swatch 手表的返修率不到 1%。

2. 不落俗套的促销手段

这是哈耶克崇祯瑞士钟表业的成功法宝之一。在营销策略上,哈耶克在表的命名上做起了文章,取名为 Swatch。一方面这个名称在世界主要语言上,听起来都很好听,很容易记忆;另一方面,这个名字也向消费者传达了休闲、时尚、自在的感觉,全球消费者都易接受。哈耶克力图在促销上不落俗套,设计了一个巨大的 Swatch 手表条幅,长达 152 米,即传达了简单的信息:"Swatch——瑞士——60 德国马克"。该条幅从德国商业银行总部大楼(法兰克福最高的摩天大厦）悬挂下来，即刻引起轰动，接下来的广告就由德国新闻界免费提供了。第二个巨型 Swatch 手表条幅悬挂在东京的银座。消费者开始喜欢这种表了。

同时，哈耶克采取了一系列塑造 Swatch 品牌的措施：限量生产；建立 Swatch 会员俱乐部，向会员消费者出售特制手表，提供 Swatch 产品完整目录，邀请他们参加俱乐部活动；鼓励经销商创立 Swatch 手表博物馆，为 Swatch 手表收集者举办活动，并特制有纪念意义的手表；设计创新，简单的塑料 Swatch 表，被精心设计的手表外形和表带所代替，有些手表的创意来自于艺术大师。20 世纪 90 年代，Swatch 通过合作创新，在设计上加大力度，使 Swatch 手表成为消费者生活的一部分。

事实证明，哈耶克的品牌塑造和推广是极为成功的：1983—1992 年间，Swatch 手表卖掉了 1 亿块。1992—1996 年，Swatch 手表的销售量更上一层楼，突破 2 亿块。这对任何一种新产品来讲都是了不起的壮举。哈耶克及其合伙人，当初收购所花的 1.5 亿瑞士法郎，现在已增值到 50 亿瑞士法郎。更重要的是，Swatch 手表成为世界级的品牌，瑞士制表业延续了百年的辉煌。

## 案例介绍

### 达能的全球扩张

20 世纪末，中国食品饮料行业的一系列"达能收购"可谓是让国人着实震惊且大开眼界的一件重大的"业内"事件。达能收购的背后到底隐藏着怎样的品牌全球扩张战略意图，为什么"达能"能够在如此看重民族意识的中国所向披靡？达能收购中最引入注意而有显著实效的是对竞争对手的收购。收购之前，达能在中国奶市场、水市场和饼干市场上都难以形成强势的品牌优势。在乳制品市场，上海光明牛奶无论是在销售收入、利润总额、鲜奶收购量还是液态奶的市场份额上均是中国第一，但是收购"光明"之后"达能"与"光明"两家企业合起来也不过 13.5％的市场份额，这与"达能"世界食品业第五、乳业第一"的巨头形象相距甚远；中国水市场更是群雄盘踞，"乐百氏"、"娃哈哈"、"农夫山泉"等占据了中国的瓶装水和桶装的大半壁江山，"达能"的自有品牌几乎名不见经传；饼干市场由于"达能"的静心打造，尚有可圈可点之处，但也面临着众多强劲的竞争对手。

面对这一竞争态势，达能开始了自己在中国的扩张之路，达能参股、收购的都是其在中国市场的强劲对手。从水市场来看，强势布局，已经网罗旗下的娃哈哈、乐百氏、梅林正广和以及更早的深圳益力个个都可以唱主角。乳制品市场的整编尚在进行之中，不过，参股光明并收编堪称中国乳酸业两大盟主的乐百氏与娃哈哈，自己又在广州和上海开辟了两大根据地。

在一系列参股、收购行为当中，"达能"对中国民族品牌的措施概括起来有两类：①企业由达能控股，但达能并不派员参与管理。被收购的品牌仍拥有商标权、管理权、产品及市场开拓权。②被参股、收购企业可以取得在中国市场上无偿使用达能品牌的权力。

从以上两点的策划和实施效果看，足以让中国企业的经营者从中学到宝贵的扩张经验。

达能收购后的品牌处理措施既照顾了中国人的民族情绪，又弱化了品牌间的内耗。在上海百年老企梅林正广和与达能谈判收购事宜的时候，曾提出由梅林正广和来主攻大桶水，娃哈哈、乐百氏则主攻瓶装水，不久，就传出消息说，娃哈哈、乐百氏都已暂停其桶装水项目扩张。各自努力经营好自己的一块自留地，而作为地主的达能，自然分享丰厚的"地租"。

在收购的同时，达能品牌扩张战略的核心仍然是创自己的品牌。达能慷慨出让自己的品牌给合资企业使用，其用意不言自明。回顾达能国际化的历程，作为一个只有 3 年历史的跨国集团，年轻的达能在食品工业中能够进入全球前 5 位，其全球性的品牌收购扩张战略无疑起了很大作用。从品牌的经营情况看,达能集团近50%的全球销量来自于四个品牌,30%以上的销量来自"达能"一个品牌(每年保持8.7%的市场份额增长),整个达能企业如今在欧盟以外的销量几乎占到1/3,要达能轻易放弃自有品牌的市场拓展近乎痴人说梦。这就是达能全球化的一个品牌扩张策略:与当地领导性的品牌进行并购、合资或合作,实现达能品牌的本土化销售,并从对当地领导品牌的战略投资中获利,从达能的统计资料来看,70%的营业额来自当地的领导品牌。

# 第二节　品牌延伸

## 一、延伸:从产品到品牌

### (一)品牌延伸的积极作用

品牌延伸是指采用现有成功的产品品牌,将它用在新的产品上的整个过程。例如,海尔冰箱到海尔空调,娃哈哈果奶到娃哈哈纯净水,维维豆奶到维维方便面,步步高VCD到步步高英语复读机等。不过,要知道,品牌延伸并非只借用表面上的品牌名称,而是对整个品牌资产的策略性使用。

品牌延伸是对消费者的消费体验的利用和发挥,一般来说,如果消费者对一个品牌的印象良好,那么他对同属这一品牌系列的其他品牌产品往往也会有一个先入为主的好印象。

品牌延伸突破了传统的品牌概念,即一个品牌等于一个产品,等于一个承诺以及顾客利益。品牌延伸是品牌发展的要求和结果,是品牌营销的策略和工具,是品牌防御性和进攻性的集中性表现,是企业推出新产品赢得市场和利润的重要战略。

经过品牌的延伸后,不同的产品彼此共享同样的品牌名称及其品牌意义,共同推进品牌发展。例如,欧米茄品牌代表着成功、尊贵、豪华、精美、时尚;Lacoste品牌代表着多变、轻松自在、高质量的做工、耐用性、流行意识;奔驰品牌代表着财富、尊贵和身份等。

市场发展到今天,品牌延伸已经变得越来越普遍,新品牌的加入不可避免地对原有的品牌意义产生影响,这种影响可能是正面的,也可能是负面的。因此,品牌不可任意延伸,它有一定的延伸准则和方法。在品牌延伸时,要严防品牌延伸陷阱。在西方国家的企业中,品牌延伸已成为企业发展竞争战略的核心,受到了广泛的关注和重视。概括起来,品牌延伸的作用主要表现在以下几个方面:

(1)品牌经营者可用某一强势品牌来使新产品很快获得识别,品牌经营者因此而节省了包括使消费者熟悉新产品在内的广告费、促销费等费用。

(2)成功的品牌延伸能为现存的品牌或产品线带来新鲜感,为它们增强活力,为消费者提供更多的选择。例如,可口可乐一系列延伸产品品牌的推出极大地丰富了消费者的选择对象,为可口可乐家族注入了新的活力,提高了品牌的竞争力。

(3)品牌延伸能够增强核心品牌的形象,能够提高整体品牌家族的投资效益,即整体的营销投资达到理想经济规模时,核心品牌和延伸品牌都因为此而获益。

由此可见,品牌的延伸正好体现了品牌作为企业无形资产的重大作用。品牌资产无疑是企业最宝贵的资产之一,它对企业经营的作用不可估量。品牌的个性是品牌管理的最高层次。

在品牌竞争的当今时代,营销的精髓就是在消费者心目中建立品牌形象,而破坏一个品牌形象最简单的办法就是把所有的东西都打上这个名称。很多企业在建立品牌初期异军突起,很快就能建立起自己的品牌知名度,但随着企业的成长,就会扩大经营范围,拓展产品阵容,把所有的产品都打上自己的品牌,结果却连最原始的品牌资产都会遗失。

这一状况要求希望进行品牌延伸的企业在延伸之前需要练好内功,即构建强大的品牌资产支撑,调查分析消费者对品牌的看法,并且延伸和活化已有品牌性格,而不能模糊原来的品牌形象概念。品牌延伸必须具备强大的品牌资产支撑。延伸的前提是该品牌得到消费者的认同,并通过增强品牌的活性加强消费者的偏好。过去品牌研究主要集中在品牌形象的识别和形象改变的控制上,现在品牌研究则主要在两个方面,即品牌资产的量化和找出品牌形象中可能改变消费者行为及导致品牌资产改变的因素。

### (二)品牌延伸的消极作用

品牌是属于企业的,更是属于消费者的。把握品牌延伸的精髓的关键正在于确立品牌的消费者取向。企业收集许多资料来描述、定义它们的品牌,但消费者却以不同的观点对品牌进行区别。所以我们应该从消费者的角度来把握品牌延伸。一个品牌如果能顺利延伸到新产品中,一定是消费者深信的品牌。大部分品牌根本无法被根植,只有极少数品牌具备延伸潜力,而且只能是延伸到有限的产品类别。品牌经营者不一定会保持自己的品牌,但消费者会保护自己的品牌。如果品牌延伸不合理触怒了消费者,他们会拒绝买这种产品。我们不得不承认这样一个事实:品牌延伸的机会由消费者的认知来决定,而很大一部分认知早就形成,很难改变。

成功的品牌大多具有三大特征,即独特性、单一性和持续性。只有把握好这三大特征,品牌延伸才有成功的可能。品牌概念就像刀锋一样,一定要把它磨利,才能顺利进入消费者的意识。错误的品牌延伸,使得企业无力回应竞争对手的攻击。长期而言,品牌的不当延伸会摧毁消费者对核心产品、核心利益以及核心概念的支持,当品牌过度延伸时,在消费者心中的印象会越来越模糊。失去了原来的焦点就会导致竞争对手乘虚而入。

另外,必须注意到,品牌延伸会给企业带来营销管理难度的增加和复杂化。进行品牌延伸的企业必须考虑,自己的核心力量是什么,是否具备这样的能力。同时延伸能否成功也要看竞争对手采取什么行动。对于品牌延伸的竞争战略分析,主要有两个原则:

(1)如果进入行业没有强势品牌,那么品牌延伸是一个不错的策略;

(2)如果竞争对手综合实力比我们强大而且强烈反击,那么品牌延伸就是错误的。

当然,成功并不是唯一的,品牌延伸也包含着某种风险、某种陷阱。例如,世界著名打印机厂商施乐公司历经25年,投入29亿美元,仍难以打入计算机市场,品牌延伸失败;我国著名"999"企业集团延伸到啤酒产业在早期就惨遭厄运。品牌延伸并非完美无缺,品牌延伸一旦出现失误,也会给企业造成巨大损失。因此,品牌延伸必须警惕其潜在威胁。

#### 1. 品牌个性稀释

品牌如果盲目延伸就可能变得愈加疲软,致使品牌个性淡化。成功的品牌在市场中都有十分明确的形象定位,尤其是消费者忠诚度极高的品牌还可能变成某一特定产品的代名词,即类别品牌,此时品牌延伸的新产品就可能导致原有品牌形象的模糊和混淆,并可能推动消费者对原有品牌的独特偏好,如拜耳对非阿司匹林镇痛剂的推动并未带来新产品的市场成功,反而是拜耳阿司匹林原有市场领先者地位被对手泰宁诺给夺走了。

#### 2. 品牌联想冲突

企业原有品牌在消费者心目中大都建立了固定的品牌联想,消费者往往会将某一产品与另一个或一类产品联想在一起,如消费者对"三九"视为胃药的联想,这本是品牌成功的极至。但"999"集团将品牌延伸到啤酒,推出广告"999冰啤酒,四季伴君好享受"。消费者第一个潜意识的反应就会联想起"999"胃泰这种药物,于是产生了心理冲突,怎么能接受这种在心理上带有药味的啤酒呢？娃哈哈以其"喝了娃哈哈，吃饭就是香"广告语成为中国家喻户晓的儿童口服液品牌，之后却推出"感冒康宁"，本以回避儿童最忌讳的药物作为娃哈哈的切入点，却又沾上真正的药味，儿童消费者如何能够购买呢？这种品牌联想冲突不仅不利于新产品的市场推广，反而会导致消费者对原品牌的置疑与疏远。

### 3. 品牌形象侵蚀

品牌延伸必须确保成功，一旦失败就可能波及其他产品乃至核心产品的声誉，并可能导致消费者对整个品牌的"全盘否定"，这种"株连"效应将使原有品牌形象遭受重大创伤，如拜耳品牌延伸失败导致拜耳主导地位形象的丧失，而"999"冰啤与"娃哈哈"感冒康宁在其推广不久之后即理智地撤出市场，尚未造成过大的负面影响。

这三大威胁是品牌延伸能否成功的要点之所在，只有能够克服这些威胁，品牌延伸战略的胜利实施才是可预期的。

## 二、品牌延伸力和杠杆力

一个品牌要顺利地延伸，首先就必须让消费者深信品牌延伸在逻辑上是适合的，也就是说原有的品牌资产能够转移到新的产品上。我们把这种延伸广度和范围的能力，称为品牌延伸力。其次是新产品能够凭借品牌获得竞争优势，也就是说品牌能够对新产品带来明显的区隔意义——我们把它称为品牌杠杆力。如果要对之作一定义，那就是品牌带出的意义使它能在这个产品类别中具有明显区隔的能力。

品牌延伸受原有资产包括知名度、品质、联想和消费者忠诚度等的影响。如果某些品牌资产与特定的联络过于紧密，代表制造商在特定领域的专业技术有优势，那么延伸力就会减弱。科普菲尔提出了一个模型，如图 4-1 所示。

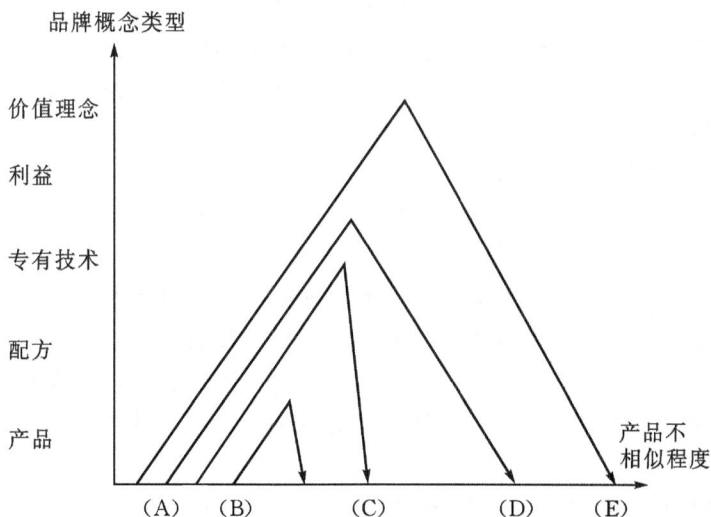

图 4-1 品牌概念与延伸图图

肯特·内凯莫托(Kent Nakamoto)等人的实验研究得出了同样的观点。他们认为建立在总体形象上的信誉(也就是竞争性优势)可以延伸到许多产品类别上。相反地，建立在一种特殊品质(例如，哈根达斯冰淇淋的浓味，佳洁士的龋齿防治)上的信誉对它可以延伸的类别产品产生了更多的限制。例如，李维斯品牌名称长时间里与牛仔牌(耐穿的工装裤)同义，李维斯扩展到套装上的企图却惨遭失败,这可能是因为牛仔裤较好的特色对套装来说却是不相关的甚至是不可思议的。一个相反的例子是卡文·克莱(Calvin Klein)发展了一种建立在高级时髦形象上的信誉,使它不仅在牛仔裤、套装上,而且也在多种流行导向的产品如香水上获得成功。

如果一个品牌的竞争优势的基础与一种特殊品质紧密相连,那么它利用这种优势的能力通过品牌延伸可能对共享这种竞争的相同基础的产品产生限制,而一种总体上的形象可能广泛传达给不相关的产品类别,使对相关的产品类别提供的杠杆力减弱,因此品牌竞争优势的基础或者可以更专门化,或者可以更一般化,需要在强度上做出相应的权衡。

品牌经营者不能仅仅考虑品牌的熟悉度以及它对新产品的延伸合适性,这是品牌延伸的一个必要条件,但仅仅符合这个必要条件并不能对新产品带来很好的竞争力。进一步的评价是要考虑品牌杠杆力,即它是否给新产品带来很强的差别性。如果不能,那么使用新品牌可能是更好的选择。由此,品牌杠杆力的提出,深化了品牌延伸的评价基础。

品牌杠杆力与品牌延伸力成反比关系。如果消费者给予品牌很大的延伸力,则其杠杆力很强;相反,一个具有强杠杆力的品牌,往往不具备很大的延伸空间。既要使品牌具有很大的延伸力,又要使它具有很强的杠杆力,其协同的基础就在于从品牌的价值理念上建立品牌识别系统。例如,奥利奥品牌拥有"趣味和幽默"的核心价值识别,成为美国生活方式的一个重要特色,具有很强的的杠杆力,又有很强的延伸力。海尔的核心理念是"真诚到永远",它也具有很强的延伸力和杠杆力。

这就要求企业的品牌战略需要提供一种价值主张或基础,而品牌延伸需要符合和强化品牌识别,这两者是相辅相成、相互推进的。

## 案例介绍

### 维京的品牌延伸

英国的维京(Virgin)是20世纪最具活力和创造性的品牌之一,它谱写了一个品牌延伸的神话。维京从20世纪70年代经营音像店起家,如今维京品牌已经延伸到航空领域、可乐饮料、避孕套等几十种产品类门,在22个国家拥有100多家公司,维京旗下的企业有以下类别:提供折扣航线的维京快运;金融服务行业的维京直销;化妆品零售业连锁和直销;维京电台和电视台等媒体机构;维京铁路;维京可乐和维京伏特加等饮料和酒类公司;维京服饰、维京牛仔等休闲装系列;新的维京唱片机构和维京婚庆商店——维京新娘。

维京的品牌延伸案列说明一个品牌可以成功地延伸到人们用常理难以想到的范围。事实上,将当时在摇滚乐和年轻人当中享有盛名的维京品牌扩展到航空领域的决策也可能以传奇式的失败告终。但维京的延伸策略巧妙地将新品牌的品质、创新和别具一格的理念融入维京原有的价值观,从而使品牌管理者发现——品牌的联想不必拘泥于某种单一的产品。维京延伸成功的原因在于两点:

(1)维京品牌的识别要素——创新、乐趣、服务品质、物超所值、劣势地位的形象、强烈的个性——使之得以延伸到其他产品和服务。正是清晰的品牌识别,使顾客和维京之间的联系更为紧密。事实上,维京已经成为一种生活方式的代表。

(2)维京品牌之所以在所有触及的行业都游刃有余,也是由于它拥有两个"威力"巨大的附属品牌——维京大西洋航空和维京零售店。由于这两个附属品牌是维京的"银色子弹"(意指推动了母品牌形象的附属品牌),理所当然是维京投资和管理的重点对象。

品牌本身就有一定的延伸性,在人们习惯并喜欢上某一品牌之后,通过科学地品牌管理,就能够在产品系列或品牌扩展上进行延伸。但是,如果说品牌可以无限延伸,这是错误的。品牌的延伸有逻辑和经济的限制。从逻辑上讲,品牌作为一个系统概念,其内涵与外延不能无限扩展;从经济上讲,一个品牌想要覆盖整个市场是绝无可能的,企业的成本限制和消费者需求特性的限制是品牌无限延伸不可逾越的障碍。至少我们现在很难设想某一天市场上会出现"微软可乐"或者"麦当劳飞机"的情景,这正是品牌延伸的有限性。

在实践中,任何试图将品牌无限延伸的倾向性和做法,都是非理性的、不经济的、不可取的。品牌延伸或系列扩展的限度取决于各种因素,便是从根本上说,还是取决于消费者是否接受这种延伸。现在,可口可乐进入时装行业,在可口可乐服饰的标牌下有了两个时装系列,分别叫做Ware 和 Threads。Ware 面向走专业运动的人士,而 Threads 则提供牛仔服装和休闲服装,面向时装消费者。公司希望借助其服装扩展来树立时装品牌的形象,这将有助于品牌以更广泛的方式与顾客相联系,力求表明可口可乐公司拥有的不仅是一个饮料品牌。但是,即使是世界上最强大的品牌也有其扩展限度,我们禁不住问,这次品牌扩展是否达到了极限。

### 三、品牌延伸的原则和步骤

#### (一)品牌延伸的原则

##### 1. 产品与品牌定位的一致性原则

市场定位的有效性可以保证产品在最终用途、购买对象及生产条件等方面的一致性,这既符合顾客的品牌联想心理,也符合企业的生产经营实际,如海尔品牌从冰箱延伸到空调、洗衣机、彩电、微波炉等。这些延伸的产品与原有产品同属家电,与海尔在消费者心中成功的家电企业形象是相吻合的,同时也有利于企业生产能力的进一步挖掘与发挥,与之相对应,生产化肥的企业将其品牌延伸到市场定位迥然不同的食品产品就难以想象了。

再有,巨人集团的"巨人"品牌在电脑上市场上产生了一定的影响,但当"巨人"大举涉足保健品、药品、房地产市场,推出巨人脑黄金、巨人肥胖减肥药、巨人儿童营养食品和"巨人大厦"后,巨人却陷入了巨大的困境,走到了破产的边缘。因此可见,品牌的延伸需要理性,有所为也应"有所不为",否则就可能发生悲剧。

随着社会需求发展的复杂化,社会对品牌的情感需求的要求越来越高,产品成为完成某种情感需求的物质工具和载体。因此在品牌延伸中如果破坏了品牌定位中核心价值的一致性,会动摇人们心目中对该品牌的市场影响力。若在品牌延伸中不与该品牌定位一致,会动摇人们心目中对该品牌的思维和情感定势,随着这种状况的持续,自然会给公众传达了不利于该品牌的混乱信息,相应地该品牌的市场影响力就会降低,严重时会危及该品牌的市场地位。品牌延伸的一致性还表现在品牌延伸严禁在不同产品间进行。在同类产品间延伸时也要注意品牌的市场定位,如果该品牌具有很强的市场影响力,而且品牌和第一产品划等号时就应严禁该品牌延伸到任何其他同类产品。

这方面最典型的例子就是拜耳公司的阿司匹林品牌在公司品牌延伸战略中的表现。德国拜耳公司生产的拜耳阿司匹林一直是该产品的领导品牌,在市场和社会中形成了"拜耳就是阿司匹林",后来拜耳引入了阿司匹林镇痛剂,给市场和社会造成困惑。不仅如此,该厂还推出了拜耳长效阿司匹林、拜耳解除充血感冒药片等新产品,每一项新产品的推出都削弱了拜耳阿司匹林的强势地位。结果导致拜耳阿司匹林在止痛散热药品市场的占有率微乎其微,拜耳阿司匹林在市场的整个占有率也持续下降。由于品牌延伸将"拜耳就是阿司匹林"这一链条打断,拜耳公司自己将该品牌的市场和社会的强势定位断送掉。

这一事项表明,当一个品牌和其所包含的产品几乎划上等号时,延伸时就要注意,因为这种联系越强,该产品在消费者心目中的地位就越高,其产品的市场占有率就越大,该产品成为顾客首选的可能性也就越大。任何一个品牌一旦拥有这种地位,就要设法维护该品牌的这种强势地位。特别是顾客一旦把某一产品和某一品牌划等号时,这一品牌的市场竞争力是别的品牌所无法竞争的。

**2. 延伸产品采取分销渠道模式的相近似原则**

分销渠道既是企业的一种营销渠道,又是塑造企业品牌形象的窗口,如果不利用详尽的分销渠道,企业就无法发挥品牌延伸以降低促销费用的优势。因为渠道相同的话,只要在商店作一则品牌 POP 广告,就等于给品牌旗下的所有产品作广告。另外,相近的分销渠道还能维护品牌形象的延续性和一致性,反之则可能危及品牌形象。

**3. 在主品牌不变的前提下,为新产品增加副品牌的原则**

为了避免单一品牌延伸的风险,经营者可以考虑采取在商标不变的情况下为新产品起个"小名",这就是副品牌。这样做一方面淡化了"模糊效应",另一方面又使各种产品在消费者心目中形成一定的距离,有效地降低了"株连"的风险。例如,海尔集团在品牌延伸时,给电冰箱、空调、洗衣机中各种型号的产品分别取一个独特的又优美的动听的小名,如"大王子"、"小王子"、"大元帅"、"小元帅"、"金元帅"、"小小神童"、"丽达"、"玛格丽特"等,实践证明这种策略是非常成功的。

**4. 相关性原则**

主力品牌与延伸品牌,在产品构成上应当有共同的主要成分,即具有相关性。如果不是如此,消费者会不理解两种不同的产品为何存在于统一品牌识别之下。像春都火腿肠为第一品牌,但延伸至"养命宝"就显得特别勉强,因为火腿肠与"养命宝"共同的成分太少了。

从营销到服务,如果能联系在一起,品牌延伸自然理所当然,否则就会显得不伦不类。像雅戈尔从衬衫延伸到西服,服装业的营销和服务者是一致的。品牌延伸自然到位。蓝宝石集团从手表延伸到生命红景天(营养保健品),就显得延伸较为勉强了。

如果一个品牌已经成为这个产品的代名词,则最好不要将这一品牌的名称应用到另一类产品上去,否则将会非常危险。例如,SONY 在日本代表收音机或彩色电视机,现在也是名牌的视听产品。假如将 SONY 的名称冠到微波炉、冰箱、洗衣机等家电产品上必将非常冒险。

这些品牌延伸的原则以不同方面反映了一个成功品牌延伸需要注意的方面,有利于企业品牌延伸战略的开展和成功。

## (二)品牌延伸的步骤

品牌延伸是企业决策的结果,它关系到企业的发展前景。因此,发展品牌延伸前要认真策划,即应该系统考虑,要结合生产、营销、品牌推广能力、管理、财务、资金、人力资源和企业文化等因素作综合考虑。品牌延伸的过程主要包括四个步骤,即确定品牌联想,识别相关产品,进行品牌线分析,选择候选品牌名称。

**1. 确定品牌联想**

这一阶段的任务是调查存在于公众头脑中与品牌有关的所有联想。要得到的认识包括品牌的名称、印象、个性、内心和隐藏的潜力等方面。可借助于定量和定性的方法进行研究。确定品牌联想的方法主要有两种——名称联系法和使用印象法。

## 2. 识别相关产品

在确定了核心品牌强有力的品牌联想之后,下一步就是识别哪些产品与这些品牌联想有密切的关系。有的品牌经营者也许会产生这样的疑问——为什么非要选择品牌延伸的产品。因为消费者在购买商品时希望有多种不同的选择,例如在购买烟酒、家电、服装时,品牌系列化对经营者来说是唯一可成功的策略。而系列化的品牌通常是由一个非常强大、单纯的品牌开始延伸,然后繁衍开来。如果不进行品牌延伸,其结果会如何呢?

"胜家"缝纫机的失败就是一个很好的例子。作为美国首家国际性公司,20 世纪 30—40 年代,世界上每三部缝纫机中就有两部是"胜家"公司生产的缝纫机,然而到了 1986 年,胜家公司董事会沉痛宣布"胜家"从此不再生产缝纫机。"胜家"为何如此惨败? 原因很简单,胜家公司在初步成功后,过分依赖传统产品,没有进行任何品牌延伸策略,忽视了世界大市场的变化。直到 1985 年,胜家公司能提供给市场的仍然只有 19 世纪的"胜家"产品。而此时,其他竞争者纷纷顺应社会潮流,大规模进行品牌延伸,开发新产品,如日本研制出的"会说话"的缝纫机等。这样,胜家公司的市场份额逐渐被其他品牌侵吞,最终被完全挤出市场。由此可见,品牌延伸对企业的发展是何等的重要。

## 3. 进行品牌线分析

一般而言,企业的每一条品牌线都由一些主管人员进行管理和发展,而许多稍具规模的企业都设立了产品线经理或品牌线经理。品牌线经理必须知道两个方面的重要信息:品牌线上的每一个品牌的销售额和利润;在统一市场内,他们的品牌线与竞争对手的品牌线对比的情况。品牌线上的每一个品牌总销售额和利润的贡献都不同,品牌线经理需要掌握品牌线上的每一个品牌对总销售额和利润的影响程度。品牌线经理还应当针对竞争者的品牌线状况来分析自己的品牌线定位问题。现以一家造纸公司的一条品牌线为例。纸板的两个主要属性是纸的标准重量和成品质量。纸张的标准重量级别一般有 90、120、150 和 180 重量单位,成品质量有高、中、低三个标准等级。图 4-2 是一个品牌图,表示 X 公司和 A、B、C、D 四个竞争对手的各自品牌的定位情况。竞争者 A 推出两个品牌,它们均为超重量级,处于中等到低等成品质量范围。竞争者 B 出售四个品牌,它们的重量和成品质量各不相同。竞争者 C 出售三个品牌,在三个品牌中,产品重量越重,成品质量也就越高。竞争者 D 拥有三个品牌,其重量均为轻量级,而在成品质量上也各不相同。最后是 X 公司拥有的三个品牌,这三个品牌的产品在重量上均有差异,成品质量则在低挡和中档范围之间。

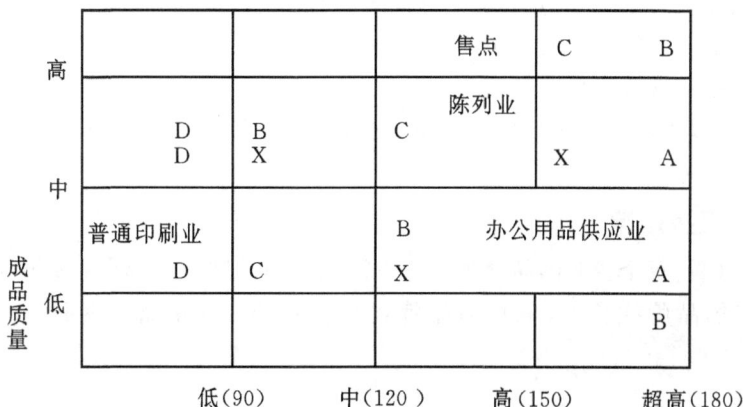

图 4-2　五家纸张公司品牌线的产品品目图

这种品牌图对品牌延伸中品牌线的设计是非常有用的,该图显示了哪些竞争品牌在与 X 企业的品牌争夺市场。

**4.选择候选品牌名称**

延伸品牌确定之后,接着就需要为其选择相应的名称。选择延伸品牌名称时,应注意以下两个方面:

(1)延伸品牌的名称要使消费者感到舒服。如果核心品牌准备通过转移一种质量感受或消费者的一种强劲有力的品牌联想来帮助延伸,那么延伸品牌的名称就比较容易使消费者感到愉快。例如,某品牌的彩电给消费者的主要印象是优良的品质,他们也会因此认为该品牌的音响也具有同样的品质水准。如果消费者觉得延伸品牌名称使他们感到不舒服,他们就不希望原有品牌名称转移到新的产品上。这可以通过市场调查来进行。

(2)延伸品牌的名称应当为延伸品牌提供相应的优势。这些优势主要来源于消费者对延伸品牌名称的感觉。由于核心品牌是成功的品牌,一般都能给消费者留下好印象,而延伸品牌名称应该是这种良好的延续或加强,它应该成为消费者购买延伸产品的原因。或者说延伸品牌相对于核心品牌而言,应当成为一种具有更高的质量、更多的文化附加值、更可靠的性能或一种有一定地位的品牌。当品牌名称有助于在一个混乱的市场上树立消费者的品牌意识或促进产品销售时,品牌延伸就会在某个已经成熟的产品市场上具有更大的比较优势。在产品市场还未成熟时,品牌延伸将有较大的风险。

一般来说,再这样的步骤之下进行的品牌延伸都比较容易获得成功。

## 四、品牌延伸策略

从前面论述可以看出,品牌延伸具有六大正面功能:扩大使用者基础、提供多样化选择、激励品牌发展、促进管理创新、提高公司成员的积极性和信心、阻碍竞争者的进入。品牌经营者不仅要看到这一点,而且也应明白,并不是品牌线越长、品牌名目越多就越好,这存在一个最佳的长度和数目的问题,品牌线的长度受制于公司的经营目标。如果公司追求高市场占有率或完善的品牌组合,则要有较长的品牌线,即使有些品牌并不赚钱;如果追求去高额利润和经济效益,那么应该经营由精心挑选品牌名目组成较短的品牌线。

品牌线受品牌经营者的雄心和气魄、分销商和推销员的激励、销售额和利润的刺激、消费者需求的增长的影响,具有不断延长的趋势。但当品牌线延伸时,其他各方面的费用、资源和管理都要加大,可能会出现力不从心、盈利能力降低的局面。假如某品牌线经营者能够通过增加品牌名目来提高利润,那就说明现有的品牌线太短;假如某品牌线经理能够通过削减品牌数目来提高利润,就表明现有的品牌线太长。

品牌经营者可以用两种方法来增加品牌的长度,即品牌线直接延伸(Line Stretching)和品牌线填补(Line Filling)。

### (一)品牌线直接延伸

从整个市场来看,每个企业的品牌线只是该行业全部品牌的一部分。如果公司超出它现有的范围来增加它的品牌线长度,就称为品牌线直接延伸。其策略有两种——单向延伸和双向延伸。

**1.单向延伸**

单向延伸,是指由切入市场的产品档次,向低档次或高档次一个方向延伸。向低档次扩展称为向下延伸,向高档次扩展称为向上延伸,具体见表4-1。

**表4-1 产品单向延伸表**

| 方向 | 切入市场时的产品档次 | 扩展市场时的产品档次 |
|---|---|---|
| 向上延伸 | 低档 | 中、高档 |
| | 中档 | 高档 |
| 向下延伸 | 中档 | 低档 |
| | 中、低档 | 高档 |

(1)向上延伸。向上延伸,是企业以低档或中档产品入市,渐次增加中档或高档产品。这种策略有利于产品以较低的价格入市,市场阻碍力相对较小,对竞争者打击也较大。一旦占领部分市场,向中、高档产品延伸,可获得较高的销售增长率和边际贡献率,并逐渐提升企业产品的高档次形象。

例如,20世纪80年代日本公司在进入美国市场后,进行扩展时采用的就是向上延伸战略,从市场的最低档产品移到中档产品,再移到高档产品。因为美国本土的汽车、电视机、音响及复印机厂商大都占领着高档产品市场,所以日本公司选择了入市障碍最小的低档产品市场渗入,立足后再向中、高档延伸。

(2)向下延伸。向下延伸正好与向上延伸相反,企业是以高档产品入市,而后逐渐增加一些较低档的产品。这种策略有利于公司或产品树立高档次的品牌形象,而适时发展中、低档产品,又可以躲避高档产品市场的部分威胁,填补自身中、低档产品的空缺,为新的竞争者的涉足设置障碍,并以低档、低价吸引更多的消费者,有更高的市场占有率。

中国一些名酒厂家如茅台、五粮液,就是采取向下延伸的战略,即最初以高档、高价、高度数的名酒入市并立足。后来高档酒竞争激烈,低档、低度酒出现市场空白,遂向中、低档酒延伸。因此,一种品牌常有高、中、低三个档次的产品,这样在高档酒市场趋于饱和的情况下,也能保证总体市场的扩展。

当然,不论是向上延伸还是向下延伸,只要措施不当就都会给企业和产品带来新的风险。例如,企业或产品的高档形象会遭到伤害;推出低档产品可能使自己的高档产品销量减少;竞争对手可能相对地由生产低档品转向高档品,更加威胁原有的高档品市场。

**2. 双向延伸**

定位于市场中端的品牌经营者可能决定向市场顶端和底端两个方向延伸其品牌线。这种双向延伸策略曾为美国得克萨斯仪器公司赢得了便携式计算机市场早期的领导地位。这种策略的主要风险是有些消费者会认为在高档与中档、中档与低档的产品之间差别不大,而宁愿会选择更低档的产品或者更高档的产品;另一个风险是可能模糊了原有品牌清晰的定位,给消费者造成一种"高不成,低不就"的印象。

通用电气公司(GE)的品牌延伸策略就是一个比较典型的双向延伸的例子。为获得高额利润,GE打算进入高档消费市场。创建一个新品牌(如丰田创建雷克萨斯)风险太大,因为这种市场背景无法判断需要多少投资;另一个选择是将GE品牌推向更高层次,但这样做既不能体现产品的独特性,也不具有影响力。GE最终决定引进两个新的电气副品牌来求得平衡,这就是GE Profile产品和专供建筑师和设计使用的GE Monogram系列产品。

在电气市场更上一层楼的同时,GE 也需要向下调整扩展,中低档产品零售商(如电路城市电器连锁店)咄咄逼人的态势迫使 GE 参与到与日俱增的中低档市场中。在这个市场中使用 GE 的品牌,即使与副品牌或托权品牌一起使用,也会碰到同类相残的危险(把原来属于高消费人群的 GE Appliance 的顾客吸引到较便宜的一方来),并破坏品牌形象。鉴于这些风险,为中低档市场专门创建一个品牌名称无疑是最保险的做法。但是,中低档市场的利润很薄,新的品牌将难以负担建立品牌的开支。所以在中低档市场中建立品牌比超高消费市场中更难。

但是通过引入已有品牌,GE 克服了这些困难,最典型的就是 GE 收购了 Hotpoint。Hotpoint 是一个溢价产品品牌,拥有巨额的资产净值。GE 将 Hotpoint 重新定位成一个二级或低档产品,从而进入了所需的目标市场,又避免威胁到 GE 自己的品牌。尽管消费者对 Hotpoint 的认知品质有所降低(Hotpoint 将来也不可能再回到高消费产品的地位),但进入中低档市场为 GE 创造了一个更大的电器生产线。

GE 品牌延伸的成功主要有两个原因。第一,这一新品牌的目的在于改善现有的人们熟知的品牌,而不是试图成为名望的象征。依靠现有的品牌来改善定位,GE 克服了产品信誉方面遭遇的困难。第二,GE 的产品显然不同于高消费领域的 GE 产品,其部件和特征更为优良,设计、外观和触觉也都很独特。如果产品(如胶卷、化肥、汽油)本身的同质性较强,难分档次,就减少了在非目标群体中出现混乱的可能。例如,GE 产品及高的价位以及营销策略就使它不易引起现有主流消费群体的注意。而 GE 收购 Hotpoint 的例子说明进入中低档市场时使用现成的品牌的作用,而且最好是采用收购或者租赁的方式。

### (二)品牌延伸频谱

品牌延伸不仅仅是单一产品的变化,包括外观形式(冰箱的两门或三门)、大小(家庭装或个人装)、不同特点或口味(果汁饮料的柠檬或苹果味)。品牌延伸是对最初技术的一个飞跃。品牌专家科波菲尔把品牌延伸细分为两种类型——相关延伸(或称持续延伸)和间断延伸。

相关延伸往往借助于技术上的共通性进行延伸,如光学品牌可以延伸到复印机上,佳能、美能达、柯达和爱克发都是这样;运动品牌可以包括所有满足运动需求的产品(如阿迪达斯)。这意味着延伸与最初的产品领域相接近。品牌伞下覆盖了较狭窄的范围。

间断延伸则抛弃了作为产品之间物理桥梁的技术上的亲密关系。比如雅马哈享有摩托车和电子琴两种声誉。而零售商品牌则可能覆盖了整个消费品领域甚至耐用品。这意味着延伸远离品牌的原有的最初领域。品牌伞下覆盖了更宽广的产品范围。

如果品牌名称是随意独立导向的,那就可以选择任何一种期望产品;如果公司战略关注点是把品牌名称变为资本,以节省广告的投资,那就采取宽领域延伸的做法比较好。

### 案例介绍

#### 德国大众换位延伸

德国大众是一个闻名全球的汽车品牌。大众汽车公司创建于 1937 年,德文名 Volks Wagenwerk 意为大众使用汽车,标志是由三个用中指和食指做出的 V 组成,表示大众一齐搜集其产品"必胜—必胜—必胜"。大众拥有奥迪、桑塔纳、捷达、高尔夫、Bentley、Lemborghini 等许多品牌,但最出名、真正可以代表大众品牌精神的车型是甲壳虫(Beetle)——从 1939 年投产至今已经连续生产了 2500 万辆,创造了世界汽车史上一个品牌生产量最高纪录。

创建初期,德国大众品牌汽车在消费者眼中仍然被认为是小型、较大众化的汽车,被认为是中低层消费群选择的对象。为了改变这一消费的"成见",大众采取措施以成功进入高档、豪华车细分市场,与奔驰、宝马等高档车分一杯羹。

德国大众新推出的帕萨特 V6 豪华车型就是公司进入这些市场的首次尝试。公司在推出帕萨特 V6 豪华车后,相应地采取了一系列品牌管理手段和分销策略,成功地将这一新品牌推荐给目标消费群。

有大众公司成功的榜样,日本的汽车制造商从 20 世纪 90 年代开始也纷纷向原本不敢染指的高档车市场进攻。如 1989 年推出的丰田雷克萨斯和日产尼桑无限。这两款车的共同特征是价位低于奔驰和宝马,但装备豪华程度不逊色,最终改变了在美国人眼里日本只能生产小型中档车的印象。

大众公司以及系列成功的品牌延伸案列表明,一个企业要长期占有较大的市场份额,只生产一种产品是不可能达到目标的,进行多种产品的生产是企业生存和发展的必由之路。

# 第三节 多品牌与副品牌

在长期发展过程中,许多企业都形成了多个品牌,这些品牌之间或没有表面的相关性,或联系密切,或连为一体。但是,这些品牌却都可能在一定程度上获得成功,为什么呢?关键是因为这些企业很好地掌握并运用了多品牌策略和副品牌策略。

## 一、单一品牌、多品牌与副品牌

### 1. 单一品牌策略

单一品牌策略即企业的多种产品或全部产品共用一个品牌。其最大的好处便是新产品的销售能使用成功品牌的"搭便车"效应,但这种效应往往只是在下列情况下才会出现:

(1)新产品与原有产品有较高的关联度;

(2)新产品的市场竞争不太激烈;

(3)新产品的主要竞争品牌并非专业品牌。

采用"一牌多品"策略,若旗下产品众多而策略不当时,有时会导致品牌所蕴涵的信息十分繁杂混乱,难以给人留下恒定的形象。而品牌攻心的最高境界是形成品牌与产品特点、个性、定位之间的对应关系,乃至"品牌＝产品"的对应概念,如"施乐就是复印机,复印机就是施乐"。

### 2. 多品牌策略

一个企业有企业品牌,其产品有产品品牌。如果企业品牌以及产品品牌(产品策略与单一品牌相比,其最大优势在于品牌与产品特性的高度统一,避免"株连风险"。当然,由于子品牌相对独立,因而新的子品牌无法取得已成功子品牌的庇护,也很难得到企业品牌的庇护效应;而且,在市场竞争激烈的今天,开发新产品投入高、失败率高、周期长、风险大,要推出一个新产品更是难上加难。

### 3. 副品牌策略

目前不少企业采取折中的办法,即在主品牌(也叫母品牌)不变的情况下,在主品牌后为新产品添加一个品牌,称为副品牌(也叫母—子品牌)策略。如"海尔—美高乐"、"海尔—小神童"。

## 二、单一品牌决策

品牌延伸就是单一品牌决策,又称同一品牌决策或统一品牌决策。它是指企业的多种产品使用同一品牌决策,一种品牌成功后,又延伸到其他产品上,使用该成功产品的统一品牌。按照其单一化的程度和范围不同,单一品牌决策有可以分为以下三种类型:

### 1. 产品线单一品牌决策

产品线单一品牌决策是一种局部性的单一品牌决策。它是指企业对同一产品线上的产品采用同一种品牌。由于同一产品线的多种产品面对的往往是同一顾客群,它们在功能上互为补充,可以满足同一顾客群体的不同方面的需求,在化妆品、护肤品等领域更为明显。

产品线品牌决策有以下优点:

(1)有利于创造统一的品牌形象;

(2)可推出系列产品以满足目标客户的多方面的需要,易于产品线的延伸;

(3)可以节约促销费用,由于同一产品线有多种产品使用同一品牌,可以取得品牌规模效益。

产品线品牌决策也有局限性,例如局限于产品线范围之内,不能发挥品牌的潜在价值;新产品开发受到产品线的制约而不能扩大到新的领域等。

### 2. 跨产品线单一品牌决策

跨产品线单一品牌决策,又称范围品牌决策。它也是一种局部性的单一品牌决策,但其范围要比产品线单一品牌决策的范围要大一些。这种品牌决策是企业对具有同等质量或能力的不同产品,使用同一品牌。这种不同产品是跨越同一产品线的。例如,一个服装企业,它有多条服装生产线,生产不同类型、适合不同消费者需要的不同服装,但这些不同类型的服装都使用同一个品牌。其他如食品、日用品也可以如此实施品牌决策。

跨产品线品牌决策有其明显的优点:

(1)有利于在消费者心目中建立统一的品牌意识和品牌形象;

(2)有利于树立稳定的质量形象,不会产生质量错位现象;

(3)有利于集中进行品牌宣传、降低费用。

这种品牌决策也有其局限性。例如,个性不鲜明、品牌的透明度不高、新开发难以突出新的特色因而不为消费者所接受等。

### 3. 完全的单一品牌决策

完全的单一品牌决策,又称伞形品牌决策。这种品牌决策的特点是高度统一,即企业生产的所有产品都使用同一品牌。伞形品牌决策实际上是以企业的品牌与产品品牌完全融合一致,企业品牌就是产品品牌,无论企业生产的产品品种有多少,其产品的性质、功能各不相同,产品的目标市场和定位也不一样,但都使用同一品牌。荷兰的飞利浦公司是成功运用伞形品牌决策进行完全单一品牌决策的范例。飞利浦公司生产的所有产品,从电视机、音响、计算机,到电灯泡、剃须刀、电咖啡壶、电果汁机等产品,全都采用"飞利浦"这一品牌。中国海尔集团也是实施伞形品牌决策的成功企业之一。该集团生产的冰箱、空调、洗衣机、彩电、手机、电脑以及其他产品,都冠以"海尔"的品牌。日本许多著名的公司也采用这种完全单一的伞形品牌决策。例如,雅马哈公司(Yamaha)生产的摩托车、钢琴、电子琴等不同类型的产品均使用"Yamaha"品牌;佳能公司(Canon)公司生产的照相机、传真机、复印机、打字机也都使用"Canon"品牌。

**案例介绍**

### TCL：单一也风光

TCL 集团有限公司是全国电子百强企业和全国 500 家最大工业企业之一。TCL 集团实施的是单一品牌决策，TCL 集团决策层以独特的品牌战略及有计划的市场战略，成功地将 TCL 品牌从电话拓展到彩电、电脑等视听产品、电子通讯产品、低电压器及信息技术等领域。TCL 集团最初是以 TCL 电话起家，后来开发出 TCL 王牌彩电。1998 年 5 月由于与台商合资，当年 9 月份即向市场投放第一批 TCL 电脑。2000 年，TCL 集团进军手机业，并在 2000 年成为中国手机市场三强之一。在市场营销方面，TCL 集团已建立起了以全国邮电系统为主体的通讯产品销售网络和以 TCL 品牌在全国各大中城市建立的近百个营销机构为主体的家电产品营销网络，在中国香港和美国有多家分公司，业务遍及世界各地。

经过多年的发展，TCL 公司已经成为一家从事电子、电讯、信息产品研发、生产及销售，集技术、工贸为一体的综合型国有控股企业，形成了以 TCL 王牌彩电为代表的家电、通讯、信息、电工四大产品系列，均采用 TCL 品牌。其中 TCL 电话机销量连续 10 年居全国第一，并荣获"中国电话大王"称号。TCL 王牌彩电名列全国第三。TCL 公司又提出 TCL 电脑的"3553 工程"，即 TCL 电脑市场占有率 3 年之内达到全国第 5 名，5 年之内成为全国第 3 名的目标。

1995 年 TCL 公司先后通过 ISO9001 国际国内双认证，TCL 商标 1992 年被评为广东省著名商标，1999 年初被国家工商局认定为中国驰名商标。TCL 公司的单一品牌决策，符合公司实际，取得了显著的成绩。

作为单一品牌策略，伞形品牌决策有着诸多的优点，因而在企业的发展中经常被采用：

(1)有利于提高品牌知名度进行市场扩张。伞形品牌决策可以充分发挥完全单一品牌的作用，使品牌知名度不断提高，直至深入人心，极大地发挥名牌效应，从而有利于以品牌（尤其是名牌）为核心的不同产品在市场上的扩张，更好地开拓国外市场。

(2)有利于培育客户忠诚。伞形品牌决策由于集中使用资源加强核心产品主导地位，并通过大力宣传企业单一品牌的某一种产品，培养品牌的亲和力，树立和巩固顾客对该产品的品牌忠诚。有了深厚的品牌忠诚，就易于发挥品牌的扩张效应，由对该产品品牌的忠诚，进而扩张到对与产品品牌相一致的完全单一品牌决策的其他产品，向消费者传达完全单一品牌的其他产品信息，使该品牌的忠诚度进一步提高。尤其是一些强势名牌使用这种品牌决策更为有效。

(3)有利于在消费者心目中建立品牌形象和企业形象。由于伞形品牌决策的联带效应和波及效应，使消费者不断加深对单一品牌的印象，从而在消费者心目中树立起唯一品牌形象和企业形象。品牌的美誉度和企业的美誉度融合在一起，加强该单一品牌在市场上的地位，消费者也很容易在市场上找到自己信任和赞赏的企业的产品。单一品牌形象有利于企业形象的升华，建立客户忠诚，由品牌形象发展到企业形象，对企业的发展具有极为重要的意义，使企业在产品开发和市场开拓中处于十分有利的地位。

另一方面完全单一的伞形品牌决策也有其不利的一面，其局限性主要表现在以下方面：

(1)容易忽视产品的个性宣传，降低名牌的影响力。完全单一的品牌决策最初往往是以某一种产品而著名，但扩展到其他产品时，就容易忽视产品个性宣传。

(2)不利于单一品牌的纵向延伸。在使用完全单一的品牌时，品牌在同一档次产品中的横向延伸一般问题不大，但向不同档次的品牌和水平的产品延伸则相对较难，从而给消费者造成购买心理障碍。因此,高档次的品牌向低档产品延伸必须十分慎重。

（3）不同的定位造成品牌形象的冲突。品牌应有其独特的品质特征与形象特色,但是完全单一的品牌决策却将原有的成功品牌使用到不同定位的产品上去,使不同定位的产品都是用同一品牌,必然造成品牌形象的冲突,使消费者难以接受,从而影响市场销售。所以,单一品牌的运用必须根据企业的具体情况而实施。

## 三、多品牌决策

可口可乐和麦当劳是当今世界上两个著名的品牌家族,都拥有众多的品牌。麦当劳家族拥有麦当劳、麦香鸡、巨无霸、金色大拱门等。可口可乐家族除了 Coca Cola、Coke、Sprite、可口可乐、雪碧等洋品牌之外,还有醒目、天与地两个土生土长的中国品牌。另外,类似的公司还有雀巢公司。据统计,该公司在各国注册有上万个商标,仅中国就不下 200 个。

企业的多品牌运作一般都要考虑以下几点:

1. 根据产品线的分类归属不同而采取多品牌策略

当企业同时生产相关性不大的各类产品时,可以考虑在统一的企业品牌下,按产品线建立新产品的品牌。当品牌延伸的各类市场不具兼并性时,尤其应该采取此策略。

2. 根据同一类产品不同档次(质量)而采取多品牌策略

这样做既可以保住高档产品的市场份额,又可以打入中、低档市场且不对高档品牌造成影响。

3. 从促销的角度出发而故意在同一类产品中采取多品牌策略

这种策略是指在同一类产品中设立两个或多个相互竞争的品牌。这可能会使原有的品牌的销售量(额)稍减,但所有品牌的总销售量(额)会增加。

4. 由于历史原因所采取的多品牌策略

例如,广东科龙集团,早期只有"容声"冰箱,后来由于"容声"仿冒者甚多,影响"容声"品牌形象,因此启用"科龙"品牌重塑公司形象。后来又兼并"华宝"空调厂而采用"华宝"品牌,与"三洋"合资而采用"三洋科龙"。又如,松下公司本来的品牌时"National",后因该词在一些国家不能注册而启用"Panasonic"。

5. 出于社会影响的考虑采用多品牌策略

在发展新产品时,有些企业为了避免已有品牌以及企业名称对新产品销售产生不良影响,特意采用多品牌命名,而不是沿用已获得成功的品牌,甚至隐去企业的名称。提起菲利浦·莫里斯公司,人们会立即联想到万宝路香烟。"万宝路"香烟是它的拳头产品,可有多少人能知道"卡夫卡"奇妙酱、"果珍"饮品、"麦氏威尔"咖啡和"米勒"啤酒全都出自该公司。在全球禁烟活动此起彼伏的今天,正是英明的多品牌策略,使无数禁烟主义者依旧在消费这些产品。

多品牌决策除了上述的风险规避的优势外,还有以下明显的优点:①有利于企业全面占领一个大市场,扩大市场覆盖面。一个大市场是由许多具有不同期望和需求的消费群体组成,这样,其市场占有率也就很有限了。而如果根据不同消费群体的不同消费需求和期望,推出不同的品牌,就可以吸引各类不同的消费群体,从整体上提高企业占有率。②有利于适应细分市场的需要,推进品牌个性化和差异化,满足不同消费群体的不同需要。实施多品牌决策,采用不同的品牌,可以突出每一种产品的特色,从而在消费者心目中形成比较明显的产品差别,以适应不同消费群体的品牌喜好和消费特点。③获取品牌转换的利益。实践表明,虽然消费者心目中存在着品牌的忠诚信念,但却很少有消费者会对某一品牌忠诚到绝对的程度,也不会对其他品牌毫无兴趣。因此,获取"品牌转换者"的光顾和利益就成为企业认真考虑的问题,而多品牌决策,提供多种品牌,就可能锁住大部分品牌转换者,使他们继续使用企业其他品牌。在一定条件下,多品牌决策提供多个品牌,是获取"品牌转换者"的主要办法,甚至是唯一的办法。④有利于激发企业内部的活力,提高企业的效率。由于一个企业内部有多个品牌,可以使每位产品经营者感到竞争的压力,努力搞好自己担负的品牌营销与市场开拓工作,推动企业效率的提供。

## 案例介绍

### 宝洁:多品牌共享市场

　　具有近 200 年历史的美国宝洁(P&G)公司,是世界 500 强企业。从香皂、牙膏、漱口水、洗发精、护发素、柔软剂、洗涤剂,到咖啡、橙汁、烘焙油、蛋糕粉、土豆片,再到卫生纸、化妆纸、卫生棉、感冒药、胃药,宝洁横跨了清洁用品、食品、纸制品、药品等多种行业。宝洁许多产品大都是一种产品多个牌子(即"一品多牌")。例如,在中国市场上,香皂用的是舒肤佳,牙膏用的是佳洁士,卫生巾用的是护舒宝,仅洗发水就有飘柔、潘婷、海飞丝、沙宣四个品牌。

　　宝洁公司的多品牌策略不是把一种产品简单地贴上几种商标,而是追求同类产品不同品牌之间的差异,包括功能、包装、宣传等诸方面,从而形成每个品牌的鲜明个性。同样的产品,不同的顾客希望获得的利益组合不同,以洗衣粉为例,有些人看中洗涤和漂洗能力,有些人认为使织物柔软最为重要,还有人希望洗衣粉具有气味芬芳、碱性温和的特征。于是,宝洁公司设计了九种不同品牌的洗衣粉:汰渍(Tige)、奇尔(Cheer)、格尼(Gain)、达诗(Dash)、波德(Bold)、卓夫特(Dreft)、象牙雪(Lvorysnow)、欧喜朵(Oxydol)和时代(Eea)。这样,每个品牌都有自己的施展空间,市场就不会重叠。

　　宝洁公司把洗衣粉这一看似简单的产品,从功能、价格上加以区别,还从心理上加以划分,赋予不同的品牌个性。通过这种多品牌策略,宝洁已占领美国洗涤剂市场份额的 55%,这是单个品牌所无法达到的。

　　确立多个品牌同时,宝洁公司的多个品牌策略如果从市场细分上讲是寻找差异的话,那么从营销组合的另一个角度看是找准了"卖点"。卖点也称为"独特的销售主张(USP)",这是美国广告大师罗瑟·瑞夫斯提出的一个具有广泛影响的营销理论。其核心是:广告要根据产品的特点向消费者提出独一无二的说辞,并让消费者相信这一特点是别人没有的,或是别人没有说过的,且这些特点能为消费者带来实实在在的利益。宝洁公司在这方面更是发挥得淋漓尽致。以宝洁在中国推出的洗发水为例,"飘柔"的个性在于使头发柔顺;"潘婷"的个性在于头发的营养保健;"海飞丝"的个性在于去头屑;而"沙宣"具有保湿作用。推出的产品广告更是出手不凡:"海飞丝"海蓝色的包装,首先让人联想到蔚蓝色的大海,带来清新凉爽的视觉效果,"头屑去无踪,秀发更出众"的广告语,更进一步在消费者心目中树立起"海飞丝"去头屑的信念;"飘柔"从牌名上就让人明白了该产品使头发柔顺的特性,草绿色的包装给人以青春美的感受,"含丝质润发精华,洗发护发一次完成,令头发飘逸柔顺"的广告语,再配以少女甩动如丝般头发的画面,更深化了消费者对"飘柔"飘逸柔顺效果的印象;"潘婷"用了杏黄色的包装,首先给人以营养丰富的视觉效果,"维他命原 $B_5$"又进一步突出了"潘婷"的营养型个性;"沙宣"则是侧重于"保湿因子"进行宣传,广告诉求更为简单——追求一种简单的回归自然的感觉。

　　作为多品牌的运作的典范,宝洁放弃了各个行业使用单一品牌整体运作可能获得的规模经济,让每一个品牌都在比较狭窄的空间中生存,这是一种非凡的战略眼光和胆识。

实践证明,它的战略策划是正确的。它不仅善于在一般人认为没有缝隙的产品市场上寻找到差异,生产出个性鲜明的产品,更值得称道的是能成功地运作营销组合的理论,将这种差异推销给消费者。

许多人认为,多品牌会引起企业内部各兄弟自相残杀的局面;宝洁则认为,最好的竞争策略就是自己不断攻击自己。因为,市场经济是竞争经济,与其让对手开发出新产品去瓜分自己的市场,不如自己向自己挑战,让本企业各种品牌的产品分别占领市场,以巩固自己在市场中的领导地位。这或许就是中国"肥水不流外人田"的古训在西方的翻版。

从防御的角度看,宝洁公司的多品牌策略是打击对手、保护自己的利器。一是从顾客方面来讲,宝洁公司利用多品牌策略频频出击,使公司在顾客心目中树立起实力雄厚的形象;利用一品多牌,从功能、价格、包装等各方面划分出多个市场,满足不同层次、不同需要的各类顾客的需求,从而培养消费者对本企业的品牌偏好,提高其忠诚度。二是对竞争对手来说,宝洁公司的"一品多牌"策略,使宝洁的产品多占货架,就等于从销售渠道上减少了对手进攻的可能;从功能、价格诸多方面对市场的细分,更是令竞争对手难以插足。这种高进入障碍无疑是抵御对手的强大盾牌。

## 四、复合品牌决策

复合品牌决策,是指对同一种产品赋予其两个或两个以上的品牌。它又可以分为下列两种类型:

### (一)注释品牌决策

注释品牌决策是一种基本的复合品牌决策。它是指在一种产品中同时出现两个或两个以上的品牌,其中一个是注释品牌,另外一个是产品的主导品牌。主导品牌通常是产品品牌,它说明产品的功能、价值和购买对象。注释品牌通常是企业品牌,它为主导品牌提供支持和信用。也有人把注释品牌决策称为母子品牌决策或总分品牌决策。母子品牌决策是企业品牌为母品牌,产品品牌为子品牌。总分品牌决策则是把企业品牌称为总品牌,产品品牌称为分品牌。这两种称呼方法一般是母品牌、总品牌更有影响力。注释品牌决策最重要的优点就是把具体的产品和企业组织联系在一起,可以增强顾客的购买信心。因此这种品牌决策也被许多企业采用。例如,吉列公司生产的一种刀片品牌为"Gilletle,Sensor",其中,Gilletle是注释品牌,表明是吉列公司所生产的,为该刀片提供了吉列公司的支持和信用。而 Sensor 则是主导品牌,说明了该刀片的特点。据有关学者研究发现,在全世界位列前20名的日用品品牌中,有52%的产品使用注释品牌决策。

### (二)合作品牌决策

合作品牌决策是指两个企业的品牌同时出现在一个产品上。它体现了企业间的相互合作。合作品牌决策的最大的优点在于合作双方相互利用对方品牌的优势,提高自己品牌的知名度,从而扩大销售,提高市场占有率,并且可以节约成本费用和缩短产品进入市场的时间。

运用合作品牌决策的典型范例是美国的英特尔(Intel)公司与世界主要计算机厂家的合作。英特尔公司是世界最大的计算机芯片制造商,曾开发和生产过286、386、486 等 86 系列计算机芯片。随着时代的发展,英特尔公司从1991 年起逐步放弃86 系列芯片的生产,并推出奔腾系列芯片。随后制定了耗资巨大的保销计划,通过价格折扣优惠等方式,鼓励计算机制造商在其产品上使用"Intel Inside"的标识。对参与这一计划的计算机制造并购买奔腾芯片的厂商,给予3%的折扣；如果在计算机外包装上也注有"Intel Inside"，则给予 5％ 的折扣。后来，几乎所有主要的计算机制造商都参加了这个计划。市场上销售的 IBM、Compaq、Dell、HP 等名牌计算机，除企业原有品牌外，都加上了"Intel Inside"的标识。HP 公司还在某些地区市场开展了"Intel Inside,HP outside"的促销活动。

## 五、副品牌决策

### (一)副品牌决策概述

海尔集团用一个成功的品牌作为主品牌，来涵盖企业生产制造的系列产品，同时又给不同产品起一个生动活泼、富有魅力的名字作为副品牌，以主品牌展示系列的社会影响力，而以副品牌凸显各个产品不同的个性形象，这种经营手法就是被越来越多的国际著名企业视为现代经营妙招的副品牌战略。海尔集团的成功与副品牌战略无不关系，它是成功运用副品牌战略的典范。

副品牌是指企业在生产多种产品的情况下，给其所有产品冠以统一名称的同时，再根据每种产品的不同特征给其取上一个恰如其分的名字。主副品牌，就像写作中，标题与副标题的关系。比如"长虹—红太阳"、"康佳—七彩星"、"厦华—福满堂"、"松下—画王"等都是属于这种情况。这种"副品牌"在产品中往往能起到"画龙点睛"的作用，在家用电器这个行业格外受到青睐。

副品牌有利于同中求异。如果说企业的品牌就像人的姓名一样，从某种意义上说，主品牌就是企业产品的"姓"，而"副品牌"就像是产品的"名"。有姓有名才更容易把产品区分开来。比如海尔集团，其家电品种繁多，69 个大门类，10800 多个品种，如果直接另起一个名称来推广其他产品，风险、成本、代价等自然就大大提高了。海尔在电冰箱上，相继推出"海尔—小王子"、"海尔—金王子"等；在空调上，海尔先后推出了"海尔—小超人"变频空调、"海尔—小状元"健康空调等；在洗衣机上，海尔推出了"海尔—神童"、"海尔—即时洗"、"海尔—搓衣板"等，使消费者对海尔的产品种类一目了然，便于记忆。不仅如此，企业还可以用"副品牌"把同种商品区别开来，对同一种商品，也可以用副品牌将规格、品味、档次、功能区分开来。比如，海尔冰箱中功能先进、外形俊俏的冰箱叫"帅王子"，高雅华丽、彩画门体的冰箱叫"画王子"，美容加湿器叫"小梦露"。

副品牌的引入，是因为多品牌和单一品牌有时不能适应企业的具体情况。副品牌策略的具体做法是以一个主品牌涵盖企业的系列产品，同时给产品加一个副品牌，以副品牌来突出产品的个性形象。副品牌具有以下基本特征：

①广告宣传的中心是主品牌，副品牌处于从属地位。这是由企业必须最大限度地利用已有成功品牌的形象资源所决定的，否则就相当于推出一个全新的品牌。由于宣传的重心是主品牌，相应地，广告受众识别、记忆及产生品牌认可、信赖和忠诚的主体也是主品牌。

②主副品牌之间的关系不同于企业品牌与产品品牌之间的关系。这主要由品牌是否直接用于产品以及消费者的认知、识别的主体所决定的。如"海尔—帅王子"冰箱，海尔是企业品牌，同时也直接用于产品，而且是产品品牌的识别重心，故"海尔"与"帅王子"是主副品牌关系。而"通用"与"凯迪拉克"则属于企业品牌与产品品牌之间的关系。

③副品牌一般都直观、形象地表达产品的优点与个性。如长虹给空调取的"雨后森林"、"绿仙子"、"花仙子"等副品牌栩栩如生地把长虹空调领先的空气净化功能表现出来。

④副品牌具有口语化、通俗化的特点。副品牌采用口语化、通俗化的名称，不仅能生动形象地表达产品的特点，而且便于快速打响副品牌。"画王"、"小厨娘"、"帅王子"均具有这一特点。

⑤副品牌较主品牌内涵丰富、适用面窄。由于副品牌要直接表现产品特点，与某一具体产品相对应，其命名方式比主品牌单调，而名称的内涵比主品牌丰富。主品牌的内涵一般较单一，有

的甚至根本没有意义,如海尔、索尼等,用于多种家电都不会有认知和联想上的障碍。

⑥副品牌一般不额外增加广告预算。由于副品牌策略宣传的重心仍是主品牌,可以理解为把该产品预算的宣传费用主要花在了主品牌的宣传上。尽管副品牌收到良好的推广效果,但主品牌也几乎完全"享用"了宣传支出的效益。

由于副品牌具有很大的积极作用,因此在市场营销与传播中,如何赋予"副品牌"以智慧、灵性、亮点和卖点,应遵守一定的"游戏规则",以成功地现实对副品牌的命名。副品牌命名一般要遵守以下原则:

**1. 要注意主品牌和副品牌的协调性**

主品牌是副品牌的根基和概貌,副品牌是主品牌的延伸和递进,是主品牌的补充和武器,二者是相互联系、相互作用的一个有机体。主副品牌要相互协调、相互一致、相互呼应,给人以一种自然和谐有趣的感觉。可以说,副品牌是主品牌下产品的说明和体现,是支撑主品牌的卖点。比如"长虹—红双喜"、"海尔—先行者"等都相互呼应、相互协调,给人一种自然和谐有趣之感。

**2. 要使人们通过副品牌联想到产品的功能和利益**

主品牌不可能把企业各种不同类型的产品功能利益都表达清楚到位,这时可以通过副品牌传播来体现,在现实中,这一招经常可见。比如"春兰—清新"、"TCL—美之声"、"伊莱克斯—省电奇兵"、"松下—画王"等,都是有效地运用了副品牌这种奇特的功能利益作用。

**3. 副品牌要做到通俗简洁**

这里可以用"四易"、"五化"来表示。"四易"是指易读、易记、易认、易传;"五化"是指口语化、通俗化、直观形象化、独特简洁化、个性化。"乐百氏—健康快车"、"康佳—七彩星"、"TCL—美之声"等名称都具有听起来顺耳,读起来容易,记起来好记,传起来快捷的特点。

**4. 副品牌要富有时代感**

副品牌肩负着拓展新市场的重任,而新市场的需求特征往往又会因时间的差异而呈现不同的特征和要求,因此如何通过副品牌去概括特定时代的需求特征,迎合消费者的需求时尚、理念,也是副品牌设计时应注意的问题。比如"海尔—探路者"、"康佳—彩霸"、"康佳—镜面"等都能反映当前的消费时尚。

**5. 副品牌要有冲击力**

当今是一个品牌繁多的社会,消费者不可能对每一个品牌都具有深刻的印象,要想自己的品牌从众多的品牌中脱颖而出,就要得使自己的品牌对市场有一定的冲击力、震撼力、促销力和魅力。比如"东芝—火箭炮"、"格力—冷静王"、"海尔—联合舰队"等都是极富冲击力的副品牌。

**6. 副品牌要为产品和市场定位**

定位是市场经济的产物,是竞争的有力工具。当今,宣传包治百病的产品,消费者反而会远离它,放弃它。消费者逐渐走向成熟化和多样化,市场也会逐渐走向成熟化和多样化。当企业的产品是为市场上所有的消费者而提供时,那么就要尽量用副品牌把不同的消费者群体区分开来,为每一个不同的消费者群创意设计一个恰如其分的副品牌,这样才更能满足不同顾客群的心理需求,锁定消费者,把其产品定位到消费者心理。比如,长虹针对农村市场的"长虹—红双喜",厦华针对农村市场和城市老年家庭的"厦华—福满堂"。

对于企业来说,无论采取多品牌(子品牌)策略还是副产品策略,都应该综合考虑企业状况、行业状况等方面。如何选择可参考一下建议:

①产品的使用周期较短或客观需要更换产品时,采用多品牌策略比副品牌策略更佳。若由

于技术不断进步等原因,产品不断更新换代,更新期较短,则最好使用副产品策略。

②如果企业品牌或其主导产品品牌已经定位,品牌使用范围又基本被界定,还要进行品牌延伸或扩张时,最好采用子品牌策略。

③如果企业生产产品跨度太大,与已成功品牌产品相关性不大,最好使用子品牌策略。若企业从事同一类产品的生产,而且该市场竞争激烈,产品使用周期长时,不宜用子品牌策略而最好用副品牌策略。

### 案例介绍

#### 乐百氏的"健康快车"

中国饮料行业三强品牌之一的"乐百氏",是乐百氏集团(原为今日集团)的主要产品品牌。乐百氏"健康快车"是该集团于1998年推出的新一代乳酸奶产品。该产品在普通AD钙奶的基础上加入采用尖端生化科技制成的双歧因子,可以促进人体内双歧杆菌的迅速增值,进而增强人体肠道功能和提高人体免疫力。

"健康快车"问世当年,全年的销售额就超过4亿元,取得巨大的胜利。在通货紧缩、消费低迷的1998年,乐百氏"健康快车"非凡的业绩无疑成为营销广告界夺目的景观。"健康快车"作为副品牌为产品的畅销立下汗马功劳。

"健康快车"一出现在乐百氏后面,就能让人感到乐百氏新一代产品问世。大凡名字取得很棒的副品牌都有这样的效果。

追求更好的产品是消费者的天性,"健康快车"先声夺人,让消费者知道了乐百氏新产品的到来,无疑创造了全新的卖点。音色纯美、联想积极的乐百氏新产品的到来,无疑给成熟品牌乐百氏注入了新鲜感,并获得新的心理认同,从而吸引了情感性消费。

### (二)运用副品牌决策需注意的问题

#### 1. 应当把握好主副品牌的关系

副品牌从属于主品牌,是主品牌的补充和递进,绝不可能超越主品牌,脱离主品牌;而主品牌是副品牌的根基和核心,是副品牌的生存之本、生命源泉,两者相互联系、相互推进、相互交融。相应地,广告受众、消费者识别、记忆及产生品牌认可、亲近和忠诚的主体也是主品牌。就海尔来说,海尔作为中国一大综合家电品牌,拥有很高的知名度和美誉度。人们提到海尔,一般不是将它与冰箱、空调、洗衣机、彩电、电脑、手机等单一的产品联系在一起,而是联想到海尔是一个品质超群、技术领先、服务完善、文化厚重、管理科学的国际性家电品牌。"海尔,真诚到永远","只有创业没有守业","日事、日毕、日清、日高"等品牌个性已经深入人心。没有这些,"先行者"、"小小神童"、"即时洗"等这些品牌也就变成了空中楼阁,失去了灵魂和核心,再靓也难以传神。只有在"海尔—中国造"大旗的光辉下,这些副品牌才能熠熠生辉。

在确立高品牌的"高"的基础上,还应该正确地把握并区分主副品牌之间的关系及企业品牌与产品之间的关系。例如,"海尔—探路者"、"美的—冷静星"、"乐百氏—健康快车"中,海尔、美的、乐百氏是企业品牌,也直接用于产品,而且是产品品牌的识别重心和指示器。海尔与探路者、美的与冷静星、乐百氏与健康快车是主副品牌的关系,是大标题与小标题的关系。宝洁与飘柔、海飞丝、玉兰油、舒肤佳,则是企业品牌与产品品牌之间的关系。通用与雪佛莱、凯迪拉克、别克、五粮液与五粮春、五粮醇等,也都是典型的企业品牌与产品之间的关系。只有分清主副品牌,才能在主副品牌运作中理清它们之间的关系和各自的地位。

## 2. 副品牌不可单独对外宣传

采用副品牌后,广告主广告宣传的重心应仍是主品牌,副品牌不可单独对外宣传,而是依附于主品牌,且要联合进行广告活动。离开了主品牌,副品牌也就失去它应有的战略意义和灵性。副品牌只有依附于主品牌,才能享尽主品牌的影响力和形象资源。另一方面,副品牌识别性强、传播面广且张扬了产品个性,又宣传提升了主品牌的地位和形象。只要把本来也要用于该产品宣传的预算用于主副品牌的宣传,其效果就已经大大超过只用主品牌的策略,达到"一箭双雕"的效果。

## 3. 副品牌要具有时代性、针对性

副品牌可以不断创新更换,让消费者感知新产品的问世,创造新的卖点、新的时尚、新的理念,但也不能盲目随意交换,这里要有一个"度"的问题。主品牌的创立,一般要经历较长的时间,投入较多的人力、财力、物力才能树立起来;而副品牌可以常换常新,给消费者一种新鲜的感觉、新的思想。

# 第五章 品牌全球化及其管理

## 第一节 品牌全球化策略

### 一、全球化品牌竞争概述

要创立世界名牌,必须立足于国内,面向国际,实施国际化经营战略。无论是丰田、索尼、三星,还是通用汽车、通用电气、奔驰、IBM 等,无一不把国际化经营及其战略作为品牌经营的重点。

而在今天,全球化、国际化的经营已经成为耳熟能详的通用名词了,我们已经习惯了这样的情形:一位美国企业家穿着法国的皮尔·卡丹西装和瑞士的 Bally 皮鞋,系着中国香港的金利来领带,带着瑞士的劳力士手表,拎着意大利的 GUCCI 皮包,在中国餐馆会见英国的朋友,然后坐着德国的奔驰轿车回家,打开俄罗斯的伏特加酒,并看着日本的索尼彩电播放的节目。

从世界经济的发展趋势来看,网络化使世界更加开放,世界市场的范围空前扩大,几乎囊括了全世界所有的发达国家和发展中国家的国内市场、地区市场与区域集团市场,全球化的世界大市场正在形成。

实现品牌全球化,是品牌经营者的一个长远的理想,也是品牌发展的高级阶段和要求。世界经济发展潮流促使品牌全球化。一个企业并不一定非要具有巨大的规模才能进行全球化、国际化。今天,甚至有一些企业从成立之初就实施国际化战略,如美国的 LASA 股份公司。美国的 LASA 股份公司是一家销售微处理机标准技术的公司,其创办人有美国人、法国人、瑞士人等,资金来自欧洲,经营和研究总部在美国,产品销售部在法国,财务管理在瑞士,而生产则在苏格兰。

企业经营的全球化使分处于世界不同地区的消费者在消费上逐渐获得同样的保证。但在理论界也存在对品牌全球化的不同认识,这些不同认识无疑会有助于人们正确可观地审视品牌全球化,为企业找到品牌全球化的最佳途径。

品牌全球化的来临,可从以下几点看出:

1. **市场趋同发展的促进**

全球化、网络化、信息化的发展,使得一种世界文化正在形成。特别是对年轻人,在许多市场上(尤其是大多数发达国家),30 岁以下的消费者在消费习性、口味、生活习惯上已非常相似。经济、文化的全面渗透,造就了不同区域市场文化和经济的共特性,共同的消费准则正在形成,市场趋同。不同国家的产品由于在品质和技术上处于领先地位,于是形成了以它们为核心的世界通用标准,如美国的计算机制造和电脑软件,日本的家用电器,法国的时装和香水等。消费者对不同的文化的兼收并蓄,促使了价值观的共同形成,而市场趋同加速了品牌的全球化进程。

### 2. 不同市场中的共同定位

不同地区的市场特性是不同的。在我国,以长江为界,南北两个地区由于地域和文化上的差异,市场消费上二者出现明显的差异。然而,用过市场细分,企业始终会找到一个相近的细分市场,因为它们是同质的。德国的奔驰轿车,奔驰于世界各地的公路上,因为它们同样是世界上不同地区高收入阶层的身份象征。同一的细分市场,促使了定位准确产品的全球化。

### 3. 全球经济的同等竞争

规模经济使企业寻求效益最大化,全球化的规模经济至少可以产生巨大的节约。规模经济所提供的成本优势,一方面可以使产品具有价格优势,另一方面可以进行规模营销。企业可以利用各地区的优势,充分发挥企业的最大潜能,如中国市场上的廉价劳动力,美国市场的技术优势,生产出更低成本的产品。在产品营销上,几个市场的营销费用综合也许比一个市场的营销费用更为经济,尤其是在市场趋同程度较高的区域,如欧盟市场、北美市场和东南亚市场,以同样的营销模式(广告创意、营销策划)在全球推广产品,这也正是许多全球性品牌所共同采取的营销战略。西奥多·莱维特(Theodore Levitt)认为,规模经济实际上可以克服地区消费倾向;如果制造商忽视现存的消费者偏好的差异而以一个有竞争力的价格提供统一产品,消费者自然会舍弃自己的偏好而转型选择物有所值的产品,也就是说只要定价低到一定程度后,消费者受价格的驱使会改变原有的消费习惯。

基于上述原因,企业的品牌国际化是可能的,也是必要的。

## 二、国际化品牌的发展历程

从总体上看,品牌全球化战略,品牌国际化可以分为两个阶段,而且在不同阶段的战略也有差异。

### 1. 第一阶段:国际贸易阶段

这里的"贸易"有两种形式——商品贸易与许可证贸易。商品贸易主要是指商品的进出口业务,而且往往是以出口为主。许可证贸易是指技术许可方将其交易标的使用权通过许可证协议转移给技术接收方的一种贸易方式。一般来说,许可证贸易的标的内容主要包括专利技术、专有技术和商标。两种方式虽然都有利于开辟市场并最终提高知名度和市场份额,但由于许可证贸易可以绕过贸易壁垒,而且投资少、风险小,从一定意义上来说,更有利于提高企业的信誉度、知名度和市场份额。

对这一点,IBM公司的发展可以说是最佳注脚。在IBM创业之初,苹果个人电脑几乎垄断整个市场,而且从不进行任何形式的许可证贸易,不但技术保密性很强,而且"严打"各种侵权行为。而IBM公司则不然,不但进行许可证贸易,而且对各种仿制品视而不见,不久IBM的生产技术与标准得到普遍推广,使得IBM的标准逐渐成为行业标准,最终创造"蓝色巨人"的形象。

大多数世界名牌在这一阶段采取的战略形式有当地市场导向型战略、国内市场导向型战略和世界市场导向型战略。其中前两种战略的国际化程度较低,主要是依靠当地市场或国际市场来带动国际贸易的提高与发展。而世界市场导向型战略则主要表现为产品大部分外销。因而,这种战略的国际化程度比较高。

**2. 第二阶段:境外直接投资阶段**

国际贸易毕竟有许多的局限性,为了更充分地实现国内与国际资源的优化配置,大多数世界名牌企业在国际贸易开展到一定阶段以后,主要采用境外直接投资。

在这一阶段,企业国际化采用的主要战略有:

(1)以投资带动贸易发展战略,如以投资带动商品或半成品的出口。

(2)"三就地"战略,即在境外就地取材、就地加工和就地销售的战略。

(3)全球网络化战略,即在境外多个国家和一个国家多个地区投资,从而形成一套生产营销的国际化网络。

在国际经营的上述两个阶段中,世界名牌十分注重以高科技、高质量、系统的营销与服务,以期扩大境外的市场份额、超值盈利能力与知名度、信誉度。

品牌全球化具有许多明显的优势,也是获得市场竞争优势的条件。因此,许多跨国公司的做法是在产品和品牌的涉世之初就以全球为目标市场。在中国加入 WTO 后丰田的雷克萨斯汽车、惠普的桌面喷墨打印机、IBM 的网络产品、宝洁公司的日用品等,刚一问世,就在中国市场推出。

不过对于一个刚刚起步的品牌,品牌全球化简直不敢想象,在这方面,朱迪·伦农(Judie Lennon)于 1991 年提出一个描述经营全球性品牌的模型,这种模型有一定的代表性、科学性,如图 5-1 所示。

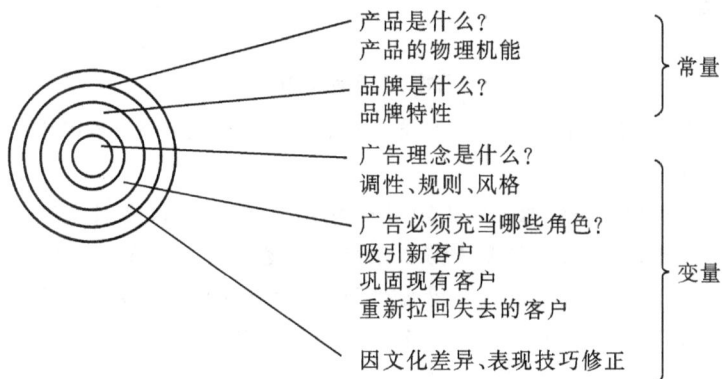

图 5-1　朱迪·伦农提出的模型

伦农认为,经过一定时间后,组成品牌特性的要素会正式或非正式地组织和整理起来,并传递给一系列的品牌经营者和执行人员。此后再过一段时间,这个成功的品牌就拥有了鲜明的品牌意识和个性。这些特征反映了在对下列问题的回答中。

(1)产品是什么? 这个产品在各个不同的市场都是完全相同吗? 它的制造符合有关国家的规范吗? 这种产品能给顾客提供哪些功能?

(2)品牌是什么? 如果我们把这个品牌作为一个人来看待,我们如何描述它? 当这个品牌的特性超越国界后,会产生什么影响?

(3)在广告的理念中,用什么词语来表达"谁"和"什么"这两个概念? 所有成功的国际品牌都有一套规则、规范和准则,用以指导如何表现品牌。全球性识别(Global Recognition)是指在使用颜色、标语、词语表达方式、音乐、广告用语等方面时统一化。

(4)在战略方面,广告应该做什么? 目前品牌的市场定位是什么? 需要怎样对它进行改动?

当制作广告中要求对品牌宣传有不同的侧重点时,品牌的核心特征应保持不变。

(5)为适应不同地方文化的差异,需要进行哪些调试操作,也就是要实施本土化战略。

(6)作为一个本土品牌来说,全球化的选择可以有如下方式:

①生产国际化。以前,中国产品主要通过出口的方式进入国际市场,这样企业与市场之间增加了多层的中间商。为了降低生产和运输成本,使产品更适合当地市场需求以及绕过壁垒更好地进入海外市场,近几年很多中国企业开始直接在国外投资办厂。

②营销国际化。为了塑造全球化的品牌形象,中国企业应注重海外的"本土化"营销推广和销售。

③研发国际化。为了在国际竞争中立于不败之地,一些优秀的本土企业走上了研发国际化的道路。有的不惜重金聘请国外技术专家把技术关,有的与国外著名研发机构和企业合作开发,如长虹与世界知名跨国集团公司组建九大联合实验室等。通过不断地进行技术创新,一些中国品牌已经在国际上树立起声誉。

④资本国际化。资本国际化不仅能为企业运作提供资金,更重要的是,它为品牌国际化提供了一种资金运作机制保障,以及由股东背景构成的全球化资源和视野。

⑤网络国际化。伴随着网络时代的到来,互联网的商业运作已成为不可逆转的趋势。网络不仅可为企业降低采购和销售成本,还可以发布信息、获取反馈、方便购买和提供增值服务。互联网完全打破了时间和地域的限制,为品牌的国际化推广带来了新的机遇。

### 📖 案例介绍

#### 创维走向国际化

经过多年的奋斗,创维创下了辉煌的业绩,产品在全球共销往 85 个国家,拥有 3000 多个销售商,居全国彩电业前列。

凭借多年的国际市场运作经验,在 2000 年创维以 17% 的股权吸引三家著名的国际风险投资基金入股,在中国企业国际化的进程中写下了新的一笔。资本构成的国际化,或者说公司股东的国际化,不仅为企业的长期发展提供了资金保障,更为重要的是它为品牌的国际化提供了一种运作机制保障,以及由股东背景构成所带来全球化的资源与视野。

创维股权国际化的原因,主要在于创维已经在理性思维的指导下,从股东资本、行销路线和新产品研发方面逐步与国际品牌发展道路相靠拢。无论是规律使然还是出于偶然,创维品牌国际化的道路不仅仅是对彩电行业,更重要的是对整个民族品牌的出路提供了一个参照。

在此之前创维曾连续四年保持全国彩电出口第一,1999 年又将主攻市场由东南亚转向竞争更加激烈的欧美市场,并在墨西哥、土耳其等地建立生产基地。这一转移说明创维在空间上缩短了与国际目标的距离。其意义并不是简单的物理意义上的生产车间的位移,而是它具备了像耐克、可口可乐、宝洁等国际品牌一样的基本特征——生产场地的无国界化。

另外一个有利于推动创维奠定国际化品牌的基础就是其新产品的研发。就在长虹、康佳、TCL 三大巨头迅猛扩张抢占市场时,创维请来了日本大阪松下电视厂厂长五百井洪,帮助公司进行技术的深入研发。创维从 1999 年 8 月开始,率先在深圳、广州、北京、上海同时推出"网上电视",并与美国微软公司合作实施"维纳斯"计划,实现"电视、电脑、电信"三电一体的信息家电新概念。产品创新的意义在于以家电为代表的中国品牌将从一轮又一轮的价格恶战中走出来,寻找 21 世纪的竞争之路。

1999 年创维建立国际互联网创维产品直销网站,开创了中国电子企业进入电子商务领域的先河。通过其互联网站,在第一时间向国内外的客户提供便捷、直观的产品信息,打破了传统的地域行销、广告促销的概念,将品牌推广置入一个没有国界的的网络空间。虽然创维产品的网络营销处在起步和完善的阶段,但行销方式的网络化、数字化的渐进变革,逐渐实现了品牌由资本重组、产品研发带动向国际化推进的进程。

20 世纪表现卓越的一系列国际品牌,如联合利华、宝洁、卡西欧、麦当劳、丰田、雀巢等,都经历过这样的一个过程,即资本结构由单一到多元,市场策略由注重成本削减、降低产品价格到注重研发,不断推出新产品,管理由注重生产管理转向品牌管理。创维也跟上了这一步伐,已经从生产国际化走向了研发国际化、资本国际化、网络国际化。

## 三、品牌全球化下的适变策略

全球化营销并不意味着统一的策略,如果那样,品牌要做到真正的国际化是非常之难的。可口可乐、麦当劳等国际品牌,都采取了品牌的适变策略。

在追求标准化和本土化之间有三个层次的因素:最接近全球标准化的是市场战略、产品特点、产品定位、组织管理;处于模棱两可的是品牌、包装、广告;几乎总是在本土化的是面向消费者的推销活动、公关活动、媒体选择、销售通路。据有关学者对亚洲市场的研究表明,绝大多数的跨国公司都采用标准化和本土化相结合的策略,这种折中的思想被一些学者提炼为"全球意识,兼顾当地"的说法,并为此取用一个新发明的词汇 Glocal(由全球 Globe 与当地 Local 合并而成),意思也就是首先要有全球意识,在全球范围内做整体计划和战略,在实施的时候则要因地制宜、入乡随俗。

宝洁公司的例子就是一个明证。在 20 世纪 70 年代宝洁把帮宝适(Pampers)一次性纸尿布打入日本市场时,发现日本的母亲并不喜欢这种美式的大块纸尿布。宝洁发现自己没有注意到日本妇女给孩子换尿布的次数平均每天约 14 次,而这个数字几乎是美国母亲的 2 倍。在发现问题后,宝洁立马改变策略和尿布的样式,把尿布改造成较窄小的样式,很快就占领了日本尿布市场 20% 以上。

全球化经营的同时,更要求重视目标市场,及本土的固有特点和内涵,否则就会付出昂贵的"学费"。美国家电的巨人惠尔浦 1997 年退出中国市场,就是因为严重缺乏对中国市场的了解和针对性的决策。1994 年惠尔浦同雪花电冰箱厂合资生产,希望利用中国企业的联盟占领中国电冰箱市场。然而,事与愿违,仅隔三年惠尔浦便退出了同雪花的联盟,同时也退出了中国市场。

在品牌全球化过程中,一些公司为自己的失误付出代价后,才会真正注重本土适应原则。中国加入 WTO 后,许多跨国公司都纷纷提出要做中国真正的本土公司,可见全球兼顾本地策略及理念被今天许多公司认可。本土化策略并不意味着全球品牌在褪色,相反,不仅不会削弱,反而能壮大全球品牌,这样的例子数不胜数。

全球化的背景之下的本土已经成为众多公司所接受的"全球适应"的主张,或者说本土化(Localization)战略。许多公司发现实际运作中,标准化策略并非总是行得通的。需要改变的例子比比皆是。如一家玩具厂商由于德国不允许使用 PVC 材料,它不得不改变玩具的用料;由于荷兰父母在儿童玩具方面花费较少,它不得不降低价格;为了使法国人理解,它只好把一个女孩玩具的品牌 Wish World Kinds 改为 Les Ai Babettes。

据有关学者对亚洲市场的研究表明,多数的跨国公司采用标准化和本土化相结合的策略,即在战略决策方面(如选择目标市场、产品定位、确定广告目标和主题等)较多使用标准化决策,在战术决策方面(如广告表现形式和媒体选择等)较多采用当地化决策,这要求企业首先要有全球意识、在全球范围内做整体计划,在实施计划的时候则要因地制宜。影响和制约营销组合标准化的若干环境因素,如图5-2所示。

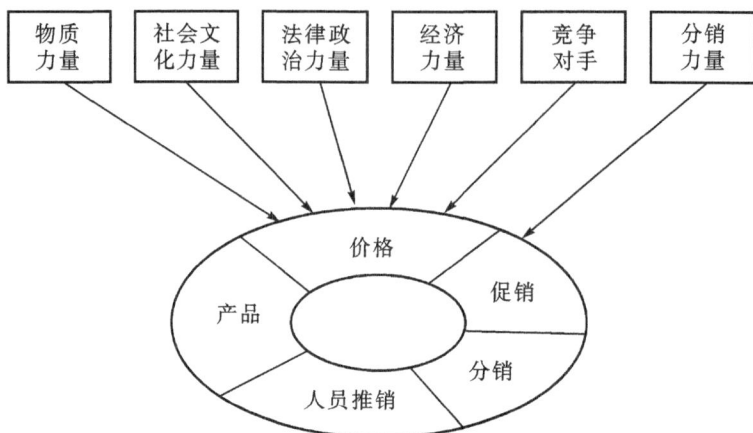

图5-2 影响和制约营销组合标准化的因素

事实上,绝对的标准化是不可能的,只要国家和地区之间存在文化和环境的差异,"标准化"的产品或流通总会出现某些意想不到的磕碰。调查表明,美国的跨国公司只有9%使用了完全的全球标准化策略,37%为完全的当地化策略,而剩下的54%使用了二者结合的策略。

一般而言,全球性品牌都有一个全球性的市场定位,但在具体的营销、传播策略及要素上,又不得不考虑当地的具体情况,不可盲目实施"一刀切"。人们常说,"全球品牌本土化"就是对全球性品牌的营销策略的浓缩和提炼。

全球性品牌在全球沟通上就面临着三大难题:

1. 文化差异

全球沟通面临最为困难的问题是确定如何在品牌传播中吸收当地的社会准则。不同的国家和地区有不同的偏爱禁忌、宗教信仰、民族种族、风俗习惯、礼仪节日、文化理念、开发和开放程度、消费水平和意识。这一点是较容易忽视的,但也是最不应该忽视的。如果忽视了这一点,将会导致沟通传播的全盘失败甚至会产生极大的负面影响。

2. 创意沟通差异

这也是文化差异的深化。创意是只可意会不可言传的,更何况统一创意在不同国家与地区之间会收到不同的效果;另外在创意中,最普遍的错误就是简单地误译口号和习惯用语,这些方面,都阻碍着全球性品牌在全球营销过程中沟通不可能达到畅通无阻,即使全球最出色的创意高手也无法创造出全球通用的创意来。例如,万宝路香烟的电视广告,在中国香港地区,广告人把牛仔变成农场主以迎合当地消费文化。

3. 媒体传播差异

不同国家和地区的媒体的受众偏爱、媒体的发展水平、广告效力以及时间和空间的成本上都是不一致的。例如,美国的媒体因素绝不能与非洲的国家相比,甚至也不能和日本等国家相比,因为各国媒体有各国的特点和发展水平。例如,广播在非洲是人们普遍接触的媒体,其权威性也相对较高;而在中国,广播收听者基本上都是老人、学生、司机等受众。

只有重视这些差异,并采取有针对性的措施,品牌的全球化才会真正地实现。因此,现在全球性品牌经营模型,基本上都是"品牌战略全球化,经营本土化"。

**案例介绍**

### 日清食品:只要口味好,众口也能调

在方便面市场,品种繁多,但令消费者真正动心的却寥寥无几,于是许多方便面企业感叹众口难调。可是,日本的日清食品公司却不信这个邪,始终坚持"只要口味好,重口也能调"的独特经营宗旨,从人们的口感差异性出发,在食品的品位上下工夫,终于改变了美国人"不吃热汤面"的饮食习惯,使日清方便面成为受美国人欢迎的快餐食品。

在准备进入美国市场之前,日清公司为了找准最佳"切入点",不惜高薪聘请美国食品行业权威的市场调查机构进行市场调研。可是,调查评估结论却令公司大失所望,由于美国人没有吃热汤面的饮食习惯。而是喜好"吃面条时干吃面,喝热汤时只喝汤",绝不会把面条和热汤混在一起食用。由此可以断定,汤面合一的方便面很难进入美国市场,更不会成为美国人必不可少的快餐食品。

日清食品公司并没有盲目相信这种结论,再次亲自调研。经过艰辛地进行商场问卷和家庭访问,最后得出了完全相反的结论——美国人的饮食习惯虽呈现出"汤面分食,决不混用"的特点,但是随着世界各地不同种族移民的大量增加,这种饮食习惯在悄悄发生着变化。日清公司基于亲自调查的结论,从美国食品市场动态和消费者饮食需求出发,确定了四条营销策略:

(1)产品定位。针对美国人热衷于减肥运动的生理需求和心理需求,公司巧妙地将其方便面定位于"最佳减肥食品"。在公关广告宣传中,刻意渲染方便面"高蛋白,低热量,去脂肪,剔肥胖,价格廉,易食用"等种种食疗功效;精心制作出"每天一包方便面,轻轻松松把肥减"、"瘦身最佳绿色天然食品,非方便面莫属"等具煽动力的广告语。

(2)应和当地习惯。为了满足美国人以叉子用餐的习惯,公司精心加工出稍硬又有劲道的美式方便面;由于美国人"爱喝口味很重的浓汤",公司不仅在面条制作上精益求精,而且在汤味佐料上力调众口,使方便面成为"既能吃又能喝"的二合一式方便食品。

(3)命名本土化。由于美国人"爱用杯不爱用碗",于是公司别出心裁地把方便面命名为"杯面",并给它起了一个地地道道的美国式副名——"装在杯子里的热牛奶"。

(4)求变求新。公司从美国人食用方便面时总是"把汤喝光而将面条剩下"的偏好中,灵敏地捕捉到了方便面制作工艺求变求新的着力点,研制生产了"汤多面少"的美式方便面,从而使"杯面"迅速成为美国消费者人见人爱的"快餐汤"。

日清食品公司果敢挑战美国人的饮食习惯和就餐需求,以"投其所好"为战略出发点,不仅出奇制胜地突破了"众口难调"的产销瓶颈,而且轻而易举地打入了美国快餐市场。其成功在于在严格执行市场调查基础上,制定准确的产品定位,并开发适应当地需要的产品。另外,在品牌命名和广告宣传中也很成功。

成功的全球化品牌营销需要将不同的国家和地区,甚至同一国家也分成好几块不同的营销开发发展区域。不同的国家和地区会有不同的消费水平和习惯、偏爱禁忌、发展和开放程度、宗教信仰、社会风俗等,这些就决定品牌在开展全球化营销时,绝不能采用全球统一绝对标准化的营销模式,应结合当地的具体实际情况进行对待,不可同日而语。

例如,实施大众化的营销的全球著名品牌代表有可口可乐、高露洁等,就连它们在全球200多个国家和地区销售它们的产品时,也都未对产品采取高度标准化的措施。可口可乐公司仅对三种品牌实施了标准化,而其中的雪碧在日本还采用了单独的配方。可口可乐还专为中国市场开发研制了浓缩饮料"天与地",在饭店、宾馆的宴会上使用。虽然高露洁牙膏在全世界都采用统

一的市场营销方法,但它先进的牙龈保护配方却只在其中的 27 个国家中采用。我国海尔集团在实施全球化过程中,始终实施全球化和当地化相结合的策略。它在美国市场上的竞争目前基本上是当地化策略,在洛杉矶建立了"海尔设计中心",在纽约建立了"海尔美国贸易公司",在美国形成了设计、生产、销售三位一体的经营格局。海尔在美国销售的许多产品都不是海尔原有的产品,而是专门针对美国市场设计和生产的。比如,出口到美国的"大统帅"BCD-275 海尔冰箱,就是根据海尔海外信息站反馈的信息,针对美国人对冰箱外观、制冷能力、使用习惯、气候带、消费文化等区域特征而专门开发、设计和制造的。

## 四、国际品牌的创建

### (一)创建国际品牌的条件

一个全球化品牌的创建,必须遵循一些基本的步骤。

(1)要具备一些基本的发展条件,一个地区性品牌转变成一个全球性品牌需要符合一些基本的要求。在这些条件成熟之后,就可以向品牌全球化方向迈进。这些条件是:

①持久的竞争优势。企业必须高度客观性地评估本品牌与其所有的市场中可能遇到的竞争对手相比具有哪些差别优势。

②一定的规模。生产成本函数并不是线性的,也就是说,成本不总是随着产量的上升而稳定地下降。在短期内成本会达到一个有竞争力的水平。

③细分市场的容量。各地的细分市场不一定要有相同的容量,但是每一个细分市场都必须足够大,才能支持品牌进入足够多的市场。

④全球化组织的保障。前面已经提到,跨国营销和全球营销是不同的。实施全球营销必须对企业进行组织结构的调整。无论是集权还是分权,都必须将组织的资源集中起来。在一个集权的组织机构里,中心品牌小组制定发展战略,然后这一战略传递到所有目标国家进行实施。在一个分权的组织结构中,可以让一个品牌小组负责一个国家的品牌发展过程。

(2)要对品牌进行恰当的界定。这些方面包括:

①了解消费者。深入了解及瞄准消费者的需要,全面分析当时市场上的竞争对手形势。这也涉及企业组织的人员配备,必须由懂市场、懂当地语言、有知识的人组成。

②定义品牌资产。准确了解品牌所代表的东西所能延伸的范围与界限。

③设计整体品牌战略。此方面包括界定品牌精髓、价值观、特点、差异性、定位、个性、目标市场区域和营销组合。

(3)必须了解目标市场。在品牌全球化过程中应该对所有重要的目标市场进行检查,以确定哪些因素会对品牌的营销组合产生影响和制约作用。比如,消费者原有的偏好可能会抵制新品牌的短期销售增长,已占有当地市场的地方企业对外来竞争会予以强烈的反击,当地政府的某些政策法规不能通融等。"潘婷"在品牌全球化过程前期,挑选数个国家做实地市场测试,曾在美国和中国台湾推出广告活动,以吸取当地市场经验。

(4)进行营销组合的检测。为了适应市场而作必要的变通时,要检查重要市场中所有的营销组合要素。视情况对产品特色、品牌要素、标签、包装、颜色、材料、价格、销售促销、广告等方面作相应的调整。所有的调整要以市场测试结果为前提,不能主观臆断。

(5)进行目标扩张。这涉及对很多国家的详细分析,是一个复杂的选择过程。品牌国际扩张总的目标是要保证品牌在全体市场中的市场占有率。对于品牌首次上市是在原产国还是在其他国家,进入多少个国家、具体是哪些国家等诸多策略性问题,要根据产品的性质、市场和竞争情况作出权衡。不过,要使利润最大化,应该在尽可能快的时间内在尽可能多的国家同时推出这一品牌。

(6)进行品牌创新和维护。成功的全球性品牌同样需要不断深入地了解消费者的内在心理和需要,开发更新技术和生产方法。通过更深的消费者洞察,用新的技术或新的制造科学等不断推出更新产品。

**案例介绍**

### 虎标:全球品牌的建立

公司总部设在新加坡的虎标万金油是一个十分有代表性的例子,它说明了一个地方品牌是如何获得国际声誉的。虎标万金油是一种祖传的中药膏,是根据宫廷秘方制作而成的,开发这一产品并创建虎标品牌的是胡氏家族。如今虎标万金油已经成为国际品牌,销售额超过1亿新币。

虎标万金油品牌一直以"虎跃"标志为商标。它成功地在全球市场上产生了极大的影响,给人留下了良好的印象。其包装是一张仿制的、颇显权威的纸封,印有创始人的旧照片和他们的中英文名字,盖在六角盒圆罐上,使产品看起来非常独特,因而很容易从众多的其他国家竞争品牌中脱颖而出。该品牌经过努力,做到了既继承传统,又具有现代特色。

要创建品牌,首先必须拥有一个优质产品,虎标万金油在这方面就做得相当出色。它在原来的配方中添加了中西药物,使产品得到了改进。产品用途广泛,从头痛脑热到肌肉扭伤、肌肉疼痛都有疗效,而且老少皆宜。它还有定位于专治运动伤痛的产品,由著名运动员担任品牌代言人,以吸引更多的消费者。虎标万金油在亚洲早已拥有众多忠实的消费者,而现在更已成功地推广到世界70多个国家,已从一种闻名亚洲的民间用药成为了真正的国际品牌。

**案例介绍**

### 红牌、黑牌:本土化下各出其牌

约翰尼·瓦克(Johnnie Walker)是世界最著名的威士忌品牌,在全球占据了极大的市场份额,它的红牌(Red Label)和黑牌(Black Label)一直享有独占市场的权力。但是,有一段时间约翰尼·瓦克却面临极大的竞争,以致增长率缓慢,甚至在某些地区出现负增长。1987年,约翰尼·瓦克为吉尼斯(Cuinness)集团下联合酿酒公司的一员,联合酿酒的管理决策重新赋予此品牌活力。

约翰尼·瓦克以初步的研究结果为制定策略的依据。市场调研的结果表明:不同市场的消费者对黑牌均有相当清晰、一致的品牌认知;在许多市场,约翰尼·瓦克均面临更活跃的竞争者威胁,更深受芝华士的威胁;必须加强约翰尼·瓦克和高级品的连结并活化其形象,以巩固其在高价位市场的地位;黑牌拥有一种潜藏但具威力的品牌形象,足以对抗竞争定位和不同的消费者的态度,所以必须针对区域性特色制定广告策略。

基于这些结论,公司从包装开始实现其全球化。调查发现约翰尼·瓦克品牌基本资产的一致性足以使用全球一致包装这个很重要的事实。同时由于黑牌在免税商店的销售比例非常高,因此有必要让消费者在零售点一眼就能认出来。这些都在包装上体现出来,瓶子和外盒的包装都必须考虑,但这里只讨论瓶子。现有的包装有两个缺点以致降低品牌的价值:视觉设计上不如竞争品抢眼,形象也不够突出。然而,营销人员和受访消费者都建议包装不宜做太明显的修改,应保留大家认得喜欢的部分图样。设计时必须在方形瓶、黑色和金色、长方形主标、分离的瓶颈和副标的限制条件下作业,可修改的部分是字体、空间、色系(尤指金色)、徽章和"十二年"图案。结果设计出来五种瓶装,并在七个国家进行测试,主要是测试视觉效力和有效的设计元素,以选出两个最适当的包装。被选上的两个设计经修改后,再作进一步测试。最后,将两个设计和原有设计一起在以下七个市场进行测试,分别是澳大利亚、法国、日本、泰国、英国、美国和委内瑞拉。这些国家分别代表不同的文化和不同的品牌生命周期。在英语国家,黑牌代表纯正,如传统的豪华苏格兰威士忌;在法国,它被认为是高贵、摩登,如芝华士;在远东地区,黑色和金色的象征是最重要的资产;在委内瑞拉,消费者对种这品牌有奢侈、纵欲的联想。

三个包装测试的结果发现,在某些国家,新设计并不影响原来的定位,如英国;但在法国,新设计却使人产生空虚感。两个新设计中的一个使用直式的标签,较清爽的字体和较柔软、豪华的金色;另一个设计相似,但标签有浓度,较偏离本来的包装,令人觉得不易接受。直式标签的改变虽然较不明显,但能有效地加强品牌豪华的特质,因此被选为新包装。

经过这些测试后,约翰尼·瓦克公司开始了其品牌全球化的辉煌历程。

# 第二节　品牌管理策略

出于生存与发展的需要,创出品牌后期也并不能高枕无忧,还需对品牌进行行之有效的管理。品牌管理应遵循一贯性、差别性、全面性等基本原则。它内涵品牌产品力管理、品牌市场力管理、品牌形象力管理、品牌组织力管理等内容。

著名的品牌管理企业奥美广告公司认为管理品牌有如下十大步骤:①了解产业环境,确认自己的强弱点,确定"核心"事业;②形成企业的长远发展目标及可操作的价值观(文化);③建立完整的企业识别,并形成维护管理系统;④确认品牌与消费者的关系,进行品牌定位;⑤确定品牌策略及品牌识别;⑥明确品牌责任归属,建立品牌机构,组织运作品牌;⑦整合营销传播计划及执行,确保品牌与消费者的每一个接触点都能传达有效的信息;⑧直接接触消费者,持续记录,建立品牌档案,不断培养消费者的品牌忠诚度——品牌跟踪与诊断;⑨建立评估系统,跟踪品牌资产——品牌评估;⑩持续一致地投资品牌,不轻易改变。品牌管理的目的在于通过细分市场找到自己的独特性,建立自己的品牌优势,并获取利润。

要想品牌能够在市场上脱颖而出,企业必须更新观念,避免只重媒体宣传、促销等短期行为,而要重视品牌的延伸性管理。管理不力,不利于企业树立统一形象,易造成视觉差错。企业在注重培育自己品牌的同时,更应注意保护好自己辛苦创立的品牌。我国许多知名企业就曾因品牌保护不力,出现商标、品牌被人抢先注册。如云南"红塔山"商标在菲律宾被抢注,北京"同仁堂"在日本被抢注,"五粮液"在加拿大被抢注,"康佳"在美国被抢注,"科龙"在新加坡被抢注等。企业辛辛苦苦创立的知名品牌,因保护不力而被假冒、被人抢注、被人无偿使用给企业造成很大的经济损失。

品牌管理是建立、维护、巩固品牌的全过程,是一个有效监管其与消费者之间的关系的全方位管理过程,只有通过品牌管理,才能实现品牌远景,最终确立品牌的竞争优势。

## 一、品牌商标的保护

### (一)申请商标注册

品牌获得法律保护的前提是经过注册获得商标使用权,这就要求企业必须树立品牌并强化注册意识,企业应尽可能做到宽注册、广注册和多样化注册。我国商标注册申请时与之不可分割的商品按国际通用标准分类,即商品分为34个大类,服务分为8个大类。对一个商标而言,可能申请注册42个类别的商品,但需一品一申请。近年来,越来越多的企业意识到品牌或商标是参与国内外竞争的有力武器,故多采用一标多品的注册原则。

一标多品注册,被形象地称为占位注册。商标占位注册有利于防止甚至能够杜绝竞争对手使用与自己的商标相同的商标生产经营其他类别的商品(本企业商标未注册的商品类别),以免在市场上引起混淆,减损品牌或商标的市场利益。也就是说,如果品牌注册的范围过于狭窄,就会为其他企业抢位留下余地,进而可能影响自己品牌的整体利益,在此方面,闻名于世界的SONY品牌就曾吃过大亏。名称别致的"SONY",经过索尼人的努力获得了较好的市场知誉度,可就在"索尼"品牌在市场上打响以后,宜家食品公司未经索尼公司许可,将"索尼"使用在自己生产经营巧克力制品上,由此,市场上出现了"索尼巧克力"。虽然在耗费了大量的时间和经历以后,索尼公司制止了这种侵权行为,但却留下了很深刻的教训。

企业在对品牌进行注册时要坚持地域辐射原则,即品牌注册的区域要广泛,不能仅在某一个国家或地区注册,而应考虑在多个国家和地区注册,能获得该国和地区的法律保护。在这一点上,我国企业有很深刻的教训,如"蝴蝶"、"同仁堂"、"红塔山"、"竹叶青"等都因未能及时进行地域辐射注册,在开拓国际市场过程中,屡吃"闭门羹"。

品牌注册区域要广,实施商标地域辐射策略,既是品牌保护的手段,又是企业品牌、产品进入国际市场的有效措施,它为产品进入国际市场起到先导作用和法律保护作用。"娃哈哈"的国际注册比较成功。经济全球化发展的高涨,国内外市场的对接,"娃哈哈"品牌在国内市场运营的成功,使决策者开始将眼光瞄向国外市场。娃哈哈集团于1992年4月通过国家工商总局商标局向世界知识产权组织国际局提出"娃哈哈"商标的国际注册申请,并指定了法国、德国、意大利、波兰、俄罗斯5国申请领土延伸。1992年5月29日,国际局正式对娃哈哈集团商标申请进行受理,1993年8月获准"娃哈哈"商标在5国注册,保护期均为20年。与此同时,"娃哈哈"公司还分别向日本、韩国、美国等国家和地区逐一进行注册申请。"娃哈哈"商标的地域辐射为其产品进入国际市场打下了良好的基础。

## (二)维护商标的权益

商标权属知识产权范畴,是防御品牌病的重要手段,品牌所有者应学会充分利用法律来保护自己的权利,做好品牌策划工作。

### 1. 维护专有性

商标权的专有性,又称垄断性和独占性,它有两层意思:其一是商标只能为在一个国籍的商标所有人对其注册并享有专用的权利;其二是商标在异国范围内只有某一企业所有,而不能为多家企业所有。注册商标所有人一旦发现他人在相同或相似商品上擅自使用相同或相似商标,有权要求工商管理机关予以制止和制裁。

### 2. 注意实效性,及时续注

商标具有时效性。在有效期内,商标受法律保护;超过有效期限,商标将不受法律保护。各国的有效期限不同,我国的商标期限为10年。商标的有效期是可以续注的,如果必要的话,可以无限期地续注。由于多数国家商标法规定应在有效期满前6个月提出续注申请,因此企业应每半年清理一次自己在全球的商标注册记录,及时办理有效期到额续注手续。若有效期满后,没有重新注册,则视为自动放弃。

### 3. 维护商标群的广泛地域性

商标权具有严格的地域性,也就是说商标注册人在一国注册的商标,只有在该国领域内受到法律保护,在其他国家内则不发生效力。所以说,品牌不仅要在国内注册,而且要在国外注册,只有这样才能真正地维护自己的权益,否则一旦被抢注,也只能"为他人做嫁衣",望"牌"兴叹。

### (三)商标注册的基本程序

#### 1. 商标注册的申请

主要是申请人对申请注册的商标按商品分类表填报使用商标的商品类别和商品名称,同时对商标的文字、图案、语言等提出具体规定和描述。

在一份申请书上只能申请注册一件商标,而且还必须限定在一类商品之中,不能跨类申请。

我国从 1988 年 11 月 1 日起将商品分为 34 类,服务分为 8 类,一共 42 个大类。

在申请时应注意以下六个方面:

第一,进行查询。先到商标注册机构了解自己准备申请的商标是否与他人已经注册或正在申请的商标相似或相同。到国外申请注册的,要查询各国发行的商标公告,或到各国商标主管机关查询。

第二,按商品与服务分类提出申请,若申请注册商标的名称在分类表中查不到,可以根据类似商品进行原则上的划分。若分类表上没有类似的则申请人应将商品的主要原料和用途等填写清楚。

第三,提供商标图样 10 份及商标设计黑白稿 1 份。若申请人请求保护图样颜色,应提供加注指定颜色的着色图样 10 份。为了刊登商标公告制版之用,送交着色图样的商标注册申请人还应提供商标设计黑白墨稿 1 份。

第四,提交商标注册申请书。

第五,申请国家规定必须使用注册商标的商品,申请人还应提供相关的证明文件。

第六,若委托代理机构申请必须签订委托书,明确规定代理内容及权限。涉外代理也按规定办理有关手续。格式为商标局统一制定。

#### 2. 商标注册的审查

商标的注册审查主要是指商标主管机关对商标注册申请是否合乎商标法的规定而进行审查,以及给予初步审查或驳回申请等一系列的活动。

审查分为形式审查和内容审查两部分。

形式审查是对申请人资格、申请人地址、申请人名义、章戳、营业执照、书写格式是否规范、分类是否准确、商标格式是否符合要求、证件是否完备、商标注册申请各项费用是否缴纳等方面的审查。

内容审查是对商标文字、图案、语言等方面的审查,即其内容是否是国家禁止使用的或是别人获准注册在先的。我国使用注册在先的原则,只有获准注册的商标才受到国家法律保护。而且在注册过程中,同样一件商标谁提出申请在先的商标优先予以考虑,后提出申请的则不予考虑。

如果审查通过则可获得受理注册申请。

### (四)商标设计误区

#### 1. 谨防商标设计缺陷

商标设计缺陷,是指商标名称。图案、色彩的设计与进口国发生抵触,或设计不醒目、缺乏个性等。

不同国家有不同的禁忌,商品品牌商标设计必须注意以下禁忌:

(1)以动物命名的商标禁忌。如我国用熊猫作为商标的甚多,但伊斯兰教国家忌熊猫图案。除此之外,比利时人忌猫,非洲部分国家忌狗,若以各国禁忌的动物命名商标进入该国,则销售必定受阻,影响品牌声誉。

(2)颜色禁忌。各国对颜色禁忌内容复杂,因此商品品牌设计必须认真策划,区别对待。例如,假如问可口可乐是什么颜色的包装,相信你一定会说当然是红色的了,还会是什么颜色? 其实,可口可乐在大部分国家销售时包装是红色的,但在海湾等伊斯兰教国家的包装却是绿色的,这是因为伊斯兰教禁忌红色。为了在伊斯兰教国家站稳脚跟,可口可乐公司经过精心的品牌设计与品牌策划把它变成了绿色。

(3)以花卉命名的商标禁忌。如日本忌荷花,意大利人忌菊花,法国人忌桃花。

(4)语言文字等文化禁忌。如西方人禁用"13"数字,认为"13"是不祥的预兆。我国生产的"大象"牌电池,在国内颇受欢迎,但销往欧洲却大受冷落,原因在于欧洲认为大象是愚蠢的动物,这是文化禁忌。我国天津生产的一种拖鞋在国际市场大受欢迎,但在销往伊斯兰教国家却全被扣压,就在于它底部图案与伊斯兰教信仰的图案相似。

### 2. 防止商标被合作的国外企业封杀

这里的封杀特指合资企业的国内品牌商标被外商封杀。曾红极一时的"天府可乐"与外商合资后,被打入冷宫;几年前知名度颇高的"美加净"与外商合资后亦被冷落,直到上海日化花重金将其赎回。

商标是价值的代名词,是国际市场促销的催化剂,必须防御和免疫品牌策划中的商标设计病。只有如此,才能策划出真正的品牌。

## 二、品牌质量管理

### (一)品牌管理要素

成功的品牌管理有以下几个方面的因素:

#### 1. 建设品牌管理的业务团队

品牌管理与保护必须基于公司高层管理者的高度重视。最高管理者(首席执行官或总裁)应该是当然的品牌领袖,是品牌的主要倡导者。如雀巢公司,其营养部的副总裁就是 Carnation 的品牌领袖,速溶咖啡部的副总裁就是 Nescafe 的品牌领袖。建立强有力的品牌管理团队,一方面有助于企业快速扫清组织上的障碍。许多高科技公司,因为其高层管理者为技术人员出身,缺乏品牌管理和从事营销工作的背景,因此多采取聘请有营销经验的专家作为品牌管理经理,有些企业基于品牌管理经理往往无法对有很大的经营自主权的分公司经理发号施令(而被挤在决策层外,致使品牌管理踏空)。某品牌管理专家强调指出:"品牌管理团队事关品牌与企业成败。"这一方面的案例颇多。如 1985 年 4 月 23 日,可口可乐为阻止消费者纷纷投向竞争对手百事可乐的势头,将自己传统的碳酸饮水进行革新,推出一款新的、更甜一些的配方。这一举措引发了营销中最强烈的消费者不满事件,仅 77 天,可口可乐品牌价值下跌 30%,这次品牌雪崩对公司造成了重大的伤害。管理专家指出:"造成这场灾难的原因之一,公司内缺乏一支强有力的品牌管理团队,使危机加深。"

#### 2. 确立品牌管理团队

知名品牌是经过长期的市场竞争,以始终如一的品质标准、完善的售后服务被消费者认可的品牌,而不是政府或行政主管部门评选出来的。知名品牌无终身,消费者的需求永远是喜新厌旧的,企业只有不断创新,从品质、功能、外观、款式、包装、服务等方面不断地充实品牌的内涵,企业才能不断地发展,品牌才能长青不坠。否则即使有了知名品牌,也仅能昙花一现。

3. 设定品牌管理目标

一般而言,品牌管理的目标有三:品牌的增值(品牌创利能力);品牌延伸与潜力挖掘(扩大品牌的获利范围);延长品牌作用时间(防止品牌随主导产品的过时而失去依托,造成品牌价值的流失和浪费)。

4. 时时检验品牌

品牌管理目标在于时时收集与品牌相关的信息,并借此了解产品及其消费者的关系,掌握消费者到底是如何认识企业品牌的。

总之,品牌管理是基于建立、增进、维护与增强品牌的艺术、手段,使企业行为更忠于品牌核心价值与精神,从而实现品牌长青不坠。

### (二)维持高品质形象的途径

产品质量是品牌的生命。一个品牌即使知名度再高,但它的产品质量出了问题,也会大大降低品牌形象,使品牌受损,严重者将导致品牌消亡。例如,曾经在北京风靡一时的"丽都"啤酒。

品牌经营者维持高质量的品牌形象可以通过以下途径实现:

1. 评估目前产品质量

目前生产的品牌产品中,是否严格按照企业的生产质量管理体系进行?与 ISO9000 国际质量论证体系是否还有差距?目前产品品牌是否被顾客认为是质量高的品牌?这些问题品牌经营者应该从内部质量管理体系抓起,同时调查顾客目前对该品牌产品的质量是否满意,了解消费者的意见和问题。

2. 多角度建立独特的高质量形象

知名品牌,主要是由"质量可靠"、"品位高雅"等内在因素支撑的,但品牌也要善于"吹",即让顾客了解品牌的优异性能。品牌经营者通过做广告,把自己品牌的优势"吹"出来,让消费者了解。

3. 产品设计直面消费者

海尔集团针对不同地区、不同家庭推出了"小小神童"洗衣机和在部分地区才用得着的可以洗番薯的洗衣机,正是由于海尔人从顾客的实际需求出发,才使它每推出一种新产品都颇受欢迎消费者的欢迎。

4. 把握并满足消费者需求

据有关资料记载,我国台湾地区曾向美国市场投放了两万多把"短命伞"。结果,这些伞刚一上市,便被抢购一空。原来美国人外出时,大部分时间是呆在轿车里的,只有在交通堵塞的情况下才需要步行,所以使用雨伞的时间较少。

5. 产品方便适用

如今人们在生活、工作中都倾向于追求个人方便和轻便。商务通电脑是恒基伟业推出的新型全能手掌型掌上电脑,自上市以来颇受白领阶层欢迎,其奥秘就在于商务通电脑轻便灵活,便于顾客随时使用,难怪该公司会打出"商务通,科技让你更轻松"的广告语来招徕顾客。

## 三、防范延伸陷阱

艾·里斯曾经忠告过品牌延伸者说,品牌是橡皮筋,你越延伸,它就会变得越疲弱。如果品牌延伸时不重视把握扩展"度",那么就有可能在短期获利之后产生负面影响。

阿迪达斯是世界著名的体育用品品牌,但它也曾经陷入过品牌扩展、延伸的陷阱之中。阿迪达斯源于德国鲁道夫兄弟创办的制鞋厂。1949 年,两兄弟分道扬镳,各自独立开办运动鞋制造公司。安道夫创办了阿迪达斯公司。在极富创新意识的安道夫的指挥下,阿迪达斯公司青云直上,阿迪达斯品牌越来越响,倍受世界各国运动员,特别是体育明星的青睐。1952 年,阿迪达斯首次出现在赫尔辛基奥运会;1954 年,原西德足球队荣登世界冠军宝座,正是得益于阿迪达斯专门生产的运动鞋,使得队员们在泥泞的草地上有出色的表现。借此良机,公司大力扩展市场,在全世界各地大批建立分公司,市场覆盖率很快达到 80%,产品销售到世界各个角落。正当阿迪达斯为扩大市场铺摊子、增加产品线的时候,另一个强有力的竞争对手正在成长壮大。

耐克公司由美国中长跑运动员费尔·耐克和他的教练比尔·波特曼于 1972 年合办。所生产的鞋取名为"耐克"(NIKE),源于希腊神话中的"胜利之神"。波特曼对传统运动鞋作了改进,更符合锻炼目的和生理要求,加之奥运会百米短跑之王卡尔·刘易斯及 NBA 篮球巨星迈克尔·乔丹等体坛巨星为其做广告宣传,使耐克深受消费者欢迎。公司销售额由 1972 年创办时的 200 万美元,上升到 1976 年的 1400 万美元。以后一年一个台阶,至 1982 年已经达到 6.9 亿美元。用了短短 10 年时间,在 20 世纪 80 年代初,耐克就成为美国运动鞋市场上的新霸主,取代了原来的阿迪达斯。

阿迪达斯在市场上受挫,直接原因是耐克的强有力的直面冲击,而更深层次的原因则是阿迪达斯品牌扩展的速度过快、过宽,创新力相对降低。不难想象,制鞋业的进入门坎较低,这就决定了制鞋业的竞争强度比其他行业大。如果力所不及,勉为其难,常常是疲于奔命,顾此失彼,久而久之,弱点必然会在竞争对手面前暴露无疑,也给竞争对手留下了机会。品牌扩展的宽度必须量力而行。

## 四、谨防品牌假冒

假冒品牌是全球品牌拥有者、生产者、经营者共同面临的难题。由于知名品牌有较大的诱惑力,因此假冒总是与品牌同步发展,哪里有名牌,哪里就有假冒,假冒被视为人类仅次于毒品的"第二大公害",已引起国际社会的广泛关注。各国政府对假冒问题都十分重视。中国的假冒现象更是令人担心,这不仅因为假冒产品影响我国企业的发展和社会经济秩序的稳定,以及消费者的合法权益,还因为假冒现象在中国日趋猖獗。

例如,"太阳"牌锅巴曾一度成为中国小食品知名度极高的名牌。"太阳"牌锅巴香甜、清脆、风味独特,叫人食而不腻,爱不释手。加之得力的广告宣传,一时间家喻户晓,"太阳"牌锅巴成了大人小孩零食的主流。到 1990 年,"太阳"牌锅巴实现利税 3000 万元,产值 1.85 亿元。然而,正当厂家踌躇满志,准备将"太阳"牌锅巴打入全国和各地大大小小市场的时候,大批假冒"太阳"商标的锅巴涌入各地市场。这些假冒货咬不动、嚼不烂,败坏了"太阳"牌锅巴的名声。

这只不过是我国假冒产品的一例而已,据国家工商局调查,全国几乎所有的名牌产品都有冒牌货,从"中华"、"红塔山"香烟,到"茅台"、"五粮液"酒,再到"龙井"、"铁观音"茶叶等,仿冒品无所不及。

针对假冒品牌这一事实,企业除了树立正确的品牌保护意识,做好前面提及的品牌设计、品牌注册和品牌宣传过程中的品牌保护的各种防范工作以外,还要积极主动地投身到打假行动中去,绝不能等闲视之。一方面,企业要教育消费者识假,与消费者结成保护联盟。尽管消费者不可能成为鉴别商品真伪的专家,但普及最常用的识别是必要的,企业应注重与消费者沟通,鼓励广大消费者揭露假冒。企业不应因担心会影响自己的声誉而一味放任,因为最终受害的是被假冒的品牌、企业以及消费者。另一方面,企业要密切配合工商行政管理机关和公检法部门做好打假工作,保护自己的合法权益。

更直接而有效的是,品牌经营者们面对假货横流,大有泛滥之势的情况,只有自己动手,加强品牌受外界侵蚀的预防,积极行动起来,捍卫自身的品牌,才是根本之路。预防假冒品牌主要有以下方法:

(1)利用专业防伪技术。有些品牌的商标和包装的技术含量比较低,使制假者易仿冒,这是有些品牌的假冒伪劣品屡禁不止的一个重要原因。采用高技术含量的防伪技术是有效保护品牌的重要手段,运用多种高科技尖端技术,使一般人难以仿制。如娃哈哈纯净水就采用了电子印码、激光防伪、图案暗纹等多种防伪技术,防伪效果比较显著。

(2)让消费者掌握商品知识,了解正宗品牌的产品。品牌经营者应该利用各种媒体、广告和公关关系手段,向消费者说明该品牌的特色、商标、包装以及如何识别等知识,让消费者能够正确识别商品,使假冒伪劣品无处藏身。

(3)与消费者结成联盟,协助有关部门打假,以便组成强大的社会监督和防御体系。

不过,这些措施的任何一个都只是一时之策,只有三者有机结合,深入全面地同步进行,才是上上之策。

## 案例介绍

### "小天鹅"的末日管理

江苏无锡小天鹅股份有限公司时刻保持品牌危机感,推行"末日管理"进行品牌提升,走名牌效益发展之路。公司认为,市场经济的核心就是竞争,市场有竞争但无"末日",而企业有"末日",他们把这个观念从上到下灌输,末日意识唤起了"小天鹅"的清醒,曾在职工人数没有增加的情况下,销售收入增加了55倍,效益增加366倍,国内市场占有率达40%,拥有全自动洗衣机的"半壁江山",而企业负债率仅为19%。

"末日管理"是指企业经营者和所有员工面对着市场和竞争,都要充满危机感,都要理解企业有末日、产品有末日,既不能把宏观的不景气作为自己搞不好的理由,也不要陶醉在一度的"卓越"里。其实,市场是有限的,又是无限的,一个时期"小天鹅"的一种产品的市场是有限的,但一个企业的市场有时可以是无限开拓的。该公司认为"小天鹅"今天的成功并不意味着明天的成功,企业最好的时候往往是最不好的开始。"末日"往往就是这样开始的。

"小天鹅"的"末日管理"新理念及其运作方式具体内容就是:已建立全球性"横向比较"的信息系统为手段,以全员化、立体化、规范化的营销管理体系为支柱,以强有力的开发机制为保证,从追求卓越到追求完美,"小天鹅"人的危机意识已经成为全体员工的共同意识,理念支配行动,使企业的生产经营活动始于市场,终于市场。

当然,与"小天鹅"相反,也有一些企业由于缺乏危机意识,使企业从一度鼎盛之中逐渐衰退。例如:史玉柱的巨人集团从1989年的4000元起家,到1996年已拥有5亿资产;胡志标及其合伙人筹资80万元于1995年8月成立爱多电器公司,至1997年底,其销售额已达10亿元以上……成长之快,令人咋舌。但是,它们的失败也是火箭速度,"败也匆匆"。为了预防危机发生,企业的决策者及全体员工都必须拥有正确的危机意识。危机意识也是财富,是一笔巨大的无形资产。

## 五、严守品牌机密

美国作家彼得·施韦特曾经说过:"信息的技术是当今经济竞争和全球市场发展的关键,谁能掌握它,谁就会在竞争中取胜。"从这一点上来看,情报信息比资产、物产更为重要,而名牌产品更成为商业间谍们猎取的重要目标,所以品牌经营者必须要树立市场信息意识,保护自己的品牌秘密,防止失窃。

### (一)强化保密意识

当今世界,信息情报手段超强,信息保密比较困难,稍不注意,就会使信息泄密,因此必须强化保密意识。

20世纪60年代,日本人根据《中国画报》封面上刊登的王进喜身穿棉袄的工作照片,判断是在东北北部;由《人民日报》的一篇报道分析出马家窑是大庆油田的中心;由王进喜出席人民代表大会,分析出油田出油了;根据《人民日报》上一幅钻塔的照片,估算出油井直径,进而又推算出油田的年产量。正是由于我方的保密意识差,从而使日本密取了情报,以高价向我国出售了适合油田使用的大量钻井设备。

最重要的是,这些情报都是以正当的手段获取的,这反映了当时我国保密意识差的状况。当然,我国的有些企业的品牌保密意识也是很强的,并且保密意识已经成了我国企业日益关注的一个课题。

河北旭日升集团原是一家乡镇小企业,由于其生产的旭日升冰茶系列独辟蹊径,而一举成为中国知名饮料。该公司的保密可谓完美无缺,天衣无缝。它没有申请专利,而是采取所有员工只了解部分工序,配方锁在公司保险库内,钥匙有两人分管等措施,使该品牌秘方得以保存,成为茶饮料企业的明星。

### (二)谢绝技术参观和考察,谨防技术间谍

调查显示,当今世界上,新技术新发明领域中,平均有40％的内容是通过正当和不正当的情报手段获得的。而许多间谍正是要通过技术性参观考察而获取情报,所以,品牌经营者有必要谢绝技术性参观和考察。

### (三)谨防家贼

品牌失密常常是自家人所为,因此必须严格限制接触品牌秘密的人员范围。企业内个别的技术人员,甘当奸细,私下谋取不义之财。某塑料机械厂技术员顾某,将本厂研制的多种注塑机图纸分别送给三家企业,谋利1万余元,使该厂遭受经济损失达几十万元。

### (四)加强防范措施

可以订立技术秘密的专门管理案例,对泄密责任进行明确规定,对泄密责任者依情节轻重予以处罚,并可向公安机关举报盗窃机密者。

## 第三节　网络时代品牌

### 一、数字化品牌的出现

信息时代的来临,网络的普及,从深层次上改变了人类社会。作为一种新的信息渠道,互联网引起了各方人士的广泛关注。作为一种新型媒体,互联网更是受到企业的关注。

1997年,美国学者迈克尔·戈德海伯提出"注意力经济"的概念。它是指如何配置企业现有的资源,以最小的成本去吸引客户的注意力,培养其潜在的消费群体,获得最大的未来无形资本,即经营消费者的注意。注意力是企业在网络虚拟经济中把潜在购买力变现的前提和关键。戈德海伯指出"注意力经济"其实质就是虚拟经济的硬通货。信息社会的来临,使大量信息充斥于各种媒体中,信息本身成为一种充盈的资源而存在。这时稀缺的是人们的注意力,即客户对企业及

其产品的注意程度。诺贝尔经济学奖获得者赫伯特·西蒙曾说:"随着信息的发展,有价值的不是信息,而是你的注意力。"随着网民和上网企业的增多,互联网门户网站也将注意力经济作为互联网的突破口。

对互联网经济,尤其是网络时代的品牌营销的研究表明,一个互动品牌网站创建的成功与否,取决于以下六个关键性的成功因素:

1. 创建品牌,而非简介手册

品牌行为主要是指包含交谈、听取、认知和反馈的一个在线环境。如果一个品牌仅仅努力去"交谈",或是表现欠佳的"交谈"和"听取",而忘了表明自己对消费者的呼声已经"认知",并没能及时作出"反应",那么该品牌就走上了自我消亡的道路。而这个提供简介手册的品牌是导致失败的关键因素之一。

2. 良性沟通,亲密接触

网络时代,没有别的媒体能比互联网显示出与消费者亲密对话的强大能力。从理论上讲,在互联网上与 10 名或 1000 名消费者进行沟通的花费是一样的。未来网络的最大财富并非宽带,而是该网络搜集的用户资料。

3. 紧密联系,互相作用

紧密的相互联系有利于产生良性的相互作用。数年来,世界级的广告创意人,总是通过电视、广播或是户外广告同他们的观众加强联系。只有通过互动,才能确保对消费者的量身定制和相应的对话,并在消费者的脑海中形成品牌的"个性色彩"。

4. 预测并测量结果

虽然衡量一个互动品牌网站的质量是困难的,但重要的是,在创建网站前建立一个目标。创办这个网点的目的是什么? 能否估量这个目的? 这些问题也许难以回答,但这是保证网站获得成功的关键。

5. 为消费者创造新的价值

如果消费者对品牌拥有高度的期望值,那么对该品牌网站他们会希望更高。网站必须给用户,尤其是品牌忠诚者提供一系列新的价值——帮助用户省钱、挣钱,或从中获得娱乐和教育。

6. 监控、评估和学习

要监控品牌网站的价值是非常困难的,这也是为什么不断地监控它们,评估其结果和执行的变化日益显得十分迫切的原因所在。得到有关品牌网站运行的数据是相当昂贵的。几乎没有任何机构或组织能提供此项服务。

互动的品牌网站有利于企业品牌的有效传播,能够使消费者更加忠实于企业。所以,策划好互动品牌用品网站是极为重要的,也是很有效的。

## 案例介绍

### 倩碧成功进入互联网

雅诗兰黛公司的一个化妆品品牌——倩碧,成功地进入了互联网世界。倩碧的网上运行模式充分地考虑了自己的品牌价值。公司认识到自己品牌的独一无二的吸引力在于店铺销售表现与一贯的护肤形象的完美结合。

在倩碧的商店里或专柜前,有身着专业的美容顾问,他们表现和外形都像美容专家一样,会针对不同消费者的皮肤提出不同的使用建议。这些都是构成倩碧品牌性格的重要因素。另外,倩碧和全国或地方的商场有着复杂的销售关系。以上因素决定了倩碧如果贸然进军网上销售市场将会很危险。事实上倩碧并没有通过网络进行化妆品销售。因为消费者在网上无法体验到倩碧真实的品牌特性。而这个特性却是公司从1969年成立以来苦心经营的结果,他们不能轻易改变或者放弃。最终倩碧选择在网上注册活动——那些想要得到倩碧产品礼品装的消费者,通过网上注册就可以达到目的。

上网注册为倩碧带来了许多潜在客户,借此,倩碧在销售上迈进了一大步。倩碧将自己的网上礼物派送系统和他们的消费者资料库相连,这个资料库是倩碧和零售商 Macy's West 合作建立的。这有利于倩碧对顾客资料的管理和对顾客的回馈。

成功进入网络之后,倩碧的销售业绩取得了大幅增长,在圣诞节期间的销售期,原定5周完成的销售目标提前完成,同时通过网上订购的销售额反而比传统销售方式的订量还更高。通过运用科技手段,倩碧成功地在商品零售过程中,建立三个关键因素的联系——品牌成功地建立起和注册、礼品派送和销售渠道之间的个性化关系。这三个因素没有一个被忽略。

从倩碧的成功我们可以看到,网络作为注意力的经济活动的平台有三大特点,即时空压缩、双向互动和虚拟空间。任何一个网络用户在当地拥有一台电脑与终端联网后,地理因素的作用对其活动的限制便大为缩小,时空被压缩了。网络上的消费者和生产者之间不存在主动和被动的关系,他们是双向互动的。在网络上,政府、企业、消费者及非赢利机构都在建立自己的站点,这加总在一起形成了虚拟空间。

以网络为平台的信息空间,造就了雅虎、亚马逊等新一代的网络品牌。因为,在信息充盈的时代,只有高知名度的品牌才能引起消费者的注意,成为关注的焦点,也才能牢牢抓住消费者的眼球。各网络企业为抓住消费者的注意力展开了激烈的竞争。中国的新浪、搜狐、网易等通过不同的途径提高点击率,注意力成为网络企业致胜的关键因素。网络品牌也就在消费者的注意中形成了。

另一方面,网络作为一个有效的传播工具,可以更有效地帮助企业的品牌塑造和发展。借助互联网,一个品牌可以更快地为更多人所熟知。

## 案例介绍

### 雅虎品牌的建立

作为一个帮助使用者畅游互联网的基本工具,雅虎在自己的品牌策略上尽情地标榜畅游互联网是有趣且非常容易的经历。在自己的电视广告上,雅虎比较了没有雅虎的生活和有了雅虎搜索引擎之后生活的不同之处。

雅虎的广告非常有趣、超凡脱俗。但是又很积极向上,显示雅虎希望做到所有的事情。在它的广告画面上没有任何技术数据,甚至都没有明确地告诉受众它是一家科技公司。但是雅虎的广告却时刻显露着一种主题——雅虎是与众不同的。

另一个强化雅虎品牌的方法是建立与出版商 Ziff Davis 的合作关系,他们共同出版了一本名为《雅虎网上的生活》的杂志。作为网上参考,这种形式就像福特汽车和通用汽车联合出版《道路》(Road&Track)杂志一样。雅虎的品牌深深地介入到人们的网上生活中,成了极受欢迎的网络品牌。另外"我自己的网上雅虎"等推广活动将消费者带入了一对一为基础的服务之中,因此雅虎和消费者建立了一种长久的关系,这种关系可以帮助他们清楚地追踪和了解每个人的喜好。雅虎的企业理念是"让每个使用者感到满意",这个出发点要比让消费者了解技术原理更高明。

互联网已成为继电视、报纸杂志和广播等传统媒体之后的第四大媒体，并且大有后来居上的势头。在事实上，网络已经成了人们获取信息最常用的途径。在互联时代品牌的建立必须考虑网络对品牌建设的作用和影响，离开互联网来考虑品牌的建立是不完善的，当然，网络也并不意味现代品牌构建的全部。

从雅虎品牌建立中可以看出：在互联网上的成功并不仅靠单一品牌的力量，还需要网站的质量和营销预算的合力支持。

要想成功地塑造一个网络品牌，或是在互联网络上塑造一个品牌，需要遵守以下四条基本规则，在其范围内只有遵从之，才能确保一个品牌网络的成功。

①经营网络企业。互联网品牌和其他企业实际上是类似的。不幸的是，太多的人没有在这方面去考虑他们的网站。这通常是导致缺乏战略、一个差劲的营销计划和被遗忘的配给策略的产生。建设一个网站像建设一个传统意义上的企业，如果能够有业务计划地开发，并致力于自己所拥有的事业，有些问题是可以避免的。

②突出品牌焦点。一个清晰的品牌焦点是如何帮助企业在互联网上生存，并不是在网上开拓业务领域的关键。在一个特殊的领域中成为专家更能够赢得消费者的信任。主张一个品牌在一些领域都有专家存在是一个艰难的任务。迄今为止，没有几个品牌用一种专业的手段，证明了它们拥有足够的实力。

③清晰定位。网上信息越清晰，获得市场份额的机会就越大。在顶级电子商务网络中，任何一家都拥有一个非常清晰的市场和品牌定位。www.travelocity.com宣称，我们的目的地和飞机场一样多。www.towerrecords.com则宣布，总有1000种最好的商品在销售。这些口号简洁易记，并且肯定不会和互联网上竞争对手的口号重叠。定位清晰，是成功的基本要素之一。

④赢得消费者认同的产品信息。消费者在线购物时一般只考虑三个标准——品名、价格和产品信息。这就是为什么信息深度对一个电子商务网站如此重要的原因。网站提供某一品牌的信息越多，消费者就越离不开该网站，因为消费者为了得到答案会对某一专门问题寻求不已。今天，当我们浏览一个摄像机的网站，不但可能获知有关摄像机的一切细节，还能看到关于摄像机如何在水下工作、如何清洁、三年后摄像机预期的价值以及该摄像机与市场上其他种类摄像机的比较等。

经过这四方面的策划，基本上就可以比较清晰地塑造并传播一个好的品牌了。

这方面除雅虎外还有不少成功案例。比如，在美国成功上市而名声大噪的软件目标网站"软件屋"，提出来在注意力经济向品牌忠诚度经营的转化过程中存在的一条由服务构筑的加速法则。它引起了众多的品牌网站管理者的关注。当网站的内容和服务的积累上升到更高的量级时，点击率、用户注册数会相应加速提高，更多的注意力会由于内容和服务的提高而转化为忠诚度；由于注意力和忠诚度的提高，又会促进内容和服务的加速发展，从而产生反馈循环效应，最终带动整个网站的加速发展——这就是互联网公司发展的加速法则。这一法则表明，对于一个商业网站而言，注意力固然重要，但用户想得到的是真实的服务效果。如果没有好的服务，注意力则成为双刃剑，用户非但不会有品牌忠诚，反而会对品牌形成不良印象。

## 二、网络品牌的保护

以信息技术的发展为主的新的经济发展推动着世界经济的飞速进步，伴随互联网的发展，人们需要一种在网络上进行识别沟通的代码或符号。

域名是互联网上的客户名称或身份识别标志,是申请使用的商业组织或其他机构在国际互联网上的名称,由域名注册管理机构授予申请人使用。域名就像现实社会中自然人和法人的姓名、名称一样,成为网络虚拟社会中人们唯一可识别的标志。随着互联网在人类社会经济中的重要地位不断加强,域名就成为商业社会关注的焦点。由于域名本身是由不同字符所构成的,有限的字符组合成为人们争夺的对象,域名注册于商标保护就成为互联网时代企业所必须关注的重点。

与域名相对的是互联网地址(Internet Address)。互联网地址是单独的或群体的计算机标识符,它由四个表示不同等级的数字从左到右构成,如"88.77.1.22"。然而这些数字的记忆对于计算机用户来讲就显得并不简单。

为了方便上网用户操作,一种更简单的域名资料识别就出现了,域名由不同字母组成,如www.sohu.com.cn。域名注册分为两类:一类是国际顶级域名注册,即域名本身并不体现国家地域性,主要有四种顶级域名:com(公司)、org(事业单位)、net(网络)、edu(教育机构);一类是体现地域性的域名注册,如 www.sohu.com.cn 中 cn 代表在中国注册的域名。

为适应我国互联网的发展,从 2000 年开始推出中文域名注册。如联想网站 www.legend.com.cn,现在中文域名注册成了"www.联想.com.cn",极大地方便了国人使用。

域名在今天也已经变成了企业品牌的一部分,而因域名注册而产生的品牌纠纷也有不少。

## 案例介绍

### 两个典型的域名案例

(1)中国首例域名纠纷案是广东科龙(容声)集团有限公司诉吴永安(永安制衣厂负责人,个体工商户)一案,原告发现代表其商标的域名 Kelon.com.cn 已被吴永安在中国互联网信息中心注册,遂要求被告停止使用,遭到拒绝后,原告诉至北京市海淀区人民法院,称被告的域名抢注行为违反了不正当竞争法。最后法院裁定,该制衣厂注册域名的行为属非法行为。

(2)中国首例涉外域名纠纷案是荷兰英特艾基公司在 1947 年就注册的商标,现已在美国、法国、日本、中国香港等 90 多个国家和地区的多种商品和服务项目上进行了注册,已有 60 年的历史了,并于 1983 年在中国登记注册了"IKEA"商标及图形组合和中文商标"宜家"。英特艾基公司在全球的 29 个国家和地区开设有 155 家经营家具和家居用品的大型连锁专卖店。1998 年英特艾基先后在上海、北京等开设"IKEA"(宜家)专卖店,并投入上千万元的宣传推广费用,使该品牌在中国具有相应的品牌知名度。当英特艾基公司准备在中国互联网上注册"IKEA"域名时,却发现北京某信息公司已抢注了域名"ikea.com.cn"。北京该公司在注册 IKEA 域名后,长期空置未加以使用,IKEA 属驰名商标,根据《巴黎公约》的原则和《中国互联网域名注册暂行管理办法》,裁决该公司注册"ikea.com.cn"域名无效,立即停止使用并与判决生效十日内撤销该域名。

在新经济条件下,网络发展迅速,它在为企业带来品牌发展无限商机的同时,也带来了品牌保护的法律问题。商标保护的地区性与司法界限无法面对全球的亿万因特网用户。因特网用户只根据因特网的注册名字,即域名来进行注册或识别。目前,因特网用户可以进行任何域名的注册,只要域名不重复即可,无需考虑这个名字是否是已被使用的商标名称。因特网域名的确认只核对其唯一性,不考虑其是否有权使用。例如,Harrod.com 域名的用户提出起诉,认为它使用 Harrod 的著名品牌而获利。法院认为现有法律同样适用于因特网,因此,裁定该域名用户把域名转让给 Harrod。

由于域名已经具有了企业品牌的特性,因此,对域名的注册和保护也同样是企业品牌战略的重要内容。

## 三、网络品牌管理的模式

通过对国内国际成功品牌运作方式的总结,可以找到以下几种成功的网络品牌管理的模式:

### (一)便利与优惠价格

使用网络进行销售对企业最直接的效益来源于它的直复营销功能,即简化销售渠道、降低销售成本、减少管理费用。本模型适用于将网络当做营销工具的企业或品牌。

### (二)参与和购买

报纸和杂志出版商经常通过他们的网页来促进消费者的参与。他们的网页使消费者能根据自己的兴趣形成一些有共同话题的"网络社区"(Network Commurnities),同时也提出了比传统的"给编辑的信"参与程度高得多的读编交流机会。结果可以有效地提高了订户的忠诚度。同样,电影、电视片的制作商也可用此模型提高产品的流行程度。他们可以通过建立品牌网站制作别具一格的网页向观众提供流行片的一些所谓"内幕"。这些信息对影迷们是很有吸引力的。因为这样能使他们获得一种内行的鉴赏家的感觉。这种感觉进而会驱使他们反复地观看某部流行片,评头论足,乐此不疲。

### (三)增强品牌与顾客忠诚

将品牌作为管理中心的企业可通过网页的设计来增强整个企业的品牌形象。耐克等著名品牌便是代表,它们都采用网络作为增强品牌形象的工具,其效果不言自明。

### (四)用于商务与数据库管理

网络是建立强大、精确的营销数据的理想工具。因为网络具有即时、互动的特性,所以可以对营销数据库实现动态的修改和添加。拥有一个即时追踪市场状况的数据库,是企业管理层作出动态的理性的决策的基础。

### (五)面向消费者新近消费者

网络双向互动、信息量大、可选择阅读、成本低、联系方便等特点决定了它是一种优越于其他媒体的消费者服务工具。因此,通过网络品牌营销可以达到更好地服务于消费者的目的,从而增强与消费者的关系,建立高消费者忠诚度。满意而忠诚的消费者总是乐于优先购买企业的品牌产品——这样自然而然提高了销售量。

### (六)客户服务与刺激消费

企业可以通过网络向消费者持续地提供有用的资讯,包括新产品信息、产品的新用途等,并可根据情况适时地变化,保证品牌网站的新鲜感和吸引力。这些有用的新的信息能刺激消费者的消费欲望,从而增加销售量。

>> 下 篇

# 品牌维护篇

# 第六章 | 品牌维护概述

## 学习要点

1. 了解品牌与广告具有魅力的重要性
2. 掌握调研的方法
3. 掌握调查报告的撰写技巧

## 第一节 名牌与广告的魅力

任何产品生产出来后都不可能不经推广就成为市场品牌,而市场品牌推广最有效的方式就是广告,因此本书主要以产品的广告宣传推广策划为主。

市场竞争加剧,产品日趋同质化的时代,紧紧依靠优良的质量并不能保证产品的畅销,必须通过广告建立的品牌形象,才能使产品形象持久恒效地深入人心。名牌不是从天下掉下来的,名牌是企业人为创造出来的,尤其是用广告创造出来的。

广告是企业和消费者之间沟通的桥梁。"拍卖柏林墙"就是这方面的代表,分隔东西德的柏林墙被推倒的时候,原来的柏林墙变成了一大堆"垃圾"。如果让清洁公司来清理,需要花费上千万马克,有一个德国商人突发奇想包下了所有的废墟,把柏林墙的断壁残垣零敲打碎,用透明的有机玻璃塑封包装,做成镇纸、钥匙扣、徽章更各种各样的旅游纪念品,然后大做广告,广告语是"把柏林墙搬回家",从而使生意做得红红火火。

### 一、品牌打造:产品不同,市场各异

广告能让柏林墙的废墟变成金子,广告能让一个人在大选中获取更多的选票,广告能让普通平凡的物品变成名牌。对于企业发展来说,做品牌就得进行产品推广,产品推广也就是给产品打广告。对于产品的推广来说,首先必须进行市场调研。

广告活动的主要目的是使企业扩大市场,提高企业及其产品品牌的知名度,从而获得更多的经济效益。因此,选择哪个目标市场,在什么时候、以什么方式进入市场,怎么占领和巩固市场,用什么产品、以什么价格、使用什么促销手段如此等,这些都成了市场调查所必须考虑的问题。

产品(包括服务)在从"生产者"转移到"消费者"的过程中,是一个"市场的营销活动"。在营销活动中,广告就企业面临的有关行销问题,由广告主自身或委托广告公司、调查公司等单位,系统地、客观地、广泛地且持续地搜集有关市场及市场环境等情况的资料,加以记录、分析、衡量与评估,提供结论与建议,以供企业经营者或广告公司在开展广告运动时作为决策的主要依据。所以,所谓广告的市场调查,实际上就是对广告市场的营销调查。

广告策划以人为运动的开端和核心,这一阶段是后面的决策过程的基础。因此,在进行市场调查与分析时应该准确把握要点,使用正确的方法。

广告策划的市场调查分析涉及市场营销环境分析、消费者分析、产品分析、竞争对手分析等不同方面,每个方面都有各自的侧重点,但是它们之间也有以下几个方面的共同之处:

### (一)把握发展脉络

任何现状都有其过程,把握它们从何处而来,可以对它们向什么方向发展有比较准确的预测,也可以为它们的现状找到依据。因此,无论是进行营销环境分析、消费者分析、产品分析还是竞争对手分析都要从它们的背景开始。但是这种背景分析只是后续分析的前提,而不算是分析的重点。

### (二)描述与分析现状

现状的描述与分析是市场调查与分析的核心内容,因为企业和产品就是处于这种现状之中,现存的各种因素都对它们的现存问题和市场前景起着重要的作用。因此,无论进行关于市场的哪些方面的分析,都应该以现状为重点。

### (三)把握未来发展趋势

广告策划是一种前瞻性的工作,它所进行的决策,不仅要解决现实的问题,还要有利于企业和产品的长远发展。因此,在进行市场分析时要对未来的的发展方向有比较准确的预测。

有效的市场调查具有以下优点:有利于企业制定合理的广告目标,避免企业急功近利;有利于了解谁是潜在的消费者,谁最可能成为现实的购买者,从而确定产品的推销对象和广告诉求对象,使广告主有的放矢;有利于根据产品的主要特点和对消费者的显而易见的理由和易于接受的观点,从而确定诉求方式;有利于根据产品的特性和与众不同的好处,确定广告表现,使广告起到促使消费者指定牌购买和不断购买的作用。

如果不经过市场调查,盲目制定广告战略,就有可能造成文不对题的后果。例如,我国"大白兔"奶糖是名牌产品,当它第一次向国外出口时,为了宣传产品,在广告中突出强调了奶糖的甜度。但是,当时国外的消费观念已倾向于低糖,结果花钱做的广告却帮了倒忙,"大白兔"奶糖只能在地摊上销售。后来,经过市场调查分析,纠正了产品的宣传角度,改变了促销手段,才使"大白兔"奶糖成为国外市场受欢迎的名牌产品。

市场是一定经济范围内商品交换关系的总和,它有既定的时间和空间,由商品或劳务的出售者、消费者、购买力和购买欲四个要素构成,体现着不同的生产者、经营者、消费者之间的经济关系。从企业营销的角度来说,消费者就是市场。全体消费者群则是全体企业营销的市场,它包括现实的与潜在的消费者群。按流通地域分,市场可分为国内市场与国际市场。

同样,在不同时期,对于同一企业来说,也有不同的市场定义范畴,例如,在过去很长一段时间内,我国的一些轻工业以国内一些大城市为自己的传统市场。改革开放后,沿海城市日用工业品大大发展,原有的传统市场变得拥挤了。有人就相应地提出三个市场理论:企业本地区是第一市场,这是要巩固的根据地;国内的外省市为第二市场,这是要开拓的新战场;国际市场是第三市场,这是扩大出口区域、增加出口产品、提高轻工业产品国际声誉的全新领域。

另外,如果根据消费对象国消费方式的特点,市场又可分为个人市场、团体市场与劳务市场。由个人作为消费主体,这类市场成为个人市场;由团体出资购买,对工厂等生产单位来说,是生产性团体市场,对机关、学校来说,是团体市场。还有一种市场,付的是钱,买进的不是物,而是一种无形商品——服务,如上理发店理发、到医院看病等。病的治愈、头发的美化同样是通过市场交换实现的,这成为劳务市场。由于享有服务的主体和作用不同,劳务市场又可分为个人或家庭的劳务与团体消费的劳务。团体消费的劳务又可分为直接生产性消费的劳务与非直接生产性消费的劳务。

由于市场分类的多样性,使得企业要想准确把握市场,就必须进行科学的市场调查。科学的市场调查有利于准确地选择广告的产品策略、市场策略、媒介策略和广告实施策略。市场调查可以使制作、发布广告的企业了解广告对象的基本情况和购买习惯,选择有效的媒介;可以使制作、发布广告的企业根据商品的特性,了解消费者决定购买的时机,从而确定广告宣传刊播的时间,避免在非购买时期做广告;可以根据产品的市场定位,确定广告对象所在地;可以根据产品质量、广告主条件和市场竞争状况,确定广告的次数。总之,科学的市场调查有利于广告战术的选择。例如,美国凯洛格(Kellogg)公司打算将其生产的早餐麦片出口到巴西,通过市场调出后发现,巴西人一般不习惯吃早餐,有的只是在早上喝一点牛奶;同时还了解不少巴西人都热衷于模仿电影电视节目中的角色。为此,凯洛格公司就在巴西一个有影响的电视连续剧结合女主角的生活习惯贯穿播放早餐麦片广告,从而使凯洛格早餐麦片进入巴西人的家庭。

就以中国的市场而言,不同市场的特点也同样千差万别:

1. 个人市场类型多样

老年人市场具有巨大的市场潜力,这些老年人中有离休干部,有高级知识分子,也有体力劳动者。他们的兴趣各不相同,有人喜欢书画,有人喜欢渔猎,还有人喜欢品茗闲谈。他们的需求层次多,而且不时在发展变化。老年人购买的商品五花八门,并且量小、形小、重复多。个人市场购买东西往往不是行家购买,因此容易受广告的诱惑。这时,广告就需要具有较强的购买诱导性、连带性和转移性。

2. 团体市场的需求则受宏观环境因素影响较大

例如,改革开放以来,建筑业兴旺发达,钢筋、水泥、砖瓦就成了抢手货。而当国家银根收紧,控制基建规模时,建筑材料市场马上就冷落下来。

同时团体市场和个人市场又是紧密相连的,团体市场的需求是以个人消费需求为转移的。团体市场的购买较为稳定,营销之间的关联性较强。企业只要不倒闭,纺织厂总需要棉纱,食品厂总需要砂糖、面粉,钢铁厂离不开铁矿石、焦炭……团体市场对商品的需求,尤其是对原材料的需求,往往具有品牌单纯固定、购买量大而购买次数少的特点。其购买者往往又是专业工作者,是经验丰富的行家。如果是农业生产资料的需求,那么就会显示出明显的地区性和季节性。

市场调查与分析是一个广告设计是否优良的基础。面向市场的广告要求要将意向表达出来,而且要通俗易懂,具有吸引力和号召力,能赢得消费者的信任,刺激人们的潜在需求,因此广告必须有扎实的市场调查基础。

如果广告制作者对广告主的经营状况和其产品缺乏了解,就很难依据客观事实对消费者进行说服宣传;如若对消费者了解产品质量的方式或心理缺乏了解,就很难劝说消费者建立起对产品的信任感;假如对广告对象的生活习俗习惯和物质文化享受的要求缺乏了解,就很难制作出生活化、情感化、引人瞩目的作品。例如,我国出口的"芳芳"牌化妆品,商标文字设计为汉语拼音"Fangfang",但 Fang 在英语中意思为"毒蛇的毒牙",若在英语系国家销售,往往会给人以恐怖感,很难获得良好的经营效果。

市场调查在根本上是系统地收集、记录市场营销的有关资料,掌握各类市场的特点,通过科学地分析研究,提出用广告解决什么问题和怎样解决问题的建议,以帮助企业提高销售水平,获得更好的经济效益。

鉴于市场调查分析对企业产品推广广告的重要性,以及随着市场化的加深,企业利用市场调查作为决策参考已经成立一个普通现象。

## 二、避开无市场的空品牌

企业产品需要建立品牌,在进行广告推广时必须避开无市场的空品牌陷阱,要做到这点,必须注意以下几点:

### (一)环境构成

企业市场营销环境有两个部分构成——市场营销的微观环境和市场营销的宏观环境。它是指影响企业的市场营销管理能力、决定其能否有效地发展、维持与其目标顾客的交易关系的外在参与者和他们的影响力。微观环境是指与企业密切联系、影响其为顾客服务的能力的参与者,包括企业自身、企业的供应商、产品的营销中间商、顾客、竞争者和广泛的公众。宏观环境是指影响企业市场营销微观环境的巨大社会力量,包括人口、经济、自然、科技、政治、法律、社会文化环境等。

在市场环境中,供应商→企业→营销中间商→顾客构成了企业市场营销的核心链条,这个链条的每一个环节都对企业的市场营销能否顺利、有效地进行起着重要的影响作用。供应商决定着企业能否获得充足、稳定的生产资料的供应;营销中间商决定着企业能否建立起顺畅的营销渠道以使产品顺利地到达顾客的手中;顾客则决定着产品生产的导向、产品的市场潜力等重要内容。

除了直接联系紧密的微观环境外,每一个企业又处于在一个独立于企业之外的宏观环境中,宏观环境的各个组成部分也对企业的市场营销起着制约作用。人口数总量、人口构成、人口结构的发展变化决定着消费者需求、消费者对产品的选择趋向、市场规模和市场前景的变化;经济因素决定着企业能否获得充足的资金、消费者的购买力、供应商和中间商的能力和积极性等;自然因素决定着企业能获得的自然资源和自然保护对企业生产和产品特性的限定;科技环境影响着企业能否在稳定的社会中获得稳定的、长期的发展,也决定着企业进入国际市场的可能;法律环境影响着企业被法律允许的活动空间;社会文化环境则制约着处于这种文化背景中的消费者对产品的认同和消费行为的趋向。

### (二)环境分析

#### 1. 人口环境

市场是由具有购买欲望和购买能力的人所构成的,通过人口环境调查,有利于确定广告诉求对象和诉求重点。影响市场的人口统计因素主要有目标市场的人口规模及其构成、人口流动的状况等。

(1)人口规模及其构成。人口总数对市场的影响主要表现在维持人们生存所需的基本生活资料方面。人口规模愈大,生活必需品的绝对需求量愈大。在不发达国家中,过多的人口会形成对市场的强大压力,特别是那些不可替代的生活必需品和价格弹性系数较小的、难以缺少的生活用品。但是人口规模与市场购买力水平的高低没有必然的联系,一个有着大量人口的贫困地区市场总体购买能力是可能比一个人口少得多的发达地区的市场总体购买力低的。

(2)人口流动状况。对于人口流入较多的地区,主要表现为:一方面是市场基本需求量明显增加,消费结构在某种程度上发生变化;另一方面由于流入人口中相当部分是商人,既加剧了某些行业中的市场竞争,也加强了地区间的商品流动。

#### 2. 社会文化环境

广告宣传的社会文化、民族风俗、宗教信仰和流行风尚,对广告的表现方式和广告日程安排的结果具有巨大的影响,只有通过翔实地市场调查、环境分析,才可能帮助广告宣传取得成功。

例如在我国,家庭观念对人们消费行为具有重要的影响,历史上长期形成的一些伦理观念也直接影响着人们的消费行为。在传统节日和季节更替之际购买相应的礼品,如营养品、食品和其他物品,已成为人之常情。由于社会公众的行为对个人消费的影响很大,因而相当部分的人具有"赶潮流"的消费倾向。

民族禁忌和异国文化对我国少数民族地区和境外、国外地区的营销和广告活动更是起着十分明显的影响,对这方面了解不够,就可能给企业带来损失。例如,在日本忌用荷花图案做商标和广告图案,英国人忌用人像做装潢,捷克人把红三角作为毒的标记,天主教反对过于重视肉体或使用过多的卫生用品。

### 3. 政治与法律环境

企业经营者和广告决策者不仅要了解我国广告、合同、税收、商标、专利、卫生、环保、海关、商检、外汇、仲裁、出口许可证等方面的法律,而且随着国际经济交往的发展,还应了解国际司法的有关知识。例如,由于不了解各国授予商标权的不同原则,我国商标出口被他人抢先注册的事情屡有发生,从而蒙受了巨大的经济损失。同样,广告公司也应详尽了解当地的法律规定。

### (三)适销产品的市场调查

适销产品是指符合消费习惯,并为市场顾客所喜爱的产品。要使产品适销对路,就要对消费者的喜好和要求进行调查。要对目标市场进行细分,查明各类顾客对产品的喜好和要求。

市场细分是根据总体市场中不同消费者的需求和特点、购买行为和购习惯,被市场分割为若干类似的消费者群,其中每一个从消费者群就是一个子市场,或者成为细分市场。然后,选择其中最适合的一个或几个细分市场作为目标市场,以便决定在任何地出售商品、做广告,用什么媒体做广告,以及怎样做广告。

适销产品的市场调查工作常常涉及产品制造、生产和包装等方面的专门知识。调查某种具体的产品是否适销对路,一般可以从商品、包装、用户等几个方面开展。例如,以前我国出口的人参多为 10 千克一大包,吸引不了消费者,往往只能压价出售。现在改为小包装,一枝一盒,盒上印有延年益寿的老寿星或逗人喜爱的人参娃娃等图案。海外消费者把袖珍人参视为馈赠亲友的上好礼品,争相购买,使中国人参的身份一下子提高了 30%。滞销产品变成了适销、畅销产品。

不同传统、心理和环境因素对消费者的影响也不同。因此,在进行产品设计,尤其是进行广告活动时,调查清楚造成当地消费者对产品不同爱好的潜在因素是非常重要的。消费者对产品的具体要求往往反映在产品的色彩、规格、式样、原料、性能、包装等方面上。

### (四)产品分析

产品分析主要是指进行以下方面工作。

(1)产品特征分析。

①产品的性能有哪些?

②产品最突出的性能是什么?

③产品最适合消费者需求的性能是什么?

④产品的哪些性能还不能满足消费者需求?

(2)产品质量分析。

①产品是高质量、低质量还是一般质量的产品?

②消费者对产品质量的评价和满意程度如何?

③产品质量能继续保持吗?

④产品质量有无继续提高的可能?

(3)产品价格分析。

①产品价格在同类产品中居什么档次?

②产品价格与产品质量的配合程度如何?

③消费者对产品价格的认识如何?

(4)产品材质分析。

①产品的主要原料是什么?

②产品在材质上有无特别之处?

③消费者对产品材质的认识如何?

(5)产品外观和包装分析。

①产品的外观和包装是否与产品质量、价格和形象相称?

②产品在外观和包装上有没有缺欠?

③外观和包装在货架上的同类产品中是否醒目?

④外观和包装对消费者是否具有吸引力?

⑤消费者对产品外观和包装的评价如何?

(6)与同类产品的比较分析。

①在性能上有何优势? 有何不足?

②在质量上有何优势? 有何不足?

③在价格上有何优势? 有何不足?

④在材质上有何优势? 有何不足?

⑤在外观和包装上有何优势? 有何不足?

⑥在消费者的认知和购买上有何优势? 有何不足?

这些产品分析的方面将产品自身性能分析、产品的市场(主要是消费者)分析和竞争分析结合起来,有利于帮助产品进行广告宣传,扩大增强针对性和说服力。当然,上述的产品分析仅仅是列出重点,并未涉及任何一个产品细节,这一点应引起注意。

在未涉及的产品特征中,尤其是要提及的调查内容是产品的生命周期。

产品的生命周期是指产品的市场寿命,即一个产品从投入市场到被市场淘汰的全过程。产品从投放市场到从市场消失,大致经历四个阶段,即投放期、成长期、成熟期和衰退期。以企业销售额或利润额的变化来衡量产品生命周期,则产品生命周期曲线如图 6-1 所示。

然而,在市场实践中,并非所有的产品都符合产品生命周期的典型规律。很可能有的新产品刚上市就夭折,有的老产品经历百年而畅销不衰,因此它们的生命周期曲线图也不同。

对此广告也一般用销售增长率来划分产品生命周期的各个阶段,可以用如下公式表述:

销售增长率＝(本期销售额－上期销售额)÷上期销售额×100%

上图可以表明,产品投入期的销售增长率极不稳定,当增长率大于 10% 时,产品即进入成长期,当增长率在－10%～10% 之间时为成熟期,如果增长率小于－10% 时,则表明产品进入衰退期。

产品的工艺成熟程度不同,抑制消费的需求特点不同,市场竞争情况也不同,在不同的广告市场很可能处于不同的生命周期阶段,因此广告策略应该有所区别。

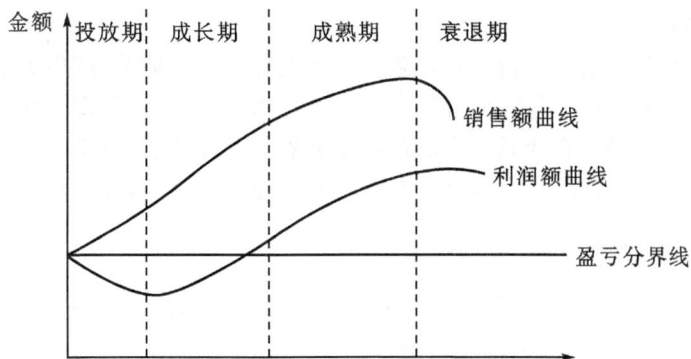

图 6-1　产品生命周期曲线图

## 三、广告公司的运营调查

广告企业经营情况调查主要内容为企业历史、企业素质和经营状况等。广告公司对委托其代理广告业务的广告主的情况进行调查,可以为制定广告决策提供依据,有的放矢地实施广告策略,强化广告诉求,同时也可以避免因广告在信誉、经营等方面的问题而使自己蒙受损失或给社会带来危害。

### (一)企业历史

在企业历史方面,主要了解企业开业时间,现有企业的发展由来,企业发展史上的建树或其他行为,企业在行业中的地位和在社会上的信誉。

这方面的了解非常重要,有些广告之所以取得良好效果,就是因为创作者正确地宣传了广告主的光荣历史;而有些广告之所以危害消费者,不少是因为创作者对广告主的历史问题缺乏了解所致。

### (二)企业素质

企业素质主要包括人员素质、科技素质、管理素质三方面。

1. 人员素质

广告公司要了解企业员工的知识构成、技术构成、年龄构成、人员规模和业务水平等基本情况,特别要了解企业领导人员和经营人员的素质,这些人员的素质不仅是广告主企业经营水平的决定因素,而是其开展良好广告活动,建立稳固业务关系的重要因素。

2. 科技素质

科技素质包括技术装备和技术方法两个方面,是开发新产品、加速产品更新换代、提高产品质量、降低生产成本的物质条件。广告公司应该了解广告主企业的技术素质在同行业中的先进程度,了解企业主要设备的工序能力是否与其宣传的标准相适应,企业的生产力是否与其销售量相吻合,以此提高广告作品的说服能力,避免广告活动的失误。

3. 管理素质

在一定物质要素的前提下,管理素质好坏,对企业素质的高低起着决定性的影响。一个有较高素质的企业必然有较强的满足社会需要的能力、有效利用各种资源的能力和市场竞争的能力。总之,具有赢得消费者信任的能力。

### (三)经营状况

对企业经营状况的了解应该包括对广告主市场的分布区域情况、流通渠道畅通程度、经营安全率大小及公关业务展开状况等。此外还应了解企业的生产目标、销售目标和广告目标,要弄清楚广告主做广告的目的是对企业系列产品的推出和新产品的宣传,还是意在进一步扩大现有产品的宣传空间,挖掘潜在顾客,使广告活动与企业其他经营活动相互配合、相得益彰。

## 四、消费者状况调查

消费者是构成市场的主体,在广告市场调查中,消费者行为调查至关重要。消费者行为调查又称消费者调查,是广告市场调查中的一篇重头文章。因为消费者市场是商品的最终市场。消费者市场是一切市场的基础,是最终起决定作用的市场。

无论是直接为消费者服务还是间接为消费者服务,都必须研究消费者市场。作为企业促销内容之一的广告活动,不能不重视消费行为的调查。

消费行为包括企业使用者和群众消费者两类购买行为。消费者行为调查包括对消费动机、消费方式和消费决策三方面的调查。这三方面的调查研究对广告策划者确定广告目标和广告策略有重大关系。

广告活动可以根据消费行为过程,不失时机地唤起和强化消费者的需要,扩大对商品促销有利信息的传播,修正商品的某些属性,进行实际的重新定位,使之接近消费者的愿望。通过广告宣传,消除消费者不符合实际的偏见,对消费者心理重新定位,消费者可以注意被忽视的产品性能,尽量减少消费者所承担的风险,促使消费者做出最后的购买决定并实现消费者行为。

消费者分析主要有以下要点:

(1)消费者的总体消费趋势。

①现有的与本产品有关的消费时尚。

②消费者消费本产品所属的产品类型的特性。

(2)现有消费者分析。

①现有消费群体的构成。

a. 消费者总量。

b. 消费者的年龄层次。

c. 消费者的职业类型。

d. 消费者的收入状况。

e. 消费者的受教育程度。

f. 消费者的分布状况。

②现有消费者的消费者行为。

a. 购买动机。

b. 购买时间。

c. 购买频率。

d. 购买数量。

e. 购买地点。

③现有消费者的态度。

a. 对品牌的认知程度。

b. 对本品牌的偏好程度。

c. 使用后的满意程度。

d. 对品牌未满足的需求。

e. 对本产品最满意的方面。

f. 对本品牌最不满意的方面。

(3)潜在消费者。

①潜在消费者特性。

a. 总量。

b. 年龄。

c. 职业。

d. 收入。

e. 受教育程度。

f. 分布。

②潜在消费者的现在购买行为。

a. 购买哪些品牌的产品?

b. 对现在购买品牌的态度如何?

c. 新的购买计划是什么?

d. 有无改变计划购买的品牌的可能性?

③潜在消费者被本品牌吸引的可能性。

a. 潜在消费者对本品牌的态度如何?

b. 潜在消费者需求的满足程度如何?

## 五、市场竞争状况分析

市场竞争状况调查的主要从以下几方面进行:竞争产品的数量,即有多少同类产品和可替代产品;竞争对手的市场占有率,即竞争产品的销售量与该类产品市场销售总量的比例;竞争对手的营销策略,如是优质策略还是廉价策略,或者是服务策略等;竞争对手的竞争能力,如产品质量、经济实力、技术水平等;竞争对手的广告宣传,如广告投入、媒体运用、广告策略等;潜在竞争对手出现的可能性和间接竞争对手的情况等。竞争状况的调查,对制定企业的营销战略和策略,确定广告战略和广告重点,调整广告策略,进行广告预算,乃至于广告活动的各个环节的策划,都有着极为重要的价值与意义。

企业可以根据自己在市场竞争中的地位确定自己的广告宣传战略。

### 1. 竞争地位与宣传战略

企业的竞争地位主要有以下种类:

①支配性竞争地位:能够控制竞争对手的行为并具有广泛的策略选择余地。

②强大竞争地位:可以单独行动,不至于危及企业在市场中的地位,甚至获得改善市场地位的机会。

③有力竞争地位:拥有在执行营销策略时比较有力的条件并且有较多的改善市场的地位的机会。

④维持竞争地位:经营状况令人满意,足以继续保持营业,但实质性营销策略的条件较少,而且很难获得改善地位的机会。

⑤弱势竞争地位:经营状况不令人满意,但是还有改进的机会,如果不寻求改进,很可能被逐

出市场。

⑥濒临灭绝型竞争地位:经营状况极差并且没有改进的机会。

2．竞争信息

市场竞争情况调查需了解以下几方面的信息:

①直接竞争状况,即有没有经营同类产品或类似产品的行业竞争;

②主要竞争对手是谁,它占有多少市场份额,它的生产规模和扩大销售的计划如何;

③主要竞争对手的产品成本优势和劣势、价格优势以及对市场的控制能力;

④竞争产品在市场上的售价、中间批发价和利润如何;

⑤除主要竞争对手外,其他竞争对手的情况;

⑥是否存在间接竞争,即有没有经营种类不同但用途相同的企业间的竞争;

⑦目前潜在市场区域。

根据市场竞争情况调查的资料,可以查明市场竞争的结构和变化趋势,主要竞争对手的情况,通过广告活动的帮助,能实现广告产品竞争成功的可能性。

企业在选择竞争者时要注意以下几点:

(1)企业竞争者的四个层次。

①以相似的价格向相同的顾客提供类似产品的企业。

②制造相同或者相似的产品的企业。

③所有制造提供相同的服务或产品的企业,如一家生产洗面奶的企业可能将制造用于洗脸的香皂企业视为自己的竞争对手。

④为争取同一笔消费基金而进行竞争的企业,如一般的消费者都拥有一定金额的存款,房地产企业会争取他们用这笔钱来购买住房,而汽车公司则希望他们用这笔钱来购买汽车,从这个意义上说,房地产公司和汽车公司可能将对方视为竞争者。

(2)企业选择竞争者的原则。

①强的竞争者和弱的竞争者:与弱竞争者很容易获胜,而与强竞争者竞争则有助于提高企业的竞争水平。

②近的竞争者和远的竞争者:企业可以选择极度相似的企业进行性竞争,以获得直接的效果,也可以与并没有什么相似之处的企业竞争,从而开拓一个新市场。

③好的竞争者和坏的竞争者:在每一个行业中,都有一些遵循行业规则、按规则竞争的行业,他们是好的竞争者,也有一些为了自己的利益不择手段的企业,他们是坏的竞争者,企业应该支持好的竞争者,因为他们不会损害对手的利益,而应该同坏的竞争者竞争,因为一旦他们在竞争中取胜,对企业的损害会比好的竞争者大得多。

## 六、解剖竞争对手

广告是企业间竞争的重要方面,在进行广告策划中的市场分析时,企业自身、企业间的竞争对手的广告策略和广告活动是必须考虑的因素。企业对竞争对等候的广告分析包括以下要点:

(1)广告活动概况。

①开展时间。

②目的。

③成本费用。

④主要内容。

(2)广告目标市场策略。

①广告目标市场类型是什么?

②目标市场特性是什么?

③合理之处是什么?

④不合理之处是什么?

(3)产品定位策略。

(4)广告诉求策略。

①诉求对象是什么?

②诉求重点是什么?

③诉求方法是什么?

(5)广告表现策略。

①广告主题及其合理性是什么?

②广告创意有何优势,有何不足?

(6)广告媒介策略。

①媒介组合有何合理之处,有何不合理之处?

②广告发布的频率有何优势,有何不足?

(7)广告效果。

①广告在消费者认知方面有何效果?

②广告在改变消费者态度方面有何效果?

③广告在改变消费者行为方面有何效果?

④广告在直接促销方面有何效果?

⑤广告在其他方面有何效果?

⑥广告投入的效益如何?

(8)总结。

①竞争对手在广告方面的优势与不足。

②企业自身在广告方面的优势与不足。

③企业以往广告中应该继续保持的内容。

④企业以往广告中突出的劣势。

## 案例介绍

### "收获世界公司"的市场调研

主要调查对象是美国的中上阶层的斯坦皮克和纽科姆调查公司,一次接待了一家名叫"收获世界公司"的公司,为了适应这个新主顾的具体要求,业务员必须在业务上作出相应的调整。收获世界公司是一个地区性零售连锁商店,分店遍及美国东部七个州,它们大多设在各州的小市上。现在收获世界公司计划设立一批"城内"分店,但不一定要设立在城市中心的商业区。他们打算在城区的外围地带设立一些相距较短、成环形片的分店网络,各个地点离开各个中心商业区的距离应当保持在2～4英里之遥,同时又不至于与郊区已有的本公司分店或其他购物中心形成竞争局面。收获世界公司代表希望调查公司给予协助。

收获世界公司主要要求斯坦皮克和纽科姆市场调查公司调查清楚以下问题:①如何在这种地区建立起早已在商业中心区域和高收入的城近郊区形成多年的公司形象。②要求调查公司代为确定新开分店将应采取的商品推销策略。③要求确定分店设立后应该采取什么样的价格政策。④选择什么样的宣传主题最为恰当,运用哪些媒介手段能够最大效益地到达未来的顾客。

斯坦皮克和纽科姆调查公司从查阅最近一次的人口普查资料和市政建筑及住房方面的有关资料入手,详尽研究了调查项目设计的这座城市的工业、交通、收入、教育、消费等全部资料。

在此基础上,调查公司派人站在所有主要的而又代表不同类型的交叉路口,详细记录并计算通过的行人、汽车、公共汽车的数量,分析将建分店设在何处能为流量最大的顾客提供服务,同时在保证全天顾客流量比较稳定,为日后建分店选址提供第一手资料。为了直观地了解预定地区居民心目中对收获世界公司的形象感知,该调查公司设计了一种语义差异调查表(见表6-1)。该表左边列出一组褒义词,右边列出一组贬义词,词的选择和数量可以根据调查内容和对象灵活选择。

表 6-1　语义差异调查表

| 7 | 6 | 5 | 4 | 3 | 2 | 1 |
|---|---|---|---|---|---|---|
| 非常 | 较大 | 有点 | 无意见 | 有点 | 较大 | 非常 |
| 愉快 | | | | | | 压抑 |
| 廉价 | | | | | | 昂贵 |
| 干净 | | +② | | | | 脏乱 |
| 公平 | | | | | | 不公平 |
| 可信 | | | | | | 欺骗 |
| 宽敞 | +① | | | | | 拥挤 |
| 周到 | | | | | | 自助 |
| 时髦 | | | | | | 过时 |

上表所列形容词是斯坦皮克和纽科姆调查公司为了解决收获世界公司的形象调查问题而提出的。两组形容词的中间,是垂直七行的空格,被调查的人对调查涉及的公司形象持什么态度,就在相应的竖排形容词与相应的横列感情强度相交之处做出标记,中间一行表示无所谓或不愿表示。例如,表中①表示调查对象认为被查公司或分店"比较宽敞",②则表示"有点脏乱"。

调查表格回收完毕,借助电脑统计调查公司就可以分析出收获世界公司在一定区域的居民心目中的形象如何了。为了在统计时对不同年龄、不同收入、不同职业背景的人进行调查,因此标出六个项目,要求被调查人据实填写。这六项内容包括职业、受聘或受雇地点、收入、年龄、家庭人口、取得信任的银行或其他金融机构。

调查公司的经验证明,拟定被调查的总人数中,第一次登门拜访能够得到采访结果的约占64%,第二轮得到的占15%,就收获世界公司这次实验性业务调查而言,第一次上门时户主在家的有19户占50%,第二次上门采访其余18户时得到5户回答,共计64%,拒绝或不遇率与以前在中产阶层居住地区的经历相似,因而没有安排进一步的实际性调查。在这些实验的基础上,公司已经得到了正式行动计划的内容与框架。

# 第二节　调研

美国语言的全国一致性为其形成文化的一致性,文化一致性意味着社会价值观、生活观统一,加之已形成高度垄断全国统一的传播媒介,例如覆盖全美的五大电视网——美国广播公司(ABC)、哥伦比亚广播公司(CBS)、全国广播公司(NBC)、美国有线电视新闻网(CNN)以及后起之秀福克斯电视公司(FOX),使得产品推广时可以使用单一的"全国性广告"(National AD),传遍美国50个州。这种广告的统一性,为美国建立全美市场提供了极大便利,可以称之为广告统一市场。

相比之下,中国方言众多,有八大方言区(北方方言、粤语、吴语、湘语、赣语、客家话、闽南话、闽北话),八大菜系(粤、鲁、川、苏、浙、湘、徽、闽)……风俗习惯,生活水准差异极大。尤其是粤语地区与长江流域以北,生活习俗差异明显。因而全国性广告的概念难以建立,市场区隔明显。任何一个想开拓全国市场的品牌必须投入更多的物力、财力及智力,综合运用"全国性广告"与"本地性广告"策略,才有可能成功。

针对风情各异的市场,品牌的树立、产品的推广都必须做好市场调研。市场调查的准备和实施本节将进行讲解。

## 一、产品广告

产品广告的设计,在进行调研时,有其一定的方法,大致如下:

### (一)实地调查

实地调查就是市场调研人员在现场通过直接观察或与当地有关人员和机构联系接触,搜集反映市场变化现状的原始资料。

实地调查需要遵循一定的程序,具体如下:

①确定目的。不仅要明确专项调查的总体目的和要求,而且要明确调查过程中各阶段活动的目的和要求,同时还须了解调查经费总额。

②制定计划。应把各项调查内容按其重要程度进行分类,明确每一调查项目所需收集的资料,确定调查地点和旅程,确定调查目标和范围,设计调查问题,拟定调查问卷,选择调查方法,安排调查进度,组织调查人员,制定调查预算。

③熟悉资料来源。背景资料来源主要是政府机构、行业组织等,市场潜力资料来源主要是消费者或有关专业人员等,适销产品市场情况的资料来源是批发商、零售商和用户等。

④实施实地调查。在实地调查过程中要坚持实事求是的态度,要随时对照调查目的,在调查中发现新的问题,要及时寻找原因,采取相应的对策,从而成功地搜集到所需的原始资料。

根据调查方式的不同,实地调查可分为以下几种:

#### 1. 全面调查

全面调查也称普查,是就一定内容对所有调查对象全面、毫无遗漏地进行调查。全面调查主要是用于那些不能或不易通过经常调查来收集的全面精准的统计资料。一般来说,普查有两种方式:一种是组织专门的普查机构和人员,对调查对象进行直接调查;另一种是利用机关、团体、企业内部的统计报表进行汇总。普查方式的优点在于收集资料齐全、准确。其缺点是所需的人力多,时间长,费用大,牵涉面广。全面调查在市场调查中较少采用。

#### 2. 抽样调查

抽样调查是一种非全面调查,它是根据概率分布的原则,从被调查的总体抽出部分单位作为样本调查,以此推断总体的一种方式。抽样调查主要可以分为随机抽样和非随机抽样两种类型。

随机抽样也叫概率抽样,是在广泛的调查对象中不作任何有目的的选择,纯粹用偶然的方式抽取调查样本。它主要包括简单随机抽样、分层随机抽样、分群随机抽样等形式。非随机抽样也叫非概率抽样,是一种凭市场调查者的主观意向而选择样本进行调查的方法。它主要包括任意抽样、判断抽样、配额抽样等形式。由于抽样调查较为节省人力、财力和时间,而且具有一定的代表性和准确率,在市场调查中得到较为普遍的运用。

3. 专家调查

专家调查是以具有一定的专业知识的人员为调查对象的代表性调查。它通常采用专家会议、专家访问或专家信函的形式,听取专家的意见。这里的专家通常指企业管理营销人员、广告工作人员、经济广告类教学研究人员、市场工作人员等。专家调查的优点是方便省时,有代表性;其缺点是结果不够全面。因而,专家调查在市场调查中经常和抽样调查同时使用,相互补充。

4. 选点调查

选点调查是根据调查目的和内容,选定一定调查对象作为联络点定期联系的一种调查方式。这种调查可以选定有关企事业单位、商店、用户等定期联系,收集资料,也可以选取居民点作为联络点,定期登门调查。这种调查方式方便稳定,但准确率不高。

可以根据企业产品管理、产品推广的目的、企业自身市场定位的不同选择不同的实地调查方式,不过最好是综合使用。

## (二)文献调查

文献调查主要是通过收集、分析相关的文献数据资料,获得广告推广所需的有用资料。不过,由于现在各类资料繁多,要在浩如烟海的资料堆中找出所需的资料,不仅要求调查人员具有坚韧不拔的恒心、见微知著的敏锐性和不拘泥常规的创见性,而且要有科学的工作程序,这样才能充分利用时间,提高效率。文献调查一般具有以下步骤:

1. 确定资料来源

文献调查的方法各不相同,但确定资料来源是任何文献调查所要做的第一步,尤其对于陌生的领域来说,先要确定这一领域的一般资料来源,然后才能更好确定具体资料来源。

2. 在确定资料来源后,还必须根据调查项目的具体需要

对这些资料来源进行评估,评估的标准为:综合性,即能否对调查项目所涉及的各专业领域提供综合的、全面的资料;专业性,即提供的资料是否专业对口;专题性,即所提供的资料是否符合专题需要;实效性,即所提供的资料是否能解决实际问题;可取性,即是否能用较低的费用便可以经常地、快速地从这些资料来源中获得所需的资料;准确性,即所提供的资料是否真实、可靠。

3. 搜集和整理资料

搜集和整理资料的注意要点为:讲求时效性,即各类市场瞬息万变,文献资料也因此不断涌现,必须去讲求时效;确保可靠性,即搜集和整理资料力求真实、准确;保持完整性,即要注意资料的全面性和系统性,要能够全面地反应所调查对象的全面特征;提高经济性,即要降低搜集和整理的费用,要提高搜集和管理资料的经济价值。

根据文献资料调查分析的结果,可以对企业目标市场进行筛选,缩小企业选择范围,增加企业广告宣传推广成功的机率。市场筛选可分为初选、复选、精选和选定四个阶段。通过合理地市场筛选,可以为下一步的实地调查打下良好的基础。

### (三)实验调查

实验调查通常用于产品促销、广告效果的检验。对广告效果的试验,可选择两个条件相近的A地和B地,同时销售同一商品。A地做广告,B地不做广告,实验一段时间,再根据这一商品的实际销售情况以检验广告效果。实验调查法获得的资料真实可靠,但精确度不高,且费事费钱,一半只宜用于特殊调查项目和内容。

当然上述三种方法只是原始广告资料调查中常用的一般方法。在市场调查的实践中,可以进一步丰富完善,也可以灵活运用。如实地调查可以和文献调查结合运用,实地调查也可以和实验调查综合使用。毕竟调查的目的在于获得自己所需的资料,而方法只不过是达到这一目的的手段而已。

## 二、市场调查流程

### (一)调查计划书的撰写

市场调查设计方案由计划书体现。一份市场调查计划书主要包括调查名称、调查目的、调查内容、调查范围及对象、调查方法、调查日程以及调查预算等方面。而一份详细的计划书还要增加结果报告的架构,引用商业资料的名称、出处以及内容概要等项目。计划书起草与撰写一般由市场调查公司项目主管负责完成。

计划书的主要组成部分如下:

**1. 调查目的**

调查目的与有关此次市场调查的问题和研究目标直接相关,其他调查步骤也都是围绕它设计的,如果不明确调查目的,将会影响整个调查过程。大部分调查都是属多目的,即除了调查主目的外,通常还会有一些从目的。市场调查往往包括"主"和"从"两种目的,在调查计划书中必须涉及。

**2. 调查方法**

根据调查目的,选择合适的方法,才不致使调查活动沦为浪费。例如,从事消费者固定样本调查,可以考虑用访问法、邮寄法、日记法、留置法以及机器调查法等;而调查电视节目收视率,又可以使用自动记录器(机器调查法)、日记法或电话法等。使用调查方法得当,才能获得较准确的信息。调查方法大致可以分为观察法、抽样调查法(访问法)、实验法、动机调查法等几种。一般来说,观察法最适宜于探测性研究,调查法最适宜于描述性研究,而实验法最适宜于因果性研究。应用的最为广泛的是用以描述性研究的有代表性的大样本(一般在 600 人以上)问卷访问法。目前,在大多数市场调查中,往往会采用两种以上的调查方法收集市场信息。调查方法如表 6－2 所示。

表 6－2　调查方法表

| | 探索性研究 | 描述性研究 | 因果性研究 |
|---|---|---|---|
| 方法 | 二手资料<br>观察法<br>定性调查研究法 | 二手资料<br>抽样调查法<br>固定样本连续调查观察法 | 实验法 |

**3. 调查对象范围的选择**

调查对象范围的选择一般是采用市场区隔化理论,然后从中抽取具有代表性的作为参考。

**4. 调查日程安排**

一般一个市场调查所需的时间,大致分配如下:

(1)计划起草,合议 4%~5%

(2)抽样方案设计实施

(3)问卷设计、测试与合议

(4)问卷定稿及印刷

(5)调查员的挑选与培训 —30%~40%

(6)实地调查

(7)数据的计算机录入、统计分析 —25%~30%

(8)报告撰写

(9)与客户说明会 5%~10%

(10)建议与修正、定稿

**5. 经费预算**

在进行调查经费预算时,一般需要考虑如下几个方面:

(1)调查方案设计费与策划费。

(2)抽样设计费、实施费。

(3)问卷设计费(包括测试费)。

(4)问卷印刷装订费。

(5)调查实施费用(包括试调查费用、调查劳务费、受访对象礼品费、异地实施差旅费、交通费以及杂费)。

(6)数据录入费(包括问卷编码,数据录入、整理)。

(7)数据统计分析费(包括上机、统计、制表、作图以及必需品花费等)。

(8)调研报告撰写费。

(9)资料费、复印费等办公费用。

(10)管理费、税金等。

## (二)设计调查表格

**1. 表格构成**

市场调查表格的基本结构可以分为表头、表体和表脚三个部分。表头为调查表格的总标题。表体包括被调查者项目和调查项目。被调查者项目主要包括被调查人的姓名、性别、年龄、职业、文化程度、家庭住址、联系电话以及本人在家庭中的地位等。调查项目指调查的具体内容,通常包括具体问题和备选答案。表脚包括调查者项目、附注和填表说明。调查者项目主要包括调查人员姓名、工作单位及调查日期。这个项目主要为明确责任和方便查询而设。附注是指对表中内容的解释。说明是对表格有关事宜的交代。

**2. 表格类型**

(1)单一表。

单一表是由一个能调查者填写的表,范本如表6-3所示。

表 6-3　家庭家用电器消费调查表

姓名＿＿＿＿＿工作单位＿＿＿＿＿工资收入＿＿＿＿＿＿＿＿

全家人口＿＿＿＿＿＿工资收入（人/月）＿＿＿＿＿家庭总收入（月）＿＿＿＿＿

| 家用电器名称 | | 电视机 | | 电冰箱 | | 洗衣机 | | 空调 | | 电脑 | |
|---|---|---|---|---|---|---|---|---|---|---|---|
| | | 品牌 | 数量 | 品牌 | 数量 | 品牌 | 数量 | 品牌 | 数量 | 品牌 | 数量 |
| 现有电器 | | | | | | | | | | | |
| 购买计划 | 2012 年 | | | | | | | | | | |
| | 2013 年 | | | | | | | | | | |
| | 2014 年 | | | | | | | | | | |
| | 2015 年 | | | | | | | | | | |

（表内所填情况绝对保密，请如实填写。）

调查员＿＿＿＿＿＿

调查时间＿＿＿年＿＿＿月＿＿＿日

（2）一览表。

一览表有多个被调查者，范本如表 6-4 所示。

表 6-4　住房购买意向调查表

| 姓名 | 工作单位 | 家庭人口 | 意愿购住房种类 | | | |
|---|---|---|---|---|---|---|
| | | | 一室二厅 | 二室一厅 | 三室一厅 | 别墅 |
| | | | | | | |
| | | | | | | |
| | | | | | | |
| | | | | | | |

调查员＿＿＿＿＿＿

调查时间＿＿＿年＿＿＿＿月＿＿＿＿日

（3）问卷。

①设计程序。问卷是用于收集第一手资料的最普遍工具。一般说来，一份问卷是由向被调查者提问或征求他（她）回答的一组问题所组成。

问卷非常灵活，可以有许多提问的方法。问卷需要认真仔细地设计、测试和调整，然后才可大规模使用。问卷设计不佳，必然影响到调查的结果，而要获得问卷，就必须经过一定的过程。通常问卷设计的步骤分为七个阶段：

a. 确定问卷的框架。在进行大量的资料收集、分析工作后，要明确哪方面的信息是必须通过问卷访问才能得到的，这些信息必须围绕着一个主题。问卷的主题确定以后，要着手建立问卷大致的框架。问卷主要根据问卷主题，设立若干副题，也就是次主题，而副题不能脱离主题而独立。例如，一项汽车问卷的调查消费主题是北京地区消费者"家用汽车一般消费使用情况"，副题包括以下几个方面：家用汽车的购买情况、使用情况、维修情况以及车辆购买或更新计划等。

b. 确定问卷内容。每一个问题都应加以核对，以确定它的研究项目是否有贡献。无关紧要的问题应该剔除，因为它会拖长所需的时间而让被调查人不耐烦。

c. 确定问卷形式。问卷的形式各式各样，如两分法、多项选择法、顺位法、李克特量表法、评分法等,以后将会做详细介绍。在这个阶段,必须确定每一个问题的询问方式。

d. 斟酌措辞。措辞的好坏,将直接或间接地影响到调查结果。因为对问卷题的用词必须十分审慎。市场调查人员应该使用简单、直接、无偏见、无歧义的词汇,所提的问题应对被调查人预测,才能广泛应用。

e. 理顺顺序。设计问卷要考虑到问题的顺序。如果可能,引导性的问题应该是能引起被调查人兴趣的问题。回答困难的或涉及私人的问题应放在调查访问最后,以避免被调查人产生抵触情绪。所提出的问题应该合乎逻辑次序。

f. 问卷的预先测试。问卷设计初稿完成后,不能马上实施调查,需要先做试验性的访问,并逐一讨论,用以发现设计上的缺失。如是否容易造成误解,或语意不清楚,或没有抓住重点等,并做合理修正。此种测试的调查称为预调查,也称为小规模试验调查、事前调查。事前调查的样本数有十人乃至几十人不等,通常是整个抽样样本数的 5%～10%。

g. 合议、定稿。问卷经过修正后,必须还要与客户进行合议,才能定稿,然后才能正式实施调查。通常一张完整的问卷的内容包含调查机构、招呼语、访员姓名、调查问题(正式问卷)、受访者基本资料、受访者联络地址、受访者签名、无法调查的理由、督导员签名等方面。

②样本。

某品牌冰箱需求意向调查问卷

姓名_____ 住址_____ 邮编_____ 电话_____

家庭总收入_____(元)家庭人口_____(人)居住面积_____

1. 你家有吗?
①有□(若有,中止调查)　②没有□

2. 没有的原因是什么?
①收入低□　　②住房条件不好□　　③不需要□　　④其他_____

3. 近三年内,您是否想买一台?
①想买□　　②不一定□　　③不想买□

4. 如果想买,您准备什么时候买?
①2015 年□　　②2016 年□　　③2017 年□

5. 您打算买哪一种类型的?
①单门□　　②双门□　　③三门□

6. 请用①、②、③、④、⑤、⑥表明您对特点注重的次序。
①美观□　　②省电□　　③制冷量大□　　④噪音小□
⑤使用方便□　　⑥经久耐用□　　⑦其他_____

7. 您认为本公司某牌的价格如何?
①很贵□　　②稍贵□　　③公道□　　④便宜□

8. 您对本公司某牌质量的评价如何?
①很不满意□　　②不满意□　　③还可以□　　④满意□
⑤很满意□

填表说明:①对选中的答案,在该答案后的方框"□"中填写"√"符号。
②再有"_____"的地方,必要时,请填写相应的内容。

调查员_____

调查时间____年____月____日

③问卷形式。

a. 封闭式问卷，范本见表6-5。

表6-5 封闭式问卷

| 名称 | 说明 | 实例 |
|------|------|------|
| 两分法 | 一个问题提出两个回答 | 请问您家里是否有彩色电视机？<br>□有　□没有 |
| 多项选择法 | 一个问题提出三个或更多的回答供选择 | 请问您通常与那些人一起去旅行？<br>□一个人　□带小孩<br>□和配偶　□和朋友<br>□和同事　□和亲戚<br>□和团体　□和其他 |
| 顺位法 | 被调查人员将答案按等级作答，一般以数字表示 | 请按顺序注明您常用的牙膏品牌<br>□中华　□佳洁士<br>□高露洁　□洁诺<br>……（其中：1.表示最常用的；2.表示次常用的，以此类推） |
| 李克特量表 | 被调查人可以在同意和不同意的量度之间选择 | "家庭生活不一定要有小孩"<br>□坚决不同意　□不同意<br>□不同意也不反对<br>□很同意<br>□坚决不同意 |
| 重要性量表（分等量表） | 对某些属性的重要性或从"劣质"到"极好"的分等 | XXX产品的售后服务是<br>极好　　很好　　好　　尚可　　不好<br>　1　　　2　　　3　　　4　　　5<br>"价格便宜"是我购买商品时所考虑的_____<br>非常重要　　重要　　有些重要<br>　5　　　　4　　　　3<br>很不重要　　根本不重要<br>　2　　　　　1 |
| 语意差别法 | 在两个意义相反的词之间列上进度，由被调查人选择代表他或她意愿方向或程度的某一点 | 中国的航空公司<br>___．X ____．___．___．___．___无经验<br>现代化<br>___．___．X ___．___．___老式 |

| 名称 | 说明 | 实例 |
|------|------|------|
| 评分法 | 按问题的强度给分,然后求其总分,通常用以比较两种同性质的人、物、事之优劣 | 比较 A、B 两种餐厅的印象 |

比较 A、B 两种餐厅的印象

|   | 品质 | 价格 | 卫生 | 服务 | 总分 |
|---|------|------|------|------|------|
| A |      |      |      |      |      |
| B |      |      |      |      |      |

(1)品质、价格、卫生、服务各项最高为分 25 分

(2)各项分五等级:"很好"给 25 分,"好"给 20 分,"普遍"给 15 分,"不好"给 10 分,很坏给 0 分。

b. 开放式问卷,范本见表 6 - 6。

**表 6 - 6 开放式问卷**

| 名称 | 说明 | 例子 |
|------|------|------|
| 开放式问题 | 一个被调查者可以用几乎不受任何限制的方法回答问题 | 你对吸烟有什么看法 |

### (三)调查项目的设计方法

作为调查表格的核心内容。调查项目的设计的关键,在于怎样提问和如何设定答案。下面对调查项目设计的基本方法做一些介绍。

1. 二项选择法

二项选择法是围绕一个提问而设置两种答案的命题方法。这种命题方法是让被调查者就一个提问在两个备选答案中选择一个,只用于诸如"是"与"否"、"有"与"无"等相互排斥的两择一式的提问。在设计调查表格时,如果要求被调查者明确表态,往往采用这种方法。例如:

你家有电视机吗? 有□ 无□

您是否喜欢 XX 牌电视机? 喜欢□ 不喜欢□

这种调查方法的优点在于容易使被调查者做出明确的判断与回答,使中立意见者偏向一种选择,条目简单便于统计。其缺点在于不能让被调查者说明原因,以及显示意见程度上的差别。

2. 多项选择法

多项选择法是围绕一个提问而设置多种答案的命题方法。这种命题方法是让被调查者就一个提问在三个以上的备选答案中选择一个或多个。例如:

您认为 XX 牌空调器的价格如何?

①太贵□ ②较贵□ ③适中□ ④较便宜□ ⑤很便宜□

选择多个备选答案的如:

您长期订阅的报纸有:

①人民日报□ ②南方周末□ ③环球时报□ ④其他_____

这种命题方法可以避免二项选择法强制选择的局限,也能体现意见程度上的差别。但是,被调查者的意见有可能不包括在备选答案中,选择的答案不一定能准确反映其真正意见。因而多项选择法的命题,既要尽量考虑全面,又要避免重复,要紧紧围绕调查目的和内容。

3. 顺位排列法

顺位排列法是围绕一个提问而设置多种答案,要求被调查者根据自己的态度排列答案顺序的命题方法。采用这种命题方法,主要是让被调查者判断调查项目重要程度的顺序,以检查被调查者对调查项目的喜欢程度和注重程度。例如:

请用 1、2、3、4、5 为顺序,表明您对购买衣服时对各种因素的注重程度。

价格□ 颜色□ 款式□ 用料□

请用 1、2、3、4、5,表明您购买汽车考虑因素的顺序。

速度快□ 外观美□ 价格低□ 品牌好□ 款式新□

这种命题方法的优缺点大致同于多项选择。在表格设计中,答案的数目不宜过多,答案之间也应有可比性,以便于被调查者判断回答。

4. 自由回答法

自由回答法是提出问题由被调查者不受限制自由回答的命题方法。自由回答法仅以提问的形式出现,在调查表格上不拟定备选答案,由被调查者自由发表意见。例如:

您认为海尔冰箱质量如何?

您认为海尔冰箱应该有何改进?

自由回答的优点在于:可以使被调查者不受限制地充分发表意见,有利于建设性意见的收集;可以活跃调查气氛;优势可以收集到事先估计不到的资料。其缺点在于:由于问题答案差别较大,不便于整理统计;由于这种方法无启发性,加之被调查者表达能力的差异,有时可能得不到回答,即使得到回答,也容易出现偏见。

不同的方法有不同的优缺点,可以根据实际情况综合运用。

**案例分析**

### "女伯爵"纸巾调研

丹恩·奥尔开始在北方纸品公司做销售策略研究工作后,便开始调查"女伯爵"牌纸巾在市场上的声誉、接受度和占有率等问题,以便按照总公司"走向全国"的方针开辟新市场。

经过调查,丹恩·奥尔认清了美国中西部诸州的纸巾市场占有情况,见表 6-7。

表 6-7 纸巾市场占有情况

| 纸巾牌子 | 市场占有率(80) |
|---|---|
| 花束(Bouquet) | 25 |
| 拉迪(Laddy) | 22 |
| 韦拉(Vera) | 16 |
| 帝王(Royal) | 12 |
| 软巾(Soffex) | 9 |
| 女伯爵(Countess) | 6 |

同时,纸巾行业还出现了将纸巾做成各种色彩柔和的有色纸巾,有的还在上面印上各种装饰性的图案,并且每隔一定长度打上孔洞,便于使用时撕下的发展趋势。这表明业内竞争加剧了,所以奥尔需要增加他们的研究项目,即在"吸水性"和"强度"之外,再加上"颜色"和"经济性"两项内容。

奥尔带领调查人员设计主要针对下列六个方面进行调查:①被调查者能够举出的第一种纸巾牌子(知名度);②对喜欢的纸巾牌子做出评价(偏好及其理由);③最近一次购买的纸巾牌子是什么(频率和随意度);④在选择购买时对纸巾四种特征(吸水性、强度、颜色和价格)的重要性分别判断;⑤根据以上四种特征对九个牌子的纸巾提出打分;⑥每个家庭在11项人口学内容上的构成情况。经过调查得到了下面的结果,见表6-8。

表6-8 选购纸巾时四种特性的重要性

| 特性 | 满意度 | 标准偏差度 |
|------|--------|-----------|
| 吸水性 | 4.50 | 0.75 |
| 强度 | 4.20 | 0.96 |
| 颜色 | 2.41 | 1.34 |
| 价格 | 4.07 | 1.03 |

下表是九种纸巾的上述四种特性在顾客中的受欢迎程度。商品名称排列以调查期间(共18周)被调查人购买数量多少为顺序,满分5分,括号中数字为排列顺序,见表6-9。

表6-9 六种纸巾的四种特性的受欢迎程度

| 纸巾牌子 | 吸水性 | 强度 | 颜色 | 价格 |
|---------|--------|------|------|------|
| 花束 | 4.01(2) | 3.84(3) | 4.07(1) | 3.93(3) |
| 拉迪 | 3.92(4) | 3.86(2) | 3.91(5) | 3.46(2) |
| 帝王 | 3.78(6) | 3.67(5) | 3.97(3) | 3.31(5) |
| 韦拉 | 3.66(7) | 3.70(4) | 3.73(6) | 3.14(8) |
| 软巾 | 3.00(9) | 2.82(9) | 3.46(9) | 3.57(1) |
| 女伯爵 | 3.80(5) | 3.66(6) | 3.94(4) | 3.23(7) |

表6-9表明了顾客对某一特性越重视,标准偏差就越小。表6-9则表明顾客对各种牌子的纸巾满意程度很不一致,但"女伯爵"牌纸巾的四种特性分别排在第5、6、4、7位,只有颜色还差强人意,所以可见顾客对这一品牌的纸巾接受程度是很低的。

通过统计表中数据的对照对比,丹恩·奥尔领导的市场调查帮助北方纸品公司发现了一些亟需改进的问题。根据调查结果,北方纸品公司调整了公司策略并采取促销计划。这些帮助公司的"女伯爵"迅速提高了市场份额。

# 第三节 调查报告撰写技巧

## 一、调查报告的基本内容

作为调查研究情况的书面呈报,市场调查报告一般包括如下几个内容:调查目的、调查范围、调查方法、调查事实、调查结论。

## (一)调查目的

市场调查的主要目的是为广告决策提供依据,同时为企业营销提供参照。但在调查报告中,应该把目的具体化。如是为了测定广告效果,还是为了了解消费心理,或者为了把握竞争状况等。

## (二)调查范围

调查范围主要包括调查区域的范围及其经济发展水平、政治文化状况、人口构成情况等,调查对象的人口总数、年龄、性别、职业阶层、家庭情况等,以及调查表格发放、回收情况。

## (三)调查方法

调查方法主要包括普查还是抽样调查,文献调查还是实地调查,问卷调查还是当面询问,以及深入程度和调查资料的处理方法等。

## (四)调查事实

调查事实是指一定的调查项目所得到的基本情况和统计数据等。基本情况主要有以下方面:产品情况,如产品特点、产品知名度、产品缺点等;消费心理,如消费者的购买习惯、消费者的经济状况、消费者对产品的态度、消费者对产品的意见等;营销状况,如产品的销售量、产品的市场占有率、主要竞争对手、销售的主要问题等,并对基本情况和统计数据做出研究分析。

## (五)调查结论

调查结论是在调查事实的基础上进行分析研究,并通过分析研究对企业营销和广告活动提出建议。对企业营销的建议,包括产品质量包装上的改进,销售组合的具体措施,市场前景的预测以及企业营销战略、策略的修订等。对广告活动的建议,如广告战略的重点,广告策略的确定,广告预算的制定等。

# 二、调查报告的撰写基础

## (一)调查报告的基本条件

只有达到以下基本条件才可以算是一份优秀的调查报告:

(1)语言简洁,有说服力,词汇尽量通俗易懂。原因是阅读报告的人可能并不完全懂得调查人员已熟悉的技术资料,也不一定有耐心阅读一些繁琐、生涩的报告。

(2)结构严谨,体裁简洁,同时又能将调查过程中各个阶段搜集的全部有关资料组织在一起,不能遗漏掉重要的资料,但也不能将一些无关的资料统统地写进报告之中。

(3)调查报告应该对调查结果活动所要解决的问题提出明确的结论或建议。

(4)调查报告应该能让读者了解调查过程的全貌,即报告要回答或说明研究为何进行,用什么方法进行研究,得到什么结果。

## (二)调查报告的结构

只有对报告的结构和体例有一个清楚的概念,调查人员和策划人员才有可能开始撰写一份真正优秀的调查报告。规范的调查报告的基本结构大体上是相同的。规范的市场调查报告,一般应该包含下列五个部分:

(1)序言,主要介绍研究课题的基本情况。

(2)摘要,概括地说明调查活动所获得的主要成果。

(3)引言,介绍研究进行的背景和目的。

(4)正文,对调查方法、调查过程、调查结果以及所得结论和建议作为详细的叙述或阐述。

(5)附录,呈现与正文相关的资料,以备读者参考。

## 三、调查报告的一般格式

市场调查报告的格式体例一般包括标题、正文、署名和日期、附件四个部分。

### (一)标题

标题是调查报告的具体内容。

### (二)正文

正文主要由可以分为导语、主体、结尾三个部分。

**1. 导语**

导语,有的报告也称引言、前言或开头,是用来概括调查报告基本情况的文字。在导语中,一般简要介绍以下内容:调查目的、调查部门、参加调查的人员情况;调查方法和调查经过;调查范围、对象概况。另外,导语还用来概括调查报告的主要内容与主题。

**2. 主体**

主体是调查报告的核心。它是对调查报告的基本事实和分析方法研究的论述。主体主要是由市场调查所得的基本情况、统计数据和分析研究几部分组成。

**3. 结尾**

结尾是调查报告的结论部分,用以说明调查报告的结论和建议。市场调查报告的结论主要根据调查事实的分析研究提出看法和建议。因此结尾应该是对事实的归纳,要求表达明白,准确具体。

### (三)署名和日期

署名是调查报告作者的签名,表示负责。作者可以是单位,也可以是个人。日期是调查报告的写作日期。

### (四)附件

附件是附录在调查报告之后的有关资料。它是补充论证、说明调查报告等内容的参考资料,主要包括调查的原始材料、统计数据、图表以及鸣谢等。对附件要按一定的逻辑顺序编上序号,调查报告的序言部分通常包括扉页和目录或索引。

**1. 扉页**

扉页一般只有一页纸,其内容包括以下内容:

(1)调查报告的题目或标题。题目一般只有一句话,有时可再加一个小标题。文字可长可短,但应将调查内容概括出来。

(2)执行调查研究机构的名称。如果是单一机构执行,写上该机构名称即可。如果是多个机构合作进行,则应将所有机构的名称都写上。

(3)调查项目负责人及所属机构,即写清楚项目主要负责人的姓名及其所在单位。

(4)注明报告完稿日期。

**2. 目录或索引**

目录或索引应当列出报告中各项内容的完整的一览表,但不必过分详细。一般只列出各部分的标题及页码。目录的篇幅以不超过一页为宜。有时如果报告中图、表比较多,也可在列一张图表目录。

3. 调查摘要

阅读调查报告的人往往不会对调查过程的复杂细节特别关注,他们只想知道调查所得的主要结果、主要结论,以及他们如何根据调查结果行事。因此,摘要可以说是调查报告极其重要的一节。它是从调查结果得益的读者唯一阅读的部分。由于这一部分如此重要,因此它应当用清楚、简洁而概括的手法,扼要地说明调查的主要结果。

调查结果的摘要要简短,最长也不能超过报告内容的 1/5。它可以包括下列各方面的非常简要的资料:

①本产品与竞争对手的当前市场竞争状况;

②产品在消费者心目中的优缺点;

③竞争对手的销售策略和广告策略;

④本产品广告策略的成败及其原因;

⑤影响产品销售的因素是什么;

⑥根据调查结果应采取的行动或措施等。

在上述结论性的资料阐述时,必要的话还应加上简短的解释。

## 四、调查问卷范例

1. 您好!

我们这次调查的运动鞋是指高中档运动鞋(即皮面或高级合成革,价格在 100 元以上)

2. 请问,您知道哪些品牌的运动鞋?(无提示)

_____ _____ _____ _____

3. 在上述品牌中您最喜欢哪一种?(无提示)

_____

4. 您为什么喜欢这一品牌的运动鞋?(复选)

(1)名牌进口

(2)档次高、价格高,显示地位和身份

(3)穿着舒服

(4)款式高雅,设计新潮

(5)价格适中,货真价值

(6)受他人影响

(7)受广告影响

(8)其他_____

5. 您一般每年的什么时候购买运动鞋?(单选)

(1)1～3 月　　　(2)4～6 月　　　　(3)7～9 月　　　　(4)10～12 月

6. 一年中,您一般购买多少双运动鞋?(单选)

(1)一双　　　(2)两双　　　　(3)三双　　　　(4)一年两双

(5)其他(注明)_____

7. 您看过哪些品牌的运动鞋广告?(单选)

(1)阿迪达斯　　　(2)耐克　　　　(3)彪马　　　　(4)安踏

(5)李宁　　　(6)其他(注明)_____

8. A:您认为上述哪一品牌的运动鞋广告做得最好?(单选)_____

B:您是在哪里看到(或听到)这个品牌的广告的?(单选)

    (1)电视        (2)报纸        (3)杂志        (4)广播        (5)路牌

    (6)灯箱        (7)霓虹灯        (8)车身        (9)海报、吊旗

    (10)户外立体广告        (11)其他_____

C:您认为这个广告好在哪里?

    (1)色彩        (2)画面构图        (3)广告创意        (4)内容真实可信

    (5)音乐        (6)模特表演自然        (7)其他_____

D:您觉得这个广告会不会促使您购买这一鞋子?(单选)

    (1)会        (2)不一定        (3)不会

9. 您一般看哪一个电视台的节目?(最多记三个)

    _____    _____    _____

10. 请问在下列运动鞋中,您会选购哪一种?(单选)

    (1)纯进口国际品牌,价格高,真皮制作,鞋底是气充式,款式新潮

    (2)合资企业生产,又是国际名牌,同真名牌相差无几

    (3)国内企业生产,价格合理,款式新潮

    (4)杂牌产品,但款式、样式都不错,穿着也舒服

11. 在下列价格栏中,您一般选购哪一种价格的运动鞋?(单选)

    (1)101～150元        (2)151～200元        (3)201～250元

    (4)251～300元        (5)301元以上

12. 请问,您知道下列品牌的运动鞋吗?

    (1)安踏        (2)匹克        (3)李宁        (4)耐克

    (5)卡帕        (6)阿迪达斯        (7)彪马        (8)其他_____

13. 在以上牌号的旅游鞋中,您购买最多的是哪一品牌?(单选)

    (1)有_____运动鞋,买_____次

    (2)没有穿过,那您将来准备选购哪一牌号(单选)_____运动鞋

14. A:您为什么选购这个品牌的运动鞋?(复选)

    (1)进口名牌        (2)质量好        (3)获奖产品

    (4)款式新颖        (5)色彩搭配大方        (6)合资企业生产、信得过

    (7)习惯购买        (8)有中奖机会        (9)显示身份

    (10)广告影响        (11)受他人影响        (12)包装精美

    (13)国内生产、质量过硬        (14)送给朋友穿        (15)价格因素

    (16)赠券购买        (17)其他_____

    B:今年(2003年)您是否继续选购这一品牌?(单选)

    (1)是)        (2)不一定        (3)否

15. 请问:在以下品牌的运动鞋中,您认为

    A:哪一品牌质量最好?_____(单选)

    B:哪一品牌款式最好?_____(单选)

16. 您最喜欢鞋面是什么颜色的运动鞋?(单选)

    (1)纯白        (2)白灰相配        (3)黑白相配        (4)白蓝相配

    (5)色彩鲜艳        (6)白绿相配        (7)白粉相配        (8)其他_____

17. 您一般经常看到哪些电视节目？（单选）

　　(1)新闻　　　　　　(2)电影　　　　　　(3)国产电视剧　　(4)综艺节目

　　(5)港澳国外电视剧　(6)体育　　　　　　(7)教育　　　　　(8)地方戏曲

　　(9)少儿节目　　　　(10)生活服务节目　　(11)旅游　　　　(12)时事

　　(13)社会论坛　　　　(14)国际见闻　　　　(15)其他(注明)＿＿＿＿＿＿＿

18. 请问您每天大约在什么时间看电视？

　　A:夏天的晚上

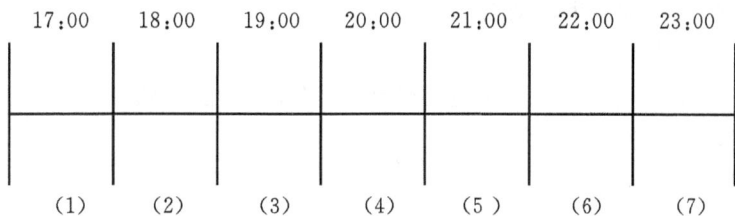

　　B:冬天的晚上

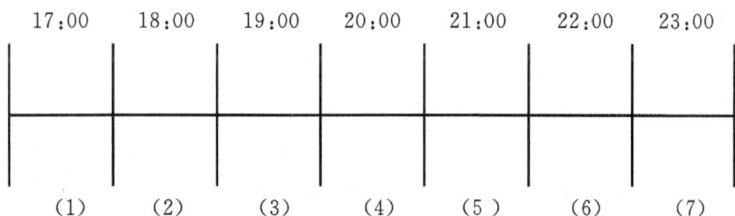

　　C:星期天的白天

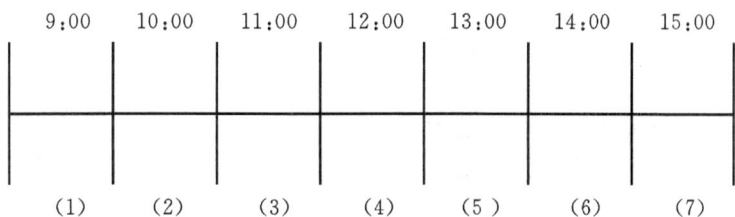

19. 文化程度:(1)小学　　　　(2)初中　　　　(3)高中　　　　(4)大专

　　　　　　　(5)本科以上　　其他(注明)＿＿＿＿＿＿＿

20. 个人月总收入:(单选)

　　(1)无收入　　　　　(2)500 元以下　　　(3)500～800 元

　　(4)800～1000 元　　(5)1000～1500 元　(6)1500～2000 元

　　(7)2000～2500 元　 (8)2500 元以上

　　若是学生类,那您父母每月总收入:

　　(1)1000 元以下　　　(2)1000～1500 元　(3)1500～2000 元

　　(4)2000～3000 元　　(5)3000～5000 元　(6)5000 元以上

21. 请问您知道 XX 运动鞋吗？（单选）

　　(1)知道　(2)不知道—终止访问

22. A:您是否看 XX 牌运动鞋的广告？（单选）

　　(1)看过 哪一品牌＿＿＿＿＿＿＿　　　(2)没看过

B:您是否看过 XX 牌运动鞋的路牌广告？（单选）

(1)看过，什么地方？＿＿＿＿＿＿＿ (2)没看过

C:您是否看过 XX 品牌运动鞋的车身广告？（单选）

(1)看过 (2)没看过

D:请问您记住了 XX 运动鞋广告的什么？

＿＿＿＿＿＿＿＿＿＿＿＿＿＿＿＿＿＿＿＿＿＿＿＿＿

23. 就您所知，XX 企业举办了下列哪些活动？（复选）

(1)赞助第 X 届大学生运动会XXX万元

(2)赞助 XX 歌星演唱会

(3)同 XX 报社共同举办"百事运动鞋知多少"竞猜有奖游戏

(4)在南京举办新文发布会

(5)其他（注明）

24. 你穿过 XX 牌运动鞋吗？（单选）

(1)穿过 (2)没有

25. A:那么今年你是否想（继续）选购 XX 牌运动鞋？

(1)想 (2)不一定 (3)不想

B:请问您为什么不选购 XX 牌运动鞋（复选）

(1)价格高 (2)款式不好 (3)身份不符 (4)不是真皮

(5)缺信誉 (6)买不到 (7)质量不保证 (8)有假冒问题

(9)说不出来 (10)没有这个习惯 (11)对广告反感，原因＿＿＿＿＿＿＿

(12)其他（注明）＿＿＿＿＿＿＿＿＿

C:假如 XX 牌运动鞋面料选用真皮，价格在 200～300 元之间，您是否会接受

(1)会 (2)不一定 (3)不会

26. 穿 XX 牌后，你感觉如何？（态度值）

| | 很好 | 好 | 较好 | 一般 | 较差 | 差 | 很差 | |
|---|---|---|---|---|---|---|---|---|
| 价格 | | | | | | | | 价格 |
| 款式 | | | | | | | | 款式 |
| 售后服务 | | | | | | | | 售后服务 |
| 面料 | | | | | | | | 面料 |
| 色泽 | | | | | | | | 色泽 |
| 广告 | | | | | | | | 广告 |
| 其他（注明） | | | | | | | | 其他（注明） |

27. XX 牌运动鞋有无下列质量现象发生？

(1)开胶 (2)帮面脱线 (3)鞋底、鞋帮出脱线、断线

(4)做工粗糙，针线不齐 (5)鞋面起皱 (6)(其他)注明＿＿＿＿＿＿＿

28. 您对 XX 牌运动鞋今后广告宣传有何建议？

＿＿＿＿＿＿＿＿＿＿＿＿＿＿＿＿＿＿＿＿＿＿＿＿＿

调查全部结束

谢谢您的合作！

# 第七章 | 品牌维护要点

**学习要点**

1. 了解广告的主要作用
2. 了解广告的主要流派
3. 了解公众对广告的要求
4. 了解品牌公关的基本方法

## 第一节 广告：定位攻心术

### 一、理性的专家型消费

社会的发展，市场的规范化，使消费者的消费行为更趋理性。理性消费结果是对专家意见的重视，也就是专家型消费。专家型消费是指消费者在整个消费过程中的消费专业化倾向。时代在变，消费者也在变，产品知识不断丰富的消费者越来越认同深具专业水准的产品和产品广告。这些表明，我国消费市场正在步入专家型消费时代。消费者需要的是真实可信、明白无误的品质承诺。买个人用品，要买杀菌专家品牌；买家电，要选择优质专家品牌；要买医药用品（非处方药），更会去买专家品牌。

消费行为的专家化倾向使得广告承诺、营销实务同样出现了专家化诉求倾向和专业化操作潮流，这一切都标志着我国消费已经进入了专家型消费时代。

理性的专家型消费的出现是我国市场经济深化发展的产物。企业作为市场主体之一，可以最及时、最直接地感受到消费者行为理性化、专家化潮流的到来。但是，由于计划经济给企业观念留下的诸多后遗症，我国许多企业对这场消费领域变革的感知和反应非常迟钝。

理性的专家型消费迫使企业必须致力于在同类产品中保持品质优先，树立并维护自己的良好品牌形象。只有专业的品牌形象，才能实现与专家型消费有效沟通。比如宝洁在洗发水行业竭力为自己旗下的各个品牌树立专家形象：海飞丝是去头屑专家，潘婷是营养头发专家，飘柔是柔顺头发专家。无数营销实践表明一个无可辩驳的事实，哪种品牌首先迎合消费者并树立专家形象，它在同类产品中往往就获得数一数二的地位。

企业必须真诚对待消费者，这既是市场化加深的要求，也是消费者专家化的要求。产品宣传的任何疏漏都有可能导致消费者的抛弃甚至愤怒。某进口名牌彩电在产品说明书中写明有图文电视接收功能，但消费者在使用过程中却发现该产品并不存在这种功能，消费者于是将这种欺诈行为告上法庭，令此产品在中国市场狼狈不堪。这是轻视消费者专家化的恶果。

### （一）广告定位策略

广告产品定位指广告活动中根据消费者对产品某种特定属性的重视程度，给产品规定一定的市场位置。在营销实践中，没有任何一种产品能适应所有人的需求。

在广告策划中，必须根据产品的实际情况，把产品最符合消费者心理需求的那一点放到最重要的位置上，并在广告表达上把这一特点鲜明突出地表现出来。一般来说，产品定位策略应该回答这些问题：产品的目标市场是什么？产品有什么突出优点？和同类产品相比，该产品有何超人之处？

如美国"嫩春"面霜的产品定位就是一个成功的范例。美国一家化妆品公司推出的"嫩春"面霜本有多种用途，既能防治青春痘，也能使皮层收缩，减少皱纹。该面霜上市之后，经市场调查表明，80%的购买者是 20 多岁的青年女性，其余 20%则是 35～50 岁的中老年妇女。而后者喜欢这种面霜是因为"嫩春"可以减少皱纹。针对这种情况，公司果断采取放弃原先 20%中老年妇女作为目标的营销策略，而强调"嫩春"面霜治疗青春痘的功效，以全力抓住年轻的女性消费者。这一产品定位策略使该面霜销路大畅，营销量猛增。美国纽约瓦特·汤姆逊广告公司董事长华莱士·艾尔顿在谈到这一成功范例时评价说："这是产品定位与广告目标相结合的最成功的一例。"因为"嫩春"面霜的定位，既突出了产品的主要特点，又准确地能把握住了目标市场。

广告定位策略，应该注意以下三个方面：

1. 突出产品的主要特点

产品定位策略的主要特点是突出广告产品的独特个性，即同类其他产品所不具备的特性。突出特性，才能满足消费者的特定需要，在市场竞争中立于不败之地。

2. 明确产品的目标市场

产品定位策略还应明确广告产品在市场中的位置，特别是市场竞争的定位，确定该产品在何时、何地，对哪一阶层的消费者出售，以利于与其他同类产品竞争。

3. 针对消费者的心理需求

产品定位策略要针对消费者心理，在广告策划中，要突出符合消费者心理需求的鲜明特点，使之根植于消费者心目中，促使消费者树立选购该产品的稳固印象。

总而言之，广告产品定位策略的核心思想在于"把准确的信息传递给消费者，给他们一种与众不同的独特形象。"

## （二）实体定位策略

实体定位策略，是指在广告从产品的物质特性出发强调本产品的个性，提高产品在受众心目中的形象，提高产品竞争力。

实体定位策略大致又分为质量定位、价格定位、市场定位。

1. 质量定位

质量定位包括产品的物理、化学、技术性能，使用是否方便、安全，以及耐用性。质量定位是在广告中突出产品的质量特性，说明本企业产品优于其他产品。同类产品的质量指标具有共同性，所以质量定位要言之有理、言之有据，要做定量分析。

2. 价格定位

广告中运用价格定位策略，诉求重点要突出两个方面：第一，本企业技术先进，管理科学，劳动生产率高，成本低。第二，本企业向消费者让利，全心全意为消费者着想，从而确立产品在消费者心目中的地位。价格定位策略最主要的是廉价策略，此外还需要运用一些技巧性价格策略，如声望定价、整数定价、尾数定价和招徕定价策略等。

3. 市场定位

在市场经济条件下商品供应越来越丰富,买方市场全面形成,竞争日趋激烈。已经占有的市场转眼就会丧失,而要占领新的市场绝非易事。竞争者只有依靠定性定量的市场细分才能发现尚未满足需要的市场,将产品定位在最有利的市场位置上。

在上述三中定位中,价格定位有自己的独特之处,是企业市场竞争的主要方式,可以自成一体。

### (三)价格定位策略

正如上面提到的,在广告产品与同类产品各个方面都相近似,没有吸引消费者特异之处的情况下,广告宣传可以运用价格定位策略,使产品的价格上具有竞争性,以促进销售。价格定位是指突出广告产品价格特点以促进销售的广告策略。现在很多的家电企业在产品推广、营销中就采用了这种定位策略。

一般来说,广告产品的价格定位策略可以分为这样几种方式:

1. 高质高价策略

高质高价策略即对高质量产品定位高价格的广告策略。这种策略通常适合于高质量产品和高收入消费者,使消费者享受该产品高质量之外,还通过高档价格来获得心理上的满足。

2. 低质高价策略

低质高价策略即对低质量产品制定高价格的广告策略。这种策略一般适合于需求超过供应,但无市场竞争的产品。当然,这类产品及策略也可以得手于一时,但缺乏发展前景。

3. 高质低价策略

高质低价策略即对高质量产品实行低价格的广告策略。这种策略一般适用于市场竞争激烈且需求量大的产品。通过这种策略不但有助于开拓新市场,而且可以提高产品的竞争力和销售量。

4. 低质低价策略

低质低价策略即对质量不高的产品制订较低价格的广告策略。这种策略一般适合于质量低、成本低、使用周期短且又有一定需求量的产品。通过这种策略,可以在一定时期内扩大销售量,但如不提高产品质量,必然会因缺乏竞争力而没有发展前途。

不同企业,可根据自身状况和产品,市场规定采取不同的定价方法。

### (四)观念定位

观念定位一般有两种方法——逆向定位和是非定位。

1. 逆向定位

这是通过承认自己的产品的不足之处来突出产品优异之处的广告定位策略。逆向定位又有以下几种方式:

(1)跟随式。这是处于二流产品的定位方法。它们采取的营销策略是以比较小的精力确保二流地位。如有的企业的广告定位:"年年获亚军,岁岁得银牌";再如艾维兹公共汽车公司的广告定位:"我们仅是第二,我们更为卖力。"

(2)致歉式。如1987年广东富力美食品公司在为公司产品脱销公开向消费者致歉,目的是把产品质量好、供不应求,以及工厂引进先进的生产线扩大生产规模等信息告诉公众,为生产线投产后大量产品上市预作广告。以致歉的广告方式可以为企业树立了良好的道德形象,提高了企业声誉。

(3)反义式。这种广告表面上是否定一个商品,实际上是欲褒先贬,使顾客产生好奇心和反向思维,达到宣传产品的目的。如大众汽车公司的甲壳虫牌汽车定位在"小一点"上,是针对美国大型豪华汽车的反义定位。

(4)贬义式。即采用"贬义"名称为商品命名。这种名称表面上自贬,但称呼起来好奇、亲切、顺口,具有感染力,容易记忆,有助于提高名牌知名度。如尼泊尔的"茅屋"旅馆,美国俄勒冈州的"最糟饭菜"餐厅,"鬼才"设计公司,中国"狗不理"包子,"王麻子"剪刀等。

### 2. 是非定位

是非定位是从观念上认为地把商品市场加以区分的定位策略,这是非名牌商品回避名牌商品的正面竞争,另辟一个市场,迂回包抄,以守为攻,变被动为主动的定位方式。如美国的七喜汽水定位在"非可乐型饮料",突破饮料市场长期被百事可乐和可口可乐两家长期垄断的局面,打开了市场并获得一定占有率。又如铝合金门窗框架,定位在"非钢木门窗架",特点是美观、质轻、不受腐蚀。再如合成塑料眼镜片定位在"非玻璃"眼镜片,特点是不易破碎,适合少年儿童使用。

## 二、广告:创造产品新生命

在理论界一般认为,广告和营销有三个境界,它们分别是:

(1)满足一种需求。

(2)发现一种需求,然后满足它。

(3)创造一种需求,然后满足它。

最后一种"创造一种需求,然后满足它"是广告和营销的最高境界。

### 案例介绍

#### 钻石恒久远 一颗永流传

世界上著名的钻石品牌 De Beers 用广告语诱劝消费者"一枝梅花两度开",虽然老夫老妻,但仍要再送爱人一枚"永恒钻戒",过第二个蜜月。

在广告中,"永恒钻戒"是一个妻子的口吻,用诗一般的语言来表达的:

> 我们的第二个蜜月
>
> 回首我们一起走过的路,
>
> 永远铭记我们人生的大日子。
>
> 永恒钻戒给你第二个机会。
>
> 让你告诉我你有多么爱我。
>
> 我们昨天的希望,已变成了今天的现实。

在这之后,广告对产品做了介绍:永恒钻戒镶满了晶莹的钻石,既可以做结婚周年纪念,也可以庆祝婴儿诞世。详情请向当地珠宝商查询。

而 De beers 的广告在保持一致风格的同时,也注重本土化。在中国大陆推广"永恒钻戒"时的广告语是:钻石恒久远,一颗永流传。

通常,钻石是男人送给女人的定情信物,但 De Beers 从反面着手,号召女人给男人送钻石礼物。

> 只用哪些声称男人不懂的感情的人,

才不会给男人送钻石。

赠他一枚钻石，

让他永生难忘，

男士钻戒与婚戒，

线条硬朗，粗犷，尽显男人气概。

这个从 500 美元到 2000 美元不等。

钻石恒久远。

男人的钻石。

当一个女人爱上一个男人，

何不送一枚钻戒给他？

## （一）产品生命周期广告

产品的生命周期分为自然生命周期和社会生命周期。产品的生命周期指产品从引入市场到产品失去市场滞销的整个过程。产品具有实用价值形态的总时间是自然生命周期；而产品能够从市场上卖出去从而能够实现其价值的总时间则是产品的社会生命周期。

一种产品具有相应的性能，但不一定能实现其价值，因为商品在市场上滞销就意味着被市场淘汰，社会生命周期已经结束。本书所说的产品生命周期是指产品的社会生命周期。产品生命周期一般包括导入期、成长期、成熟期和衰退期。产品处在生命周期的不同阶段需要不同方式的广告策略。

### 1. 产品导入期

新产品刚刚进入市场时的广告宣传要着重两点：第一，扩大广告受众范围，突出产品品牌，提高知名度，引起购买欲望，扩大产品销量。第二，对于已经使用过本产品的消费者，广告宣传要帮助他们归纳总结产品的优势，巩固品牌在他们心中的地位，使他们从偶然的使用者变成了习惯使用者。

### 2. 产品成长期

这一阶段产品品牌和商标已经被相当数量的消费者接受后，产品销售量以一定速度增长，利润也相应提高。在这一阶段应该扩大广告投入费用，利用更多的选传媒体，提高刊播频率，使企业在同类产品的市场竞争中处于有利地位。

### 3. 产品成熟期

当产品品牌形象已经被广大消费者接受，产品销售量大且稳定之后就进入了产品成熟期。这一市场阶段市场趋于饱和，经营者应该保持清醒的头脑。产品进入成熟期是销售高峰，同时也是销售量的下降、产品被淘汰的起点。但是不同的产品有不同的经营方式，产品成熟期可能很短，也可以延续相当长的时间，甚至几十年。这一阶段广告要有创意，突出产品的优越性，要充分利用统计数字和顾客的赞誉信任等，使消费者对老产品有新的感受，巩固消费者的使用习惯。

### 4. 产品衰退期

在这一阶段产品销售量下降幅度逐渐加大，代替产品大量进入市场。这时产品广告的重点应放在延缓销售量下降，千方百计利用产品的的特点和一部分老顾客的怀旧心理，达到预期的销售目标。哪怕是最后一批产品，也不能忽视广告策略。

但是，无论处于何种时期，产品推广的广告都要遵循以下原则：①简单（Simple）；②独创性（Unique）；③趣味性（Funny）；④冲击性（Impact）；⑤关联性（Connect）；⑥延展性（Extendable）；

⑦时尚性(Fashion);⑧整合性(Integrated)。

## (二)新产品广告策略

按产品独立程度,新产品可分为三类——全新新产品、换代新产品和改进新产品。针对新产品的不同类型,可采取不同的广告策略。

### 1. 全新新产品广告策略

由于全新新产品是前所未有的,可以采用悬念式广告策略。悬念式广告一般分为三步推出。第一步,采取与广告常规相反的方式,推出的广告先不说明宣传什么商品,设置悬念。如比利时一家电讯公司在一家报纸第一版上刊出六块大"天窗",使读者对这个寸金之地的空白惊讶不已。第二步,在第二天报纸上透露一点与广告有关的内容,或是出现公司名称,或是把"两扇大门"稍稍打开一点露出"蓝天白云",使议论达到高潮。第三步,在第三天报纸上才真正出现新产品的详细广告。由于手法高明,引起读者的强烈的兴趣,留下深刻的印象。

对于新产品推广开发悬念式广告策略是普遍适用的,但是方式要不断翻新。如果读者经常在报纸上看到"天窗"或"宫廷大门",就提不起兴趣了。

### 2. 换代新产品广告策略

换代新产品是指在原有产品的基础上,部分采用新技术,使产品性能有显著提高的新产品。换代产品广告可以采用比较性广告策略,把新老产品加以比较。如彩色电视机和黑白电视机进行色彩比较,彩色电视机光彩夺目;全自动洗衣机和半自动洗衣机进行功能比较,全自动洗衣机方便省时;集成电路收音机和晶管收音机进行体积比较,集成电路收音机体积小,分量轻,便于携带。经过比较,广大受众自然会得出广告策划者预期的结论。

### 3. 改进新产品广告策略

改进新产品广告策略是采用各种方法对现有产品进行改进,或者在原有单一产品的基础上研制出多种品种、多种型号、多种规格、多种款色、加深产品线的深度等。改进新产品可以采用针对性广告策略。产品改进工作一般都是建立在市场调查基础上的。因此改进新产品的广告,要针对消费者的新需求,突出产品改进部分。

### 案例介绍

#### 凯迪拉克轿车的广告策略

成功的新产品广告推广策略的实例有很多。不过,通用汽车公司推出凯迪拉克轿车时的广告策略应该可以算是一个成功的代表。

1915 年,通用汽车公司生产出凯迪拉克8气缸(V-8)高速豪华轿车,大大超越福特那种大众化的廉价汽车。

在为凯迪拉克创作的广告中,广告专家克纳斯大胆地暗示凯迪拉克是汽车行业的领先者,以此来塑造一种敢为天下先的品牌形象,从而突出购买者的品位、生活理念和人生哲学。通用生产的 V-8 轿车一改大众化形象,被赋予了一种梦幻,开创了个性化产品的先河。

V-8 轿车的广告在形式上是一篇谈论人生哲理的论文,题目是《领先者的惩罚》:

#### 领先者的惩罚

在人类为之斗争的各个领域,领先一步的人必定备受瞩目,不管其领先的是个人地位抑或是其产品,总会引起妒忌,令人取而代之。无论是艺术、文学、音乐,还是工业,领先者所得到的奖赏和惩罚都是相同的。

奖赏乃是广为人知公认的地位,惩罚则是受到猛烈的贬低和损毁。当一个人的作品成为全世界的标准时,他也就成了少数人嫉妒的箭靶。如果他的作品平庸,不会有任何人理睬。对于那些寻常之作,无论是写的诗,画的画、上演的戏剧,还是盖起来的建筑,都会有人会试图超越,也没有人会攻击你;除非你的作品打上了天才的烙印。即使接触优秀的作品完成很久以后,那些因嫉妒而大失所望的人还会宣称这样的作品无法完成。就算至全世界已经承认了此乃天才的杰作,艺术领域的攻讦仍会愈演愈烈、汹涌如潮,。

领先者之所以受攻讦完全是因为其技高一筹,追随者无法赶上更不能超越,便处心积虑予以贬损诋毁,这反而印证了领先者的王者地位。这已不是什么新鲜事了,如同人性中的激情、嫉妒、贪婪、恐惧、野心、超越他人的欲望(好胜心)一样与生俱来。如果确实有非凡之处,王者地位就不会动摇。伟大的诗人、伟大的画家以及伟大的工匠,都会被受攻讦,但真金不怕火炼,不管贬损的声浪有多高,杰作总会青史留名。

凭借这种"自我标榜",V-8上市就引起广大消费者的关注,并成为通用公司取代福特公司成为新的汽车行业领先者的有力武器。

# 第二节 广告:不同策略 共占市场

## 一、核心之战

成功的广告是极具吸引力的,以汽车广告而言,成功的广告不仅能帮助汽车厂商把汽车卖给会开车的人,而且能把汽车卖给不会开车的人,这样的广告是成功的。

### (一)三个不同定位

企业市场经营观念是逐渐演进的,并且大致经历了以下三个阶段:

1. 第一阶段——全面营销阶段

在这一阶段,企业面向所有的顾客大量生产、大量配销和大量促销同一种商品。一定程度上,可以使成本和价格降到最低,并且可以获得最多的顾客和利润。但是在这个阶段,企业还没有完全摆脱以往的产品导向,对市场营销满足消费者需求的目的还缺乏明确的认识。

2. 第二阶段——产品差异化营销阶段

在这一阶段,企业识别到顾客有不同的爱好,同时顾客的爱好会随着时间的推移而发生变化。企业会根据此推出同几种具有不同的特点、风格、质量和尺寸的商品。

这种营销观念表面上具有了目标市场营销的部分特点,但二者仍有着根本区别:产品差异化营销的目的是为同一消费者群体提供多种选择,目标市场营销的目的则是以不同产品满足不同消费者的需求。差异化营销观念比全面营销观念已经有一定的进步,因为企业已经开始注意到了消费者的需求和他们的需求的变化。

3. 第三阶段——目标市场营销阶段

在企业认识到实行全面营销和产品差异化营销越来越困难,很难达到理想的销售效果之后,企业会逐渐向目标市场营销转化。

执行目标市场营销的企业,首先从整体市场中区分出最主要的细分市场,在其中选择一个或多个目标,并制定产品计划和营销计划,使之适合每个细分市场的需要。与前两种营销观念相比,目标市场营销观念不但意识到了消费者需求的变化,而且注意到了不同的需求,因此,在营销的范围和对象方面上更具针对性。

根据企业所处营销阶段的不同,企业可以采取不同广告策略。在全面营销阶段,企业的广告策略可以同时运用多种媒体,播出频率高、覆盖面大,能迅速提高产品知名度,广告制作方式比较单一,消耗的人力物力少,成本低,收效大。但这种广告策略的缺点是不完全适应市场竞争激烈、产品供过于求的情况。因为无差异的广告策略不能满足消费者的多种需求,其他生产者易于参加竞争。例如早期的"可口可乐"受到"百事可乐"和各种各样"可乐"的挑战。

第二阶段的差异化营销是指企业同时为吸引几个细分市场上消费者的注意,并根据各个细分市场顾客的不同需求,分别提供不同的产品和运用不同的市场营销方式的策略。这一策略要求相应的广告策略——差异化广告策略,它是指企业同时针对各个细分的目标市场,运用不同的宣传媒体,面对不同的顾客,做不同内容的宣传。这种广告策略一般运用在竞争较激烈的时期。这一时期市场越来越分化,消费者的需求日益多样化,广告发布的各个环节都要有新的创意。

第三阶段也就是目标市场营销策略。目标市场营销策略是指在市场细分以后,企业把目标市场定在一个细分市场上,集中力量为该市场提供最优质的产品和最完善的服务,实行高度专业化的生产和销售的目标市场策略。这种广告策略主要适用于资金有限的中小企业。中小企业无力在整体市场或多个细分市场上与大企业抗争,只能在夹缝中生存。运用这种广告策略的优点是广告目标市场小,广告制作较单一,广告费用低,可以迅速提高企业知名度,扩大产品销售量;缺点是企业承担的风险较大。一旦目标市场打不开或打开了又出现强大的竞争者,企业来不及应变将陷入困境。因此采取这种策略选择地市场面不能过小,并且要随时注意市场动向。

由于整体市场的是相对而言的,所以以上三种策略也是相对的,可以独立运用,也可以综合运用。

## 二、市场策略:发挥广告生命力

### (一)发挥想象力

广告策划奉行"不怕做不到,就怕想不到"的宗旨,要求富于想象力。

**案例介绍**

### 必胜客和麦当劳的营销

必胜客的比萨饼太空外卖就是一个极富想象力的天才广告。2000年,必胜客向俄罗斯宇航局付出100万美元,向"阿尔法"国际宇宙空间站派送了第一份从地球"卖出"的比萨饼。麦当劳也同样有这样一次充满想象力的促销活动策划,这一策划足以让人拍案叫绝。麦当劳发布广告说:任何人只要用纸画一张美元,正面当然不是华盛顿的头像,而是麦当劳那金色的M。拿到麦当劳快餐店就可以当一美元使。

麦当劳为这次促销活动所做的电台广播文案如下:

克拉拉:你在做什么,格林?

格林:我正在做麦当劳优惠券。

克拉拉:做优惠券?

格林:难道你没听广播吗?在一张白纸上比着一美元大小用虚点连接线画成钞票式样。

克拉拉:然后呢?

格林:再用铅笔、蜡笔或其他什么在上面画一个麦当劳图案。

克拉拉：为什么，格林？

格林：为了每次买麦当劳巨无霸，你可以用自己制作的优惠券换一杯保准装软饮料。

克拉拉：那为什么画那么多优惠券？

格林：因为我要经常去麦当劳，每次都要喝软饮料。

克拉拉：在麦当劳免费喝杯软饮料确实不错，只要……

格林：只是什么？

克拉拉：你画的太不像样子了！

格林：这是印象主义画法，克拉拉。

克拉拉：你是个蹩脚的艺术家？

格林：我会有很好的回报。

克拉拉：格林，你在占麦当劳的便宜。

格林：那算什么，克拉拉。

克拉拉：快把它剪下来，格林。

克拉拉：就听你的，格林。

格林：就听你的。

克拉拉：朋友们！赶快听广播，自制你的美元式账单优惠券，用铅笔、圆珠笔、蜡笔，无论什么都可以，在上面画一个麦当劳标志，当你买巨无霸汉堡包时，用它可以换一杯免费的标准装软饮料。

麦当劳凭借这一广告名声大振，并且在"送出"一杯饮料的同时卖出了更多的东西，公司收益迅速提升。

## (二)目标市场选择

目标市场的选择有如下可供参考的方面：

1. 细分市场的评估标准

(1)细分市场的规模与发展前景。企业在评估细分市场时，首先要考虑细分市场规模是否适度、是否具有发展潜力。对于大型企业，销售量较小的细分市场不是适度规模的细分市场；而对于小企业，规模过大的细分市场也不是适度规模的细分市场。

(2)细分市场的吸引力。在评估细分市场的吸引力时应考虑同行业竞争的程度、是否有潜在竞争者和新出现的竞争性、供应商的供应能力、消费者的购买能力、是否很快出现代替产品等因素。

(3)企业目标决定企业将要在多大的市场上获得什么程度的发展，企业的资源则决定企业有能力在多大的市场上获得多大程度的发展，因此也应该列为评估细分市场的重要标准之一。

2. 确定目标市场的五种策略

(1)密集单一市场策略。企业选择一个细分市场作为目标市场进行营销。

(2)有选择的专门化策略。企业选择若干个细分市场作为目标和资源，但是彼此之间可能没有密切联系的细分市场作为目标市场进行营销。

(3)产品专门化策略。企业生产一种产品面向所有的细分市场的顾客销售，但是采取这种策略的企业可能面临产品被淘汰的危险。

(4)市场专门化策略。企业专门为满足某一细节市场的各种需求而提供产品或服务，但是由于细分市场单一，如果顾客发生突然的变化，企业就可有能面临市场危机。

(5)完全市场覆盖策略。企业试图用各种产品满足各个细分市场的需求。这种策略又有两种类型:无差异市场营销策略——忽略细分市场的差异,向它们提供同一种产品;差异市场营销策略——在多数细分市场上进行营销,但是针对不同细分市场制定不同的营销方案。

3. 目标职场广告决策要点

(1)分析广告主现阶段进行市场营销所面对的市场,判断其是否合理,是否是对企业最有价值的市场。如果没有发现不合理之处,广告策划的目标市场策略就以企业市场营销的目标市场策略作为依据;同时应该按照下面的步骤重新进行目标市场策略的决策。

(2)把握同类产品的现有市场和消费者的概况,寻找最符合市场和消费者特性的市场细分标准。虽然市场细分可以按照许多标准来进行。但是这些变数并不是对所有的产品都有同等的影响力,对于高价值的产品,消费者收入和生活方式的因素可能对购买产品起主要的影响作用,而对于具有鲜明的地域文化色彩的产品,起主要作用的变数可能是市场区域中的具有普遍性的生活风格和价值观念。

(3)按照确定的标准将整个市场划分为具有不同特性的若干个细分市场,并且描述各个细分市场的特性。

(4)对不同的细分市场进行评估,确定对企业市场营销最有价值的细分市场。

(5)确定企业的目标市场策略。

(6)根据企业的广告目标、企业营销进程的安排、企业的支付能力,确定本次广告运动(活动)的目标市场策略,包括目标市场的地域、目标市场的规模、目标市场中的消费者群体特性和需求等。

在这样的层层推进的目标市场广告策划之下,企业目标市场自然前途无限了。

## 三、增加销售的方法

通过广告刺激消费常见的方式包括以下几种:

### (一)增加商品新用途

美国斧头牌酵母粉因家庭烘焙市场日益萎缩,而陆续开发出放进冰箱可以消除异味、导入厨房水槽消除恶臭等新用途的产品,而使其销售量大增。

### (二)增加使用频率

奶粉厂商希望消费者从一天只在早上饮用牛奶,改变为早中晚餐各饮用一次,甚至最好是冲好一壶在冰箱里,想喝可以随时喝;肥皂厂商鼓励大家经常洗手,保持卫生;牙刷厂商则建议消费者从每天早上刷牙,到三餐后刷牙,再到吃完东西就要刷牙,以提高消费者的使用频率。

### (三)增加每次使用数量

美国一个牙膏厂曾征求增加销售量的创意,结果最后中选的创意是把牙膏管口加大,以便消费者每次挤出更多的牙膏;奶粉厂商也希望消费者从一次饮用 300 毫升的牛奶,增加到 500 毫升,以增加每次使用数量。

### (四)增加使用时机

例如,可口可乐打出"任何食物的好搭档",以让消费者随时饮用。

### (五)增加购买量

例如,饮料厂商推出 2 公升大瓶装(反正多买多喝);有人则以多罐装一起卖的方式,使消费者一次购买多罐;卫生纸、面纸、卷筒纸业也经常以多包的包装套起来一起售;卫生棉业者也常使用这种方式,显然是希望能维持住消费者的品牌忠诚度。

# 第三节　广告媒体概述

## 一、青春时尚的广告

不同年龄阶段的消费者对广告推广宣传有不同的要求，因此要做到有的放矢。在今天这个发展的社会里，就需要企业和广告设计者把握群体，做大市场。

各个年龄层的消费者对企业都很重要。不过就目前来说，谁拥有了青少年消费者，谁就占据了时尚消费的主动权。青少年的消费拥有承上启下的效用。即使是推销老年人用品，所选用的老年模特看上去必须比实际年龄年轻 10～15 岁；另外推出广告中所涉及的女模特必须美丽，儿童模特必须可爱。

可口可乐就是这方面的生动"模范"。可口可乐认识到，青少年永远是时尚的主体，而且由于青少年具有广阔的延伸性，可以形成强劲的拉动消费；孩子不会因为父母喜欢什么而去选择；父母却会努力应和孩子的喜爱。谁拥有了青少年谁就拥有了现在未来的市场。很早时候可口可乐的目标就是要成为中国新一代的"第一口奶"；所以青少年喜欢什么，可口可乐就会奉献什么。可口可乐不仅在占领中国人的胃，要是占领下一代中国人的心。

从可口可乐的广告宣传中体现出产品推广宣传各有其法。不管作为何种宣传，它都是一种媒体传播。

凡是在广告与广告对象之间起传递信息作用的物质，都可称之为广告媒体。媒体又称为媒介（Media），是把信息传递给社会公众的工具。广告作为一种信息，必须运用一定的物质手段才能向公众传播，让大家知晓。广告媒体在广告活动中，将生产者、经营者的产品信息、劳务信息传递给零售商或消费者，从而促进他们之间的信息交流，提高企业和产品的知名度，帮助企业、商店现其推销目的。

随着生产力的发展，科学技术的进步也不断发展。回顾历史，古代的传播媒体是很简单的，如沿街叫卖的吆喝声、红色的灯笼、飘动的酒幌、醒目的招牌等。但也不乏耐人寻味的好广告《水浒传》中描写的景阳岗上武松打虎的精彩片段，使人难以忘怀，但其引子却是店家酒招上的"三碗不过岗"，这是一则富于戏剧性的悬念广告，引起了顾客的好胜心理和逆反心理，实在是商品之作。

广告媒体在现在社会，电子计算机、遗传工程、信息工程、光导纤维等高科技的开发利用，众多新兴产品广告媒体物质的大量应用，使广告媒体正朝着电子化、现代化、艺术化的方向发展，更使广告媒体的功能和作用发挥得淋漓尽致。其一是极广的传播力，能不受时间空间的限制，将广告信息广泛深入渗透到广大地区，传播给亿万公众；其二是强大的吸引力，缤纷的色彩、争奇斗艳的种种广告，有着极大的诱惑力，把广告信息深深印入消费者的脑海中；其三是很强的适应性，广告媒体种类繁多，在地区辐射、价格选择、材料比较等各个方面，具有极为灵活的适应能力，可以满足不同层次的广告客户要求。

现代社会中，广告虽然繁多，但主要的还是报纸杂志、广播、电视、网络这四大媒体，它们是传播广告信息的主要手段，在广告媒体中占支配地位，可称为大众传播媒体。除此之外的众多媒体，可统称为其他传播媒体。

## 二、风光各尽的广告

广告媒体是指广告信息传播的物质载体。在现代广告中，凡是能够负载广告信息、在广告信息传播中起到中介作用的物质,都可以成为广告媒体。

### (一)广告媒体类型

广告媒体种类的划分主要有以下几种标准:

(1)按照手中的数量分类,广告媒体可以分为大众媒体、中众媒体和小众媒体。大众媒体在此特指受众数量非常巨大的媒体,如全国性的报纸、电视、杂志等;中众媒体指在有限的地域内传播、受众数量小于大众媒体的媒体,如地区性的报纸、电视、杂志等;小众媒体指只针对很少一部分受众进行传播的媒体,如直接邮寄广告、POP 广告等。

(2)按照作用的方向划分,广告媒体可以分为单向媒体和互动媒体。单向媒体指由媒体向受众传播信息,而不需要受众采取信息反馈行动的媒体,如报纸、电视;互动媒体指受众在接受信息后有信息反馈活动的媒体,如直接邮寄广告等。

(3)按照传播符号的类型区分,广告媒体可以分为印刷媒体和电子媒体。印刷媒体指以文字为传播符号、以印刷品符号为载体的媒体。电子媒体指以电波、光波等电子符号为优越性传送手段的媒体。

(4)按照受众的接受形式分类,广告媒体又可以分为视觉媒体、听觉媒体、视听综合媒体。视觉媒体指通过文字图像这种视觉符号传播信息,受众通过视觉接受信息的媒体,如报纸、户外广告等;听觉媒体指通过声音这种听觉符号传播信息,受众通过听觉接受信息的媒体,广播媒体是听觉媒体的主要类型;视听综合媒体指通过视觉和听觉综合的符号传播信息,受众通过视觉和听觉接受信息的媒体,电视媒体是主要的视听综合媒体。

(5)按照广告的媒体中展露的时间不同,可以把广告分为长期媒体和短期媒体。长期媒体指广告中展露时间较长的媒体,如户外广告、招贴等;短期媒体指广告展露时间较短的媒体,如电视、广播等。不同的广告媒体分类方式有不同的意义,不过只有结合多种广告媒体才可能达到最佳效果。

从某种意义上说,广告人是企业的经纪人、投资代理人,而广告则是一种投资。在广告投资过程中,绝大部分的广告费用于支付媒体购买,因此,广告媒体决策直接影响到广告的投资回报率和广告的资源利用率。

### (二)广告媒体评估

广告的媒体很多,各有优势和劣势,各有自身的特点和卖点。不同的广告媒体在覆盖区域、受众数量、受众特性、对受众的作用和影响程度、媒体自身的风格等各方面各有特点,但是媒体的某些特点,只能够凭借经验进行定性的把握。

广告媒体的评估尺度如下:

1. 发行量

媒体的发行量主要对大众媒体而言,是衡量媒体的规模和影响面积大小的一个重要尺度。对于报刊媒体来说,发行量是指每期发行(包括订阅、批发和零售)的总份数;对于广播和电视媒体而言,发行量是指收听或收看的受众总数。

2. 受众数量

受众是相对于某种媒体而言的,指接触某种媒体,并且通过这种媒体获取信息的总人数。

3. 有效受众

有效受众指接触该媒体具有广告诉求对象特点的受众,是受众的质量保证。有效受众是广告追求的重点,是广告的"上帝",是选择有效媒体的依据。

4. 千人成本

千人成本指在某一媒体发布的广告接触 1000 个受众所需要的费用。其计算公式是：

千人成本＝广告费用÷媒体的受众总量÷1000

它反映出广告在某一媒体发布的直接效益,是选择广告媒体的重要量化指标。

### (三)广告媒体的发展趋势

作为媒体传播日益发达的今天,广告的发展呈现出一些新的趋势：

1. 电视媒体频道增加

无论是无线电视还是有线电视,频道的增加是一个鲜明的态势。频道的增加使得节目日益多元化,同时也为广告策划者提供了更多的选择媒介和组合媒介的机会。

2. 报刊媒介的版面增加而且出现鲜明的专门化趋势

近年来,报刊媒介持续出现版面增加的趋势,而且新增加的版面主要以具有特定内容的专版的形式出现,有效地吸引了特定群体的受众,也为广告有效地锁定诉求对象提供给了新的机会。

3. "录像专辑"广告出现

在美国,一些电视台在清晨观众还没起床时播放广告性质的销售信息节目,并且鼓励观众通过录像机转录下来,在自己愿意的时候收看。

4. 电视杂志节目的兴起

众多的电视台都在开办杂志类型的电视节目,这些节目以介绍最新流行资讯为主,颇受观众的欢迎。

5. 个人电脑的媒体化

随着家庭电脑、网络的普及,以及多媒体电脑的发展。电脑正在成为个人获取信息的重要媒介,从而也带动了网上广告的发展。

6. 电子资讯台的发展

电信部门和其他机构合作,开办自动应答的电话资讯系统,深受受众欢迎,并且成为一个新兴的广告媒体。

7. 电脑玩具软件成为广告载体

电脑玩具软件以往只具有娱乐的功能,自从著名的"七喜"饮料利用电脑玩具软件负载广告信息,开展互动行销,已经有越来越多的广告主注意到电脑玩具软件的广告媒介功能。

8. 传真广告持续增长

传真作为一种现代通讯工具,已经加入广告媒介的行列,并且传真广告的数量正在持续增长。

对此,企业和广告者必须迅速适应,并将之加以有效运用,以达到广告宣传推广的目的。

## 三、媒体组合

面对众多的媒介,企业应该遵循以下一些通用原则,考虑相应的媒介组合方式,强化广告推广的效果。

### (一)媒体选择原则

媒体选择应该综合考虑以下几方面的因素：

1. 成本

这里的成本包括媒体的成本和为了在该媒体上发布制作其广告的成本。电视广告较昂贵，而报纸广告较便宜，广播广告更便宜。新兴的网络媒体成本会随着网络的发展而逐步提高。

2. 媒体与营销策略和广告策略的配合程度

媒体的选择与组合应该做到与营销策略和广告策略的吻合。从某种意义上说，营销就是传播，媒体是传播的最重要载体，因此要选择的是合适的媒体，以做好媒体传播工作（包括品牌自身媒体）。

3. 媒体受众的特征

制作广告的目的就是将广告信息的有效性传达给目标消费者。每个媒体有固定的受众群体，每个消费者有一定的接触媒体习惯，应根据受众的特性来选择媒体。

4. 媒体的属性与风格

不同的媒体有不同的属性和风格，不同的品牌及其产品也有不同的属性和风格，因此在广告媒体的选择时，应该选择与品牌及其产品在属性、风格上一致或接近的媒体。

5. 媒体的地域特征

任何媒体都有针对性强、影响力最大的地域。如果媒体影响力最大的地域正是广告主要大力争取攻掠的市场，那这一媒体在地域要求上就较理想。

6. 媒体的广告时段和版位

选择媒体，除了要考虑媒体理想外，还应该考虑所选择地媒体有没有理想的时段和版位。

7. 媒体的时间性

各种媒体的刊播期限和广告规格都有一定的制式：如报纸，有日报、周报等；电视广告，有 5 秒、15 秒、30 秒、1 分钟等；杂志，有半月刊、月刊和双月刊等。

8. 产品（服务）的性质

各种媒体在形象化、示范、说明、可信性、动感和色彩等方面的潜力各不相同，要针对具体要求选择。

9. 信息含量

一项包含大量技术资料的信息，就需要专业性杂志或邮寄广告来进行宣传，例如工程机械广告。

10. 历史实证

历史实证就是对以往采用的媒体所达到的广告效果的数据统计。这一资料要通过长期的积累和观察获得，并且要保证它们的准确性和客观性。

11. 竞争者所采用的媒体

除了要考虑自身的需求外，还要考虑广告主的竞争对手在广告活动中所采用的媒体。没有竞争，就没有营销；没有营销，就没有广告。

### （二）媒体组合原则

一般来说，在进行广告发布媒体组合时，应该遵守以下原则：

1. 媒体组合应该有助于扩大广告的受众总量

某一媒体的受众群体，不可能与广告的诉求对象完全重合，没有被包含在某一媒体的受众中的那部分广告诉求对象就需要通过其他媒体来接触。因此，媒体组合中的多种媒体在受众的范围和特性上应该相互补充，使通过媒体发布的广告在受众范围上尽可能地接近所有的诉求对象。

2. 媒体组合应该有助于对广告进行适当的重复

广告受众对广告信息产生印象、兴趣和购买欲望需要一定的广告展露频度,而受众对在一种媒体上刊播在广告的注意程度尚在广告展露达到一定的频度后会逐渐降低,因此需要多种媒体之间的配合,以延长受众对广告的注意时间,增加广告达到有效受众的机会。

3. 媒体组合应该有助于广告信息的互相补充

各种媒体具有不同的传播特性,因此在多种媒体上发布的广告在内容上也可以有所不同,使通过不同媒体传播的广告信息相互补充,同时使受众对广告信息有更加深入全面的了解,增加广告的诉求效果。

4. 媒体在周期上的配合

不同的媒体有不同的时间特性,如电视广告展露时间很短,而报纸广告时间则相对较长,因此为了延续广告作用的时间,要注重不同媒体在周期上的配合。如以电视媒体做集中的发布,而以报纸媒体做持续的发布。

5. 效益最大化的原则

在多种媒体上同时发布大版面、长时段的广告不一定达到最佳的广告效果,因此要对在各种媒体上发布的广告规格和频次进行合理的组合,以在保证广告效果的前提下,尽量节省广告费用,获得更大的广告效益。

### (三)媒体选择和媒体组合的步骤

(1)对广告目标市场策略和诉求策略的把握。在进行媒体的选择和组合前,应该对广告要在什么样的范围内、向什么样的受众发布有明确的认识,而这些认识要以广告的目标市场策略和诉求对象策略为依据。

(2)对可供选择的媒体按照发行量、受众总量、有效受众、接触广告的有效受众、千人成本和一些其他要素进行分析、评估和选择。

(3)在选择出来的媒体中,选择最能接近受众、有效受众数量最多、对受众影响力最大且每千人成本相对最低的媒体,作为广告发布的主要媒体。

(4)确定媒体事件的组合。确定了最主要的广告媒体后,按照我们的媒体选择原则将次要媒体围绕主要媒体进行实践、特性、规格和地域上的组合。

### (四)广告发布时机策略

广告发布时机策略是指关于广告开始发布的时间、广告发布持续的时间、各媒体的广告发布顺序、广告发布频率等媒体计划的要素的指导性方针,包括以下内容:

1. 广告发布的时序策略

广告发布的时序是指广告发布和其他相关活动在时间上的配合,有提前策略、同步策略、延迟策略三种主要类型。

(1)提前策略,是指广告在相关活动开始之前就开始发布,如产品尚未正式上市就开始发布上市广告等。这种策略有助于市场进行预热,比较适合于新产品上市的广告。

(2)同步策略,是指广告的发布与相关活动同步开始,如在产品上市的同时发布广告、在促销活动开始的同时发布广告等。这种策略可以使广告与其他活动紧密配合,收到直接地促使消费者采取行动的效果,比较适合于已经有一定的知名度和市场占有率的产品。

(3)延迟策略,是指广告在相关活动开始之后在通过媒介发布,如在产品正式上市后发布广告。这种策略有助于消费者按照广告诉求指名购买产品。

2. 广告发布的时限策略

广告发布的时限是指广告发布持续时间的长短。广告发布总的持续时间由广告运动(活动)总体的持续时间和广告主可能支付的广告费用决定。在总的时限内,广告的发布是否分成不同长度的时间单元,各单元的持续时间如何,则根据广告目标的要求进行。

3. 广告发布的时点策略

广告发布的时点是指广告在某种媒体发布的具体时间和时段。广告在不同媒体发布的时间要按照媒体组合的原则来确定,在各种媒体发布的时段则按照不同时段的受众媒体接触情况确定。一般来说,广告应该选择诉求对象媒体接触最为集中的时段发布。

4. 广告发布的频率策略

广告发布的频率是指在特定的时间内广告在某一媒介上展露的次数。广告的诉求效果受发布频率影响,但并不是广告发布频率越高,广告的诉求效果就越好。因此,广告发布频率的决策应该根据对广告有效发布频率的研究结果来进行。

能够准确把握住广告发布的时机才有利于广告能真正面对最佳受众,吸引受众的注意,也才能真正获得成功。

### (五)广告发布的媒体排期

广告发布的媒体排期是指在媒体上发布广告的时间安排。最有效的时间安排形式取决于产品的特性、媒体选择的原因、目标消费者(购买者)流动率和购买频率、遗忘率、销售渠道和广告沟通目标等因素。以下是几种常见的广告排期方式:

1. 连续性广告

连续性广告是指在一定时间内均衡地安排广告展露时间。当产品或服务的市场扩大时,消费者频繁购买商品时可使用此种方式。

2. 集中性广告

集中性广告是指将广告安排在一个特定的时间段内集中发布。当该品牌产品的销售集中在某一季节或假日时,可采用这种广告排期方式,如冰糕、保暖内衣、贺卡、热水器等产品就可以重点采用集中性广告。

3. 时段性广告

时段性广告是指在某一时间内播放广告,接着是一段时间的间歇,然后继之以第二时段广告。这种方式可以在经费有限、销售季节性产品时使用,如羊毛衫、夹克衫等产品就可以使用这种方式,抓好春秋两季工作。

4. 脉冲性广告。

脉冲性广告是指连续地、以低重要程度的水平开展广告活动,但是不时以间歇性的大量的广告刊播来加强广告攻势。一些人认为它可以使受众透彻掌握信息,且还能节省一些广告费用。

## 第四节　广告主要流派

### 一、视觉媒体:抓住眼球

视觉媒体简单说就是人的眼睛所能看到的信息传播媒介。本节主要以传统的四大广告媒体和户外广告的角度出发,而不论述虽已获得巨大发展,但有待成熟的网络媒体。

## (一)报纸广告

报纸是新闻宣传最有效、最广泛的工具,是我国和世界许多国家目前主要的广告媒体。作为广告四大媒体之一,报纸主要具有以下特点:

1. 优点

(1)读者广泛,覆盖面宽。在我国,报纸历来是主要的媒体形式,其发行量大,传播面广,读者众多,遍及时性社会的各阶层。

(2)传播迅速,时效性强。在我国,报纸有旬报、周报、日报、晚报、晨报等形式。广告一般在报纸上刊登,读者当天就可以看到。有些紧急广告,借助报纸可以得到迅速地传播。

(3)交代清楚,便于查阅。报纸广告凭借其印刷条件方便,可文可图,能把广告信息的内容交代得详细、清楚。同时,报纸广告不像电视、广播等电波传播的广告那样,转瞬即逝,而是白纸黑字,便于保存,可以反复查阅。因此,报纸广告特别适合那些结构复杂、技术性强,需详细介绍的产品。

(4)简易灵活,费用低廉。报纸广告不需要复杂的制作程序,从稿件处理到排版印刷,时间很短,而且版面的大小、广告内容繁简、广告次数的多少,都可灵活掌握。较之于四大媒体中的电视、杂志,制作价格也相对低廉一些。

(5)权威性强,信誉较高。在我国,大多数报纸是党政机关创办的,在新闻信息的发布方面具有较高的权威性,在广大读者心目中具有较高的信誉。因而,借助报纸发布广告,容易获得消费者的信任感。

2. 局限

尽管报纸广告具有其他广告所难以取代的优点,但作为广告媒体之一,报纸在广告宣传中也有其局限性。

(1)寿命短暂,利用率低。报纸的有效时间较短,一般情况下,人们看报只看新报,很少有人专门重复地阅读旧报,所以报纸的广告寿命通常只有一天,而克服报纸广告生命短暂的弱点,只有采取连续性或间接性的广告发布策略,以取得好的广告效果。

(2)内容繁多,注意分散。新闻性强是报纸的重要特点,大量的新闻报道构成了报纸的主要内容。除此之外,报纸一般设有很多丰富的专题,涉及各种领域。

(3)印刷粗糙,色彩感差(现在逐渐改进)。在我国,报纸多为黑白印刷,彩色印刷尚未普及,而且受到印刷水平的限制,质量较为粗糙,色彩单调呆板,因而报纸一般难以形象地表现产品的外观、质地和色彩,不适于表现色彩高要求的广告产品,较之于电视和杂志,这一局限尤为明显。

## (二)杂志广告

杂志也是视觉媒体中较为重要的一种,是四大传统媒体之一。杂志的印刷远较报纸精美,编排尤其细致,故可用形象鲜明的照片,配合必要的文字说明,使之图文并茂,形象逼真,广告主题鲜明,有强烈的感染力,以引起读者购物的兴趣。

1. 优点

(1)对象明确,针对性强。杂志的内容一般是针对某一专业、某一读者群进行宣传、出版。这种针对大致可分为三大类。第一,专业性杂志,即只按照科学内容划分的专业杂志。第二,综合型杂志,即按读者群进行分类的杂志。第三,消遣性杂志,主要指文学艺术类杂志,主要读者为文艺爱好者。由于杂志的读者针对性强,广告宣传可以根据产品的不同消费对象,选择相应杂志。如化妆品广告,可以选择妇女杂志;玩具广告,可以选择少儿杂志。因而,杂志广告有利于有的放矢,增强广告效果。

(2)有效期长,保存期长。在四大媒体中,杂志广告的寿命最长,按出版时间划分,杂志可分为周刊、半月刊、月刊、双月刊、季刊、半年刊、年刊。人们阅读杂志的时间较充裕,同一广告往往会重复出现在读者面前。由于杂志刊载的文章具有资料性和永久性,保留期常,广告效果持久,同时杂志便于传阅,广告可以为更多的读者看到,广告效果自然较好。

(3)易于接受,效果较好。杂志具有明确、稳定的读者对象。一般来说,其读者文化层次较高,对杂志内容有专门兴趣,甚至有专门研究。这样的读者对杂志广告有较高的理解能力,易于接受杂志的广告宣传。因而,杂志广告容易获得较好的效果。

(4)印刷精美图文并茂。杂志的印刷质量优良,色彩鲜明,制作精细,效果良好。杂志的纸张质较好,多采用彩色印刷,可用彩色图片,获得优美的彩色印刷效果,这种印刷效果能更好地表现产品的外观形象、色彩与质地。

2. 局限

杂志广告有其相应于其优点的局限性,主要在于以下几点。

(1)专业性强,传播面窄。由于杂志有其专业性、读者的针对性,因而其读者对象单一。读者面不及报纸、电视广播广泛普遍,读者范围受到限制,因而杂志刊发全民性消费的产品难以产生好的广告效果。同时,杂志的读者对象要与产品的广告对象保持一致,否则也会削弱广告效果。

(2)周期较长,灵活性差。杂志出版周期一般较长,容易失去广告的最佳时机,一些时间性强的产品广告,不宜在杂志上刊出,也由于杂志印刷时间较长,要在出版的前几个星期发稿,如果遇到市场行情变化,需要变更广告内容就很困难。

(3)制作复杂、成本较高。杂志广告多为彩色印刷,制版费、加色费均高于报纸。同时杂志广告刊发在封面、封底、封二、封三的位置上,才会起到显著的效果,而这样的版面收费相对较高。

### (三)邮寄广告

在商品经济比较发达的国家,邮寄广告十分流行。邮寄广告的样式也很多,具体有如下几种:销售函件,这是一种比较简单的推销商品的信件,并往往附有订货单或征求意见表;定型标准售件,内附有产品说明书;宣传小册子,这是一种开本较小而编印精美的说明书年历卡片,往往一面是年历,另一面印有产品信息和对消费者的祝愿,作为邮品寄出。

### (四)户外广告

户外广告是指在室外(露天或公共场所)张贴绘制的广告,是公众传播商业信息的一种广告形式。户外广告还可以细分为以下几种:

(1)路牌广告。美国底特律有一大型路牌面包广告,面积达 1856 平方米,行人经过时,会自动播送音乐,并放出烤面包的香味,吸引了一批又一批的顾客。日本东京一企业竖立了一块会说话的广告牌,当行人在广告牌前走过时,它会请行人听听它的广告信息介绍,并推荐商品。

(2)立体广告。它用水泥、塑料、木料、玻璃钢等雕塑人物、动物或商品仿样实物,配合广告文字,放置在公共场所。如在一些大型运动会上,常竖立放大的卡通吉祥物形象广告,很惹人喜爱。

(3)广告旗。它是古代"酒招"等旗幌广告的发展。近几年来,各地的食品街、小吃店、酒楼饭庄、茶馆又纷纷悬持各种色彩广告旗,有三角形的、长方形的、正方形的,还绣上花边,印绘着"酒"、"茶"等字和简易图案,以引起过路行人的注意。

(4)风筝广告。风筝是中国传统的民间工艺品,不少厂商用它作为媒体制作风筝广告。在潍坊国际风筝会上,美国百事可乐公司出资 10 万元,在一条长 300 米的巨龙风筝的尾部悬挂该公司的软饮料广告,蔚为壮观。

(5)灯箱广告。灯箱是常见的一种广告媒体,用彩色玻璃、透明有机玻璃、铝合金材料等制作,表面有商品的名称、商标图案等,箱内装有日光灯或各种彩灯,挂于商店门口或闹市市口。

(6)霓虹灯广告。霓虹灯使用电力发光与造型来吸引顾客,常在霓虹灯上标出公司或企业的名称,以及商品信息,既可以放置在屋内,也有安装在户外。美国大西洋海岸铁路公司曾在佛罗里达州坦巴堡安装过一则长 118 米,高 23 米,灯管总长度达 1280 米的霓虹灯广告,成为当地一道靓丽的风景线。

(7)电子屏幕广告。它是现代新兴的一种广告媒体。其色彩鲜艳,又有动感,宣传效果好。上海火车站南二出口处,上海名牌广告展览公司曾从美国引进了面积 60 平方米的大屏幕超高度彩色电子显示屏,此屏被中国质量万里行组委会、驰名商标保护组命名为"中国名牌广告屏"。

### (五)售点广告(POP 广告)

POP 广告是指售货店和购物场所的广告,现在世界各国广告也把 POP 广告看成是一切购物场所(如商场、超级市场、零售商店等)内外所做广告的总称。它可以说是继报纸、杂志、广播、电视之后的"第五大媒体"。它在形式和内容上可分为室外媒体和室内媒体。室外媒体是指销售场外的一切广告形式,如广告牌、灯箱、霓虹灯、电子显示广告灯,前面已作介绍,这里再介绍几种:

(1)橱窗广告。橱窗广告是指以临街的橱窗为媒体进行广告宣传。橱窗广告最简易的办法是放置实物、挂图、图表,但效果一般。若用各种道具、模型、模特、悬挂物与商品实物巧妙搭配,就会显示出较好的宣传效果。

(2)招牌广告。招牌媒体一般是指装置于店门上面或两侧的牌子字号,表明店的名称和经营范围,这是一种古老的广告样式。招牌维系着货物的质量、商业道德和商店的信誉。字号越老,影响越大,信誉越好,生意越兴旺。

企业的招牌好像给孩子取名字,要言简意赅,清新脱俗,容易记,叫得响,有的以经营范围或对象来命名,有的以生产经营地点来命名,有的以著名人物来命名,有的以服务精神或美好的祝愿来命名,有的以外语译音来命名,也有的以节日命名。招牌制作要精致美观,引人注目。

(3)门面装潢。门面装潢也起着一种传播商品信息的广告媒体作用。门面装潢要能显示不同的经营特色、行业特点。如服装的店面装潢要美观大方,有现代化气息;西餐馆要有西方建筑特色和装饰风格;中餐馆、中药铺、土特产商店、传统工艺品商店要讲究古朴雅致的格调,富有地方地域色彩。

室内媒体主要是指商场内的广告,它主要是根据室内个方面条件而设计、发布的,与室外媒体广告的特征有相近之处。

## 二、听觉媒体:吸引耳朵

### (一)广播广告

广播是通过电波传播信息的听觉媒体。它是通过语言和音响效果,诉诸人的听觉的信息载体和传播工具。一般来说,广播广告具有以下几个特点:

1. 优点

(1)传播迅速,时效性强。在四大媒体中,广播是传播信息最为迅速的媒体。广播是通过电波传播信息的,电波的速度每秒可达 30 万公里,而且不受地区、交通、距离、气候等条件的限制,能以最快的速度传送到世界各地。同时,广播的信息传播能够达到传播与收听同时到位,广播广告播出之时,也就是听众收到之时。

(2)覆盖面大,听众面广。广播特别是无线广告传播信息,不受时间和空间的限制,不论是城市还是农村,是工作还是休息,是室内还是户外,只要有收音机,就可以收听。收听时间之长、空间之广也超过四大媒体中的其他任何媒体。同时,广播的覆盖面大,还表现为听众可不受任何条件的限制,对于不能接受印刷广告的消费者,如文盲、盲人,以及电视普及率不高的地区,广播都可以发挥广告作用。

(3)方便灵活,声情并茂。广播广告信息的传播方便灵活,广告的内容可长可短,形式多样,适合于用声响来表达的广告内容,如音乐、口号、对话、相声等,都可以通过广播进行传播。

(4)制作简便,成本较低。广播广告的制作极为简单,在四大媒体中,它不像报纸、杂志,需要一系列的制版、印刷过程,也不像电视需要一系列的摄像、制作等程序。广播从写稿到播出,过程极为简便。因而所需成本费用相对较低。

2.局限

与广播自身的特点相关联,广播广告也有其局限性。

(1)有声无形,印象不深。广播广告是运用声响传播的媒体,没有视觉形象,听众不能看到产品的外观、色彩和内部结构,不能产生视觉效果,难以引人们对产品的视觉印象,一般来说,复杂、新奇、外观引人和操作较难的产品,不适合用广播进行广告宣传。

(2)转瞬即逝,不便存查。广播广告传播及时迅速,但稍纵即逝,特别是在听众对广告内容毫无心理准备的情况下,对转瞬即逝的内容难以记忆。同时,广播广告不如印刷广告的存查方便。因而,广播广告要达到较好的效果,必须在广告设计上下工夫,尽可能地引起听众注意,给听众以心理准备。同时,要适当增加广播广告的重复率。

## (二)广播宣传车广告

广播宣传车广告是指在车辆上装置扩音器或其他广播设备,在城镇乡村的街道上缓缓行驶,进行广播宣传。广播车播送的广告,多是地方性的,其服务对象也是地区性的,要针对当地居民的兴趣、爱好、风俗、习惯和购买力的实际水平进行广播,才能促进销售。

## (三)录音带广告和电话广告

录音带广告是 20 世纪 80 年代以来发展起来的新的广告媒体。在发达国家里,一些高产值的行业,如房地产行业、汽车行业、机械设备行业等,常用录音带作广告,把特制的录音带赠送给潜在的消费对象。录音带广告能向传播对象详细地介绍商品的信息,使消费者对欲购买的商品有比较充分的了解。录音带制作要精良,内容要生动有趣,使广告具有较强的娱乐性,以吸引顾客反复播放,但制作录音带的成本较高,其传播对象也较少,故运作面较窄。

## 三、视听结合:双管齐下

电视是通过文字、声音、图像、色彩、动作等视觉和听觉形象的结合,以电波传递信息的媒体。作为视、听兼备的媒体,其有以下特点:

1.优点

电视是传播广告信息的最有效的工具,其优点主要体现在以下几个方面:

(1)覆盖面广,收视率高。在我国,随着科技的发展,电视传播网已经形成,电视台的覆盖面积广,收视率也相应高。在城市,电视已经大众化,几乎家家皆有;在农村,电视也基本普及。加上电视的传播不受时间、空间的限制,传递迅速,传播面广,因而成为广告传播的有效工具。

（2）声像兼备，直观生动。电视是综合文字、声音、图像、色彩、动态的视听兼备媒体，既具备报纸、杂志的视觉效果，又具备广播的听觉功能，还具有报纸、杂志、广播所不曾具备的动态感，有着极强的直观感和现场感。电视既能直接、真实地传播信息，又可以演示、解锁，具有其他媒介所难以达到的心理感染力。电视的生动性和直观感为表现产品特色，提供了良好的条件，具有极强极广的表现能力，亦具有极高的广告理解度。

（3）娱乐性强，接受性好。由于声像兼备的特点，电视在我国成为家庭不可缺少的娱乐工具。在观众所关心的精彩的电视节目中插播电视广告，有利于观众对广告的接受。特别是那些形式多样、富有表现力和感染力的广告，不仅可以真实生动地反映商品的特性，而且能给人以美的享受，达到良好的效果。

2. 局限

当然，电视广告也有其局限性，这主要表现为以下方面：

（1）稍纵即逝，不易保存。传播信息一瞬而过，难以查存，这是电波媒体的普遍局限。电视广告也是如此，当观众不是聚精会神地认真观看广告节目的时候，电视的这一局限性无疑会影响到广告的效果，而这种局限性，通常只能用增加重播率加以弥补。

（2）制作复杂，费用昂贵。电视广告制作需要一系列复杂的程序，如需要脚本、编导、演员、布景、道具、摄像、录音、剪辑等一系列工作才能最后完成，制作费用极高，播映费也非常昂贵。因此，一般中小企业无力使用电视媒体进行广告宣传。

（3）目标性弱，选择性差。与广播一样，电视也属于"闯入型媒介"，对观众的广告接受带有一种强迫性，另外其选择性差，观众不能按照自己的主观意愿选择自己所关心的广告，特别是对穿插在其他电视节目中播放的广告，使观众的收看具有勉强性，容易引起人们的反感，影响广告效果。

**（二）电影广告**

电影广告不同于电视广告。电视广告传播范围大，影响大；而电影广告只能在固定的地方放映，观众数量有限，传播范围小，但电影屏幕形象清晰，并使人产生身临其境的感觉。电影广告一般指广告短片，它制作精细，色彩鲜艳，形象生动，但制作成本较高。

**四、媒体广告的黄金原则**

广告在传播时要遵循以下原则：

（1）广告发布以高效率为宗旨，要使广告最大限度地覆盖目标消费者。广告传播要多管齐下，善于使用媒体组合。

（2）广告要以潜移默化的方式影响受众。品牌建立绝非一朝一夕之功，广告密集轰炸有可能导致消费者心理逆向反应。同一时段的广告重复率不宜过高。

（3）广告发布要善于搭"顺风车"，争取"高瞩目率"。重大事件和重要历史时刻（如春节晚会、奥运会、世界杯、奥斯卡颁奖盛典等）会使受众爱屋及乌，留下难以磨灭的印象。

（4）制造"事件性广告"，可使产品成为"群众话题"，造成"众说纷坛"的效果。

# 第五节 广告：没有打不响的品牌

## 一、三打理论

广告业者常说："广告费用有一半是浪费的，但问题是你并不知道是哪一半。"为了避免浪费，达到高效益,从产品定位、诉求策略、广告表现到媒介排期,广告人都在追求效果的最大化。

克鲁格曼博士在 1972 年提出的"三打理论"是最具代表性的广告发布频度理论。这一理论指出,人们普遍相信的"广告需要不断强化才能防止受众忘却的观点"是片面的,广告不断展露,并不如广告发布最初的 2~3 次有效。他的核心观点就是:消费者第一次看广告时知道是什么商品,第二次看广告时则了解商品的特性,第三次接触时对于商品是否符合自己的需求就可以明确了解,以后再看多少次,其效果都是一样的。

以下几个方面可以支持这一理论:

(1)从心理学的学习理论来看,人们随着语言和视觉的刺激,会逐渐增加学习反应,但是随着频率的增加,效果会达到一个饱和点,以后则逐渐下降,克鲁格曼博士认为这个饱和点是 3 次。

(2)从注意的角度来看,一家公司利用一种测定仪器进行调查的结果表明,电视广告在播出 2~4 次时,消费者对它们关心与注意的程度最大,以后即使频率增加效果也会递减。

(3)从消费者对不同商品的注意的角度来看,消费者对不同商品的广告的接触在 2~4 次时都会达到注意的高峰,以后则会逐渐降低。

(4)从频率高低的效果来看,无论广告以密集式还是以分散式播出,引起受众注意的效果都以 3 次为最高。

(5)从消费者行为的改变来看,在一个购买周期中,消费者看到 2 次广告而更换品牌的频率最高。

克鲁格曼还在自己的"三打理论"中提出了一个相关的表(见表 7-1)以影响广告发布的最低有效频度的变数。

表 7-1 "三打理论"中影响广告发布最低有效频度的变数

| | | |
|---|---|---|
| 商品 | 新产品 | 新产品过去没有广告积累,因此最低有效频度的价值会高于已经有广告铺垫的产品。 |
| | 复杂性 | 复杂的产品需要较多的说明,因此最低有效频度的值高于简单的产品。 |
| | 市场占有率 | 市场占有率越高的产品,有效频度的值越低。 |
| 市场状况 | 市场区隔 | 市场细分越准确、策略越正确,广告需要的最低有效频度的值就越低。 |
| | 细分指标 | 心理细分的市场四分标准可以降低最低有效频度的值。 |
| | 竞争状况 | 消费者的品牌忠诚度越低,需要的最低有效频度的值越高。 |
| | | 消费者群体平均年龄越低,需要的最低有效频度的值越低。 |
| | | 竞争品牌广告活动活跃时,需要的最低有效频度的值比较高。 |
| 广告媒体 | 内容 | 广告内容越有吸引力,需要的最有效频度的值越低。 |
| | 单位 | 广告的版面越小、时间越短、时段越差,最低有效频度的值越高。 |
| | 受众的媒体注意度 | 受众的媒体注意度越高,最低有效频度的值越低(如晚上低于白天)。 |
| | 媒介组合 | 媒介组合越合理,最低有效频度的值越低。 |

## 二、戏剧性广告推广

任何广告包括最有效的电视广告都同样要在广告宣传中突出主题,而在突出主题中,富于戏剧性的广告的传播力之强,记忆度之高又是效果最明显的。

"危险女人香"广告语就是这方面的典型。一场命案,富商被谋杀,两个嫌疑犯,都是富商的情人,一位年轻,一位步入中年,唯一的证物是富商手中的一根头发。谁是凶手,就靠化验头发成分。由于头发的年龄非常年轻,不到30岁,于是"误导"了警方,把那位中年的魅惑女子给释放了……这样一个"危险女人香"的广告杰作,剧情片的表现形式,引人好奇的悬疑推理,加上商品的消费利益在其中成为重要关键,莫不让人会心一笑,甚至拍案叫绝。这可以说是台湾地区2000年下半年最受欢迎的广告之一。

## 三、广告差别策略实施

### (一)广告策略必须重视差别性的原因

#### 1. 广告的自身弱点决定了广告策划必须重视差别性

商品经济越发达,广告的作用越大。但是从具体的个别广告来看,它的作用是被动的、软弱的,因为它不能强制人们去注意它、接受它,并按照它的要求去行动,就好比街心花园中的雕塑,人们是否会去仔细欣赏,决定权在路人。企业制作发布广告的动机是为了吸引消费者推销产品,但是广告自身的弱点使得它不一定能吸引消费者。缩小广告动机和效果之间的矛盾,其关键是强化广告的吸引力。广告的吸引力在于它的差别性。广告的差别性表现在两个方面:第一,广告宣传的产品使用价值要有个性;第二,宣传产品的广告自身要有个性。总之,广告必须重视差别性是为了克服自身的弱点。

#### 2. 消费者自身的利益决定了广告策划必须重视差别性

消费者的目的是购买能满足自身需求的商品,其需求各有差别,因此在广告制作过程中首先要明确广告推销的产品,即有哪些优势能满足消费者各有差别的需求。如果所能推销的产品能满足人们需求的利益点和其他广告推销的产品相似,那么这则广告的吸引力是不强的。

### (二)突出广告差别性的原则

#### 1. 广告差别性要符合产品的特性

当广告的个性符合产品的特性时,广告就具有吸引力;当广告个性不符合产品的特性时,广告就缺乏感染力,就很难成功。

#### 2. 广告差别性要符合消费者的利益

广告必须向消费者推荐符合消费者利益的商品和劳务。广告的差别性和消费者自身利益的特殊性相一致,才能引起消费者的共鸣,产生消费欲望。

有了差别才有对比,在对比中自然可以发现广告的吸引力,而广告的目的也就达到了。

## 四、广告系列策略的类型

广告系列策略分为形式系列、主题系列、功能系列和产品系列策略。

### (一)广告形式系列策略

它是在广告活动的一定时期内,同时或连续有计划地推出两种以上形式相同、内容有些不同的广告策略。由于广告的形式比较稳定,消费者在接受广告信息时有重复感,多次接受印象逐次加深。这种广告策略适宜于知名度较高、品牌形象较好、产品内容更新较快的企业。如旅行社做的系列广告,设计形式相同,广告内容,及旅游点、交通工具、服务档次都有所不同。

### (二)广告主题系列策略

主题是广告的中心思想,是广告诉求的重点。广告的主题是广告的灵魂,每一则企业广告都必须突出广告的主题。企业在决定广告主题时应考虑三个因素:第一是企业广告策略;第二是产品特性;第三是消费者心理需求。

### (三)广告功能系列策略

它是通过多则广告从多角度不断强化宣传的广告策略。这种策略可以运用不同的商品观念说明商品的多种功效。如运用多则广告从医疗功效、保健功效、烹调功效三方面宣传红枣的用途,也可以在多则广告中同时宣传商品的一种功效,如1994年新推出的"隆力奇"纯蛇粉,就经过多媒体、多层次、多角度的广告宣传。

### (四)广告产品系列策略

它是为了推销企业的系列产品而实施的广告策略。这种策略要适应系列产品的经销特点,要结合媒体组合策略和时间策略有计划地推行。

广告系列策略可以使受众更全面深入地了解广告推广的产品。而如果是循序渐进式的广告系列,更可以一步一步地诱惑吸引受众,使之不知不觉成为产品的消费者。

### 案例介绍

#### 立邦公司的广告策略

早在1992年,亚洲第一、世界第八大涂料生产商日本立邦公司就悄然进入中国,不过只是从其设在新加坡的工厂向中国输入少量产品做试探性进攻。1994年立邦公司开始全面进入中国。最初立邦打算在工业涂料上大展拳脚,然而该领域国家指令性计划占了相当份额,一时难以立足,于是把攻击重心转向民用涂料。20世纪90年代中期,国内的内墙多用墙纸和多彩涂料,国际上流行乳胶漆还未全面铺开。立邦看准这个缺口,大胆培育市场,立即推进。

首先,立邦以品牌塑造和推广为前提。立邦每年投入7000万元用于品牌建设,同时在全国各地搭建媒体平台,不间断发布软性文章,引导消费,而在广告创意上立邦更是煞费苦心。

最早引人注目的一则立邦漆平面广告是:一个高楼林立的城市,上半部分画面处理成黑白效果,下半部分因为用了立邦漆就变成熠熠夺目的彩色部分,与其宣传口号"处处放光彩"浑然一体。首先竖立白旗的是市民的眼球——因为它的礼堂效果确实咄咄逼人,经不住多看两眼。

然后是这样一个平面广告:一群小孩,光着的屁股上吐着各种鲜艳色彩的漆料。一种奇怪的视觉张力,使整个画面充满戏剧性,冷冰冰的化工产品开始灌入人情味,立邦漆试图利用小孩子唤起用户的喜爱之情。

再后来是电视广告"草原篇":天空湛蓝,草原一碧,愉快的草原风情音乐响起,快乐的牧民分刷着自己的房屋,立邦漆所过之处,刷出一个个绚丽多彩的家。当消费者被广告里的愉悦感染时,立邦漆也就"随风潜入夜"了。

立邦漆的层级递进广告模式,使得立邦品牌迅速鹤立鸡群。

## 五、广告时间接触法

广告时间接触法是指对广告发布的程序、时间和频率作出合理安排的策略。广告时间策略的运用是否恰当,直接影响广告的效果。

### (一)广告必须重视时间性的原因

(1)广告的设计制作过程有时间性。

(2)广告发布有时间性。一则广告,在不同日期发布效果是不一样的。

(3)消费者从接触广告到接受广告有时间性。不同消费者接受某一广告的时间早晚不一样,从接触媒介到接受广告内容所需时间长短不一样。

(4)产品销售有时间性。产品从上市到销售需要一定时间,产品生命周期的不同阶段销售速度不一样,广告要适应产品生命周期不同阶段的变化,需要重视时间性。

### (二)把握广告时机的原则

(1)广告时机要和产品使用时间相联系。消费者对季节性商品的购买和使用是有时间性的,商品的销售也有旺季和淡季之分。广告一定要把握商品销售的旺季。

(2)广告时机要和媒体特性相符合。广告发布要掌握媒体的时间特点,如广播的黄金时间在早晨,电视的黄金时间在晚上,而在黄金时间推出的广告覆盖面大、效果好。

### (三)广告时间策略的类型

1. 广告时限策略

广告时限策略主要包括集中时间策略、均衡时间策略、季节时间策略和节假日时间策略。

(1)集中时间策略。这是指在短期内集中人力、物力、财力对目标市场进行高频率的广告宣传。

(2)均衡时间策略。这是指有调控地、均衡地、反复地对目标市场进行信息传播的策略。

(3)季节时间策略。这主要用于销量季节性变化大的商品。一般在销售旺季之前一段时间推出第一批广告,提示消费者该种商品的使用期即将到来,在销售旺季内广告达到高峰。

(4)节假日时间策略。这是服务行业常用的广告时间策略。一般在节假日之前几天做大量的广告宣传,广告内容是节假日所用商品。这类广告要有节日气氛,要突出服务质量。

2. 广告时序策略

广告时序策略是指广告和商品进入市场的时间序列,大体可分为即时策略、提前策略、延后策略。

(1)即时策略。即时策略是指广告和商品进入市场的时间基本一致。这是一种比较传统的方式,一般适用于规模不大、资金有限的企业。

(2)提前策略。这类广告常用在新产品上市之前。广告一定要有创意,能引起消费者注意,等到产品上市就会吸引大量购买者,达到预期的广告效果。

(3)延后策略。延后策略是指广告迟于商品进入市场。这种策略运用比较少,一般在两种情况下运用:一种是新开的小企业资金缺乏,先做上门直接推销,等到第一批产品出售后回笼资金才有钱做广告;另一种是企业对新产品能否打入市场没有把握,先生产一小批推向市场,如有销路,摸清消费对象再做广告;没有销路就停止生产。

### 3. 广告时机策略

广告时机策略是指利用与本行业有关的重大活动,把握销售的机遇,增加产品销量的广告策略。如大型展销会、订货会是输出产品信息的大好时机,切不可错过。

把握好广告的接触时间,就能在最好的时机上发布广告,增强广告的有效影响力。

**案例介绍**

#### 广告之战:奔驰与沃尔沃

1997年8月31日,戴安娜王妃车祸丧生,人们还没有从悲痛中缓过气来,在这节骨眼上,瑞典沃尔沃(VOLVO)汽车的澳门分销商却不甘寂寞,乘虚而入,用戴安娜这张王牌打起了广告主意。

沃尔沃(VOLVO)是瑞典名车,多年来以车身牢固、防侧撞、安全为广告诉求,在广告中声称"分别赢取欧美各地共七项安全大奖","欧洲新车评估最安全系列"。

在戴安娜的死因还没有弄清楚之时,VOLVO澳门分销商竟在《澳门日报》上打出广告,醒目地刊登出戴安娜微笑的照片,大标题是:"富贵度浮云,生命价更高。"广告中说:"没有任何东西比自己的生命更具有价值,因为没有生命,一切都会随风而逝……"广告中也印有"沃尔沃汽车像热爱和平及推动人道精神的戴安娜王妃致敬"的字句。

沃尔沃的分销商这一广告目的是:假如戴安娜王妃乘坐的是沃尔沃,而不是奔驰,或许还有生还的机会,要买就买沃尔沃吧。

卷入其中的奔驰(BENZ)公司却意外地保持了沉默。奔驰车素以车身坚固著称。然而,全世界的观众看到的确实一堆撞得散了架的废铁。全球至少有25亿人通过电视、报纸了解了这次车祸,也知道戴安娜坐的是奔驰车。奔驰汽车公司发言人对戴安娜死于谋杀的新闻不愿置评,只是笼统地说:"这是一场灾难性的车祸。"

然而,奔驰汽车公司却在这场严峻的危机中,对调查戴安娜的死因没有任何积极参与的表示。

与奔驰的举动相比,沃尔沃精心策划的广告自然能打动视"富贵如浮云,生命价更高"者的心。瑞典沃尔沃车总厂在刚搞放出不久就表明了自己的立场,指责澳门分销商的举动"不道德",以此来划清界限。媒体纷纷议论,说瑞典总厂与澳门车商为做新闻而在"上演双簧"。

# 第六节　品牌公共客体——公众

## 一、公众概述

公众是特定的公共关系主体相互联系及相互作用的个人、群体或组织的总和,是公共关系传播沟通对象的总称。在日常生活中,公众与人民、群众、人群等几个概念容易混淆。我们应适当注意它们之间的区别。

人民(people)作为一个政治、哲学及社会历史范畴,量的方面泛指居民中的大多数,质的方面指一切推动社会历史前进的人们,其中包括劳动群众,也包括具有剥削性但又促进社会历史发展的其他阶级、阶层或集团。

群众(mass)与人民相比,其内涵大,外延小,就是说,其与人民本质含义很大程度上是一致的,从范围上看,群众包含于人民之中,但其内涵更具体、稳定。人民是一个流动概念,在不同的历史时期有不同的内容,但其主体和稳定的部分始终是从事物质资料和精神资料生产的劳动者,这部分人就是群众。

人群(crowd)作为社会学用语,在量上,是指居民中的某一部分;在质上,人群是一个松散的结构,不一定需要合群的整体意识和相互联结的牢固纽带,凡是人聚在一起均可称之为"群"。

公众(public)作为公共关系学中的概念,特指公共关系主体交流信息的对象,它与公共关系主体有相关的利益。公众与公共关系活动密切相关。

## (一)公众的特征

### 1. 整体性

公众不是单一的群体,而是与某一组织运行有关的整体环境。任何组织的生存和发展都离不开一定的公众环境。公众环境与自然环境、地理环境不同,它是指组织运行过程中内部和外部社会的方方面面,它不仅包括市场上的顾客、销售商,还包括社区、政府、新闻界、文化界、体育界等有关的团体、组织或个人。公共关系工作不可只注意其中的某一类公众,而忽略其他公众。对其中任何一种公众的疏忽,都可能致使整个公众环境恶化。公众环境恶化必然影响组织的生存和发展,因此,首先应该将组织面对的公众视作一个完整的环境,要用全面、系统的观点来分析自己面临的公众。

### 2. 共同性

公众不是一盘散沙,而是具有某种内在共同性的群体。当某一群人、某一社会阶层、某些社会团体因为某种共同性而发生内在联系时,便成为一类公众。这种共同性即相互之间的某种共同点,比如共同的利益、共同的需求、共同的目的、共同的问题、共同的意向、共同的兴趣、共同的背景等。这样一些共同点,使一群人或一些团体和组织具有相同或类似的态度和行为,如因为同处一个社区,都面临着某家工厂的污染威胁,从而使他们的态度和行为具有内在联系,不约而同地或有组织地对该工厂构成一定的公众压力、舆论压力。因此,了解和分析自己的公众,必须了解和分析其内在的共同性、内在的联系,这样才可能化混沌为清晰,从公众整体中区分出不同的对象来。

### 3. 多样性

公众的存在形式不是单一的,而是复杂多样的。"公众"仅是一个统称,具体的公众形式可以是个人,可以是群体,也可以是团体或组织。日常的公共关系工作对象,包括各种各样的个人关系、群体关系、团体关系、组织关系等。即便是同一类的公众,也可以有不同的存在形式。比如消费者公众,可以是松散的个体,也可以是特殊的利益团体(如消费者委员会),还可以是一个严密的组织(如使用产品的其他公司乃至政府)等。公众形式的多样性,决定了沟通方式和传播媒介的多样性。

### 4. 变化性

公众不是封闭僵化、一成不变的对象,而是一个开放的系统,处于不断变化的过程之中。任何组织面临的公众,其性质、形式、数量、范围等均会随着主体条件、客观环境的变化而变化:有的关系产生了,有的关系消失了;有的关系不断扩大,有的关系又可能缩小;有的关系越来越稳固,有的关系越来越动荡;有的关系甚至发生性质上的变化——竞争关系转化为协作关系、友好关系转化为敌对关系等。公众环境的变化,必将导致公共关系工作的目标、方针、政策、手段的变化。

反过来,组织自身的变化也会导致公众环境的变化,这种变化的结果又可能反过来对组织产生影响。例如,可口可乐公司曾决定生产新型(带甜味)可乐,这在顾客群中引起了强烈的不满,这种公众争议立即迫使可口可乐公司慎重考虑其决策,以免导致公众环境的剧变,可见,必须以发展的眼光来认识自己的公众。

### 5. 相关性

公众不是抽象的、各组织"通用的",而是具体的、与特定的组织相关的。公众总是相对一定的公共关系行为主体(组织或个人)而存在。一群人之所以成为某一组织的公众,是因为他们与该组织具有一定的相关性、互动性,即他们的意见、观点、态度和行为对该组织的目标和发展具有实际或潜在的影响力、制约力,甚至决定组织的成败;同样,该组织的决策和行为也对这些公众具有实际或潜在的影响力、作用力,制约着他们利益的实现、要求的满足、问题的解决等。这种相关性是组织与公众形成公共关系的关键。寻找公众、确定公众很重要的就是确定这种相关性,并把它们提取出来,分析清楚,从而确定自己的工作目标。

## (二)公众的分类

### 1. 根据公众的重要程度,可将公众划分为首要公众和次要公众

首要公众即关系到组织生死存亡、决定组织成败的那部分公众。比如酒店、宾馆与宾客关系中的VIP,就是首要公众的概念。次要公众是指那些对组织的生存和发展有一定影响,但没有决定性意义的公众。当然,这种首要和次要之间的划分只是相对的,而且两者之间也可能存在着转化关系,次要公众也不能完全放弃。公共关系的投资总是有限的,从投入产出的比率来看,我们应清醒认识到,有时虽然首要公众只占公众绝对量的20%,可他们给组织带来的效益却可能达到80%以上,因此,对此类公众的总投入量(活动的人力、物力、财力等)应多做安排。次要公众从表面上看数量可能相当多,但由于影响力比较弱,即使投入再多的力量,也只可能收到较少的收益,因此,应该讲力量集中在"刀刃"上。可见,所谓"首要"、"次要"的划分,要从投入产出的效果来考虑,要保证首要公众,兼顾次要公众。

### 2. 根据公众对组织的态度,可将公众划分为顺义公众、逆意公众、边缘公众

顺义公众是指那些对组织的政策、行为和产品持赞成意向和支持态度的公众。逆意公众是指那些对组织的政策、行为或产品持否定意向和反对态度的公众。边缘公众则是指对组织持中间态度,观点意向不明朗的公众。一个组织首先应该将顺义公众当做同舟共济的伙伴,细心维持和不断加强与他们的关系。其次要做好逆意公众的转化工作,改变其敌对的态度,即使不能将其转化为顺义公众,也应该争取其成为边缘公众。"多交友,少树敌"是公共关系的一项基本政策,值得注意的是顺义公众和逆意公众往往只占少数,多数是无动于衷的中间派边缘公众。公共关系工作中的大量精力是做边缘公众的沟通工作,争取他们对组织的了解和好感,引导他们成为顺义公众,防止他们变成逆意公众。这种"争取大多数"的工作往往是最艰巨的公共关系工作。

### 3. 根据公众的稳定性程度,可将公众划分为临时公众、周期公众、稳定公众

临时公众是因某一临时因素、偶发事件或专题活动而形成的公众,比如飞机航班误点而滞留机场的旅客、足球场闹事的球迷、上街游行示威的队伍等。每个组织都难以完全预测到某些突然事件的发生,它往往遭受一些临时公众构成的额外压力,这时需要公共关系部门进行紧急应付。现代组织的公共关系部门必须具备应付临时公众的能力。当然,这种临时公众带来的压力也可能是因为组织事先的计划不周而造成的,特别是在举办一些大型专题活动的时候可能会发生意

料之外的事情。

周期公众是指按一定规律和周期出现的公众,比如逢节假日出现的游客、招生时节的考生和家长。周期公众的出现是有规律的、可以预测的,公关部有条件事先制定公共关系互动机会,做好必要的准备。对于某些季节性强的行业来说,周期公众的节律是与行业自身的节律同步的,如旅游业及酒店业,其中一部分周期公众就有可能转化为稳定公众。

稳定公众是指具有稳定结构和稳定关系的公众,比如老主顾、常客、社区人士等。稳定公众是组织的基本公众,甚至具有"准自家人"的性质,能融合为组织的一部分。组织往往对稳定公众采取额外的优惠政策和特殊的保证措施,以示关系的亲密。稳定公众的多寡可以作为考察组织公众关系成熟型的一个标志。临时公众、周期公众和稳定公众的划分,是制定公共关系的临时政策、周期性政策和稳定策略的依据。

4. 根据发展过程不同阶段的特点,可将公众划分为非公众、潜在公众、知晓公众、行动公众

非公众是公共关系学的特殊概念,社会学中没有这个概念。非公众是指出自按某组织的影响范围之中,但却与该组织无关,其观念、态度和行为不受该组织的影响,也不对该组织产生作用的公众。划分出组织自己的非公众是有意义的,可以帮助减少公共关系工作的盲目性,将非工作排除在公共关系活动之外,也可以避免不必要的浪费。

潜在公众主要是指由于潜在的公共关系问题而形成的潜伏公众、隐患公众、隐蔽公众或未来公众。也就是说,某一社会群体面临着组织行为或环境引起的某个潜在问题,由于这个潜在问题尚未充分显露,这些公众本身还未意识到问题的存在,因此他们与组织的关系处于潜伏状态。这需要公共关系人员未雨绸缪,加强预测,密切注意态势的发展,分析各种可能出现的后果,制定多种应付的方案,积极引导事情向好的方向发展;当事情不可避免要变糟时,应采取必要的预防措施,防患于未然,将问题解决在萌芽状态,避免酿成更大的麻烦。应当承认,遇到这类公共关系问题要妥善处理是想当有难度的。但现在组织面临这种复杂情况的可能性越来越大,这促使公共关系活动的策划者日益重视公共关系的预测功能、参谋功能。这也是20世纪70年代以来国际公共关系界重视"问题管理"的原因。

知晓公众是指潜在公众逻辑发展的结果,即公众已经知晓自己的处境,明确意识到自己面临的问题与特定组织有关,迫切需要进一步了解与该问题的有关的所有信息,甚至开始向组织提出有关的权益要求,这时,潜在的公众已经发展成为现实的公众,构成了组织不可能回避的沟通对象。因此,对组织来说,采取积极主动的公共关系姿态,即时沟通、主动传播,满足公众要求被告知的心理,使公众对组织产生依赖感,这对于主动控制舆论局势非常重要。因为知晓公众如果不能从有关组织那里获得必要的消息,便会转向其他信息渠道,各种不准确的小道消息将会流传开来,局势的演变将难以控制,事后的解释将事倍功半。

行动公众是指知晓公众发展的结果。在这个阶段,公众已不仅仅是表达意见,而是采取行动,对组织构成压力,迫使组织必须采取相应的行动。无论公众的行为是积极的还是消极的,组织的反映也不能仅停留在语言、文字上,还必须有实际的行为。也就是说,行动公众必然促成公共关系行为的发生。面对行动公众,除了采取相应的行动外别无选择。当然,高超的公共关系方案,必将使行动公众的压力转变为动力,转变为对组织有利的合力。

把公众划分为非公众、潜在公众、知晓公众和行动公众是一种纵向的分类方法,其意义是把公众理解为一个连续的发展过程。

5. 根据组织的价值判断,可将公众划分为受欢迎的公众、不受欢迎的公众和和被追求的公众

受欢迎的公众是指完全迎合组织的需要并主动对组织表示兴趣和交往意向的公众。对组织来说,这是一种两厢情愿、一拍即合的关系。如自愿的投资者、慕名前来的顾客、为组织采写正面文章的记者等。这种关系因双方均采取主动的姿态,不存在传播的障碍,使沟通的结果一般来说对双方都有利。

不受欢迎的公众是指违背组织的利益和意愿,对组织构成潜在或现实威胁的公众。对组织来说,这是一些"人侵者"。他们对组织表示出一种不友好的意向和交往行为,或者对组织抱有过分的要求从而构成组织的负担。前者如持不友好态度的记者,后者如反复纠缠索取赞助的团体或个人,这均是组织力图躲避、不愿接触的公众。这种关系只是公众一方采取主动姿态,但由于交往结果对组织不利甚至有害,因此组织往往有意识地设置障碍,制造困难,将其拒之门外,以减少对组织的威胁。

被追求的公众是指符合组织的利益和需求,但对组织不感兴趣、缺乏交往意愿的公众。对组织来说,这是一种求之不得、难以发展的关系。比如,对许多组织来说,著名的记者、社会名流均可能是被追求的公众。组织希望与他们建立关系以扩大影响,可是要与他们建立起密切的关系是件很不容易的事,要想方设法建立沟通的渠道,要讲究交往的艺术,把握传播的时机。

6. 根据公众的组织状态,可将公众划分为非组织公众和组织公众

非组织公众,就是在公共关系中处于无组织状态的个体的总和。非组织公众包括以下方面:①流散型公众,这是最为松散和不稳定的公众,比如出差和旅游的旅客、过往的客人等,但其数量不可忽视。②聚散型公众,也称临时性公众,比如球场、剧院、展览会、运动会的观众和报告会的听众等。这一类公众值得注意,因为他们不但是公共关系的对象,而且也是传播公共关系的媒介。③周期型公众,又称规律型公众,这些公众按照一定的规律聚集,比如西方竞选时的选民、节假日的游客和购买节日货物的顾客等。这类顾客一般有明确的目标和需求,活动时间和地点也比较有规律。④固定型公众,这类公众由于受兴趣、爱好、习惯等方面的影响,比较集中地与某些组织、社团、商店或者某种商品保持稳定的关系,如有的家庭主妇专门购买某一品牌的酱油,有的中学生特别爱看某种大型文学杂志,有些工厂专门与一些厂家配套协作;还有如社区居民、熟客、常客等均属此类。

## 二、内部公众关系的处理

### (一)员工关系的处理

员工是组织最重要、最密切的公众。任何社会组织因其性质不同,所面临的公众对象也彼此不同,但有一个共同点,即每个组织都有自己的员工。员工是构成组织的"细胞",组织的各项目标只有通过他们的分工协作、各尽其责才能付诸实现,所谓"内求团结"才能"外求发展"的道理就在于此。因此,组织要想成功,首先要处理好与内部员工的关系,把每个员工的行为纳入组织整体的轨道,在团结、协作的气氛中发挥每一个人的潜能。

1. 满足员工的物质利益需求,是建立良好员工关系的前提

员工在付出劳动后,能否拿到合理的收入,享受到应有的福利待遇,是绝大多数员工首先考虑的问题,也是能否维持员工劳动热情的基本保证。如果这一愿望不能得到满足,员工就不可能安心工作,因此,公共关系人员对广大员工的物质利益应给予足够的重视,要及时反映员工对利

益分配的意见和要求,并敦促组织领导重视改善员工的物质待遇,公平合理地解决公资调级和奖金分配问题。当不能完全满足每位员工的要求时,要注意与员工的沟通协调,向员工如实说明组织的经营现状、利润收入、分配政策和根本状况,以及组织碰到的短暂困难,以求得到员工的谅解与合作。对于员工过高的期望值,必须利用协调沟通手段使其降低期望值,尽量使员工对工资福利的期望值保持在合理的水平上。

2. 实行民主管理,确立职工的主人翁地位

实行民主管理是充分调动员工积极性的重要途径,只有实行民主管理,让员工当家作主,把他们的潜力挖掘出来,把他们的的积极性调动起来,增强组织活力,才能获得内在的动力。为此,组织必须做到以下方面:保障员工当家作主的权利,使员工享有并实际使用民主管理的权利;组织的重要决策和一切规章制度必须符合绝大多数员工的根本利益和意愿,尊重员工的合理要求,并经过员工的酝酿和讨论;健全监督网络,防止少数领导干部以权谋私;完善职工代表大会制度和各项民主管理制度,真正使职工代表大会成为民主管理的基本形式,成为组织的监督机构,而不是一种"咨询形式";实行和完善企业的合理化建议制度等。只要员工的主人翁地位从内容到形式切实得到保障,组织也真正做到了员工当家作主,员工就必然有主人翁的态度,积极地做好本职工作,主动关心组织,组织与员工的关系也会随之得到改善。

3. 畅通内部沟通渠道,加强上下左右之间的交流与合作

要想畅通内部沟通渠道,就要做到"上情下达"和"下情上达"。有时组织各方面的工作做得相当不错了,可是还不为广大员工所理解和支持,这种"一厢情愿"的情况说明企业组织与员工之间的信息交流不够畅顺通达。"上情下达"是指企业的领导决策层通过情况简报、信息发布、传达文件、内部刊物、广播、布告栏等方式把企业内部的重要信息,如企业经营情况、领导的升迁罢免、经验交流、市场供求、新技术新工艺、违纪处理、立功奖赏等情况告诉广大员工。"下情上达"是指企业的职工群众通过建议邮箱、上访会、黑板报、民意测验和意见征询表等方式把他们的建议、意见等告诉企业管理决策者与领导层。

4. 重视感情投资,实行管理的人性化

重视感情投资,实行管理的人性化,首先要尊重人。尊重人包括尊重员工的人格、尊重员工的劳动、尊重员工的意见、尊重员工的价值等。只有尊重,才能建立平等相待、合作共事的正常气氛。其次要关心人。组织作为员工利益的共同体,理应关心员工。关心员工包括物质方面的关心,比如良好的工作条件和生活条件以及工资、福利、奖励等,也包括精神方面的关心,比如思想和工作上的上进要求,积极表现所给予的精神鼓励等。关心人特别要重视为员工多办实事,要使多数人受益。只有关心,才能使员工切身感受到组织的温暖,才能激发员工忘我的工作热情,才能使员工与组织同心协力。再次还要理解人。由于组织发展的某些局限、员工自身的具体条件,员工为组织工作总要付出辛勤努力和克服各种困难,因此理解员工乃情理之事。理解员工,就既要了解员工(了解员工的状况、了解员工的疾苦、了解员工的奉献),为员工排忧解难,又要善解员工(善解员工的态度、善解员工的意愿、善解员工的行为),善于"换位思考",做员工的知心朋友。只有理解,才能让员工与企业肝胆相照,同舟共济。

## 案例介绍

### 为普通工人树碑立传

广州羊城药厂 1991 年建立了一座碑廊,碑廊内竖立着 5 块 2 米多高的大理石碑,上面篆刻

的不是什么英雄人物的业绩或者高级领导人的题词,而是本厂195位普通工人的名字。原来,他们都是立功受奖的人员,工厂为他们"树碑立传"了。

羊城药厂曾有一段时间境况不佳。为了扭转这种状况,该厂领导号召全厂职工振奋精神,积极献计出力,打好翻身仗。上述195位普通职工努力工作,为药厂的振兴做出了突出贡献,立下了汗马功劳。1990年,羊城药厂举行评奖活动,这195位普通工人分别获得了金羊奖、银羊奖和铜羊奖。

羊城药厂的领导认为,广大工人是企业的主人。这195位有功人员虽不是什么英雄,但是他们发挥了主人翁的精神,对药厂的振兴繁荣做出了突出贡献,因此,他们的名字应该载入本厂的史册,让后人永志不忘。于是,该厂就为这195位普通工人树起了纪功碑。

这些纪功碑树起来以后,在羊城药厂引起了很大的反响。碑上有名者感到自豪,受到了鼓舞。老工人曹球抚摸着碑上自己的名字自语道,从没有想过自己竟有被"树碑立传"的一天。他决心为药厂的发展做出自己更大的贡献。而没有碑上无名者也感到学有榜样,干有方向,纷纷表示自己也要干出成绩来,争取自己的名字也被刻上纪功碑。因为他们看到,那5块纪功碑中最后一块是空白的,它将留给后来人。一位小伙子说,他相信,总有一天,自己的名字也会被刻上纪功碑上。

## (二)部门关系的处理

在组织内部,划分若干个部门的目的在于确定各项任务的分工与职责的归属。同时,部门又是组织联系员工的中介机构,部门功能是组织整体运行的有机组成部分。在日常运作中,组织整体素质的优劣和功能的发挥受到各部门的影响。如果下属各部门都能有条不紊,配合默契,那么组织的整体效能就会充分展示出来;如果下属不同的职能部门只从自身小团队的利益出发,斤斤计较,搞本位主义,内耗严重,不仅会影响自身功能,还会导致部门效能的抵消,削弱组织的整体优势。

### 1. 与组织内部正式团体的沟通方式

在正式团体中,各个成员公众之间具有共同的目标和利益关系,这些目标和利益非个人努力所能达到,必须通过全体成员的共同工作方能实现。正式团体的行为活动受一定的规范制约,成员之间有密切配合和协作保证,因此能产生和形成团体纪律与团体舆论。正式团体还满足成员的归属感受,每个成员彼此之间相互认同,在工作上、思想上、情感上经常交流切磋。

在一个社会组织内部,正式团体的沟通与协调可以采取这样一些方法:

(1)强化团体成员的"团体意识"。公众一旦加入了某正式团体,就要接受团体的价值观念,遵守团体的行为规范。广大公众以主人翁的姿态,自觉按照组织团体的目标来矫正自己的行为。

(2)编印内部刊物。刊物是内部公共关系活动的书面媒介,它有利于进行各种横向信息交流和纵向信息交流。

(3)积极开展各种团体文化活动。所谓团体文化活动是指由组织内正式团体的价值观念、道德规范、工作方式等内隐文化以及组织内各类正式团体开展的文化教育、娱乐联谊活动等外显文化构成的有机统一体。各种团体文化活动,可以沟通正式团体不同公众之间的信息,保持内部公众之间和谐融洽的合作氛围,造就组织内部良好的公共关系状态。

### 2. 与组织内部非正式团体之间的沟通方式

所谓非正式团体是人们在相互交往中自发形成的、没有得到正式认可和批准的团体。非正式团体之间是基于某种利益和观点一致,彼此有共同的兴趣爱好和相似的经历背景而形成的。非正式团体之间成员是以个人的好恶兴趣为联系纽带,也有共同遵守的不成文规范,它也会产生较高的自觉性和较强的凝聚力、认同感。非正式团体对组织管理和公共关系工作,一方面具有积极作用,它可以发挥沟通意见、稳定情绪、互帮互学的效应,有时也可以起到正式团体起不到的作用;另一方面非正式团体也有不可忽视的副作用,容易散布流言蜚语,带来哥们义气,削弱正式团体的控制力和影响力。

协调组织内部非正式团关系,可以采取以下具体方法:

(1)疏导法。在正常传递信息渠道不通或不畅时才会出现人际间的非正常关系,因此,协调非正式团体关系要疏通,使信息交流纵横畅通,社会组织的决策、计划、方针、政策、优势、前途等要让员工清楚、明白并参与研究。通过疏导,非正式团体就会自觉接受正确的观点,抛弃不正确观点,发挥其长,克服其短,逐渐把他们的小团体的目的引向大集体的目标。

(2)影响法。影响法即组织的管理者通过自己的模范言行来影响和改变非正式团体的心理和行为,使非正式团体自觉自愿、心悦诚服地接受其指令,向组织的管理层和组织的目标靠拢。

(3)渗透法。渗透法要求管理者一方面亲自深入到非正式团体中去,参与他们的活动,成为他们的伙伴,与他们建立和谐的关系;另一方面委托具有较强协商能力,既忠于组织,又被非正式团体信赖的人渗透到非正式团体中,启发诱导,消除非正式团体与管理者之间的隔阂和纠纷,从而达到两者之间的协调一致。

(4)抓头法。抓头发要求管理者注意与非正式团体的"意见领袖"进行沟通,取得这些"意见领袖"的信任、理解和协作配合,调动了"意见领袖"的积极性,也就调动了他所代表的非正式团体的积极性。

(5)转化法。转化法即将非正式团体转化为正式团体,如老同学、老同事、老同乡聚集成的非正式团体,管理者可积极创造条件,成立同学会、同乡会;象棋、桥牌爱好者组成的小团体,可以组织成象棋协会、桥牌协会,规定章程,明确职责任务,把非正式团体纳入到正式团体的轨道上来。

(6)满足法。满足法即满足非正式团体的合理需求,这样员工们自然会对组织产生亲切感、忠诚感、责任感,无需再从非正式团体中寻求寄托,即使已经成为非正式团体成员,同样会为正式组织尽心出力。

(7)奖惩法。奖惩法即运用奖励和惩罚手段,充分发挥非正式团体的积极作用,限制和克服消极作用。

### (三)股东关系的处理

股东关系又称投资者关系,它是20世纪60年代以来在公共新领域中不断发展的一个新方面。与员工一样,股东既是制约组织经营活动的重要因素,也是实施内部公共关系的工作的重要对象。协调股东关系的方法有以下方面:

#### 1. 配合股票发行开展宣传活动

结合实际情况,我国股份制企业所发行的股票,一般都是在银行、证券机构的参与下,由有关金融机构代理发行的。一家金融机构是否愿意代理企业发行股票,取决于它对该企业的信誉、创业历史、管理机构、实力大小、经营效果的认识,因此,要使企业股票能够顺利发行与上市,公共关系部门首先必须对代理发行机构开展宣传活动,主动请对方上门指导,使企业与代理机构彼此了解和相互信任。一旦确定了股票代理发行机构,公共关系人员就要把宣传的重点转移到有可能购买本企业股票的社会公众身上。通过精心策划和宣传引导,那些拥有一定闲散资金并打算用于投资的机构和个人,在了解和信任的基础上就会踊跃认购企业所发行的股票。

### 2. 尊重股东权益,定期向股东通报经营状况

一旦资金拥有者购买了企业的股票,他就成为企业股东,同时也就拥有了了解经营状况的权利。作为特殊的内部公众,股东们往往会产生一种"主人意识",认为自己有权知道企业的发展动向和经营状况,对有关企业的各种信息表现出一种特别的关心。据此,企业在协调股东关系时,应正确评价股东的人股行为:他们投资入股并非坐等分享红利,而是关心国家建设、支持企业生产的具体表现。除了保证以良好的经营业绩来吸引股东之外,企业在日常生活工作中还要注意加强同广大股东的信息交流,运用各种传播手段,及时向他们传递有关企业经营情况的各类信息,如经营目标、生产任务、资金周转、财务收支、利润增长、项目投资、股息分红、市场销售和新产品开发、高层管理人员的变更等。

股东大会既是股份制企业的一个重要管理形式,也是开展公共关系活动的良好时机。股东对企业经营活动的参与实际上是通过股东大会实现的,即通过参加股东大会,对企业的重大事务进行投票表决,因此,积极筹备和开好股东大会,已经成为公共关系人员的一项专职工作。

### 3. 编制股东年度报告,监督企业、公司的经营活动

目前,越来越多的企业实行股份制经营,股东关系已成为各类组织不可忽视的内部公众关系。从公共关系的角度来看,协调股东关系要从维护股东利益的角度出发,对企业的经营活动进行必要的监督,促使经营者努力做好管理工作,创出令股东满意的业绩,进而维护企业长期稳定的股东队伍。

股东年度报告是企业与股东交流的一个重要渠道,又是公共关系人员帮助广大股东,定期向其提交一年来经营情况的详细说明书面报告,它一般由股份企业各职能部门多方合作,最后由公共关系部门起草撰写而成的。

## 三、外部公众关系的处理

### (一)社区关系的处理

社区是社会组织生存和发展的根据地,社会组织是社区的构成要素,社区的发展依赖于社区社会组织的发展。处理好社区关系,就是为了使组织在其所处环境中树立起良好的形象,争取得到社区公民的爱护、合作和支持。正确处理社区关系的方法有以下方面:

### 1. 加强沟通

社区公众虽然同住在一个相对固定的地理范围,但毕竟属于多层次、多种类的分散群体。企业或组织只有建立有效的沟通网络,才能建立良好的社区公众关系。首先,社会组织可以通过召开社区大会、联谊会、座谈会、庆功会等活动,向社区通报本组织的宗旨、生产经营目标、项目、职工情况、技术设备、资金规模以及在社会上的地位等情况,宣传本企业的方针政策,共同探讨建设振兴社区的规划,表达本组织努力搞好社区的真诚愿望,阐明自己在繁荣社区经济文化、居民就业等方面的作用和贡献,争取社区公众的信任和好感。其次,组织的公关人员还应该及时了解、搜集公众对本组织的意见和态度,尤其是当组织从事某项经营活动,侵害了社区居民的利益和身心健康时,就更应加强沟通,虚心听取意见,努力解决存在的问题,以改善社区关系,树立良好形象。

### 2. 开放组织,欢迎参观

开放组织,欢迎参观是拉近与社区居民心理距离的一种良好做法。如对外开放组织内部的俱乐部、食堂、学校、舞厅等,给社区居民生活带来便利。另外,组织还可以定期或不定期邀请社区成员来参观座谈,让他们了解本组织的生产经营活动过程,从而使公众对组织为社区发展和繁荣所做的努力给予赞扬,对组织给社区造成的问题有一个正确的认识,甚至给予同情、理解与配合。实践证明,开放组织,欢迎参观,能够增进社区公众对组织的了解和信任,从而给予支持与合作。

### 3. 积极关心社区建设

社会组织生存在社区这个环境里,社区的发展依赖于社区组织的发展,而社区的发展同样也给组织带来了良好的生存发展环境,两者是相辅相成的。社会组织有义务积极关心社区建设,利用组织的人力、物力、财力等方面的优越条件,为社区建设出力,在力所能及的条件下,投入社区规划建设,如兴资办学、积极参与公共设施的建设、治理环境、美化社区等。

### 4. 积极为社区承担经营责任和社会责任

社会组织作为社区的公民,有义务将社区的许多问题列入自己的议事日程,尽自己所能去为社区做出贡献。这主要体现在以下几个方面:第一,企业赞助地方文化、艺术、体育团体;资助慈善机构、残疾人协会等社会福利机构;兴资办学,为希望工程捐款,设立各种奖项以表彰先进。第二,积极为社区排忧解难。如社区发生自然灾害时积极组织人力、物力,抢险救灾,捐款捐物。第三,帮助社区兴办企业,繁荣社区经济,尽其所能解决企事业单位经营资金短缺、技术力量不足、物资缺乏等燃眉之急。第四,作为社区公民,有义务做到文明生产,文明施工,有效治理"三废",使社区的空气、水源、土地等不受本组织行为的损害,积极参与搞好社区绿化,美化环境,有责任、有义务确保社区环境优美整洁。第五,应全力维护社区的安全,协助公安部门搞好治安保卫工作,为打击犯罪提供人力、物力,教育职工自觉遵守法律法规,为社区的安宁做贡献。

### 5. 注意与社区中富有影响力的人物和团体建立良好的关系

社会组织所在社区中富有影响力的主要人物和团体对组织的生存和发展起着重要作用,社会组织应搞好和他们的关系。如政府机关的领导人,他们虽是国家政策的执行者,但根据不同区域的特性,又是地方法规的制定者和决策者,对社会组织有着举足轻重的作用;金融机构则能提供社会组织为扩大规模、产品开发而需要的资金;新闻媒介是舆论宣传的喉舌,组织的一切功过信息都要通过它而公之于世,他左右着组织的前途和命运;工商、税务机关与组织直接接触;司法机关则起到保护组织的合法权益等作用。所以,社会组织必须采取各种方式和措施搞好这些关系,为其长远发展打下坚实的社区基础。

## (二)顾客关系的处理

顾客是组织生存的衣食父母,失去顾客,无异于自断粮路,因此,顾客关系就成了组织的"生命线"。良好的顾客关系能够给组织带来经济效益。影响顾客关系的主要因素有产品质量、售后服务和投诉处理,因此,针对这些影响因素,我们认为处理好顾客关系的途径主要有以下方面:

### 1. 树立"顾客至上"的经营宗旨

处理好顾客关系是指组织最终和顾客建立起一种相互信任、相互协作支持的关系,使顾客对组织产生厚爱。要赢得顾客的厚爱,建立良好的顾客关系,就要牢牢树立"顾客至上"的经营宗旨,坚持"顾客至上"的公关原则,把顾客放在比组织自身更重要的位置上。美国企业公关专家加瑞特认为,无论大小企业都必须永远按照下述信念来计划自己的方向:企业要为消费者所有,为消费者识,为消费者所享。因此,各社会组织应把"顾客至上"的经营宗旨贯穿在组织经营管理的各个环节之中,了解并尊重消费者的权利,全心全意为顾客服务。

### 2. 提供物美价廉的商品

物美价廉的商品是吸引顾客并建立良好顾客关系的基础。任何组织都应从顾客的利益出发,为顾客提供优质商品、合理价格,使消费者真正得到实惠,用得放心,这样顾客必然会成为组织的义务宣传员。社会组织要向顾客提供物美价廉的商品,首先要进行市场调查和预测,充分了解顾客的需求,按照顾客的需求进行生产,组织货源,真正做到顾客需要什么,就生产什么,经营什么。其次要根据本组织的生产和经营范围形成经营特色,主要从参与市场竞争和组织发展的长远利益出发,制定合理的价格,从价格上保证企业与顾客之间的平等互利,以求长期合作,共同发展。

### 3. 提供优质的服务

向顾客提供优质的服务,是塑造良好组织形象的重要途径,也是组织与顾客建立良好关系的重要内容。不同的组织应根据所生产和经营的商品的种类和特点,根据企业的规模、类型、坐落地点、经营条件,为顾客提供多种多样的服务,以增加组织对顾客的吸引力。

### 4. 提供优雅的购物环境

购物环境的好坏,直接影响到顾客的情绪和要求,关系到组织在顾客心目中的形象。商业企业对地理环境的选择,以及装饰、用具、光线、音响、色彩、气味、大厅整体布局、货物的摆放及环境因素,都要认真构思,合理设计,要显示出高超的艺术水平和企业特色,反映出企业的经济实力和文化素养,这会产生很好的公关效应。再加上服务人员的文明举止,和蔼可亲的态度,高超的服务技术,整洁的着装,同样带给顾客精神上的愉悦,从而吸引顾客。

### 5. 及时处理顾客的投诉

及时处理顾客的投诉,是对消费者合法权益的积极维护行为。只有切实处理好顾客的投诉,才能使顾客消除心中的不平,化干戈为玉帛。只有充分尊重并维护顾客的合法权益,才能真正建立融洽的顾客关系,在竞争中立于不败之地。

社会组织在生产经营过程中,由于各种原因造成失误或者与顾客发生矛盾,引起顾客的投诉在所难免,关键是怎样处理好这些投诉。

首先,态度要诚恳。遇到消费者投诉时,不管对方是否合理,企业公关人员都应该心平气和,婉转地加以引导,耐心地解释情况。企业公关人员要抱着诚恳的态度设身处地地为顾客着想,理解顾客的心情,与人为善,宽以待人。其次,处理要及时。对消费者的投诉,反应要敏捷,这样顾客就会觉得组织重视他们的意见,会比较快地恢复平静。最后,分析要全面。对消费者投诉的问题,应该有较全面的分析。如果发现该问题具有普遍性,应该尽快通过大众媒介或公关宣传,在较大范围内予以说明;如果提出的问题比较重要,就要认真研究解决处理的对策,以最好的服务予以补救。

## (三)新闻媒介关系的处理

建立良好的媒介关系是营造良好舆论环境的关键,亦是运用大众传播手段的前提。社会组织利用新闻媒介做公共关系工作,一方面要通过广泛宣传,扩大组织影响;另一方面可在不必支付费用的情况下借助新闻媒介的优势来塑造组织形象,而后更具有公共关系意义。社会组织的公共关系部门或人员应尽可能多地提供新闻信息,使得新闻媒介的朋友乐意成为组织的义务宣传员。为此,在与新闻媒介交往中应坚持以下几个原则:

1. 以礼相待

对待新闻媒介机构和记者要有热情,不管记者对组织发生的事是褒是贬,都要对他们的工作提供必要的帮助、支持和服务,不得向他们封锁消息,为他们的工作设置障碍。如有的组织在经营过程中发生了事故,或与公众发生了纠纷,当记者去采访时,就采取回避的态度,或不予接待,结果恶化了关系。所以,即使组织的政策或行为出现了失误,也应该亲切、诚恳地接待记者,并如实反映事件的经过、产生的原因及纠正措施。记者了解了事件全过程之后,一定会客观地报道事件真相,这有助于赢得公众的谅解。

2. 以诚相待

以诚相待即社会组织对新闻媒介单位要真诚,为新闻媒介提供实事求是的材料,因为真实的新闻是媒介的生命。组织提供夸张、虚假的材料,不仅会扭曲组织本身的形象,而且还会影响新闻媒介的权威性和影响力。

3. 平等对待

新闻媒介所属的层次不同,影响力有大有小,同样的报纸,全国性的报纸就比省市等地方报纸影响力要大些;同样是电视台,中央电视台与地方电视台传递信息的实际效果就不同。但作为组织,不论对大报还是小报,对中央电视台还是地方电视台,对有名望的记者还是一般记者,在提供信息和接待上,都应该做到一视同仁,给予平等地获得信息的机会和权利;同时,对新闻媒介单位中的工作人员也要平等对待,不能厚此薄彼。

4. 迅速及时

新闻媒介单位的职业特点是要求"快",因为新闻信息的时效性很强。一条新闻的价值在特定时间内与传播速度成正比例关系,超过时间就会失效。由此,就决定了记者采访组织时或与组织有其他业务联系时,组织要及时接待;邀请记者采访,要事先做好一切准备,争取在最短的时间内向新闻界提供较多的有价值的信息。记者对社会组织工作失误的报道,只要情况属实,要立即改正,并把改进情况及时反映给记者和新闻媒介。

在坚持上述原则的前提下,与新闻媒介建立良好的媒介关系时应该注意采取以下主要方法:访问新闻媒介,一方面密切联系,另一方面及时向他们提供以下各种帮助:具有新闻价值的素材;礼貌地接待新闻界人士采访,并欢迎新闻界人士参观组织,为组织创造新闻宣传的机会;组织应正确对待新闻报道,当报道有利于组织发展时,应主动表示感谢,不利时,要争取新闻跟踪报道组织的改进情况,恢复组织形象;与新闻媒介合作开展公共关系活动;邀请新闻界人士编辑指导组织刊物,一是可以借助他们的编辑力量提高我们组织刊物的质量和塑造形象,二是可以密切组织与新闻界人士的关系,三是可以表明组织对新闻界人士的重视,进而使其对组织产生好感,增进了解与合作。

在利用新闻媒介做公共关系工作时,还必须讲究时机策略,即什么时候拟写或者提供新闻。这不仅关系到所提供的新闻能否引起新闻机构的兴趣,而且关系到新闻机构是否愿意与组织合作。社会组织有效利用新闻媒介可以选择以下时机:在组织成立时,可通过新闻媒介将组织的性质、规模、宗旨、生产经营范围、服务项目等内容传播出去;组织更名或与其他组织合并时,通过新闻媒介传播组织更名或合并的意义以及给社会公众带来的新的利益和希望;组织推出新产品或新服务时,通过新闻媒介的宣传以影响更多的公众,吸引更多的顾客;组织进行重大改革和经营管理上取得重大成就时,通过新媒介提高组织的美誉度;重要人物来访,或组织举行重大的纪念、庆典活动及其他活动时,通过新闻媒介扩大影响;组织涌现出先进人物或先进事迹时,通过新闻媒介宣传先进,提高组织的知名度;组织在某些方面出现失误或被公众误解时,通过新闻媒介挽回失误所造成的不良影响,消除误解,重塑组织形象等。

## 案例介绍

### 群鸽来访

美国联合碳化钙公司一幢52层的总部大楼竣工了。一天,有一群鸽子飞进了这幢大楼的一个房间,把它当作栖息所。公关部经理知道此事后,认为这是一次扩大公司影响的机会,便着手策划一次有声有色的新闻事件。他首先打电话给城市动物保护委员会,请他们来捕捉鸽子,紧接着又通报新闻媒介报道这座城市从未有过的"群鸽来访"的奇事。动物保护委员会为了不损伤鸽子一根羽毛,用网兜捕捉鸽子前后足足用了三天时间。在这三天中,电视台、电台和各大报社竞相采访,跟踪报道,使这件事成了这座城市中公众关注的新闻热点。这期间,公司首脑充分利用在电台和荧屏亮相的机会,频频向公众介绍公司各方面情况,加深了社会公众对公司的了解,从而不花一分钱就很好地宣传了公司形象,达到了扩大公司知名度、美誉度的目的。

### (四)政府关系的处理

良好的政府关系可使组织获得某些方面政策方面的优惠和支持,有利于组织发展;能使组织获得良好的关系环境,得到人、财、物以及信息资源方面的支持;也能使组织获得良好的舆论环境。正确处理组织与政府的关系时要坚持以下几个原则:

1. 组织行为合法性原则

组织对社会的统一管理和调控,是通过制定一系列的方针政策和法律法令来实现的。它要求所属范围内的一切组织必须依据方针政策和法律法令来规范自己的行为,社会组织也只有把自己的行为规范纳入政策与法律允许的范围内,符合法律的要求才能得到政府的支持,才能为协调政府关系提供依据。实践证明,行为不合法的组织不仅得不到政府的信赖和支持,反而会受政府的制裁。

2. 局部利益服从全局利益

政府代表着国家利益、人民的根本利益和全局利益。社会组织相对政府来说是局部利益,政府承认并保护社会组织独立存在的自身利益。组织的利益与国家在根本上是一致的,但两者发生矛盾时,要求社会组织必须无条件服从政府宏观的全局利益,自觉地为政府事业的目标去牺牲组织的局部利益,为国家做出贡献,这是协调政府关系必须坚持的一个原则。

3. 沟通与信任的原则

社会组织与政府的关系除了服从性的一面外,同时存在沟通和信任的问题。因为,在社会主义市场经济条件下,社会组织有其自身的独立性,特别是企业,本身就是自主经营、自负盈亏、自我发展、自我约束的经济实体。同时,不断深化的经济体制改革要求政府对所属组织的直接管理变为间接调控,这就要求社会组织在协调政府关系时加强沟通,使政府对组织的方针政策和行为有充分、完整、全面的了解和支持,增加政府对组织的依赖。如果组织与政府双向沟通的渠道堵塞,彼此信息不通,互不了解,那么建立良好的政府关系就无从谈起。

协调政府关系的途径有以下方面：

(1)认真研究，准确掌握，坚决贯彻政府的政策法令。要研究、掌握并贯彻政府的政策法令，就要使组织的一切活动保持在政策法令允许的范围内，并注意政策法令的变动情况，随时修正本组织的政策和行动。遵纪守法，执行政策，服从领导，这是取得政府信任的前提。

(2)全面完成计划任务，认真履行组织的职责。为维护国家和广大人民群众的根本利益，保证国民经济持续、快速、健康的发展，国家根据社会和国民经济发展的需要以及组织的实际情况，制定了宏观调控的计划，社会组织必须依据国家宏观调控计划的要求制定组织的生产经营计划，并将计划指标层层分解落实，建立严格的责任制和计划管理目标，认真履行组织的职责，切实保证和超额完成计划任务，为国家多做贡献。也就是说，只有计划完成好的组织，才能与政府有良好的公共关系，否则，不仅会影响政府整个计划的完成，同时也会影响政府部门对组织的态度和关系。

(3)积极进行上行沟通，扩大组织的影响，取得政府的信赖。社会组织要想扩大影响，取得政府的信赖，应采取有效的沟通手段，如呈报有关计划、总结，邀请上级领导参加有关新建项目的落成典礼、新产品问世以及重大庆典活动等，请求政府部门负责人就遇到的问题及时给予指导和帮助等，使政府了解组织对社会、对国家的重大贡献和成就，从而增强对组织的信任。

(4)熟悉政府机构的具体位置，职责分工。政府内部分工复杂，有许多业务分工相互渗透、交叉，若分不清职责范围，就容易违背管理权限，就很难分清主次，这样往往会导致不必要的麻烦。此外，组织应与政府主管部门的领导和有关人员保持经常的联系，认真完成他们所下达的任务，对他们的工作给予真正的支持、真诚的赞扬和公正的评价，这必然有助于协调彼此间的关系。

(5)领会政府部门和领导意图。社会组织与政府部门有着共同的事业和目标，安排各项工作，处理每件事情都不仅仅是上级领导的个人的事。为实现某一目标，完成某一任务而做的设想、计划就是意图。协助政府部门和领导完成共同的事业，必须了解这项事业的目的、设想、方法及与此相联系的各种行为动机，这就是领会意图。领会意图是配合政府工作的重要基础。而且，政府部门的不同领导者，其思想方法、工作方式、性格特点、气质类型、生活习惯和特定条件下的心理状态等也不相同，组织的负责人掌握它们这些方面的特征，非常有利于工作上和关系上的协调。

## 职场链接

### 克莱斯勒的政府公关

位居美国汽车业第三把交椅的克莱斯勒公司曾创下了亏损116亿美元的记录，并且濒临破产边缘。临危受命的亚柯卡在其他方案都行不通的情况下，决定以公司的全部资产作抵押向美国联邦政府申请贷款。消息传开，举国大哗，反对声不断，联邦政府一时拿不定主意。为了争取到全国公众和政府的理解支持，亚柯卡发起了强大的舆论攻势。媒体发表了一系列阐述公司主张的有亚柯卡亲笔签名的社论。这些社论的标题和内容是公众最为关心的问题：失去了克莱斯勒，美国的境况会变得更好吗？克莱斯勒有前途吗？克莱斯勒的领导部门是否有足够的力量扭转公司的局面？政府的官员和国会议员们每天拿着这些广告和社论边看边议，同时亚柯卡还派出专人到国会对联邦政府进行游说活动。这些公关活动的展开，逐渐恢复了各界对公司的信任，国会也终于在圣诞节前夕通过了贷款法案。有了这笔巨资的支持，克莱斯勒最终起死回生，并在20世纪80年代东山再起。

### (五)竞争者关系的处理

只要有商品经济存在,社会组织就必然有竞争对手,并且必然要与竞争者发生关系。面对优胜劣汰的考验,竞争者就成为社会组织不得不认真对待的公众了。

在我国各社会组织在根本利益一致的情况下,又存在各主体利益上的差异和冲突。这样,同行业之间既是竞争者,又是互助者,目的是取长补短,共同前进。所以,处理竞争者的关系遵循以下原则:

第一,优胜劣汰。优胜劣汰有利于打破阻碍生产发展的封锁和垄断,可以及时暴露企业的缺点,促使企业提高经营管理水平和生产技术水平。

第二,产品竞争。企业的竞争主要是产品的质量、价格、服务和特色的竞争。

第三,平等竞争,相互协作。平等竞争就是竞争地位一律平等,反对企业及其他社会组织的规模歧视、所有制歧视和城乡歧视,更不能利用优势制造垄断,欺行霸市。同时,同行之间要相互协作,竞争者之间是对手,而非敌手。

处理竞争者关系的措施包括:

第一,提高竞争能力。提高竞争能力,除提高自身素质外,还要认识竞争对手。"知己知彼"方能"百战不殆"。认识竞争对手,要掌握其真实材料,如对手的现状、竞争能力、新产品开发能力以及潜在对手等。

第二,运筹竞争战略。所谓运筹竞争战略,就是在竞争的方向、目标、方针、政策和行动规划等方面,做出长期、总体和全局的运筹。

第三,谋划竞争策略。根据竞争战略要求和客观态势,制定短期竞争取胜的具体方式、方法、手段,便是竞争策略,如竞争价格、产品、服务和广告等竞争策略。

# 第七节 品牌公关的基本方法——传播

## 一、公共关系传播概述

控制论的创始人诺伯特·维纳曾经说过:"传播是社会的黏合剂。"没有传播,也就没有社会,因为是传播将人联系在一起形成了社会。传播是自人类产生以来就有的社会现象,传播行为是人类最主要的社会行为之一,任何人出生到世上,他第一声啼哭就开始了信息传播——宣告他的诞生。时时有传播,处处有传播,一切产生和社会活动都离不开传播。人们的交谈、微笑乃至新闻报道、工商广告、政策宣传,都是传播行为,它是维系人类社会的纽带。

### (一)公共关系传播的定义

传播是从英文"communication"一词翻译过来的,是指两个互相独立的系统之间利用一定的载体和途径所进行的有目的的信息传递活动。传播的核心是"传",且追求"传务求通"。关于传播的定义众说纷纭,五花八门,根据牛津英文字典的解释,"传"乃是"观念、知识等的分享、传递和交换"。因此,我们可以给传播下一个基本的定义:传播是指人与人之间一切信息的传递与分享,也是人们接受、排列、选择、传送、储存信息的过程。传播是人类社会赖以生存和发展的前提。

传播与公共关系有着密切的关系。首先,传播是公共关系确立的基本前提。其次,公共关系极大地丰富了传播的内容,加速了传播工具的发展。

公共关系传播是指社会组织利用各种媒介,有计划地将信息或观点与公众进行交流沟通,以达到争取公众、信息共享的目的。其基本含义包括以下两个方面:

第一,传播是一个有计划的、完整的行动过程。"有计划",是因为整个传播活动必须按组织的公共关系总目标有步骤地进行。"完整",是指传播过程必须完全符合传播学的"五个 W 模式",即 Who(谁)、Say what(说什么)、In which channel(通过什么渠道)、To whom(对谁说的)、With what effect(产生什么效果)。

第二,传播是一种信息的分享活动。传受双方是在传递、反馈等一系列过程中获得信息,因此,这不是一般意义上的单向性信息传递,而是通过双向的信息沟通,双方可以在利益限度内最大限度地取得理解,达成共识。

### (二)公共关系传播的特点

为进一步认识传播的概念,需要对公共关系中的传播的特点有所了解和掌握。在公共关系传播的界定和含义中,展示了公共关系传播的双向性、共享性、快速性、广泛性等特点。

1. 双向性

所谓公共关系传播的双向性,是指传播是公众与组织之间的互动行为,它包括组织的信息向公众传播,公众将这些信息反馈到组织这样两个环节。公共关系传播是一种信息传递和交流活动,它不可能是单向的,也不可能只注重自身需要。组织的信息传递是前提,公众的信息反馈是结果,组织的理念、意图、决策是否正确,是否符合公众的实际,要靠反馈来检验和修正。没有组织的传递,便没有公众的反馈。根据公共关系传播的双向性特点,公关人员为突出双方利益要求,就必须首先了解和掌握公众的心理和要求。了解公众利益需求,就必须找到与此相关的组织利益,使传播的行为双方都能接受,还必须注意搜集和研究信息反馈,使传播活动能有的放矢,也要注意情感在公共关系中所拥有的调解职能和信息展示职能。

2. 共享性

共享性也是公共关系传播所具有的较明显的特点之一。它主要是指传播信息在时间上和空间上由传受双方共同享用。就空间而言,信息能够同时为众多的使用者所拥有,某个人在使用信息后,不会引起信息在数量上和内容上的任何变化;就时间而言,由于信息扩散的过程同时也是信息分享的过程,传播者将信息传出以后,自己仍然可以享用它,并未失去什么。信息作为一种重要资源,不管使用者多少,每个人都可以完整的使用信息内容,有效的信息可以永久地跨时代地储存和享用。

3. 快速性

快速性是指公共关系的信息传播迅速而快捷,表现出及时、机动的外在特征。由于科学技术的发展,特别是日新月异的大众传媒手段的运用,使人们在较短的时间内就能把信息传送到组织所需要的地方去,使组织在最短的时间内"誉满全球"。对于公共关系传播而言,追求时效和提供方便简捷的信息,扩大途径是必不可少的。这对传播本身也提出了更为严格的要求。公共关系工作人员在策动传播时,要有效利用快速性特征,从受传者的需要出发,确定内容、选择主题,注意扩大传播面。要做到题材多样化、大众化,传播信息要快、要准,语言表达要力求简洁、明快等。

4. 广泛性

广泛性是指公共关系信息被所有传播媒介所追求并经传播媒介而广泛扩散,直至在公众中形成日渐成熟的公共关系意识。现代科学技术的飞跃性发展,为信息传播的广泛性实现提供了现实条件。如新闻媒介可以大规模地复制信息,同时它能够做到使同一信息在最短的时间内家喻户晓,尽人皆知。广播、电视、互联网等传播手段,甚至可以突破地域、国界乃至文化的限制实现全球互联,真正地达到"天涯共此时"。大众传媒使信息传播达到了前所未有的广泛程度。另一方面,公共关系传播的广泛作用,逐渐培育了广泛的公共关系意识,这种意识反过来影响公众行为,为公共关系传播的广泛性奠定了主观基础。全员公关意识能促进信息得到广泛传播,同时又为公共关系传播的广泛性确立了深厚的群众基础。

### (三)公共关系传播的要素

传播的核心是信息,然而在整个传播过程中,只有信息,完不成传播。任何一个传播活动的形成,必须具备相应的必要条件,这些构成传播活动的必要条件,我们称之为要素。

通常情况下我们认为传播要素有:①传播主体—信源—发出者—传播者;②传播内容—信息—编码;③传播媒介—渠道—工具;④传播对象—受众—信宿;⑤传播效果—反馈—影响。

除此之外还有一些其他要素,例如:①译码,指信宿找到信息后,将信息符号译成自己理解的内容。②干扰,又称噪音,指传播过程中放大或缩小信息量使信息失真的因素,它常常无处不在。③共同经验范围,指传播者与受传者之间共同能理解的约定俗成的规则,即"共同语言",毫无"共同语言"的人无法实现传播。④环境,指传播存在的时空条件、物质条件和社会条件。

我国学者熊源伟把传播的构成要素分为两类:一类是基本要素,包括信源和信宿、信息、媒介、信道和反馈等;另一类是隐含要素,指传播活动中的时空环境、心理因素、文化背景和信誉意识等。前者是公共关系传播的"硬件",后者是公共关系传播的"软件"。其中每一个要素,都会对传播效果产生一定的影响。如果缺少一个要素,就无法构成公共关系传播。

1. 传播的基本要素

(1)信源和信宿。信源,即信息的发布者,也就是传者。这里一般是指某一个具体的社会组织。信宿,即接受并利用信息的人,也就是受者。这里一般是指公众。

(2)信息。从公共关系传播这一角度看,信息是指具有新内容、新知识的信息,其中包括观念、态度和情感等。

(3)媒介。媒介,原意指中间物,这里指用以记录和保存信息并随后由其重现信息的载体。媒介与信息密不可分,离开了媒介,信息就不复存在,更谈不上信息的交流和传播。

(4)信道。信道,是指信息传递的途径、渠道。信道的性质和特点,将决定对媒介的选择。比如,在谈话中,传者如果是以声波为交流信道的,那么,声波信道的特性,便决定了所选取的交流媒介,只能是具有"发声"功能的物体、材料和技术手段。同样,如果以频道为信息传递渠道,那么,其媒介选择只能是电子类的载体。

(5)反馈。反馈,这里指受者对传者发出信息的反应。在传播过程中,这是一种信息的回流。传者可以根据反馈检验传播的效果,并据此调整、充实、改进下一步的行动。

如我们收听广播就是一个传播的过程,具备以下各个要素。信源:广播台的编导及主持人;信宿:收听广播的各类听众;信息:主持人讲述或播出的节目内容;媒介:口语、声音、无线电波;信道:收音机、听觉、感觉等;反馈:听众中产生的影响及发生的行为变化,或打电话向电台进行咨询、质疑等。

2. 传播的隐含要素

(1)时空环境。时空环境,包括时间和空间两个方面。传播的任何一方"无故失约"、"拖延时间"或"姗姗来迟",都会使对方对这次传播活动的态度和感受发生变化,其传播行为会随之而改变,从而影响传播效果。

从时间角度上看,真正衡量传播效果的是单位时间内所传播的有效信息量。当然,传播时机(即在何时进行传播)的选择,对传播效果也是有一定影响的。例如谈判,谈判时间适当与否会对谈判效果产生影响。一般地说,以下几种情况,是在选择谈判时间时应注意的:第一,避免在身心处于低潮时进行谈判。例如夏天的午后,这是人们需要休息的时候。第二,避免在一周休息日后的第一天早上进行谈判,因为这个时候人们在心理上可能仍未进入工作状态。第三,避免在连续紧张的工作后进入谈判,因为这时人们的思绪比较凌乱。第四,避免在"体内时间"内进行谈判。从现代心理学、生理学的角度看,傍晚是所谓的"体内时间",既是最没有效率的时间。这段时间人的疲劳在心理上、生理上都已达到顶峰,因而焦躁不安,思考力减弱。

空间指传播活动存在于一定的物理环境中。传播信息总是在具体的空间环境中进行,不同的环境条件会使人对信息有不同的感受,并产生不同的传播效果。空间环境影响传播效果,一般有两个方面:一是座位的设置排列;二是交流环境的气氛。座位的设置排列,应该根据信息传播的目的来安排不同的就坐方位。一般来说,如果是向员工作报告,应采用并排同向的教室型座位排列,以此避免员工间横向沟通,从而加强纵向传播效果;如果是举办联谊会,则采用围桌而坐的方式,以增加彼此之间的交流次数和表示友好的机会。因此,如何选择适当就坐的方式,将会直接影响公关的传播效果。交流环境的气氛包括音响、照明、室内温度和整洁程度等。实践证明,一个组织的领导人在一个嘈杂、昏暗、脏乱的办公室和在一个安静、明亮、整洁的办公室与他的部下交谈,决不会产生同样的信息互动,因此不可忽视"环境效应"。

(2)心理因素。心理因素,主要是指信息接收者的情感心理状态。有句俗话叫"人逢喜事精神爽"。在不同的情感状态下,人们接收信息的效果是不一样的。情绪愉悦时,人们能迅速接受信息,并强化理解、记忆或行动;情绪低落时,人们会抑制信息的接受量,从而可能错过许多有利的机会。因此,传播行为的发生、延续和发展,应建立在双方心理愉悦的基础上,心情不好,传播效果会受到很大的影响。所谓"酒逢知己千杯少,话不投机半句多"便是这种心理因素作用的结果。为此,公共关系工作者在实施传播时,一定要注意了解和把握所面临公众的心理动态和感受,只有这样才能获得理想的信息反馈和情感共鸣,进而产生有利于组织的公众行动。比如,在旅游胜地的花园内、树林中,向游客宣传"爱护花草树木"这一观点,木牌上写不同的话,效果就截然不同:

①严禁摘花折枝,不准乱写乱刻! 违者罚款!

②除摄下美景,其他请别带走;除留下足迹,其他请别留下。

第①例是一些训斥性的词语,命令式的口气,"不满意"的情绪体验使人难以接受传播的观点。而第②例是一种语言艺术,并在传播过程中产生一种"附加的诱因",其作用就在于唤起受者的肯定、积极的"愉悦"情感和行为上的接纳。因此,"愉悦"情感是促使传播取得成效的"催化剂"。

(3)文化背景。传播是一种文化现象,它既反映了广泛的时代背景,又受到了文化特质的制约。在传播过程中,传受双方的文化差异,必然会对传播效果产生影响。不同的经济环境、风俗习惯、民族心理、性格特征、思维方式和价值观念等,使人们对同一内容可能产生不同的主观感受。这就是人们常说的"物以类聚,人以群分"、"入乡随俗"等惯用语的文化依据。

(4)信誉意识。信誉意识,包括两个方面:一是指传播内容的可信度;二是指传播者被受众所依赖的程度。

在传播过程中,信息内容的权威性越高,受众对之就越信服,反之,就很难使受众信服,从而影响传播效果。所以,对新产品的宣传,广告商往往利用用户来信、有关学术权威机构的鉴定、产品获奖的名次等来提高其广告信息的可信度。

传播者被受众依赖的程度,就如同其所传播的信息内容一样重要,它将极大地影响着信息传播的效果。受众对传播者所产生的依赖感,一般有三个因素形成:第一,产生于"权威效应",即传播者客观上是这一方面的专家、学者;第二,产生于"名人效应",即传播者本人不是这一方面的专家,但由于他的职位、身份而带来的声望,增加了感召力;第三,产生于"首因效应",即传播者给受众的第一印象良好等。

### (四)公共关系传播的内容

公共关系传播的内容主要包括两类:一是信息的传播,二是情感的传播。

信息的传播是公共关系传播中最主要最基本的内容。一方面,公共关系组织和从业人员要广泛搜集公众信息、社会环境信息,在对信息进行加工整理后,及时向组织的决策层汇报,为组织作出决定、制定计划提供信息来源,这样才能保证作出的决策能投公众之所好,应公众之所需。另一方面,组织要在公众心目中树立良好的形象,获得广泛的合作与支持,又必须积极宣传自己,传递有关本组织的新情况、新政策、新产品、新行动,多从正面传播有利于组织的信息。这是公共关系工作的主要内容。

情感是人类共有的东西,组织运用各种传播手段在组织与内外公众之间进行情感交流是公共关系活动的重要内容。如员工生日,公关人员送上一张写满祝福的语言的贺卡;逢年过节,公关人员打电话给组织的重要公众,送去节日的问候;春暖花开时,公关部门组织一次郊游踏青;工作之余,组织一次别开生面的舞会。这些活动都能加强组织与内外公众的沟通与交流,增进双方的了解与好感,在组织内部能形成较强的凝聚力和向心力,在组织外部则更易获得社会的青睐。

### (五)公共关系传播的类型

公共关系的传播类型一般分为四种,即自我传播、人际传播、组织传播和大众传播。

#### 1. 自我传播

自我传播又称内向传播,是行为主体自身内部进行的信息传播,它集主传者与受传者于一身,表现为自我意识、自我表露、自我宣泄、内心冲突等。日常生活中人的内心独白、自言自语、自吟自唱、自问自答、三思而行等都属于这种类型的传播。自我传播是人类社会一切传播的基础和开始,自我传播的过程是行为主体不断自我完善、发展自我的过程,个人的不断完善才能最终推动社会的进步。一个自我传播丰富且频繁的人,才是一个成熟且稳健的人,它是公关人员必备的基本素质。

#### 2. 人际传播

人际传播是指个体与个体之间的沟通交流。具体地说,是个人与个人之间借助于语言符号和非语言符号来彼此交流信息、沟通情感、协调行为的社会活动。它是最常见、最广泛的一种传播方式。一般地说,它有两种方式:一种是面对面的交谈,另一种是通过中介进行的信息沟通。其表现形式为:前者一般通过语言、动作和表情等媒介进行交流;后者则通过电话、电报和书信等媒介进行交流。这种传播的特点是个性、私人性和信息反馈的及时性,因此,在传播过程中,双方不断地相互调整、相互适应,传播效果会更好。

在公共关系工作中,公共关系人员也不总是面对整体意义上的群众或社会组织,因为任何一个群体和组织都是由个体组成的,对每个公众的重视和传播从来都是公关工作的起点。赢得每一个社会公众的认可,进而形成整体意义上的公关规模,是公关工作的基本规律。因此公关人员利用人际传播方式并不意味着是一种私人性质的交往活动,而是作为一个社会角色和组织的代表来从事人际传播活动的。

### 3. 组织传播

组织传播是指通过组织所控制的媒介与公众进行的信息传播活动,它是具体的组织或社会固定机构所展开的信息活动,是组织和其成员、组织和其所处环境之间的沟通交流。它主要是运用组织的媒介进行固定传播。组织传播往往采用展览、庆典、广告、文体活动和具体宣传等来开展公共关系专题活动。在公关范围内的组织传播往往是传播主体即社会组织与其成员及环境之间的信息交流和沟通活动。公共关系概念与组织传播往往是基本一致的,公共关系活动是一种特殊的组织传播行为。组织传播具有以下特点:

(1)传播主体的组织化。组织传播的行为者、实施者、承担者是组织机构而非个人。传播活动受组织目标和计划的制约,受组织的控制,为组织的利益服务,是组织经营管理的一种手段。组织传播的内容也是体现组织意志的信息。

(2)传播对象的具体化和大众化。组织传播的对象比人际传播的对象更为复杂和庞大,它既有内部的沟通对象,又有外部的公众环境;既有近距离的沟通,又有远距离的沟通。无论是哪一种沟通,无论规模有多大,都在具体目标制约下有选择地作用于对象。组织传播活动总是涉及特定范围的公众,当然也包括大范围的公众,并对其产生舆论影响。

(3)组织内部的传播活动具有双重性。公关组织在内部信息传播活动中,同时存在着正式的组织传播和非正式的人际沟通形式,正式沟通以正式方式达到目标,非正式沟通辅助正式沟通以情感、兴趣为润滑剂,形成富有弹性的人际沟通,从而达到组织目的的最大实现。

(4)组织外部的传播方法具有综合性。面对外部公众对象的多样性,组织在传播活动中必须综合运用人际传播、小团体传播、公众传播和大众传播等方式,集各种媒介的优势,广泛开展传播。

### 4. 大众传播

大众传播是指职业传播者通过大众传播媒介(报纸、杂志、广播和电视等),将大量复制的信息传递给分散的公众的一种传播活动。大众传播是随着科学技术的发展而实现的远程通信以大批复制信息的技术。它使信息的传递规模和速度空前发展,已经产生就成为社会发展的强大动力。大众传播具有以下特点:

(1)广泛性。大众传播的广泛性是指传播对象的高度大众化和传播内容的大众化。大众传播拥有大量的受众,涉及不同地域和不同阶层。由于面对整个大众,大众传播的内容一般要符合广大对象的各种要求,要引起他们广泛的兴趣,所以信息量大是可想而知的。

(2)间接性。大众传播的间接性是指这种传播的信息反馈比较困难。分散的、匿名的受众对大众传播者来说,他们之间是相互分离的、无法谋面的,因此,大众传播的信息反馈迟钝。这种传播双方互不联系,使大众传播的反馈渠道不畅,过程长、速度慢、成本高、准确性差。

(3)专业性。大众传播的专业性是指传播机构的高度专业化和传播手段技术化。现代大众传播是一个专业化很强的行业,它由专业机构和专门人员从事,如报社、杂志社、电台、电视台和其中的记者、编辑们。同时,大众传播总借助于现代印刷、摄影、电话、电传、无线电、激光灯技术手段,使用的机器较复杂,操作难度和技术含量很高。

(4)高效化。大众传播的高效化是指大众传播是用现代传媒,大量、高速地复制和传递信息。网络和其他电子媒介同步传播已使所有信息瞬间即至,具有了强大的公众舆论影响力,所以大众传播成为公共关系工作最有效的手段。

从媒介角度看,大众传播有两大类型:一类是印刷类的大众传播媒介;另一类是电子类的传播媒介。这种传播的特点是:传播主体的高度组织化、专业化;传播手段的现代化、技术化;传播对象众多,覆盖面极广,传者与受者之间的"人际关系"不复存在;信息反馈比较缓慢、间接等。大众传播的迅猛发展,是现代社会科学技术高度发展的产物。大众传播的方式是公共关系从业人员所必须掌握的。

传播的四种基本类型,既自成体系,具有独特的结构、要素、形式和功能,同时又相互联系,互为补充。从自我传播到大众传播,传播形式出现了四个变化:第一,受众越来越大;第二,传受双方在距离和情感上越来越远;第三,信息的个性化与越来越淡;第四,组织系统和传播技术越来越复杂。

## 二、公共关系传播媒介

传播媒介是信息或观点进行传递与交流的渠道、途径、手段。它是传播内容的载体,传播要借助于传播媒介进行信息或观点的扩散和宣传。离开媒介,传播的作用就无法实现;同样,离开传播的需要也就无所谓媒介。公共关系传播媒介是公共关系借以沟通、传播信息的载体。按传播过程中所选的媒介的物质构成和表现态势来划分,可将公共关系传播媒介分为符号媒介、实物媒介、人体媒介和大众传播媒介等。

### (一)符号媒介

符号媒介是信息传递过程中的极有意义并极易引起互动的载体,是现代社会运用最广泛的传播媒介,也是公共关系传播中最常用的媒介。它包括有声语言媒介、无声语言媒介、有声非语言媒介、无声非语言媒介。

1. 有声语言媒介

有声语言,即自然语言,是发出声音的口头语言。它专指传播者(说话人)通过口腔发声并运用有特定的词语和语法结构及各种辅助手段向受传者(听话人)进行的一种信息交流。在公共关系活动中,大量运用有声语言进行传播,其方式有答记者问、与员工谈心、电话通讯、内外谈判、演说和为宾客致迎送辞等。有声语言媒介的特点是信息反馈迅速,形式灵活多样,传播效果明显。

有声语言传播在公共关系活动中的运用是有技巧可言的。公关语言技巧是传播者在了解和认识传播规律的基础上,对语言的特点加以艺术性运用的一种方法,它是公共关系实务的基本传播手段,在日常接待、新闻发布、演讲、沟通性会议、公务谈判等场合应用非常广泛。它主要包括说话的技巧、听话的技巧、提问的技巧和演讲的技巧。

(1)在说话方面首先要讲究全身心投入,对讲述的内容要用词准确,要声情并茂地表现出诚恳、认真的态度。其次是语言要通俗、生动、口语化,不要用生硬的书面语,更不要用生涩的词语。再次是用语要准确简洁,要用最少的、最精确的语言表述最多的、最生动的意思。最后要讲究流畅与和谐的语言表达风格,并且在音量、音速和音顿上有精确的讲究,在使用副语言上也要达到准确、传神。

（2）在听话方面也要十分注意聆听艺术。聆听艺术是语言传播的重要技巧。首先要讲究全神贯注地听，做到尊重说话人以及他讲述的内容。其次要用积极的反馈激发说话人的谈话热情，并运用表情和动作鼓励对方，以增加表达效果。再次要多听对方的谈话内容，思索对方的每一句话包含的信息量，做到尽快与对方沟通。

（3）在提问方面要尽量使用双方习惯和喜欢的问话方式。要做到文明提问，尽量避免直接提问带来的不礼貌。此外还要注意避免一次提多种问题，给对方的回答造成压力。

（4）演讲方面也要讲究技巧。首先，演讲开头要引人入胜，用精致的语言、诚挚的情感引导听众的兴趣和注意。其次，表达要生动形象、传神。再次，要选择典型、有新意的事例，并适时将演讲推向高潮。最后，在演讲结尾处要深刻、含蓄、耐人寻味。

## 2. 无声语言媒介

无声语言是有声语言的一种文字符号形式。在公共关系传播中，是通过印刷文字进行信息传递的。其方式有谈判决议、会议纪要、社交书信、调查报告、电文、通知、通讯以及公共关系简报等。其特点是超越时空，语言表达便于斟酌，也有利于保存，但信息反馈不及有声语言媒介迅速。也有人将无声语言传播称作非语言传播。它主要是借助非有声语言来传递信息、表达感情、参与交际活动的一种不出声的伴随语言，分为默语和体语。它的使用也是有技巧的。

（1）在默语使用方面。默语是言语中短暂的间隙，往往能体会出言外之意，话外之音。对于默语的使用有多方面讲究。首先要利用各种环境因素造成丰富的寓意，产生"此时无声胜有声"的效果。其次是讲求适度实效，在使用默语是要借助有声语言，互相映衬。再次要注意无声的感情，例如突然之间的戛然而止的强烈效果。

（2）体语使用的技巧。体语是一人的动作、表情和服饰来传递信息的一种无声语言。在传播中体语表述的内容是丰富而复杂的。首语，即点头与摇头包含的意思，前者为肯定，后者为否定，有时它们的应用比语言更生动、传情。手语，即用手所表达的丰富内涵，如手指构成的语言、手势和哑语以及握手传递的信息等。足语，就是用脚的运转表达的内容，例如跺脚、来回踱步等。目光语，历来被誉为"心灵之窗"的眼睛的视角、视线所传递的内容也是很丰富、很微妙的。微笑语，是通过不出声的笑所传递的信息，主要有面部肌肉的运动来完成各种复杂信息的传递。姿势语，是人体的动态或静态所表达的信息内容，如鞠躬、立正等。服饰语，是指通过服饰和饰品所传递的信息，也是一张个人素养、爱好和文化品位的显现。

## 3. 有声非语言媒介

有声非语言，是一种"类语言"。它是传播过程中有声而分不清音节的语言，如说话时的重读、语调、笑声、掌声和众多动作发出的声音。其特点是要在语言环境中得以传播，且同一形式的寓意不是固定不变的。如笑声可以有很多寓意，可能负载着正信息，也可能负载着负信息；掌声可以是肯定的，如传递欢迎、赞成、高兴等信息，也可以是传递礼貌的否定。

## 4. 无声非语言媒介

无声非语言，是指各种人体语言。它是用人的动作、表情、服饰等来传达信息的。几乎人体的各个部分都能表达众多的含义，为公共传播所利用，如人的站、坐、走、表情、手势、举止等。无声非语言的特点是有鲜明的民族文化性，有些动作在不同的民族的文化中所表达的寓意是不同的，无声非语言能强化有声语言的传播效果，发挥"此时无声胜有声，于无声处听惊雷"的作用。

## （二）实物媒介

实物媒介是指实物充当信息的载体，包括产品、公关礼品、象征物等。产品本身就是一种典型的实物媒介,其运载信息的要素有品牌、商标、包装、外在形态、内在质量、售后服务以及广告设计等。公关礼品一般是非商品化物品,由组织根据公关目标的需要专门设计制作,其交际沟通价值远远大于礼品的使用价值,因为其中还有信息价值和情感价值的成分。象征物也常常传达组织的各类信息,如印有组织标识的手提袋、购物袋、交通工具、信笺等。实物媒介的特点是可信度高,视觉和感觉冲击力强,容易引起公众反应。

### (三)人体媒介

人体媒介是借助个人的行为、服饰、素质和社会影响来作为传送信息的载体。它包括组织成员(从领导导员工)、社会名流、新闻人物以及能够影响社会舆论的其他公众等的形象。以员工形象为例,它是组织形象的重要组成部分,其中包括员工的内在素质、外表行为(谈吐举止、面部表情、服饰等)以及隐于其中的行为规范、技巧等。比如一个商业公司的员工的统一得体的服饰,这一载体传递给公众的不仅仅是一种整体的视觉识别,更重要的是在传播一种企业精神和企业的经营作风,让顾客走近他们就有一种信任感,相信在这样的公司购买物品不会受骗上当。因此,人体媒介容易建立传播双方感情沟通渠道,在公共关系传播中有其独特的形象影响力。

### (四)大众传播媒介

大众传播媒介在公共关系传播中发挥着极为重要的作用,它是其他诸多媒介实现最佳效果的"助动器"和"放大机",是实现大众传播形式的载体。大众传播媒介具有传播范围广泛性、传播速度快速性、传播内容重要性等特点,其主要功能是传播信息、引导舆论、传递社会文化传统、提供娱乐休闲享受等。对组织来说,它能为组织的各类信息提供承载和传送服务,并能迅速形成有利于组织的舆论状态。

严格意义上说来,大众传播媒介主要包括以下几种形式,即报纸、杂志、书籍、广播、电影、电视、互联网等,它们可分为印刷类媒介和电子类媒介,各自有自己的特点,在传播中发挥着不同的效能。

印刷类媒介是指以印刷作为信息复制的手段并以纸张作为主要介质的一类传播媒介,包括报纸、杂志、书籍、小册子、传单等。这类媒介的特点是:①信息复制以文字为主,图片为辅(画报、画册除外)。这一特点使印刷媒介能阐述抽象内容,揭示事物的本质和规律,但它不如其他媒体直观、生动,且对受众有文化水平的制约。②信息符号具有记录性,不会转瞬即逝。这一特点使印刷媒介便于保存、剪辑和查阅,具有较高的收藏价值。③信息复制以空间序列展开,在时间上没有先后性。这一特点使受众在接受信息时具有选择自由,减少了获取信息的不必要环节。④信息制作的速度相对缓慢,且必须经过大量复制后方能广泛流传。这一特点限制了信息的传播速度,使其逊色于电子传播媒介。

电子类传播媒介是指以电磁物理现象作为信息传播的基础,以电子产品作为传播工具的一类,其传播媒介包括广播、电视、电影、音像出版物、计算机互联网等。这类媒介的特点是:①信息符号以声音或图像为主,以文字为辅。这使得这类媒介形象、生动,感染力强,能满足文化水平平较低的受众的信息需求,但它对信息的深刻提示性较差,无法与印刷媒介相匹敌。②信息符号是非记录性的(出录像和音像出版物外),很可能立即消失。这给信息的保存和反复接受带来了诸多不便,即使用现有技术拍摄下来,既增加开支也增加麻烦,这就减少了信息能够长久发挥作用的性能。③信息符号以时间序列展开,在时间上具有先后性。这使受众的选择性降低,影响了全部信息的效能发挥。④信息制作快捷,覆盖面广,不需要太多的复制就能广泛传播(音像出版物除外）。它可以做到即时传播,大大提高了传播速度且容易克服自然障碍,成为区域联络、跨国交流的信息工具。⑤媒介自身制作成本较高,故使用该媒介费用较大,选择该类媒介时应量力而行。

以上两大类型的传播媒介,就其社会功能来说,大致是相同的,但由于其信息载体不同,传播过程的环节也不同,加之许多人文因素的影响,使印刷类传播和电子类传播之间存在鲜明的差异,其特点、优劣也各不相同。

### (五)公共关系传播媒介选择的原则

公共关系传播的根本目的,是从需要和可能出发,取得最佳传播效果。影响传播效果的因素很多,正确选择传播媒介是其中的重要方面。选择传播媒介要坚持以下原则:

1. 根据自身需要和经济实力进行选择

在公共关系传播过程中,主传者要根据自身特点、实际需要来选择媒介。每个社会组织的目标不同,工作重点不同,所面临的工作对象也不同,在选择媒介时,一定要从自身实际出发,要考虑组织的经济实力,因为利用大众传播媒介总要支出一定的费用,因此,要量力而行,做到"少花钱多办事",合乎经济原则来选择媒介。

2. 根据对象进行选择

不同的公共关系机构和组织部门面对公众形象是不同的,在不同时期的公共关系工作中所联系的公众也会有所不同。公共关系人员要根据不同的受传对象,有的放矢地运用与之相适应的传播手段。如传播对象人数少时,可以进行无媒介传播;传播对象局限于组织内部时,公共传播媒介和大众传播媒介是必不可少的;传播对象文化水平低时,广播、电视的效果最好;具有一般文化水平的对象,广播、电视、通俗杂志、书籍都是可以采用的;对于高知识阶层的对象,专业性杂志和书籍比较对路;传播对象属于流动作业或野外作业者,广播媒介是最佳选择。传播对象还有年龄、性别、职业、业余爱好等方面的差异,选择媒介时,要充分考虑这些因素。

3. 根据内容进行选择

不同的传播内容要选择不同的传播媒介。一般来说,比较浅显的内容可选择电子传媒,反之可选择印刷媒介。如果内容侧重于声音,可选择广播;如果内容侧重于画面,则可选择电视;如果内容相对简单且不系统,可选择报纸;若果内容比较专业,可选择杂志或书籍;如果内容有一定的隐私或保密性,则可选择电话、内部报刊等;如果内容需要广泛传播且无需保密,则可选择报纸、电视、互联网等。

4. 根据媒介自身特点进行选择

据前所述,不同的媒介适应的传播类型也不一样。报纸、杂志、书籍、广播、电视、电影等适合于大众传播;实物、模型等适合于小群体传播或公共传播;信函、电报、电话、传真等适合于人际传播;内部刊物、闭路电视等适合于组织传播;灯箱、广告牌、布标、旗帜等适合于公共传播;互联网适合于各种传播类型。

公共关系作为一个复杂过程,受到内外各类因素的制约,因此,要取得理想的传播效果的确不是一件容易的事情,但这并不意味着主传者对传播的驾驭无能为力,相反,只要坚持正确的传播原则,努力寻找传播系统内在规律,就能达到预期目的。

### 三、公共关系传播沟通

#### (一)公共关系传播沟通概述

**1. 真实性原则**

真实性原则,是指传播的信息一方面要以事实为基础,客观、真实、全面;另一方面要在信息传播过程中力求反映事物的客观规律。它体现在组织情况向公众传播要真实,严禁无中生有、弄虚作假,要做到实事求是、报喜亦报忧。另外,搜集公众信息,进行反馈传播时也要以事实为基础,只听表扬、厌烦批评、自欺欺人的做法不利于新一轮的传播展开。从公共关系的角度讲,了解真实情况是公众受法律保护的基本权益,唯有如此,公众才能知道自己的利益所在。对公众说真话,传递真实的信息,是公共关系传播的重要原则,也是组织对自身有信心的表现。真实性原则不仅要求组织讲真话,而且要求组织不应该借口保密而使公众得不到本应得到的信息。

**2. 目标针对性原则**

目标针对性原则,是指公关传播的对象要明确,有针对性。通常情况下,组织的各类公众,都是组织公共关系传播的对象。但对于一项具体的传播来说,并非所有公众都会成为直接联络对象,只有那些与此项活动有密切联系的公众,才会成为第一或首要公众对象,这被称作目标公众。主传者要说什么,对谁而说,一定要明确。那种"云山雾罩、故弄玄虚"的做法,对公众来说,往往是费力不讨好。围绕目标公众开展工作,有利于节省开支、提高效率,能取得更好的传播效果。

**3. 公众利益至上原则**

公众利益至上原则,是指传播过程中主传者要时刻坚持公众第一、公众至上。公众利益不能得到保护,组织利益也就不能实现。由于公共关系传播的目标是通过信息的传递争取公众,树立形象,因此必须坚持自身的独立性和自主性,他们不会简单被动地接受信息,而是加以分析作出选择,所以,必须坚持对公众负责,不能因为自身利益而损害公众利益。对公众负责也就是对社会负责,它要求组织努力完成自身任务的同时,积极关注社会问题,热心支持公益事业,争取广泛公众的认可和追随。

**4. 目标一致原则**

目标一致原则,是指公共关系的传播目标要与组织的发展目标相一致。任何组织都有自己的发展目标,组合本身就是围绕这一目标建立起来的,公共关系传播活动作为组织的日常管理活动之一,它当然有自身的具体目标,但这一目标不能与总目标相违背。具体的传播目标不能超越总体目标的指导与制约。组织公共关系传播的目标大体可划分为四个层次:向公众传播信息,与公众沟通情感,使公众改变态度,促使公众采取行动。目标的层次不同,传播的内容与方法以及所采用的媒介也应有所区别。

**5. 双向沟通原则**

双向沟通原则,是指公共关系的信息传递是双向对称式的互动型交流,不是单线灌输和强制接受。公共关系传播虽说是组织对公众的传播,但传播效果的好坏不能由组织的自我感觉来决定,而应由在公众中产生的反应来判断。在公共关系传播中,组织不仅应该把自己的行为、政策告诉公众,把组织对公众的希望传播出去,而且也应该广泛征集公众对组织的意见、要求和希望,提取他们对组织的传播的反应,不断改进传播工作。在人际传播、小团体传播的场合,只要组织虚怀若谷、真心实意,反馈意见是不难收集的。在大众传播的情况下,组织可采用个别访问、现场观察、开座谈会、问卷调查、抽样检测等方法来进行。

### 6. 科学性与艺术性相结合原则

科学性与艺术性相结合原则,是指公共关系传播要按科学办事,尊重传播规律,同时要讲究方法与技巧。公共关系学经过几十年的研究与实践,其理论体系日臻完善,其巨大的功能与作用越发得到人类的重视。作为服务与公共关系工作的传播必须是科学的,一方面要按科学的方法和规律进行传播;另一方面要努力传播科学的符合规律的信息。由于传播是一种系统的、复杂的互动工程,要取得预期效果,还要讲究传播行为的艺术性。要不断加强公共关系工作人员的艺术修养和传播技能训练,对传播信息进行艺术性编辑加工、媒介策划、别出心裁、合情合理又合法地完成传播,只有这样,才能更好地给受众以冲击和影响。要巧妙地将科学性与艺术性结合起来,不偏不倚,相互促建,共同为传播服务。

## (二)公共关系传播沟通的一般规律

研究传播沟通的规律,是为取得更好的传播效果。无论是哪种传播类型或媒介形式,都离不开传播者、信息、传播对象、传播环境这几个基本方面,掌握这几个方面的变化规律正是研究公共关系传播规律的突破口。公共关系传播沟通的一般规律可以从以下几方面探讨:

### 1. 主传者形象促动规律

主传者形象促动规律,是指信息传播者的自身直接影响传播效果。同样的内容,由不同的传播者进行传播,即使选择的传媒是一样的,效果也可能不大一样。究其原因,除了其知名度、美誉度、和谐度以外,形象良好的传播者,其传播行为易使人信服,反之公众则不为所动。这里的形象力度主要体现在主传者的知识力量、人格力量、能力结构等方面,传播者的可信度、可敬度、可亲度和对受众的影响力亦不可低估。一般情况下,名人效应、权威观点、现身说法等对促进传播是有效的,但也不能盲目崇拜。

### 2. 传受双方角色认同规律

传受双方角色认同规律,是指传受双方彼此换位思考能取得利益一致。常言道:“了解别人的最简单办法是把自己看做别人”,传播要获得成功,传播者必须学会扮演接受者的角色,树立以接受者为中心的观念,及时了解他们需求和心理状态,即“设身处地”站在他人立场上,选择他们需要的信息,采取他们容易接受的方式吸引、打动他们。在公共关系传播中,组织一定要向公众说明,组织期望公众采取的行动,不仅对组织有利,而且符合公众自身利益。实践证明,成功的传播总是在传播伊始就暗示人们,组织传播的信息与公众现有的心理和态度是一致的,这有利于从容掌握情况和自然产生良好效果,这在心理学上叫做“名片效应”和“自己人效应”。

### 3. 传播因人、因地、因时制宜规律

在传播沟通过程中,受众是最大的变量。他们有性格、年龄、职业、民族、国籍、文化程度、思想倾向、兴趣爱好、个人心理与群体心理等诸多方面的差异,这使他们的接受习惯、接受心理往往会有很大的区别。同样的内容、同样的传播者,使用同样的传播技巧,传播效果会因传播对象不同而有所不同。这一点在跨国文化、民族区域文化的传播中表现得尤为突出。因此,传播者要切实把握受众特征,了解受众状况,因人、因地、因时、因事制宜地进行传播,做到具体问题具体分析,具体事务具体解决,切忌生搬硬套、墨守成规或千篇一律。

### 4. 信息结构和数量合理搭配规律

信息结构是指信息的组织与搭配方式,体现在先后顺序、空间分布、刺激程度、对比效果、重复态势、新鲜状况等方面。如在某一信息中,先表明结论,引起注意,再进行交流,容易产生共鸣;空间较宽广且醒目的信息容易引起注意;刺激强度大、对比效果鲜明、重复次数多、新鲜状况好的

各类信息容易引起受众反应。此外,公共关系传播的信息量要适宜,过少达不到传播要求,过多会使主要信息被淹没,甚至引起逆反心理。当必须传播较多的信息时,可分层次、分阶段进行。

### 5.传播效果层次规律

传播效果层次规律,是指传播的信息在受众中引起的反应是层次递进的。通常把传播效果分为无效传播和有效传播。无效传播指传播没有引起受众态度上的变化,对受众信息视而不见、充耳不闻,虽听、虽见,但形不成理解的记忆。有效传播指传受双方进行了很好的交流沟通,并引起了受传者态度上的、行动上的变化。信息传播的效果一般沿四个层次递进反应出来:引起注意→态度反应→情感变化→行为转变。其中"引起注意"是产生良好效果的基本前提,受众生活在大千世界,时刻被各类信息包围着,只有那些别致新颖、冲击力强的信息才能引起受众的注意,因此,主传者一定要在所发信息的编排上下工夫,力求创新、独树一帜,只有这样才能为深层次的传播效果打下基础。"行为转变"是传播效果的最高层次的反应和归宿,它包括符合组织需要的正向行为和违背组织需要的反向行为。当然,公共关系传播这应力求使传播引起正向行为变化,最终实现组织的公共关系目标。

## (三)实施有效传播的条件和方法

传播领域历来要求"传务求通",即传播行为能达到传播者的预期目的,达到共同的意识和行为。为此,在传播沟通过程中,除了坚持传播沟通原则,遵循传播沟通规则外,还有努力排除各种干扰,创造有效传播的最佳条件。

### 1.选择最佳信息源

信息源是传播活动的起点,是有效传播的第一个重要条件。它以主传者的身份体现出来。信息源的声誉、形象对改善传播条件至关重要,表现在其权威性、客观性和与公众关系的亲密性上。权威性指传播者是传播内容的行家里手,其传播活动具有说服力;客观性指传播者在公众心目中立场客观,态度公正,与传播内容没有直接利害关系,对公众影响力大;亲密性指传播者应尽量缩小与公众的心理距离,要站在公众立场上进行传播。为此,要选拔品德优良、能力高强、形象较好的人员从事公共关系工作,必要时还可借用社会名流、权威人士作为本组织的传播者。

### 2.编制最好的信息符号

信息是由一定的内容和形式(符号)组合而成,要根据特定的内容和对象选择一定的表现形式。其表现形式有语言、文字、音像、图画、形象、动作、表情、姿态等,不同的形式适合不同的表现内容,形式与内容不适合就会影响传播效果。另外,传播者要根据受传者的经验制作传播内容,尽量扩大与公众的共同经验范围,使其有更多的共同语言和感受,要尽可能采用公众喜闻乐见的形式来表现内容,针对公众特点及时调整和改进信息内容。只有这样,才能引起公众对传播的兴趣与共鸣,进而获得理想的传播效果。

### 3.认真研究公众对象

有效的传播要看信息是否为公众所接受,亦要看公众情感、态度、行为的变化情况,由于公众在接受信息时不是任人摆布而是有所选择的,这就会对传播效果产生干扰。这种干扰在争议较大的问题上表现突出,在争议较小的问题上不太明显,在公众一无所知的情况下,几乎没有选择性干扰。也就是说,公众容易接受崭新的观点和事物。因此,公共关系人员在信息传播中,不要奢望改变受众的选择性,而应改变自己顺应公众的选择趋势,要牢记"改变自己比改变公众容易"。要学会根据公众的需要调整传播者自身的行为、内容和形式。

#### 4. 营造良好的传播背景

一切传播活动都是在一定的社会环境、集体场合和一定情景气氛中进行的,这些就是传播背景。其中包括:物质环境——传播的具体空间和场景,如在谈判桌上和宴会桌上,沟通形式和气氛截然不同;社会环境——沟通人员之间的社会关系、职务、地位以及相关的团体背景、社会规范、文化习俗等,相同或相近者容易沟通;心理环境——交往沟通时,双方的心理状态、情绪和气氛,心情舒畅时容易沟通;时间环境——传播的具体时机,如即时的、新鲜的信息传播效果显著等。总之,不同的背景,传播效果会有所不同,公共关系人员要努力营造良好的传播背景,获得最佳传播效果。

#### 5. 完善传播沟通的方法和技巧

传播效果和传播技巧之间有直接关系。由于公共关系传播活动是一项创意性活动,它追求唯一,抵制雷同,忌讳人云亦云,因此,创造性思维和高超的技能与方法,显得尤为重要。公共关系人员要培养和提高自身的语言表达能力、文字书写能力、沟通联络能力、技术操作能力、人际吸引能力、创新思维能力等,要在掌握传播沟通原则、规律的基础上,注意累计传播工作的方法和经验,要敢为人先,大胆尝试,有所发展,有所创造,不断有新点子、新成就。许多公共关系工作者多年总结的传播经验与方法,都取得了较好的传播效果。如新颖别致法——通过信息编排和媒介选择的标新立异,吸引受众;投其所好法——通过受众、遂其心愿而获得认可;典型示范法——抓住典型,进行示范而感染受众;名人效应法——利用名人进行宣传,借助光环效应影响受众;周而复始法——反复不间断地进行统一信息的传递,对公众产生强大的视觉、听觉的冲击,最终使其发生改变;客观超脱法——利用人们的逆反心理,不主动说服,而使其变成似乎与传播内容无关的第三者,反而容易引起受众的共鸣;适度夸张法——将传播的信息进行适当的美化、夸张,以幽默风趣的方式表现出来,会产生较好的反响等。这些方法融进了较高的沟通艺术,值得研究和借鉴。

#### 6. 要使传播具有感染力

传播感染力就是传播信息对受传者的吸引力,这种吸引力是很神奇的,它能使受传者和传播者达到情感上的沟通和心灵上的交融。要想实现有效传播,必须加强传播过程的感染力,使传播对象在接受传播的过程中,能够通过巨大的感染力来接受传播者的观点与劝说,从而在传播过程中以最短的时间取得最大的传播效果。

除了有效传播的条件下,还要准确地选用传播媒介。对于形形色色的传播媒介,公关工作者在公关活动中要充分了解各类传播媒介的特点,有针对性地选择传播工具,使传播获得成效。

要选择适合的传播媒介,从总体上看,应当考虑各类传播媒介的覆盖域(传播发挥影响的区域范围)、触及率(触及传播信息的人数比率)、时效性(传播信息的速度和有效性)、重复率(重复接受信息的次数)、连续性(信息连续传播后所产生的影响和效果)、权威性(媒介的影响力)、效益(传播带来的经济效益)等项指标和因素。具体地看,各类传播媒介因性质、状态不同,传播方式、手段、功能也各不相同,公关工作应根据需要来选择。

第一,恰当地选择各类传播媒介。选择传播媒介要根据适用、有效、经济的原则进行。除了考虑传媒的特点和功能外,还应当考虑传播媒介的发行、影响范围、表现形式、传播对象的接受等因素,特别是不能不考虑费用,它往往起决定作用。

第二,精心组合各类媒介进行有效传播。一般的公关组织都拥有自己的某些或某种传播工具,至少也拥有语言媒介。对于组织来讲,媒介有自用和租用两种形式,这和组织的财力有直接关系。为了有效、恰当地将各种媒介有机组合,在公关传播工作中,我们经常采用以下两种方法:首先是组合运用媒介,既可以在同类媒介中进行,也可以在不同类型的媒介中进行。其次是把自用媒介和租用媒介结合起来,也可以租用媒介为主进行组合。以上这两种方法可以根据情况充分发挥各类媒体的优势,争取好的传播效果,使传媒达到优化组合。由于各个公关组织的具体情况和要求各不相同,所以在精心运筹、恰当组合各类媒介时,要注意三个方面:即对同类媒体进行组合使用,如各种不同电子媒介的配合;把不同类型的媒介组合使用,如印刷和电子媒介配合;把自用媒介和租用媒介组合使用,以求经济实用。对媒介组合应用时,要善于筹划,优化组合各种方案,以求少花钱、多办事,完善交流、树立形象。

**案例介绍**

### "超级女声"的媒体宣传

2005年,一场席卷全国的平民造星运动——"超级女声"——在为湖南卫视赚足广告费的同时,也把湖南卫视"快乐中国"的公关形象成功推向了全国。

"超级女声"在媒体宣传上可谓是炉火纯青。他们整合各种媒体资源,大力宣传"超级女声",共同打造媒体盛事。在电视媒体方面,湖南卫视与其他电视台合作,共同宣传和打造"超级女声",以浙江为例,他们与钱江都市频道合作,由钱江都市频道负责活动的具体组织和全程录制。这样,电视台之间优势得到互补,资源得到充分利用,使活动进行得更加有声有色,而且钱江都市频道的收视率也因此得到提升,双方实现了双赢的合作。

在平面媒体方面,"超级女声"在设有赛事的城市都选择了当地人气超旺的报纸,如《南方都市报》《潇湘晨报》《东方今报》《成都商报》《都市快报》等都对活动进行了详细的宣传。

在网络媒体方面,"新浪网影音娱乐世界"、"中国湖南卫视"等各大网络媒体均出现了"超级女声"及蒙牛的整版宣传报道。网络媒体作为最新兴的媒体,其传播价值这几年已经得到充分显现,而且"超级女声"的目标传播对象正是网络的一代,利用网络传播的效果确实非常好,特别是网络具有非常强的互动性,这样可以与场外观众进行实时沟通,更让观众体会到参与的乐趣。

湖南卫视与各大媒体的合作,整合媒介资源,共同打造了这一媒介盛事,也为我们提供了一个媒介联动的可借鉴案例。现代社会,要成功举办一次全国性的活动,靠单一媒体的力量是不可能完成的,只有与各类媒介联动,实现优势互补,创造一个良好的传播环境,共同造势,引得更多的媒体关注,才有可能取得全面成功。

此外,还应努力完善传播沟通的技巧和方法。良好的传播效果,不仅取决于传播的媒介和技术,还取决于传播者的主体条件、传播技巧以及相关联系的其他因素,所以传播效果的好坏和传播技巧的掌握有着直接的关系。只有不断完善传播技巧,才能获得明确的传播效果,才能准确地驾驭各种传播手段从而达到预期的目的。

## 第八节  品牌公关活动的实施

### 一、公共关系活动的实施概述

公关活动能否取得更好的效果,关键取决于计划实施的效果。

### (一)公共关系活动实施的意义

公共关系活动的实施,就是在公共关系计划被采纳以后,将计划所确定的内容变为公关实践的过程。从一项公共关系计划制定到计划目标的完成之间,还存在这一段相当长的距离,存在着一个复杂的过程。这个过程是"公共关系四步工作法"中的第三个环节,而且也是最为复杂、最为多变的一个公关计划实施环节。一项公共关系计划的实施,其重要性足以和制定计划本身相比,从某种意义上讲,甚至更为重要。这是由于以下原因:

1. 公共关系活动的实施是实现公共关系目标的保障

公共关系的终极目的不是研究问题而是解决问题。制定计划是发现问题、研究问题的过程,而计划的实施才是具体地解决问题达到目标的过程。一个完美无缺的公共关系计划,如果不能付诸实施,而是束之高阁,那么,无论是对社会组织还是对公众都毫无意义的纸上谈兵。

2. 公共关系活动的实施决定了计划能否实现及其程度范围

成功的公关活动实施,可以圆满地完成计划中确定的任务,实现计划目标,甚至还可以由实施人员创造性的努力来弥补计划的不足。这种实施活动的成功之处就在于实施人员能够选择最有效的途径和手段,采用多种方法和技巧,在公众中树立本组织的良好形象。公关活动的失败,不仅不能实现计划目标,优势还可能使计划中想要解决的问题更加恶化,甚至完全与计划目标背道而驰。从这个意义上说,实施这一环节不仅决定了计划能否实现,而且决定了计划实现的效果。

3. 公共关系活动实施的结果是制定后续方案的重要依据

一项公共关系计划的实施不论成功与否,都会在社会上造成一定的影响和后果。因此,可以说,我们面临的社会现状,就是过去社会组织开展公共关系工作所形成的结果。制定公共关系计划必须要以社会组织所面临的现状为依据,特别是要注意将前一项的公共关系计划实施的结果为基础,针对新出现的问题制定新计划,可以说是公共关系计划制定过程中必须遵循的一个原则。因此,前一项公共关系计划实施的情况,对后续方案的制定具有重要的意义。总之,公共关系活动的实施是整个公共关系工作中的一个极其重要的环节。同时,它的作用和影响又贯穿于整个公共关系工作过程的始终。重视研究公共关系活动的实施对提高公共关系工作的效率和效益有着重大的意义。

### (二)公共关系活动实施的特点

公共关系活动实施过程包括以下环节:首先是实施准备阶段,它包括设计实施方案,制定对各类公众的行动、沟通计划,确定实施的措施和程序,建立或组成实施机构,训练实施人员。其次是实施的执行阶段,即按照已经计划好的实施计划的程序,落实各项措施。最后是实施的结束阶段,同时为下一阶段的效果评估做好相应的准备。公关活动实施具体而言有以下特点:

1. 动态性

公共关系活动实施是由一系列连续活动构成的过程,是一个思想和行为需要不断变化、不断调整的过程。这是由于以下原因:一方面,意向公共关系计划无论制定得多么周密、具体和细致,与实际情况总会存在或多或少的差异;另一方面,随着时间的推移、实施的进展、环境的变化,实施过程中仍会遇到一些新情况和新问题。因此,不断地改变、修正或调整原定的实施方案、程序、方法、策略等是实施活动中不可避免的正常现象。这种正常现象的出现说明计划实施正处于顺利状态,并非实施计划中有随意性。如果不考虑社会环境的发展而引起的条件变迁,只按一个固定模式去机械地执行计划,那就不仅不能实现计划目标,反而会给组织招致新的麻烦。实施过程的动态性,并不意味着实施人员可以随意地以一些无关大局的变化为借口而不按原计划去实施。公共关系计划实施的动态性与实施人员的主观随意性不可混为一谈。

### 2.创造性

由于计划的实施是一个不断变化和需要调整的动态过程,实施者需要依据整个实施方案中的原则相对于自己所处的环境和面临的条件确定自己的实施策略。如果准确地选择传播渠道、媒介与方法,合理地选择时机,正确地分配任务,灵活地调整步骤等,公共关系计划实施的过程绝不是一个简单的照章办事的过程,而是一个由一系列不同层次的实施者发挥主观能动性的过程。实施者应该充分发挥自己的积极性、主动性和创造性,从这个意义上说,公共关系计划实施不仅是一个对于按计划进行艺术再创造的过程,也是不断丰富公共关系实务经验的过程。

### 3.影响的广泛性

一项公共关系计划涉及众多的因素和变量,它会对各类公众产生广泛的影响。然而,公共关系计划所产生的影响在方案策划阶段还只是纸上谈兵,只有在计划实施后这种影响才能真正地体现出来。公共关系计划实施所产生的广泛影响主要表现在两个方面:首先,计划的实施,会对众多的目标公众产生深刻的影响。一项公共关系计划成功实施后,常常会使该社会组织的异己力量变为自己的合作者和支持者。即使有时不能让目标公众从立场上进行彻底的转变,也能在观点、态度等方面使其产生不同程度的变化,至少可以令目标公众从对社会组织的负态度方向(敌视、偏见、漠然、无知)向正态度方向(了解、理解、感兴趣、支持)转化。其次,公共关系计划的实施有时还会对整个社会的文化、习俗产生深刻的影响。例如,看似平平常常、简简单单的快餐业,作为一种文化,正在悄悄改变新一代美国人的生活方式。

## (三)公共关系活动实施过程中的障碍

影响公共关系计划实施的因素是众多而复杂的。一般来说,主要来自三个方面,即方案本身的目标障碍、实施过程中的沟通障碍及突发事件的干扰。

### 1.公共关系计划实施中的目标障碍

所谓目标障碍就是指在公共关系计划实施中所拟定的公关目标不正确或不明确、不具体而给实施带来障碍。在公关计划实施过程中,无论实施的动态性多么突出,实施的过程基本上要根据计划方案所规定的内容进行;否则它就不是公关计划的实施了。因此,公关计划的实施必然受到计划方案的多方面的影响。如果计划目标不正确,或不明确、不具体,那么尽管实施人员尽心尽力,也不会得到预期效果。

克服目标障碍的根本途径是要求计划的制定者尽量使计划目标正确、明确和具体。实施人员在开展工作之前应该从以下五个方面检查一下公共关系计划的目标是否正确、明确和具体:①检查计划目标是否切合实际并可以达到;②检查计划目标是否可以进行比较和衡量;③检查计划目标是否指出了所预期的结果;④检查计划目标是否是计划实施者在职权范围内所能完成的;⑤检查计划目标是否规定了完成的期限。

如果这五个方面有疏漏,实施人员应主动与计划制定者取得联系并促成其重新修订。计划目标不明确或用宣传口号式的语言来表达目标计划,都会使实施工作无法有效地开展。实施人员可能因不明确计划目标的具体要求,或得到的指令笼统含糊,从而引起误解,产生错误的行动。这就是事实人员排除目标障碍的意义所在。正确的、明确的、具体的计划目标是实施人员行动的依据,也是对计划实施进行控制监督和评估的基础。

2. 公共关系计划实施中的沟通障碍

公共关系计划的实施过程实际上主要是进行传播沟通的过程。实施过程中的传播沟通并不是一帆风顺的，它常常会因传播沟通工具运用不当、方式不妥、渠道不畅等使实施工作不能如愿以偿。在实施过程中，沟通障碍大致有以下几种：

(1)语言障碍。语言障碍以为物质外壳、以词汇为建筑材料、以语法为结构条理而构成符号体系。语言与思维不可分离，为人类所独有，是一种特殊的社会现象。人们只有借助语言才能表达情感、交流思想、协调关系，因此，语言是人类最重要的沟通工具。但是，语言又是一种极复杂的工具，掌握运用语言的机能绝不是一件轻而易举的事。由于语言方面的原因而引起的沟通麻烦到处可见。不同国度、不同民族之间的沟通会遇到语言上的障碍是自不待言的，而在同一国度里的同一民族因地区的不同造成语音的不同往往会使人们饱受语言不通之苦，问路走错路，乘车乘过站，购物听不懂话，甚至语音误会而引起纠纷等。语义不明同样也会使沟通出现障碍。

(2)习俗障碍。习俗即风俗习惯，是在一定文化背景下形成的具有固定特点的调整人际关系的社会因素，比如道德习惯、礼节审美传统等。习俗世代相传，是经过长期重复出现而约定俗成的习惯。虽然习俗不具有法律那样的强制力，但通过家族、邻里、亲朋的舆论监督，往往迫使人们入乡随俗，即使圣贤也莫能例外。

(3)观念障碍。观念属于思想范畴，由一定的经验和知识积淀而成，是一定社会条件下人们接受、信奉并用以指导自己行动的理论和观点。观念本身是沟通的内容之一，同时又对沟通有巨大的作用。有的观念是促进沟通的强大动力，有的观念则会阻塞沟通。因此，在消除语言和习俗障碍的同时，有必要认真地对待观念障碍。

(4)心理障碍。心理障碍是指人的认知、情感、态度等心理因素对沟通造成的障碍。例如，在谈判中，常常由于一方误解了另一方的意图或没弄清事实真相而浪费大量时间。曲解的原因，就在于一方或双方钻进了隐藏假设的牛角尖而不能自拔，而且又毫无察觉，陷入困境的谈判有时就是这样造成的。日常生活中的意见冲突也往往是由于隐蔽的假设不同在作怪，而调解者的有效作用往往就在于准确无误地使双方了解事实真相，消除偏见。在沟通过程中，时时注意检查自己的各种假设的真假并对对方的假设作出正确预测是十分必要的。除了认知方面的障碍之外，情感的失控也会导致沟通的受阻，因此情感冲动时往往听不进不同意见，对一些人或事处处有厌恶感。另外，态度欠妥也不能取得理想的沟通效果。

(5)组织障碍。"组织"这一概念在这里是指由若干"系统"所组成的、开放的社会技术系统。合理的组织结构能够有效地进行内外沟通；反之，不合理的组织结构则会成为束缚沟通的绳索。沟通过程中的组织障碍主要表现在以下四个方面：第一，传递层次过多造成信息失真；第二，机构臃肿造成沟通缓慢；第三，条块分割造成沟通"短路"；第四，沟通渠道单一造成信息量不足。

3. 突发事件的干扰

公共关系活动的实施是在变化的环境中进行的，在活动实施过程中，难免会发生各种各样的突发事件，使公共关系活动无法正常实施。这方面是很多活动的主办方最容易疏忽的地方，一方面是因为活动中出现的突发事件不太容易让人把握，另一方面也在于大多数活动组织者对活动的风险管理没有一个清晰的认识，在意识里还没有风险管理的概念。在这个过程中难以保证每个人都不出问题、每件事情都进展顺利。所以，在实施方案过程中，为做到有备无患，就应当有良好的应急方案以便能及时化解危机。一般来说，应急计划有下列几项：

(1)安保措施。安保措施包括在活动期间所有人员的行为秩序，人员和车辆的导流路线，设备安全如舞台等行人坐立行走设施、高空架设物、用电设备、机械设备，或者像气球一类易燃易爆物品的安全使用措施。每一项都不能掉以轻心,要有一个周详的安全使用计划。

(2)保护措施。假如参加活动人员,各人身体条件情况复杂,尤其是有老人或小孩参加的活动,保护措施就要考虑周全,所以要求活动配备医护人员及协调急救的措施。

(3)人员疏散计划。策划时对意外事故的发生要充分预测,并制定出相应的应急措施。较大型的活动,一定要制定一套人员疏导计划,以防万一。

(4)防火措施。尤其是有易燃易爆物品时,必须事先采取防火措施。

(5)户外雨天工作程序。假如是户外活动,预防下雨几乎成了必然的议题。之前,当然是通过气象台了解天气,采取相应的措施。但即使是有气象报告也不能掉以轻心,尤其是在天气不稳定的情况下,必须准备好雨天工作程序。

### (四)公共关系活动实施的原则

公共关系计划实施的特点决定了公共关系人员在实施计划的过程中,一定要按科学规律办事,遵循以下几项原则:

#### 1.准确充分原则

在正式实施公共关系策划方案之前,必须做好各种实施准备。实施准备是公关实施成功的基础和前提条件。准备越充分,公关实施就越顺利,失误就越小。绝对不能打无准备之仗。在正式实施策划方案之前,要用足够的时间做好各种准备工作。公关实施的管理者、操作者要严格、准确地检查每一项准备工作,要建立"准备工作制度",把各项准备工作落实到具体的人,负责到底。

#### 2.策划导向性原则

作为策划导向性原则,即公关人员必须严格按照既定的策划方案开展实施工作的原则。策划导向包括目标导向、策略导向和实施方案导向。目标导向要求公关人员在公关方案实施过程中,不断将实施结果与目标要求相对照,发现差距,及时调整,务必实现目标。策略导向要求公关人员必须按既定策略思路去执行实施方案。策略指导实施行为是实施行为的主题思想。实施方案导向要求公关人员严格按照实施方案开展实施工作。各项具体工作内容的实施方法是公关策略和公关目标的实现手段,应当熟练掌握与运用,并在应用中创造更有效地实施方法。

#### 3.控制进度原则

执行目标导向的原则实际上是加强控制的一种手段。从广义上说,控制就是掌握事物的发展与进程,不使其任意活动或越出范围。控制也被看做是管理的一个职能,而且多是与实施活动联系在一起的,比如管理科学中的五要素之说(计划、组织、指挥、协调、控制)和三种有机职能说(计划、组织和控制)。实际上,公共关系计划的实施过程也离不开控制。控制过程就是实施人员利用目标对整个实施活动进行引导、制约和促进,以把握实施活动的进程和方向,使各项工作按计划协调、平衡地发展,并确保按时完成。控制进度原则要求做好预测和及时发现各种可能影响实施工作进度的因素工作,针对关键原因采取有效的防御和应急措施。

#### 4.整体协调原则

所谓整体协调原则,就是在计划实施过程中使工作所涉及的方方面面达到和谐、合理、配合、互补和统一的状态。协调强调实施过程中的各个环节之间、部门之间及实施主体与其公众之间的相互配合,不发生矛盾或少发生矛盾,当矛盾产生时,也能及时加以调节解决。

总之,协调的目的,是要使全体实施人员在认识和行动上取得一致,保证实施活动的同步与和谐,提高工作效率,减少或杜绝人力、财力和物力的浪费。

5. 反馈调整原则

反馈是控制论中的一个重要概念，也是公共关系计划实施中的一个重要概念。所谓反馈，就是指把施控系统的信息作用于受控系统（对象）后产生的结果再输送回来，并对信息的输出产生影响的过程。由于人们通常要用这种反馈后所获得的认识调整公共关系计划的实施活动，所以又称之为反馈调整。它的特点是根据过去实施的情况去调整未来的行为。

反馈调整的过程是公共关系计划的制定者确定公共关系目标，根据公共关系计划的目标制定具体的实施方案，实施方案制定好后，组织有关部门和人员对方案进行评估，然后，把评估结果与原定的公共关系目标进行比较，发现问题后再重新修订整个公共关系计划，这是第一步。第一步工作完成后，则开始将修订的公共关系方案付诸实施。实施后再将实施结果与原定目标进行比较以影响、调整下一步公共关系计划的制定与实施。

由于公共关系计划实施的环境和目标公众的情况是复杂而变化的，因而，在实施过程中，必须不断地把公共关系计划在客观环境中实施的结果与公共关系目标相对照，如有偏差，应及时对计划、行动或目标作出相应的调整。要依靠规各种形式的信息反馈渠道，把方案实施的各种信息及时、准确地搜集汇总上来，经过研究分析，作为采取调整行动的依据。这里应该说明，一项公共关系计划的制定与实施，并非做一次反馈调整便可解决一切问题。它需要经过多次循环往复地反馈、调整，使实施不断完善，直至完成公共关系计划，实现战略目标。

## （五）公共关系活动的实施过程

在公共关系活动的实施过程中，尤为重要的是信息传播。实施公关就是通过公共关系活动的开展来获得相关公众的了解、理解、信任和支持的过程，实质上就是一种信息传播活动。策划传播是整个公共关系活动的中心环节，是计划具体落实、付诸执行的过程。在这一过程中，公共关系人员将以公共目标和公众需要为出发点，选择最有效的途径和手段，通过组织中全体人员的共同努力，在公众心目中树立本组织的良好形象。

1. 优化传播效果

为了获得最佳效果，必须注意这样两个方面：

（1）考虑目标公众利益。公共关系活动实质上是针对目标公众而进行的信息传播活动，如果要使这种传播活动取得最大的效果，就必须使发出的信息全部或大部分为目标公众所接收，这就需要选用目标公众所习惯使用的传播媒介，传播与目标公众利益相关的信息。公共关系人员在设计制作信息时，一定要充分考虑在调查研究过程中了解到目标公众的文化、社会和心理等各方面的特点，制作编写适合公众胃口的新闻稿件、广告稿、展览说明和小册子，从而引发公众的兴趣，这样才能使传播活动达到最佳效果。

（2）控制信息传播活动。没有计划就没有控制；反之，没有控制或控制不好，计划也不能顺利实施和实现。计划是控制的基础，控制是实现计划的保证，两者从组织公共关系计划实施开始直至终结，始终紧密联系在一起。二者关系处理不好，优化公共关系传播效果也就无从谈起。

公共关系传播计划的控制程序包括这样五个方面：一是检查公共关系传播计划目标是否切合实际；二是检查公共关系传播计划的执行情况和衡量执行结果；三是建立控制标准，把传播计划的结果与控制标准进行比较；四是发现偏差、分析原因；五是采取纠偏措施，保证公共关系传播计划的顺利实施和公共关系目标的实现。

2. 进行媒介整合

实施公共关系工作方案，实现公共关系目标要借助一定的媒介。进行媒介整合要按照活动目标、受众特点(受众数量、分布范围、年龄、文化水平、兴趣爱好等)等将媒介进行组合,以达到整合传播的效果。选择电视、广播、网络、报纸等媒介形式;选择人际传播、群体传播、大众传播等传播渠道;选择演讲、新闻发布会、记者招待会、娱乐活动等活动形式;选择宣传手册、招贴画、标语的宣传方式。在进行充分的论证分析基础上,再消费者进行沟通,保证所选定的传播渠道及其整合过程达到预期成效而耗费最省。

### 3. 设计传播过程

实施公共关系计划首先要根据沟通的目的,选择传播(人际传播、大众传播)的类型,在此基础上,在选择合适的通道,充分考虑信息传播要素(信源、信宿、编码、译码、信道)中每一环节,使他们相互配合,协调一致,共同服务于目标。

### 4. 排除沟通障碍

在实施公共关系计划过程中,可能出现各种矛盾和问题,对此要防患于未然,不能等到事情闹大或问题堆积时才想到去解决,应该把矛盾和问题消除在萌芽状态。这样才能扫清事实公共关系计划过程中的一切障碍,使公共关系计划得以顺利实施,为此要做到以下方面:

(1)要了解信息沟通的发生障碍的原因。这包括了解:①信息发出者的影响力。②信息对接受者的吸引力。对接收者有意义、有价值的信息容易贯通;否则容易发生障碍。③编码的技术性。如果编码后的内容准确,将不会发生歧义。编码的形式多样,有利于多信道传输;否则,容易发生障碍。④信道传送的速度。信道传送的速度越快,信息的保真度越高,信息的价值越大;否则信息容易失真,过期的信息无人感兴趣。⑤干扰"噪音"的强弱。信号越弱,要准确地译码就越困难。⑥信息接收者的状态和能力。信息接收者持积极态度,并具有准确的译码能力,容易将受干扰的信号还原为信息;否则沟通会发生障碍。

由于信息沟通存在着上述六种可能出现的障碍,信息沟通的过程有可能被阻断。不过,这实际上只是一种静态分析。事实上,信息沟通往往是多个信源和信宿相互交叉着传递信息,它可以突破某种障碍。所以,积极地接收对方发送的信息和及时地发现和克服输送中的障碍,对保持信息沟通具有决定性的意义。

(2)进行实施计划前的测试。在方案正式实施之前,为了增加可靠性,可以进行一些必要的测试工作。测试信息内容的可读性,可以找一些目标公众来试读,看他们能否正确理解;测试设备的可靠性,看录音、录像设备运转性能是否良好;检查标语的内容、展牌的位置、资料袋的内容等。这些准备工作要尽可能周全、认真、仔细,做到防患于未然。

(3)做好各项协调工作。公共关系活动面涉及广,协调工作显得十分重要。一要协调好各部门间的关系,特别是宣传、供销、广告等部门与团体之间的关系,避免互相脱节、互相牵扯甚至互相矛盾的现象的产生;否则各部门间会产生抵消作用,影响公共关系计划的实施进程。二要协调好个项目之间的联系。各项目在实施过程中既相互作用区别又相互关联,要做到有机过度,有机衔接,必须精心协调。三要协调好人员、物资的运转关系,大型公共关系活动人员的调用以及物资运输是一门技术,可以用图表形式将人员、物资和运输之间的相互关系明确地呈现出来。

(4)处理好突发事件。对公众关系计划的实施的干扰,最大莫过于突发事件。这里所说的突发事件包括两大类:一类是人为的纠纷危机,诸如公众投诉、新闻媒介的批评、不利舆论的冲击等;另一类是不以人的意志为转移的灾难危机,诸如地震、水灾、火灾、空难等。这些重大的突发事件对公共关系计划的实施干扰极大。因为突发事件一般具有以下几个特征:①发生突然,常常令人始料不及;②来势迅猛,常常令人措手不及;③后果严重,危害极大;④影响范围大,易给整个社会带来恐慌和混乱。一个社会组织如果不善于处理突发事件,那么不但会使整个公共关系计划难以实施,甚至会影响到本组织的生死存亡。

## 二、公共关系或实施的管理

### (一)公关活动实施的准备

公关活动实施前的准备包括两个方面:一是对实施人员进行培训;二是要对实施障碍因素进行调查和试验。在公关方案实施之前,对实施人员进行一定的培训是很有必要的。

这种培训的主要内容是实施工作制度教育和操作方法学习与研讨。公关方案实施工作制度的教育,除了让大家明白各种规定及其意义外,特别要对特殊规定、容易违反的规定进行重点说明与强调。配合制度教育,反复灌输组织文化与理念,提高实施人员的思想与道德素质,增强其抵御腐蚀的能力。

要组织实施人员认真学习研讨公关方案实施工作内容的操作方法,反复体会。重要的方法可通过讲解、讨论、答辩、模拟训练等方式来促使其正确掌握。

尽管公关计划实施方案是经过认真论证的,但由于实施主体、客体和实施环境存在着许多意想不到的实施障碍因素,严重时会使公关计划实施夭折。因此,较为重要、涉及范围大、影响大的公关计划的实施,有必要对实施方案的实施障碍因素进行调查,,并通过方案局部试验,进一步了解、认识实施障碍因素,寻找和设计排除障碍因素的途径和方法,取得成功实施的经验,以利于全面推广。

要了解各种实施障碍因素,最好的方法就是在公关几乎实施方案正式实施之前,将实施方案在几个典型的、较小的公众范围内做试探性的实施,一方面调查了解各种实施障碍因素,另一方面验证各项工作内容的操作方法,取得实施经验,根据实验结果对正式实施结果及其公关目标实现的可能性进行评价。通过试验,针对实施障碍因素和既定实施方案的不足,修改、调整、完善公关实施方案。

### (二)公关实施的方案设计

公关策划的主要成果是产生了一个公关策划的策略和点子,确定了主要的公关工作手段,并进行了总体预算,但是没有策划详细的、具体的操作方案,这正是公关实施方案要解决的问题。

1. 公关实施工作项目与内容

一种公关策略或点子的实施,往往要做多方面的工作。我们把"一个方面的工作"叫作一个工作项目,这是一级工作项目。一级工作项目又可分解为若干个二级工作项目,二级工作项目同样可以分解为若干个三级工作项目,直到不能再分解为止。我们把不能再分解的最后一级工作项目作为工作内容。

2. 实施工作要求与方法

公关实施工作要求是指各项公关实施工作的内容的目标、原则和注意事项,它对具体工作方法设计和实际工作过程具有重要指导作用。因此,在公关实施工作内容设计完成后,就要对每项工作内容提出工作要求,根据这一要求设计具体工作方法。这里的工作方法特指工作内容的操作方法,而非指工作项目的操作方法,对工作项目只存在分解方法,而不存在操作方法。公关实施工作方法的策划设计要符合以下原则:工作方法设计要具体、仔细、实在,工作量要小,尽量简单,具有较强的可操作性;工作方法的形象要好,成本低;完成工作任务和实现策略的可靠性要高,防止实现功能不足;必要时进行多种方法组合,有利于增加完成工作任务和实现策略的把握度,但要防止实现功能过剩,以免造成实施成本增加;要为有风险的操作方法设计备用方法,确保万无一失;工作方法要符合目标公众心理,符合政策、法律和各种社会风俗习惯、伦理道德等。

3．实施工作时间与流程

在完成了公关实施工作的内容、工作方法的设计之后,接着要对实施时机、工作进度和各项工作之间的配合关系进行策划和设计。

(1)公关实施时机。公关实施时机是指能够使公关实施获得最佳效果的开始工作时间和结束工作时间。在现代社会,时间就是金钱,时间就是生命,时间就是效率。不善于利用时机,事后即使投入更大的力气,也无法收到好的公关实施效果。一项公关创意的实施,往往有若干项工作内容,其中,与公众发生关系的工作内容实施的开始时间与结束时间特别重要,必须准确把握,科学决策。

公关实施的最佳时机,有时表现为一刻、一时或一日,有时也表现为一个较长的时间段,如几日、几周甚至几个月等。这些时机,有的是日常性的,有的是固定的,而有的则具偶然性。日常的时机类型有:由于国家方针、政策变化带来的机会;具有新闻价值的重大活动和运动;新闻文物的特殊活动;重要人事的变化;具有新闻价值的偶然事件;危机事件;重要节日;消费季节的变化;消费流行;组织内部的重要事件及重大变化。

(2)公关实施进度。公共关系进度是在确定公关实施时机后,对各项公关实施工作内容所需的时间规定进行日历进度安排。必须保证在确定的最佳开始时间启动有关工作,在最佳结束的时间完成操作。实施时间进度安排,要充分估计各种因素干扰,要留余地。最直观的时间进度安排方法是拟出时间进度表。

(3)公关实施流程。公关实施各项工作内容之间存在着一种客观的分工与协调关系。只有合理分工,有机协调,才能保证各项工作的顺利完成。我们把公关实施各项工作内容之间的衔接、协调好而配合关系及其有机组合的过程称为公关实施流程。它反映了各项公关工作内容之间的一种内在联系规律,指公关实施作为一项系统工程的体现。

公关实施流程中的时间衔接、分工协调和有机组合关系要通过流程图来表示,并配以文字说明。流程图的文字说明,主要是对各项工作之间的协作关系、责任关系进行规定,必要时形成一种制度。一定要防止彼此责任不清、互相扯皮的情况发生;否则,将严重影响实施工作进度和质量。

4．实施工作预算分配

在公关工作中,对所选择的传播媒介操作等活动经费作出总体预算,是非常必要的。需要提醒的是公关策划中的一级项目经费预算是留有余地的,目的是防止意外工作增加或策划不周而造成经费不足,因此不要把一级工作项目预算的经费分配完,一般需留下 5%～10% 的经费备用。

5．实施工作机构及人员

组织的公关实施主体有三种,即组织内部公关部、公关公司和公关社团。不论是哪种操作主体,都必须建立项目公关实施机构,配备得力的实施人员。实施人员的素质与能力十分重要,优秀的实施人员不仅能顺利完成任务,而且能修改完善实施方法,弥补实施方案的不足。

所谓公关实施机构,是指未完成某一项公关任务、实现公关目标而建立的专门组织。

规模较大的公关活动,其实施机构具有多层级的特点,从低级层次到高级层次,人数以此减少,权力以此增大,形成"金字塔"式的稳定结构。公关工作应按照精简、统一、节约、效能的要求构建公关实施机构,一般应以领导中心机构为核心,下设智囊机构、执行机构、监督反馈机构。其中,领导中心机构是决策角色,人员要少而精,办事效率要高;智囊机构作为决策的参谋部门,其组织人员应具有科学分析问题的能力以及较宽的视野和战略眼光;执行机构作为实施方案的具体操作部门,其组成人员应具有较强的指挥、协调、组织、交际和操作能力;监督反馈机构作为保证和检查实施部门,其组成人员应有敏锐的洞察力、实事求是的科学态度和强烈的责任观念。

公关实施机构设置的程序是:①明确指导思想,确定机构的目的和任务;②制定方案,根据领导机构的任务和工作量,确定部门、职务和人数;③确定领导体系,明确纵向隶属关系和横向协作关系;④报批机构编制方案;⑤任命领导人和安排工作人员。

每一项工作内容一定要落实到具体人员。一项工作内容安排两个以上人员操作时,要确定一个负责人,并进行相对分工。一个人负责多项工作时,要考虑工作之间的内在关系,使其运作起来高效、方便。

### 6. 实施工作规章制度

公关实施工作要依照公关职业准则和组织中有关规章制度,以及公关实施的具体情况,制定出各项公关实施的工作制度。这是对公关实施人员在各项公关实施工作中的行为进行约束与管理的机制。

组织的公关部(或公司、公司社团)都应建立具有共性的公关人员行为准则和公关实施制度,这是任何一次公关实施都必须遵循的工作制度。但就某一项公关活动来讲,其实施具有特殊性,应根据这种特殊性,制定出特殊的工作制度作为补充。这些工作制度涉及如下内容:职业道德、信息保密、经济关系、行政关系、分工协调、交际形象、请客送礼、奖罚机制、危机处理、差旅出勤、礼仪规范等。

## (三)公关实施的管理方法

### 1. 公关实施的领导与指挥

公关实施的领导是指率领公关人员具体操作公关实施方案的组织系统和指挥过程。公关实施领导应具有组织职能和指挥职能,拥有组织、指挥、协调、激励、控制的责任和权力。在公关实施方案确定之后,实施成败的关键就在于实施的领导与指挥。

(1)公关实施领导者的工作职责。公关实施领导者的工作职责主要有以下方面:组织一支精干的实施队伍,明确分工授权;指导公关实施方案的执行和完成;为每一阶段或每一时期的实施工作确立明确、具体的目标;保证组织与公众之间双向传播的畅通;以公众利益为准则,协助和影响本组织领导采取为公众所欢迎的政策方针,并建立和维持本组织的良好形象;加强与管理部门的合作;确保公关实施中必须的人、财、物,使工作得以正常进行;努力增强下属操作人员的向心力,调动起工作积极性;检查、监督下属工作,及时提出修正意见;定期向主管领导汇报工作,请示指导。

(2)公关实施领导者组织与指挥工作的原则。公关实施领导者的组织与指挥工作量大且复杂,必须遵循以下原则才能取得好的管理效果:①目标原则。始终坚持以公众目标和实施方案为管理依据。②系统原则。明确划分公关实施的指挥系统,实行单一指挥。③分工原则。各工作岗位、工作人员分工明确,责任清楚。④协调原则。上下各层次件的纵向关系和统一层次不同岗位的横向关系均必须协调一致,有机整合。⑤平衡原则。保证实施过程中人流、信息流、物流、资金流的动态平衡,使公关实施机构正常运转。⑥激励原则。使责权利有机结合,建立精神激励与物质激励相结合的、有力的激励机制,切实调动实施人员的工作积极性、主动性和创造性。⑦信息原则。建立动态的实施信息监督及报告机制,及时了解实施的情况,发现问题,及时纠正。⑧例外原则。实施中的日常工作通过建立规章制度来管理,实施领导重点管理规章制度以外的工作,特别要重视各种偶然事件、特殊事件、危机事件等重要例外事件的管理。

(3)公关实施领导者的管理方法。公关实施领导者的管理方法很多,其方法是否有效,不完全决定于方法本身,还决定于方法是否适合管理对象的具体情况,以及方法应用是否得当。管理方法中没有灵丹妙药,有效管理往往是科学的管理方法与公关实施具体情况的最佳结合和多种管理方法的巧妙综合运用。公关实施领导者最基本的、最常用的管理方法主要有以下方面:①目标管理方法。这是指公关实施领导者确定关系、实施公关目标和按照公关目标进行检查评比,并在执行公关目标的过程中实行"自我控制"的一种管理方法。②系统管理方法。这是指领导者把公关实施作为一项系统工程,使其内部各项工作内容之间、各种工作方法之间、各位实施人员之间具有整体性、目的性、层次性、关联性和适应性。③心理管理方法。这是指领导者按照心理原则进行公关实施管理的方法,重点在于激活实施人员的精神、情感、观念、人性、品德、文化意识等内在潜能。④行政管理方法。这是指公关实施领导者利用组织的权威,下达各种命令,批示各项具体规定,统一指挥工作内外、上下、左右的行动,从而完成公关任务、实现公关目标。

**2. 公关实施的控制与反馈**

公关实施控制职能是指公关实施领导者通过建立公关实施控制标准和实施过程的反馈机制,及时将实施行为和阶段效果与其实际控制标准进行对照,从而及时发现实施偏差并立即采取纠偏措施,使实施行为顺利进行,确保公关目标实现。可见,公关实施控制系统由标准、反馈、对照、纠偏四个要素组成,其中,反馈是关键要素。

(1)公关实施监控原则。公关实施控制是一个复杂的、敏感的过程,失控固然是大忌,然而不科学的控制同样会导致严重不良的后果。有效的公关实施控制必须坚持以下原则:①激励原则。激励原则即控制必须是将压力变为动力,激发被控制者最大的责任心和工作热情,并实现自我控制。这种激励性控制要求领导者形成上下必要的思想交流,加强宣传教育工作,让每一位实施人员深刻理解达到控制标准的重要性,积极主动地为完成任务而努力工作。②责任原则。责任原则即必须界定公关实施各岗位、各人员的责任和权力,防止职责不清。③客观和公正原则。所谓客观,就是公关实施领导者不能仅凭个人的判断、经验而主观地去对照、测度实施情况,要尽可能用客观的事实和数据说话。所谓公正,就是公关实施领导者绝不能凭借个人情感、好恶来评价下属,更不能对与自己关系好的下属失控,而对其他人则严控,尤其对自己关系不好的下属进行监控,应做到控制面前人人平等。④控制点原则。公关实施的控制点是指事实中关键的、重要的工作环节、工作内容、工作方法等,它们最容易出偏差的部位,或者是出偏差对整体影响较大的部位。所谓控制点原则就是对控制点进行重点控制的原则。⑤及时与准确原则。这是指公关实施过程中联络渠道畅通,各种信息能够迅速准确上传下达,坚决杜绝信息传递不及时、不准确,而造成重大损失。因此,必须建立一个反应灵敏、准确的信息机制和相应的一套规章制度,确保控制信息及时、准确地传递。⑥弹性原则。弹性原则即公关实施控制必须具有较强的适应性和应变能力。在公关实施控制中,不存在绝对最优,只能追求相对满意的结果。

(2)公关实施控制对象。公关实施控制对象包括实施中的实施要素及其阶段性实施目标。在一项具体的公关实施中,要分析各种实施要素在实施中的重要性,将最重要的实施要素确定为关键控制对象并进行重点控制。公关实施控制对象有人力、物力、财力、成本、时机、进度、流程、质量、工作方法、阶段性目标、突发性危机事件等。

(3)公关实施控制方法。常用的公关实施控制方法是反馈控制法。所谓反馈控制法,是指通过建立公共关系实施的反馈系统,不断地将实施前、实施中和实施后的情况与事先制定的实时控制标准进行对照并发现偏差、纠正偏差的方法。反馈控制法有三种,即前馈控制法、中馈控制法和后馈控制法。

前馈控制法又叫做超前控制法,是指在公关实施开始之前,充分调查分析影响实施的各种障碍因素,并采取措施,将可能导致产生偏差的原因的影响力控制在最小范围,以保证实施工作的顺利开展。前馈控制法是最先进的一种控制方法,充分体现了"预防为主"的管理思想,它具有控制成本低、损失率低等优点。但前馈控制对调查分析预测的能力要求高,如果分析预测不准确,控制失误,不但不能抑制住问题的发生,反而增大控制成本,可能还会造成一些不好的后果。

中馈控制法是指在公关实施过程中,采取各种检查方式及时发现实施行为偏差并及时纠正的方法。这时的控制标准主要是公关实施的项目、工作内容、工作要求和工作方法。中馈控制法又叫过程控制法,它主要控制的是进行的工作过程而非结果,因此是一种把问题消灭在萌芽状态的控制方法。实施这种控制方法,关键在于高水平的、公正负责的检查人员对实施过程进行检查。检查的主要类型有行政检查、专业检查、值班检查、专职检查和社会检查。

后馈检查法是将公关实施中各项工作内容的工作方法的操作结果与工作内容的目标要求进行对照,发现偏差及时采取补救措施,确保实现公关目标的方法。后馈控制法是一种事后控制的方法,虽然控制具有极强的针对性,但由于问题已经发生,甚至已造成损失,只能通过补救,将损失控制在最低限度,并增加工作成本,进而完成工作任务。因此,后馈控制法不应该作为公关实施的主要控制方法,只能作为过程控制失败后的补救方法。公关实施的主要控制方法是前馈控制法和中馈控制法。

### 3. 危机公关的实施管理

事物总是一分为二的,在我们努力进行公共关系工作的同时,我们付出劳动成本的结果总是会出现两种结局:一种是事遂人愿的成就,另一种是意想不到的失误。英国公关专家弗兰克·杰弗金斯曾谈到:"当灾难发生时人们该怎办? 今天我们生活在化学、核能、电气外加恐怖的危机中,危险的出现还往往不止这些,必须承认,如不采取措施防止最大的可能的危机,任何事情都可能发生。现代公关管理者必须认真考虑不讨可能的因素——要像消防站那样,电话铃一响立即组织起来,投入战争。这就是说要讲现实主义而不是唯心主义。这是公关的一个特殊领域,他要求具备阻止、准备及预防方面的管理技能,而不只是召集记者招待会的才能。"从弗兰克先生的告诫中,我们可以看出,隐患随时存在,危机经常可能发生,为此要对危机做好准备。他提倡在任何一个社会组织中,都要有一个应付危机的基本机构。既然危机经常可能发生,那么具有危机意识、确立防范危机的理念、掌握处理危机的理论就是至关重要的事情。要想从根本上把握危机出现的规律和处理危机的方法,就要真正了解公共关系工作中的危机公关,其中首先是认识什么是危机公共关系。

## 三、危机公关

在日常的公关工作中,我们具备了追求公关最大成效的能力,但还必须有防止失败的意识和能力。由于困难的出现是在一些因素作用下产生的,而这些因素总是我们在平常的公关工作中不容易发现的。假如危机的因素很明确,很容易为人所发现,那么也就不会存在什么危机了,因为人不会对即将到来的灾难视而不见。由此看来,处理危机事件是颇有难度的。它不仅要求公共关系人员具有较强的观察能力,能敏锐地发现问题,还必须具有较强的创新能力,能随机应变地处理问题。在公共关系的事务活动中,一系列的追求完善的公关机能很重要,但是防止困难出现的危机意识和处理危机事件的危机公关同样重要。事物相互联系的各因素之间的相互作用和转化既有必然性,又有偶然性,因此发生危机的可能性随时存在,认识危机公关称为公关工作者的必修课。

要了解危机公关的概念,首先要认识危机的概念。危机包括以下几个层次:第一是指决定事物走向灾难的因素;第二是指事物处在失败之际的紧要关头;第三是指事物陷入极其困苦、危险的境地。事实上危机的这三层含义是事物陷于困境的三个阶段,前者可以扭转,第二个阶段可以挽救,第三个阶段则必须面对现实,从头再来。

从危机的这三个层次含义中我们可以看出危机对于人的生活,包括公关工作在内,都是一种十分有害、极其危险的状态。当出现危机时,无论处在哪一种状态,我们都不能等闲视之,都要积极行动,使损失减少到最低的程度。具体到公关工作中,如果出现了公关危机状态,我们就要积极地应对,在力所能及的范围内进行最大可能的挽救。

由此可以看出,危机公关就是指组织面对危机状态的公关处理过程,也可以理解为处理危机事件过程中的公共关系。其具体内容就是指任何社会组织,为了解决组织自身陷入的危机,挽回不良事件给公众造成的影响和带来的损失,而采取的一些列具有预防、扭转、挽救作用的策略和措施。

当危机事件发生时,公关工作人员要从不同的方面予以调整、处理和解决。公共关系只是处理危机问题的一个关键因素,当然处理危机事件还需要其他一系列手段,诸如财务、技术等手段。但是公共关系却是危机管理中一个非常重要的组成部分,因为它是处在决策层次的因素,起着左右其他因素的决定性作用。它担负着预防、策划和挽回三项重任。

### (一)危机产生的原因

任何危机的出现,都是事物在复杂的运动发展中,组成事物的各种因素之间综合作用的结果。每一个事物都和其他事物存在着这样那样的相互关系,而在这些联系又随时随地发生着不同形式的变化,任何一个环节和因素的改变,都会导致事物的变化。因此,在考虑公关工作的发展趋势时,就不得不考虑组成事物各因素之间的联系和发展。既要分析公关危机出现的原因,也要分析构成公关的各组织要素,考察它们的构成和变化,这是认识公关危机产生原因的本质所在。

危机事件和其他任何事件一样都是由主观和客观两项要素构成的,影响阻止危机产生的因素绝不是一项因素存在的结果,因为主观因素中有人的思想和能力因素,客观因素中有物质因素、自然因素和社会因素。

1. 思想因素

思想因素包括人的认识、观念、思维和这些方面综合形成的个人素质。具体到一个公关组织也就是一个组织内部所有公关人员,特别是公关决策人员的思想素质问题。一个组织的人员思想水平决定着这个组织思想素质的高低。如果一个组织的人员素质偏激、狭隘,思想观念即经营的理念僵化,在公关工作中思维死板不活跃,并且没有为社会公众服务的意识和服务于社会的组织公关能力,这样的组织就要从根本认识和人员思想方面解决问题。

2. 能力因素

能力因素在组织中体现为决策能力、管理能力和实施能力。一个公关组织内部人员的决策水平、管理水平和实施运筹能力,是依靠公关实践锻炼出来的。组织内部的人员素质再好,道德水平再高,知识累积再多,也要经过公共关系实践的教育。同时每一个个体的能力高低,并不决定公关组织能力水平的高低,还要强调内部人员之间行动的协调和有机的配合,这是一种系统观念的显现。整体的行动能力大于部分之和。例如,一个组织内部协作、共同发展,这些因素都是产生危机的隐患,必须提高警惕,防患于未然。

### 3. 物质因素

物质不仅仅决定意识,也决定一切因素的存在。在一个公共关系组织中,物质是前提和保障。它包括组织拥有的资金和各种组织依托的条件,诸如地点、交通工具、办公设备和通讯手段等。假如一个物质严重匮乏的组织,在不顾及自己能力的前提下,好高骛远,贪大求多,迟早会负债累累,陷入债台高筑的境地而不能运转。

### 4. 自然因素

自然因素是不以人的意志为转移的,也是公关危机出现的主要因素之一。例如,天灾人祸、不良的地理环境、恶劣的气候条件、困难的交通条件等都会制约公关工作的开展。

如果处在一个自然条件恶劣、传播交流不发达的地区,展开公关工作相对是困难的,要面临的问题也会很多。在这种情况下,更要有充足的思想准备和积极的危机防范意识,即使是自然条件较好的地区也存在着自然环境的突然变化,因此,自然危机的警惕要常抓不懈。

### 5. 社会因素

公关危机的社会因素是指公关组织所处的社会环境对组织正常工作的影响。这种社会因素包括组织所处地区的人口素质、市场需求、政府管理水平、经济发展水平、治安面貌、通讯条件等。当然社会环境相对较差的地区开展公关关系工作所面对的危机因素会更多,阻力会更大,有些社会环境因素是组织不能左右的。公关人员应当正确认识这些隐患的存在,积极地防止它对整个组织发展的影响;否则的话,一些恶劣的社会因素会使组织的公关工作危机四伏,阻力重重,让人防不胜防,最后导致公关工作的失败。

## (二)危机的特性

凡是危机事件都有共同的特点,即重大损失的突发性,导致困难的难以预测性,影响甚大、危害严重的灾难性和涉及面广、引起不良后果的严重性。危机事件既有重大的财产损失,也有严重的人员伤亡,还包括利润的急剧下滑,甚至严重亏损,也可能是以上几方面的全面爆发。无论是哪种情况,都会使组织在社会公众面前的形象受到严重的伤害。诸如重大伤亡事故,严重的意外灾难,大规模的事件纠纷,组织由于某些因素造成的信誉危机等。

由以上的危机公关的特点,我们可以大致认识到危机的特性。

### 1. 危机是不良因素发作的结果

冰冻三尺,非一日之寒。一个组织突然爆发危机,不会没有任何潜在的因素,无论是来自主观还是客观,或是两者都有的原因,都是其暗含的内在规律,而这种规律不论周期多长,都具有反复出现的特性。对于这些难以预防的在暗中起作用的因素,任何社会组织都要有专门的研究、清醒的认识和高度的防范。美国公关专家菲克对《财富》杂志排名前 500 强的大公司进行的危机调查显示,现代企业面对危机是必然的事情,因此要加倍重视这方面的研究。

### 2. 危机具有极强的危害性

如果说危害程度不大的话,也就称不上是危机。凡是对社会组织造成影响甚大的危机事件,其伤害程度都很严重,而且这种危机解决越不及时,越不果断,危害就越深,损失就越大,造成的社会影响就更加恶劣。这种影响如不及时挽救和消除,甚至会产生很长时间的不良作用,直到组织的灭顶之灾。

### 3. 危机从表面上看具有突如其来的偶然性

一个危机的出现,事实上是不良因素由量变到质变作用的结果。因为我们平时疏于注意,它在我们不经意的情况下突然出现,这让我们感到偶然。事实上,一次偶然的毒气泄露,往往是管理或器具性能的漏洞造成的;一次偶然的食物中毒,往往是平时不注意严格把握细节造成的;一次突然出现的恶意中伤,即对组织对象、信誉的伤害是组织平时在人际关系中疏于努力造成的。由于危机有我们猝不及防的突发性,因此,我们在平日的公关工作中,必须对细节加以重视。

4. 危机的出现总有一定的层次性

就如同任何事物都有程度一样,公关危机事件的出现,也是在一定程度上表现出它的危害来。有时危机呈现出的危害只处在初级阶段,如果及时阻止,防止危机恶化,就能把损失降到最小。有的危机一爆发危害就很大,这就需要我们投入很大的精力和财力,全力以赴,控制事态,以免带来灭顶之灾。有的危机事件在出现时,已成定局,没有继续变化的势头,这时就只能尽量消除影响,处理善后,使危机不要波及其他领域以至于影响其他方面的工作。

5. 危机都具有可变性

无论是什么程度的危机事件,都不存在不可收拾的情况。哪怕是影响极大、后果严重的灾难性事件,也要根据危机不同的危害程度,制定相应的处理措施。任何一种危机事件的出场都是事物运动、发展、变化的结果,我们发现它后,就可以让它在我们能力所能及的范围内得到扼制、扭转和向好的方向发展。我们对危机情况的认识和判断是很关键的。如果我们对危机的形势判断不准确,就不会制定出相应的、有效的措施。如果措施不得力、方法不正确,就不会在危机公关处理中发挥应有的效用。如果在这方面产生偏差就会使危机加深,起到适得其反的作用。

### (三)危机的类型

按照不同分类标准,可以将危机分为多种类型。但是在公关工作中,关于危机的根本标准就是按危机的内容和形式两个方面去划分的。因为任何事物的基本组成部分都是内容和形式两个方面。

1. 从内容上看,公关危机可以分为信誉危机、效益危机和综合危机

(1)信誉危机。它是指公关组织由于在经营理念、组织形象、管理手段、服务态度、组织宗旨、传播方式等方面出现失误造成的社会公众对组织不信任,甚至怨愤的情绪。信誉危机也称形象危机,这种危机尽管看上去是软性的、人气方面的,但是组织形象的经济效益和可以量化的其他收益却会因危机而急剧下降。因此,信誉危机是真正意义上的公关危机,它是组织形象在公众心目中的倒塌,是公关工作的重大失误,如不及时想办法挽救,很快就会波及组织的其他领域,带来灾难性的损失。

(2)效益危机。它是指组织在直接的经济收益方面面临的困境。例如出现了同行业产品价格的下调,原材料价格上涨,行业的恶性竞争,或者是该产品市场疲软,产品过剩,或者是组织的投资出现了偏差等。这方面的危机出现后,也是很棘手的,因为效益是一个组织存在的生命,所以面临直接的、单纯的经济效益灾难时,要想办法、想策略及时补救,做到统筹全局,使亏损降到最小。

(3)综合危机。它是指兼有信誉形象危机和经济效益危机在内的整体危机。这种危机的爆发往往是出现了影响重大突发事件,而且情况总是从信誉危机引起,由于处理不及时,或者事态发展太快而造成了经济利润的全面下降,促成了互相联系的连锁损失。在这种情况下,就需要公关组织刻不容缓地竭尽全力,尽快找到问题的突破口,迅速、果断地控制事态的发展,有效地解决面临的问题,使组织尽快走出困境。

2. 从形式方面来看,公关危机可以分为点式危机、线性危机、周期危机和综合性危机

(1)点式危机。这种公关危机事件的出现是独立的、短暂的,和其他方面联系不大,产生的影

响比较有限,它往往是产生一定范围内的局部性危机,这也是一种程度较轻的危机状态。在实际的公关工作中,这种危机属于一般性危机的范围,大部分情况下,处于隐性危机状态。它可能是组织内部局部和一些具体因素由于控制不严造成的具体方面的失控和混乱。但是这种危机是大危机到来的征兆,如不及时将问题消灭在萌芽状态,就会酿成大祸。

(2)线性危机。它是指由某一项危机出现的影响而造成的事物沿着发展方向出现的一系列接二连三的危机连锁现象。这种状况往往造成的是一个危机流,如不阻挡事态发展的势头,就会造成大的灾难。线性危机产生的根本原因在于事物之间的联系。当组织在公关的某一方面工作出了问题,面临危机时,一定要措施得当,力度适当。如果某一环节上出现偏差未及时处理,造成失控,那么困难的局面就会像多米诺骨牌一样发生连锁反应,最终由一次危机演变成一系列的危机。

(3)周期性危机。这是一种按规律出现的危机现象,也就是由于事物的性质和发展规律造成了某些公关工作在经过一段时期后,有节律地出现困难现象的危机状态。例如某些产品的销售有旺季,也有淡季。当进入淡季后,就要有相应的处理措施,以应付不利的局面。这种周期性困难是一种可以预测、能够预防的危机,也就是说公关人员经过几次危机的锻炼后,就会找到危机出现的规律。当积累了一定经验后,就能把握规律,控制这种危机的出现,避免危害的发生。

(4)综合性危机。这种危机是指在一个社会组织中,突然出现了兼有以上几种危机汇成的爆炸性危机。它是一种迅速蔓延,向四面发展的危机状态,也是一种最严重的危机状况。它一般是先由点式危机处理不得力造成了线性危机,再加上其他因素的作用,使危机的事态急剧恶化,短期内迅速发展成一种一败涂地的重度危机局面。这种危机的程度最深,挽救和扭转相当困难。一般而言,必须组织内部群策群力,上下同心去面对。必要时聘请相关方面的专家,提供专业的意见和建议,或者汇集公关专业人士协同组织的管理者和决策者对危机和重大性公关危机事态进行会诊,及时找到突破口,不然就会彻底葬送已建立的事业。

除了以上几种危机情况外,我们在公关中经常遇到的还有根据公关危机危害程度不同的分成的一般性公关危机和重大性公关危机。前者程度较轻,是局部性的,危害小;后者情况严重,是整体性的,危机深重。另外,根据公关危机事件呈现的状态,还可以分为隐形性公关危机(即某些局部要素上的隐患)和显性公关危机(即已经形成事实情况的整体性危机事件)。

危机事件的危害性十分明显,它一方面损害了组织的形象和利益,另一方面危害了公众的利益,伤害了公众的感情。有时,公共关系危机会引起某些社会问题。一起公共关系危机,可能涉及社会的许多领域和相关部门的众多部门,影响到许许多多的人,以至于形成一个大范围内的社会关注。所以危机事件有时造成的社会影响是很大的,很多时间的恶性影响,长时间内难以消除。因此,公关组织要特别重视公关危机的防范和危机纠纷后的处理。

### (四)危机公关的实施

从前面的公关危机事件的分析当中,我们已经认识到危机给社会组织和公众带来的危害和产生危机的原因,同时也认识到危机的彻底杜绝几乎是不可能的。因为人类不可能预测到组成事物的所有因素的微小变化和它们之间的全部联系。既然危机随时会出现,我们就要研究危机出现的规律,并从根本上认识它,掌握防范的办法,把握处理危机时间的措施,具备解决危机纠纷的能力。所有这些都是一个公关工作者应当拥有的基本能力和应当具备的起码素质。

在公关工作中,危机的出现并不可怕,怕的是没有从中吸取处理事件的经验和教训,没有进行规律的总结。从某种意义上讲,危机事件的出现也有它积极的一面,能培养我们认清困难,并提高我们解决问题的水平,所以我们要重视危机公关的实施。

1. 危机的发现和认识

(1)危机的发现。所谓危机的发现,是指公关工作者在日常的公关工作中,通过一些事物的现象和自己长期的经验,对危机事件出现的及时发现和判断。具备发现危机的能力相当重要,它可以使组织的损失在及早发现的情况下将得到降低。

关于公关危机的发现包括两个方面:一种是隐性状态下的察觉;另一种是显性状态下的发现。

①隐性状态下的察觉。在这种情况下,公关工作还处在表面正常的状态,但是隐患已经在某些原因和环节中存在。例如组织内部干群关系、部门关系、上下级关系不和;或者是组织内部管理出现混乱,效益停滞不前;或者是时代进步了,组织发展的脚步越来越慢,跟不上形势;或者是出现了组织和公众之间的不协调;或者是组织与政府、社区、同行业间产生了摩擦等。在这些情况下,有经验的公关人员就会发现这些情况目前发展状态只是萌芽,如果不加以阻止就会由量变到质变,特别是会由局部发展到全局。因此,当在一些小细节的环节或因素上出现问题时,就要及时发现,马上处理。这种问题的能力需要学习和长期经验的积累。它不仅是理论学习的结果,也是社会经验、工作经验的体现。

②显性状态下的发现。我们知道,比起隐性状态,显性状态下的公关危机比较容易被发现。稍有一些公关经验,或者任何一个人都可以判断显性公关危机,因为它是既成事实的危机状态,而且多是影响较大的突发性危机,常常以重大的损失作为标志,容易为人所重视。但是对重大的显性危机的危害程度的认识和判断却需要很多的公关经验和很高的判断水平,因为它涉及对危机处理的决策和处理的决策和处理手段的制定,以及处理措施的实施。

(2)公关危机的认识。当发生突发事件或重大事故的时候,组织的公关关系便处于危机状态中,它要面对强大的公众舆论压力和危机四伏的社会关系环境。对违纪事件的处理,往往需要进行细致的调查并具有清醒的认识。对于危机事件的认识,应当从以下三方面做起:①查明事件的性质与危害。②查明事件的起因、后果及影响。③查明事件牵扯的公众对象和在社会中产生的直接或间接的影响力。重大事件发生后,首先应该运用有效的调查手段,迅速查明情况,判断时间的性质、现状、后果及影响,为制定应对政策及应急措施提供依据。

2. 危机的防范和处理

危机事件的防范和处理是危机公关的核心内容,它既要求在思想上重视,也强调在行动上妥善处理,所以它涉及危机公共防范和处理的宗旨、方针、原则、态度、对策和措施等内容。

危机公关的防范要求组织具备长远的管理观念,居安思危。首先,组织决策者不仅要有敏锐的危机感,在顺境中要感觉未来日子可能会到来的危机,更应随时了解危机可能发生的范围、时间以及如何在危机来临时加以妥善处理。其次,建立危机预警系统时需要做的一件重要工作,即通过对有关公众对象和组织环境的监察,及时发现危机隐患,帮助决策层迅速采取针对性措施,减少危机可能对组织造成的损害。预警系统至少能使组织在危机发生时更快地反应,保护人和财产并激活积极反应系统。

制定应急计划应回答下列问题:潜在的危机有哪几类?危机一旦突发,将会受影响的公众有哪些?他们会受到怎样的影响?以什么方式、何种程序与有关公众进行沟通?沟通的渠道畅通吗?危机发生后各环节的合适人选是谁?他们都应该做什么呢?各环节人选知道怎么做吗?

针对上述问题,应急计划的主要内容有:对组织潜在的危机进行分类,并制定各类危机预防的方针政策;为其中一类危机制定预防的具体战略和战术;确定与危机相关公众的范围及沟通方法;建立有效的传播沟通网络,并明确具体联系对象;确认危机处理过程中各环节的具体人选,明确分工与各自职责;明确各类危机处理的总指挥人选。

在这里,危机应急计划的培训和学习尤为重要。通过学习,每个成员可以熟悉他们在危机中的任务和位置,并通过各环节人员之间的相互作用,使任务的互助性和操作性更为务实。另外,通过演习、调动、组合、部署相关人员,当危机真正来临时,管理人员能轻车熟路,提高效率。同时,还要加强危机操作演练:一是通过计算机模拟危机训练;二是进行实战小组性演习,包括各新闻小组、专家技术小组的事先演练,还包括信息传播沟通渠道与组织的反应性行动两方面。

一旦危机真的来临,首先必须说服组织的决策者,迅速启动应急计划或按危机管理战略要求实施危机管理,而不是从法律角度去思考该怎么办。一是根据危机的影响程度,成立危机小组;二是确定新闻发言人,尽快发出组织信息;三是尽快调查事件真相,澄清事实;四是妥善处理与舆论界的关系;五是慎重处理危机中有关人员的伤亡事宜;六是妥善对付谣言;七是危机管理经验总结和危机后的组织形象重建工作。

在危机处理中要遵循以下宗旨与方针:

(1)危机公关的宗旨。处理危机事件的公关宗旨是面对现实,尽力挽救。当事件发生后,组织的公关人员应当积极行动起来,深入到事件中去,细致地了解真实的第一手资料,不能凭主观猜想,更不能让情绪左右思维和判断。只有真实、准确地掌握了第一手信息材料,才能在处理措施上做出正确的判断和决策,才能取得卓有成效的挽救成果,才能获取公众的信任,争取公众的谅解、配合和帮助。这样就会把握舆论的主动权,变不利因素为有利因素,尽快消除损失,恢复组织的社会声誉。

(2)危机公关的基本方针。危机公关的实施,总是针对危机事件发生后的事实而进行的。因为既成事实的危机事件往往影响较大,处理起来很棘手,所以对于处理手段的把握要依循一定的决策和行动的基本方针。它一共包括以下几个方面的内容:

①面对现实,深入调查;

②掌握数据,稳定公众;

③承担责任,争取主动;

④积极发动社会各方,寻求帮助;

⑤科学分析,正确对待;

⑥积极稳妥,讲求策略;

⑦稳定情绪,控制局面;

⑧平息风波,挽回影响。

**3. 危机公关的基本原则**

公共关系部门在处理危机事件、实施危机公关时,绝不能随心所欲,跟着感觉走,必须按照一定的处理原则,妥善地加以处理,用稳妥的方法赢得公众的谅解和信任,尽快恢复组织的信誉和形象。所以,在危机公关中应当遵循下面几项基本原则:

(1)积极性原则。它是指组织一遇到危机,就要以负责的、积极的态度,主动投入到调查、了解、分析、判断、决策的工作中去,寻求最佳的解决方案,争取专家的帮助和公众的支持与谅解。这是危机公关的起码态度。

(2)主动性原则。作为组织的公关人员是组织的主人,一旦本组织内部陷入了困境,作为组织内部的人员就要挺身而出,勇于承担责任,寻找解决问题的契机,变被动为主动,使不利因素变为有利因素。

(3)即时性原则。危机公关的目的在于处理突发事件,尽最大可能地控制事态的恶化和蔓延,把因危机造成的损失减小到最低程度,在最短的时间内挽回组织的损失,维护组织形象。因此,事件发生后,公关人员要迅速做出反应,果断进行处理,赢得时间就等于赢得了形象。

(4)冷静性原则。公关人员面对危机的灾难和混乱局面时,情绪千万不能激动,要沉着冷静,更不能急躁、随意、信口开河。只有具有稳定和积极态度的人,才是在处理危机中应付自如、卓有成效的人。

(5)真实性原则。对于头绪繁多、变化多端的突发性危机,往往会让人在混乱的表象面前产生种种猜疑、误解,甚至会流传出许多谣言。这时只有本着实事求是的态度,公布事实真相,让事实说话,才能防止留言蔓延从而影响组织形象。

(6)责任性原则。它是指无论事件的危害有多么严重,组织也要勇于承担责任,做到不推卸、不埋怨、不找客观理由,这样才能赢得社会的谅解和好感。

(7)善后性原则。危机事件带来的不良社会影响,不可能在一朝一夕消失殆尽,因此还要做好危机事件后的善后工作,包括对公众损失的补偿、对社会的歉意、对自身问题的检讨等。

(8)灵活性原则。公关工作中出现的危机事件是形形色色的,因此对不同的公关危机,处理手段也不尽相同。所以针对不同情况下的危机,要具体问题具体分析,只有根据具体情况,才能进行有针对性、灵活的处理。由于危机多属于突发性的,不可能有既成的措施和手段,因此应根据实际情况,灵活处理。

## 四、危机公关的基本对策

危机公关的对策包括总的对策和具体对策:

(1)总体对策:重视事实,迅速调查,妥善处理,做好善后工作,再造组织形象。

(2)具体对策:根据不同的公众形象分别采取不同的对策。

首先是企业内部的对策:迅速成立处理事件的专门机构;判明情况、制定对策;安抚受损人员及相关人员;奖励有功人员。

其次是针对受害者的对策:认真了解受损情况,实事求是地承担责任,并诚恳道歉;冷静听取受害人的意见,做出赔偿损失的决定;避免发生不必要的争执;给受害人以同情和安慰;派专人负责满足受害者的要求,并给予重视。

最后是针对新闻界的对策:实事求是,不回避、不隐瞒;设置临时的记者接待场所;主动向新闻界提供事实真相和相关的信息,并表明自己的态度;在事实结果没有明朗之前,不信口开河,盲目地加以评论;与新闻密切合作,表现出主动性和信任;以客观公正的态度表明自己的看法,不带有主观情绪;借助新闻媒介表达自己的歉意,并向公众做出相应的解释。

# 参考文献

［1］品牌战略策划［EB/OL］.

［2］戴维·阿克,埃里克·乔基姆塞勒.品牌领导［M］.北京:机械工业出版社,2012.

［3］戴威.品牌、销售与产品推广［J/OL］.hzboso.blog.bokee.net,2011.

［4］乔远生.奥迪 A6,品牌推广背后的秘密［J］.市场周刊:商务营销,2002,(02):22－23.

［5］商务通如何玩转 PDA 市场［J/OL］.中华财税网,2000.

［6］李曼雪.摩托罗拉飞跃无限［J］.中国计算机用户,1998(2).

［7］王珍莲.浅谈房地产企业品牌的命名与楼盘命名［J］.广西商业高等专科学校学报,2005,22(3).

［8］王小波.品牌问题十万火急［N］.人民邮电报,2002－3－8(10).

［9］贺生.产品策划［J/OL］.阿里巴巴商友圈,2007.

［10］周朝霞.企业形象策划实务(第 2 版)［M］.北京:机械工业出版社,2012.

［11］诸谧琳,苗杰.CI 行动在中国［J］.销售与市场.1996(4).

［12］吴一鸣.谁来界定服装市场洋品牌［N］.中国青年报,2003－9－16(6).

［13］史永翔.斯沃琪手表如何成为世界级品牌［J］.经理人,2006.

［14］胡羽.日清,智取美国快食市场［J］.销售与市场.2000,(11).

**图书在版编目(CIP)数据**

品牌策划与品牌维护/李滨编著. —西安:西安交通大学
出版社,2015.1(2020.4重印)
ISBN 978-7-5605-6921-5

Ⅰ.①品… Ⅱ.①李… Ⅲ.①品牌-企业管理-教材
Ⅳ.①F273.2

中国版本图书馆 CIP 数据核字(2014)第 299731 号

| 书　　名 | 品牌策划与品牌维护 |
| --- | --- |
| 编　　著 | 李　滨 |
| 责任编辑 | 赵怀瀛 |

| 出版发行 | 西安交通大学出版社 |
| --- | --- |
| | (西安市兴庆南路 1 号　邮政编码 710048) |
| 网　　址 | http://www.xjtupress.com |
| 电　　话 | (029)82668357　82667874(发行中心) |
| | (029)82668315(总编办) |
| 传　　真 | (029)82668280 |
| 印　　刷 | 西安日报社印务中心 |

| 开　　本 | 787mm×1092mm　1/16 | 印张 16.625 | 字数 404 千字 |
| --- | --- | --- | --- |
| 版次印次 | 2015 年 1 月第 1 版　　2020 年 4 月第 4 次印刷 | | |
| 书　　号 | ISBN 978-7-5605-6921-5 | | |
| 定　　价 | 39.80 元 | | |

读者购书、书店添货、如发现印装质量问题,请与本社发行中心联系、调换。
订购热线:(029)82665248　(029)82665249
投稿热线:(029)82668133
读者信箱:xj_rwjg@126.com